国家示范性职业学校农村经济综合管理专业精品课程配套教材

“十三五”职业教育国家规划教材

XIANDAI NONGCHANPIN YINGXIAO SHIWU

现代农产品营销实务

（第2版）

主　编　陆立才

副主编　沈进城　徐光明

苏州大学出版社
Soochow University Press

图书在版编目(CIP)数据

现代农产品营销实务 / 陆立才主编. —2 版. —苏州：苏州大学出版社，2022.1（2025.7重印）
“十三五”职业教育国家规划教材
ISBN 978-7-5672-3790-2

Ⅰ. ①现… Ⅱ. ①陆… Ⅲ. ①农产品-市场营销学-职业教育-教材 Ⅳ. ①F762

中国版本图书馆 CIP 数据核字(2021)第 268876 号

书　　名：现代农产品营销实务

主　　编：陆立才
责任编辑：施小占
装帧设计：刘　俊

出版发行：苏州大学出版社(Soochow University Press)
社　　址：苏州市十梓街 1 号　**邮编**：215006
印　　装：江苏凤凰数码印务有限公司
网　　址：www.sudapress.com
邮购热线：0512-67480030
销售热线：0512-67481020

开　　本：787mm×1092mm　1/16　**印张**：23.5　**字数**：541 千
版　　次：2022 年 1 月第 2 版
印　　次：2025 年 7 月第 5 次印刷
书　　号：ISBN 978-7-5672-3790-2
定　　价：58.00 元

前 言

《现代农产品营销实务》是适应三年制中等职业教育农业或农村经济综合管理类专业课程改革的需要，依据农村经济综合管理专业人才培养方案和农产品营销课程标准，由国家改革发展示范学校——江苏省盐城生物工程高等职业技术学校牵头组织，邀请云南省曲靖农业学校、江苏省射阳县农业农村局参与开发编写，与国家示范性职业学校数字化资源共建共享农村经济综合管理课题精品课程资源建设相配套的一门精品课程教材。本教材在编写过程中力求以“能力为本”，以知识和能力训练两条教学主线的融合为切入点，以工作过程系统化重构课程知识体系和能力训练体系为要求，从工作情境入手，细化工作任务，用学习情境、学习任务、学习案例引入串联知识点和技能点，尽可能做到简明扼要、深入浅出，以求通俗易懂，力求体现时代性、应用性、启发性和规范性，学习情境后附学习测试题与答案，达到以学生为主、有所创新、具有特色、适应中职农业或农村经济综合管理类专业教学目标。

本教材从培养从事现代农产品营销第一线所需高素质、技能应用型人才的需求出发，以强化学生综合职业能力的培养和整体素质的提高为指导思想，以提高现代农产品营销理论与实务能力，引导学生学会处理现代农产品营销工作过程系统化任务为目标，在吸收农产品营销的前沿成果，总结多年来农产品营销实务教学实践经验的基础上精心编写而成。

本教材从现代农产品营销实务的角度介绍农产品营销的理论与实务，其主要内容包括：认识农产品营销、扫描农产品市场营销环境、分析农产品消费者市场行为、调研农产品营销、制定农产品市场营销战略、实施农产品市场营销策略、创新农产品物流与配送、建立大宗农产品营销模式、知晓农产品国际市场营销、控制农产品营销风险。

本教材可作为职业学校农业或农村经济综合管理类专业学生的专业基础教材，也可供农村经济管理工作者学习使用。

本教材由江苏省盐城生物工程高等职业技术学校陆立才担任主编，负责拟定编写教材大纲和课程标准。各学习情境编写分工如下：陆立才负责编写学习情境一、三、六、八；沈进城负责编写学习情境二；潘朝中负责编写学习情境四；徐光明负责编写学习情境五；金频生负责编写学习情境七；杨林负责编写学习情境九；潘明鑫负责编写学习情境十。全书由陆立才总纂定稿。

本教材的主审专家为盐城生物工程高等职业技术学校朱余清教授，副主审专家为农业推广研究员姜兆全，参审专家为江苏银宝创业投资有限公司董事长陈敬伟。本教材在编写过程中，参考了一些农产品营销理论与实务的教研成果和有关教材，在此一并表示衷心的感谢。

此次再版，对首版中出现的错误进行了修改，仍然保留了首版的风格和格局。为方便教师教学和学生自学，本教材的数字教材已加入超星学习平台，课程邀请码为 57678868，教师和学生可下载学习通 APP 在手机端进行线上与线下教与学的结合，方便学生随时学习、随时检验学习效果。

由于编者水平有限，教材中难免还存在错误或不足之处，恳请读者批评指正，并将意见和建议及时反馈给我们，以便今后改进。

编　者

目　录

学习情境一

认识农产品营销

“百业之首农为先”，农业是人类的衣食之源和生存之本，是国民经济发展的基础。当前，中国经济社会的快速发展使得中国消费者的需求结构已经发生根本转变：从吃饱吃好，到吃健康吃放心吃品质吃范儿，农产品市场需求呈现多样化发展趋势。同时，随着我国农业生产力水平的提高和市场经济的发展，商品种类日益丰富，农产品供给量也大大增加，农产品市场竞争也日益激烈。尤其在经济全球化、互联网快速发展的环境下，国外农产品依托规模庞大、拥有先进管理模式的跨国企业大举进入国内市场，使我国的农业生产经营面临着更大的风险和挑战。农产品营销已经成为农业生产经营中不容忽视的问题，人们已经普遍意识到在农业生产经营过程中，掌握农产品营销实务往往比掌握农业生产技能来得更为重要，农产品营销搞好了可以降低成本提高效益，搞不好则可能全砸在手里，血本无归。如何认清农产品市场贸易状况，搞好农产品营销，对实现农民增收具有至关重要的意义。

学习目标

了解农产品市场贸易状况；认识农产品营销和农产品网络营销。

项目一　农产品市场贸易状况

任务要求

了解我国当前农业的总体情况、中国农产品基地分布、中国农产品出口状况；掌握农产品及其贸易特点。

任务引入

中国农业市场现状分析

我国土地资源丰富，其中，耕地约20亿亩，约占全国总面积的14.3%，但人均占有量少。世界人均耕地0.37公顷，而我国人均仅0.1公顷。发达国家1公顷耕地负担1.8人，发展中国家负担4人，我国则需负担8人，其压力之大可见一斑，土地的人口压力逐年增加。但是近年来，我国的农业发展也取得了长足的进步，主要表现为以下几点：

农业综合生产能力和农民收入持续增长。2020年，我国粮食生产实现历史性的"十七连丰"，粮食产量连续6年站稳1.3亿斤台阶。棉油糖、肉蛋奶、果菜鱼等农产品稳定增长，市场供应充足，农产品质量安全水平不断提高。

农业资源利用水平稳步提高。严格控制耕地占用和水资源开发利用，推广实施了一批资源保护及高效利用新技术、新产品、新项目，水土资源利用效率不断提高。农田灌溉水用量占总用水比重由2002年的61.4%下降到2013年的55%，有效利用系数由2002年的0.44提高到2013年的0.52，粮食亩产由2002年的293公斤提高到2014年的359公斤。在地少水缺的条件下，资源利用水平的提高，为保证粮食等主要农产品有效供给作出了重要贡献。

农业生态保护建设力度不断加大。国家先后启动实施水土保持、退耕还林还草、退牧还草、防沙治沙、石漠化治理、草原生态保护补助奖励等一批重大工程和补助政策，加强农田、森林、草原、海洋生态系统保护与建设，强化外来物种入侵预防控制，全国农业生态恶化趋势初步得到遏制，局部地区出现好转。2020年全国森林覆盖率达到23.04%，全国草原综合植被盖度达56.1%。

我国农机装备水平、作业水平、科技水平和社会化服务水平实现了前所未有的快速提升，2020年农作物耕种收综合机械化率达到70%。

在我国农业农村经济取得巨大成就的同时，农业资源过度开发、农业投入品过量使用、地下水超采以及农业内外源污染相互叠加等带来的一系列问题日益凸显，农业可持续发展面临重大挑战。直接表现为当前农业生产成本快速攀升，国内大宗农产品价格普遍高于国际市场，农业发展的资源环境约束强化，农民增收的难度加大。

（资料来源：中国产业信息网）

任务描述

结合有关资料，说说当前我国农产品生产状况及贸易状况。

相关知识

一、我国当前农业资源的总体情况

中国的改革开放以农村包产到户为标志拉开序幕,至今已走过了40多年的历程。回顾这40多年,我国农村、农业和农民面貌发生了翻天覆地的变化,突出表现为农产品种类日益丰富,农产品供给量也大大增加。

农产品是指人类有意识地利用动植物生长机能以获得生活所必需的食物和其他物质资料的经济活动的产物。根据《农产品质量安全法》,农产品是指来源于农业的初级产品,即在农业活动中获得的植物、动物、微生物及其产品。这里规定的农产品不仅指食用农产品,也涵盖了非食用的农产品,如棉花植物纤维和动物皮毛等。就产品特性而言,它分为动物性产品和植物性产品。就其用途而言,可分为三大类:第一类是人类直接需求的生活必需品,如粮食、油料(油脂)、蔬菜、果品和肉、蛋、奶等;第二类是间接需求的生活必需品,如饲料粮、饲草、作物、秸秆等,它们可以转化为肉、蛋、奶、水产品等生活必需品;第三类是用做工业原料的必需品,如棉花、麻类、烟叶等工业原料作物,以及原来是粮食作物,现在已转化为工业原料作物的玉米、高粱、薯类等。我国当前农业资源的总体情况如下:

1. 我国农业的自然资源

中国国土面积约1045万平方公里,其中耕地面积约为20.24亿亩。平原、盆地约占31%,高原和丘陵约占69%。疆域由南到北相距5 500多公里,兼有热带、亚热带、暖温带、温带、寒温带和高原气候带等几个不同的气候区,其中绝大部分处于温带,适宜农、林、牧、渔等各业生产的发展。

2. 我国农业的生物资源

中国的生物资源种类繁多,世界上主要的粮食作物和经济作物都有种植,是稻、粟、稷、荞麦、大豆、茶、桑、苎麻、青麻、梨、桃、柑橘、荔枝、龙眼、山楂、猕猴桃等的起源地之一。名贵品种多样,中国拥有经济价值较高的杉、松、柳、杨等树种,其中水杉、银杉、水松、杜仲等名贵树种为中国特有。全国草地面积约占国土面积的40%,大部分可以用来放牧。家养畜禽有牛、马、驴、骡、猪、羊、狗、鸡、鸭。中国有海岸线18 000多公里,江河湖泊等淡水水域面积达1 600多万公顷。中国水产资源丰富,其中海洋水资源有鱼类、头足类、甲壳类、贝类、藻类等,大黄鱼、小黄鱼、带鱼、墨鱼、鲳鱼、对虾等都是名贵品种。淡水水产量属世界最多的国家之一,主要经济鱼类品种有青、草、鲢、鲤、鲫、鳊鱼等50多种,东方对虾、中华绒螯蟹、鲥鱼、鳗鲡等驰名中外。中国的盆景、石雕、竹编、刺绣等农副产品也是种类繁多,蜚声海外。

二、我国农产品基地分布

我国是一个农业大国,农业经济的发展与农业产品的销售状况关系密切。从总体看,我国各个地区凭借自身条件,在农业方面取得了较好的成绩。农产品的销售状况无论在数量上、规模上还是种类上都比以往有明显的进步。然而,当前全国的农业发展明显呈不平衡的局面。

(1) 我国东部沿海的多数省区,如山东、浙江、江苏及东北各省的农业经济走在了全国的前列。这些地区部分主要农产品的生产和销售已经具备了相当的规模,农产品的销售渠道比较流畅,农民较快地走上了致富之路。东北地区是我国最大的玉米、大豆商品粮基地;华北地区是我国最重要的粮、棉、油、菜产区和肉、奶生产基地;华东地区的农业规模化、专业化水平较高,非农产业发达。

(2) 中南部省区,如河南、湖北、湖南等地是我国最大的稻谷、油菜生产区。

(3) 华南、西南省区,如广西、云南、四川等也是我国稻谷和甘蔗的集中产区。

(4) 西北地区大多干旱,宜重点发展棉、甜菜、瓜果、杂粮、牛、羊等农畜产品。

(5) 青藏地区的发展方向是高原现代农业畜牧业。

西部地区近几年在国家政策的扶持下已经有很大发展,但是这些地区总体上和东、中部地区的农业发展还存在着很大的差距。

知识拓展

表 1-1 我国主要农业基地分布

我国主要农业基地的地域分布		分布地区
九大商品粮基地		生产基础条件好的地区:①太湖平原;②洞庭湖平原;③江汉平原;④鄱阳湖平原;⑤成都平原;⑥珠江三角洲 生产潜力地区:⑦江淮平原。 粮食商品率高的地区:⑧松嫩平原;⑨三江平原。
五大商品棉基地		①汉江平原;②冀中南、鲁西北、豫北平原;③长江下游滨海、沿江平原;④黄淮海平原;⑤南疆。
油料作物基地	花生	温带、亚热带沙土和丘陵地区,山东、辽东半岛产量大。
	油菜	长江流域最多,有"北移南迁"趋势。
糖料作物基地	甘蔗	热带、亚热带地区,广西、云南、海南、广东、福建、台湾是主要地区。
	甜菜	中温带地区,内蒙古、新疆、吉林、黑龙江四个省区是主要产区。
出口商品基地	花卉、蔬菜、水果、塘鱼、禽畜	①太湖平原;②珠江三角洲;③闽南三角地带。

三、近年来我国农产品进出口状况

1. 农产品进出口总额增速明显加快

近年来随着我国对外贸易的不断扩大,我国农产品贸易也得到了快速的发展。数据显示,2019 年中国农产品进出口总额为 2300.7 亿美元,同比增长 5.5%。2020 年上半年,我国农产品进出口总额达到 1159 亿美元,同比增长 7.5%,增速明显加快。

我国农产品进出口贸易在我国对外贸易中占据重要地位。2015—2019 年我国农产品出口占我国外贸出口总额比重保持在 6%—7% 水平,且较为稳定,进口占比则维持在 3%—4% 之间水平,可知进口比重具有明显加大的趋势

2. 农产品进口增长明显

加入 WTO 以来,我国农产品出口总体上呈现规模不断扩大的趋势,增长速度多保持个位数增长,农产品出口具有一定的竞争力。我国作为世界农产品进出口大国,主要进口农产品包括大豆、乳品、牛肉、葡萄酒等。数据显示,2015—2019 年中国农产品进口额整体呈上升趋势。2019 年,我国农产品进口 1498.5 亿美元,同比增长 9.3%。2020 年上半年,我国农产品进口额 807.5 亿美元,同比增长 13.2%,增幅较大。

3. 农产品贸易逆差加大

近年来,我国农业对外依存度不断上升。数据显示,2015—2019 年中国农产品贸易逆差整体呈上升趋势,2019 年贸易逆差为 712.8 亿美元,同比增长 24.2%。2020 年上半年我国农产品贸易逆差为 456 亿美元,同比增长 31.1%。整体而言,我国农产品贸易逆差增长幅度较大。

随着我国工业化、城镇化的发展,我国农产品成本将进一步提高,进口将是长期的趋势。我国居民消费水平逐渐提高,推动进口优质农产品成为市场趋势。

四、农产品及其贸易的特点

学习我国农产品营销创新模式,首先必须了解我国农产品及其贸易的特点,针对这些特点,分析农产品营销的作用和适用性,在此基础上再构建适合我国农产品营销的新模式。

(一) 农产品交易分散性大

农产品交易的分散性表现为农产品产地收购的分散性和农产品零售终端销售的分散性。

(1) 从农产品收购过程来看,农产品生产分布在面积辽阔的土地上,农产品必须从四面八方的广大农村或土地上收购并集中起来。

(2) 由于农业生产主要是以家庭为单位进行的,小规模经营特征非常突出,户均和人均农产品生产量非常小。

（3）农产品在终端销售环节具有明显的分散性，批量小、范围广、频率高等是农产品销售的主要特征。

（4）由于多数农产品易腐烂变质，难以保存，因此，居民家庭单次购买量有限，从终端销售环节来看，农产品交易也具有分散性。

（二）农产品销售的波动性

农产品销售的波动性主要表现在：

（1）农产品供给波动表现为季节性波动。农产品的生产对自然有很强的依赖，必须配合长时间的自然力才能实现。特别是在特定季节才得以生长结果的部分农作物，供给波动性更加明显。对农产品的研究表明，多数初级农产品较小的零售价格变动就可能会导致原产地价格的较大波动，农产品价格总体上呈现出不稳定的特征。

（2）相对而言，农产品的市场需求波动比较小。市场对农产品的需求具有较强的稳定性，其需求价格弹性比较小，尤其是粮食和蔬菜等。

（3）农产品的产销变化非常快，交易对象和主体经常置换，需要不断搜寻新的更合适的交易对象。

（三）农产品销售运行成本高

农产品销售运行成本，是指在农产品由供应商向消费者交易、传递的过程中，为界定和维护双方的权益而发生的各种费用。其中包括所耗费的相关人工费、产品运输费，以及交易地位不对称和信息不完全而导致的交易损失等。农产品销售运行成本高，表现在：

1. 信息搜集成本高

农产品经营企业在寻找交易对象和交易价格，搜集和传递交易信息的过程中要付出高昂的货币成本、时间成本，以及体力与精力。这主要因为农户分散、数量巨大又远离市场，进行信息搜寻要付出人工耗费及差旅费，农户进行非长期合作交易时费时费力，难以做到及时准确交易。

2. 农产品销售成本高

（1）农产品流通环节多、层次多，营销渠道过长，从而造成农产品交易谈判次数多、契约量大，农产品从生产者手中到达消费者手中的时间长，从交易谈判到销售过程中所耗费的人工费、差旅费和其他相关费用（如农户进入批发市场和零售市场交易时，需要交纳的各种进场费、设施费、管理费、卫生建设费和税收等）也就比较高。

（2）农产品的物流成本过高，又容易腐烂及损坏，所产生的各种费用和损失都增加了农产品营销成本。

（3）农产品销售监控成本高。农产品交易过程缺乏规范性，常常遇到违约和被欺诈的现象，相应投入的监督成本也高涨起来。

3. 农产品销售违约成本高

作为农产品交易的买方和卖方，由于农产品价格的波动性明显，容易出现违约现象。首先农户和中小生产者处于弱势地位，常常成为市场欺诈和违约的受害者。其次由于交易缺乏规范性，龙头企业也容易成为受害者。比如一旦农产品的市场价格高于契约价格，农户很容易违约，把已订过合同的农产品拿到市场上销售，如果多数的小农户一起违约时，龙头企业就要承担违约成本了。

4. 农产品交易调节滞后性大

农产品生产是依靠“风调雨顺”的，具有季节性和周期性，而农产品消费却有日常性和连续性。因此造成农产品市场交易中，价格波动和农产品生产与供给之间存在着明显的滞后性，前一期的交易价格会影响当前的农产品生产与供给，当前的农产品生产与供给又会影响后一期的农产品的交易价格，其原因在于农产品生产者对市场价格不能及时做出反应，决策调整需要在下一个生产周期中才能实现。

知识拓展

发达国家在农产品贸易中具有明显竞争优势

一、高额的农业补贴

西方发达国家农业国内支持和补贴额历来很高，其中美国、欧盟及日本的农业补贴约占世界总额的80%，且对部分进口农产品维持高关税，严重扭曲世界农产品贸易。日本农业仅占其GDP的1.0%，但政府农业补贴达到GDP的1.4%。美国《2002年农业安全与农村投资法案》规定，10年内将提供农业补贴1 900亿美元。2006年7月24日，已持续谈判近5年之久的多哈回合全球贸易谈判宣告无限期中止。错综复杂的农业问题是多哈回合的核心议题和矛盾焦点。

对于依赖农产品出口的发展中国家来说，开放农产品贸易是多哈回合的目标。但美欧在削减农业国内补贴和降低农产品进口关税方面的分歧极其严重，致使谈判宣告破裂。多哈谈判的失败，使西方国家可以继续堂而皇之地给予本国农业以巨额财政支持，各国在农业补贴上将会形成攀比，国际农产品市场将继续长期处于扭曲状态。

二、先进的农业科技

基于发达的经济基础和先进的科技发展水平，西方发达国家始终走在农业科技前列。目前世界发达国家的农业科技进步贡献率达到75%以上，以色列更高达90%以上。美国的研究投入占其农业部总预算的2% -4%，以色列政府每年对农业科研经费的投入约占其农业产值的3%，而我国仅为0.2%左右。将信息技术、生物技术、新材料等越来越多的高新技术运用于农业，西方发达国家几乎都是绝对主导。发展中国家有赖于发达国家转让生产技术，以期从新技术、新成果中获益，提高农产品的国际竞争力，对发达国家产生很强的技术依赖；同时因高昂的技术转让费用，增加了农业生产成本。

三、垄断性的农业知识产权

在包括专利、地理标识、植物新品种等农业知识产权方面，西方发达国家处于垄断地位，其农产品在国际竞争中也因而具有内在优势，在国际农产品贸易中占重要份额。以美国和日本为代表的主要发达国家，借《与贸易有关的知识产权协议》(TRIPS)，试图通过推动更高水平的农业领域知识产权保护制度独占技术优势，扩大国际市场份额。由于大部分品种权和专利等农产品知识产权是在发达国家注册，而且这种趋势还会继续，因而这种技术优势及其导致的知识产权优势将使利润更多地从发展中国家向发达国家转移。

（资料来源：北京农业信息网）

项目二　农产品营销的内涵

任务一　市场营销的内涵

任务要求

了解市场营销的定义；掌握市场营销的核心概念；理解市场营销是价值增值的过程。

任务引入

卖苹果的故事

人潮拥挤的菜市场大门两侧，摆放着两个卖苹果的摊点。一边的摊主是男的，另一边是个女的，他们同样是卖苹果，上面的明码标价也同样是2.8元/500克，所不同的是，男摊主那儿的苹果鲜亮红润个大清丽，而女摊主销售的苹果则干瘪没有光泽，两相对比，女摊主的苹果明显逊色了许多，同样明显的是，男摊主那儿的顾客络绎不绝，而女摊主那儿却无人光顾。我就是看不懂，那位女摊主哪来那么大的耐心守着那些卖不出的破苹果？正当我疑惑不解之时，忽见那男摊主走向女摊主，悄声对她说："快，再开一箱，拣好的搬过来。"我一惊，好奇地问那男摊主："你们原来是一家？"男摊主说："是呀，她是我老婆。"我又问："那为什么她专拣破的卖呢？这样她那儿不是没生意了吗？"男摊主听后朗声地笑了笑，然后又压低了声音告诉我说："正是有了对比，我们的苹果才卖得快啊！"

（资料来源：江苏省农民培训工程系列教材《农产品营销知识简介》）

任务描述

根据上述案例，说说你对市场营销内涵的理解。

相关知识

一、市场营销的定义

对于大家来说,无论是购买大米、面粉、蔬菜、水果的过程,还是销售自己的小麦、苹果的过程,都是市场营销的一个过程或环节。所以,大家每天都在市场营销系统中生活,每天的许多工作都是市场营销系统的一部分。大家对市场营销的理解和认识也各有所别。现代营销学之父——菲利普·科特勒指出:市场营销指个人和群体通过创造并同他人交换产品和价值,以满足需求和欲望的一种社会活动过程和社会管理过程。包括产品生产、市场需求和预期信息、储运、保质、交换以及实现最终价值的运作与管理等一系列过程。市场营销的定义告诉我们以下几点:

(1)市场营销的最终目标是"满足需求和欲望"。

(2)交换是市场营销的核心,交换过程是一个主动、积极寻找机会,满足双方需求和欲望的社会过程和管理过程。

(3)交换过程能够实现,取决于营销者创造的产品和价值满足消费者需求的程度和交换过程的管理水平。

二、市场营销的核心概念

1. 需要和欲望

需要和欲望是市场营销活动的起点。需要是指人们为了生存必然有吃、穿、住、安全、归属、社会认可等的要求。欲望是指人们想得到满足自己需要的具体产品的愿望。

2. 需求

需求是指人们有能力购买并愿意购买某个产品的欲望。

3. 产品

产品是指能够满足人们需要和欲望的任何东西。包括有形的产品和无形的服务。

4. 价值

价值是消费者对产品满足其需要的整体能力的评价。消费者通常根据对产品价值的主观评价(满足)和支付的费用(价格)来做出购买的决定。

5. 交换

交换是指从他人处取得所需之物,而以自己的某种东西作为回报的行为。人们对满足需要和欲望的形式有多种方式。如自产自销、乞讨、偷窃、抢劫、交换等。其中,只有交换方式才是互利的、便利的市场营销。

交换的发生必须具备5个基本条件:①至少有交换的双方;②每一方都有对方需求的有价值的产品;③每一方都有沟通和交付产品的能力;④每一方都可以接受或拒绝;⑤每一方

都认可与对方的交易。

交易是交换的基本组成单位，是双方之间的价值交换。在这个过程中，如果双方达成一项协议，我们就称之为发生了交易。交易通常有两种方式：一是货币交易，如甲支付100元给乙方，而得到一袋面粉；二是非货币交易，包括以物易物、以劳务易劳务的交易等。一项交易通常要涉及几个方面：一是至少两件有价值的物品；二是双方同意的交易条件、时间、地点；三是双方履行了承诺。

三、市场营销是价值增值的过程

如果我们将生产定义为价值创造，那么，与产品相关的生产、加工、服务等过程也是价值创造。价值可以更深一步细化为：形态价值、空间价值、时间价值、获取价值、安全价值等。

消费者一年四季都需要农产品，但是农产品生产具有季节性。通过市场营销活动改变了农产品的使用和有效时间的过程就创造了时间价值。从事农产品加工的经营者通过对农产品进行加工、贮藏等措施，在农产品收获时，大量加工贮藏并长期持有农产品，在市场上缺少该农产品时，投放加工贮藏的农产品，实现连续性供给消费者。

我们习惯上将农产品的生产过程认为是创造了农产品的价值，这是因为在生产和加工的过程中，农产品的形态发生了显著的变化。然而，往往将产品的运输、贮藏、技术的改进、品牌建设、品质的保证以及售后服务视为是无价值的。而事实上，这些都是农产品市场营销的重要过程，这些过程也创造了农产品的价值。也就是说，无论从事农产品生产者、加工者，还是经销商、运输者、贮藏者等，都是市场的组成部分，都是市场营销的重要一环。

任务二　市场营销观念的演变

任务要求

能说出市场营销理念的演变与发展过程。

任务引入

小刘的经营原则

小刘原是一个普通的家庭妇女，在一个偶然的机会，她发现了一项“全麦面包”的专利，并筹资把它买下。一个家庭妇女，是怎样把一个家庭式面包店发展成一个经营型企业的呢？小刘虽然没有读过经营学方面的书籍，也没有受过正规训练，但她却有一种特殊的经营才能。这就是抱定“诚实不欺”这个原则，以不变应万变，发展事业。

小刘在面包店开业之时，就坚定地贯彻“诚实不欺”的经营原则，她精确地计算成本，加上合理的利润，订出一个标准价格，决不贵卖，也不贱卖。除了门市零售之外，她还做批发生意，为了怕经销商随便涨价，她在包装纸上面都标明成本和利润，使顾客知道一个面包应该花多少钱才不吃亏。这样一来，经销商想抬价也不可能了；其次，为了保证面包的品质，小刘也有一套独特的办法，她公开声明自己的面包是“最新鲜的食品”，为了取信于顾客，她在包装上都注明烘制日期，决不卖超过三天以上的面包。她不但自己严格执行“不超过三天”这一经营原则，她要经销商也严格执行这一原则，超过三天的面包全部收回，不能有一点马虎。她的这一做法，起初连两个女儿都表示反对，说这样太麻烦了。小刘说道：“贯彻‘诚实不欺’的原则，保持食品的新鲜度是最重要的条件。站在消费者的立场，当然喜欢新鲜的面包，而不喜欢吃放了一个星期的面包。我们做生意的人，就是要迎合消费者的口味、爱好，不是让消费者来迎合我们。只要我们在消费者心目中树立起这一良好的印象，我们的生意就成功一半了。”她对食品的品质问题要求十分严格，决不允许出现一次纰漏。她说：“食品关系每个人的切身利益，每个人对这种事都特别敏感，一旦消费者对你的产品发生了怀疑，那就不是短时间能够消除的。假如面包里发现一粒沙子，就可能使我们失去几斤金子！”

请看，小刘虽然从未涉足过商场，但她的观念和做法无一不符合正确的经营原则。她用“诚实不欺”做口号，建立起消费者的信任，这正是企业经营最基本、也是最高的原则。由于她坚持这样的原则，很快就建立了自己的信誉，远近的面包经销商都愿意推销她的食品，小刘的名字逐渐蜚声国内。不久，小刘成立了面包公司，由开始的一间房子，迅速扩展成现代化工厂，产品销售遍及全国。

由此可见，“言而有信”对一个企业是多么重要，它是关系到企业能否生存与发展的重要因素。作为一个经营者，千万不要忘记：无论在什么时候、什么情况下，“言而有信”都是第一位的。

任务描述

企业能否长久发展，首先取决于企业奉行的是什么样的经营观念，你知道市场营销理念有哪些吗？

相关知识

市场营销理念是指企业进行经营决策，组织管理市场营销活动的基本指导思想，也就是企业的经营哲学。它的一种观念，一种态度，或一种企业思维方式。市场营销观念是一种“以消费者需求为中心，以市场为出发点”的经营指导思想。它的演变和发展经历了生产观念、产品观念、推销观念、市场营销观念和社会营销观念这五个阶段。

一、生产观念，以产定销

生产观念盛行于 19 世纪末 20 世纪初。在 20 世纪二三十年代，福特汽车公司的口号是

“我们只生产一种颜色的汽车——黑色”。该理念认为,消费者喜欢那些可以随处买到和价格低廉的商品,企业应当组织和利用所有资源,集中一切力量提高生产效率和扩大分销范围,增加产量,降低成本。显然,生产观念是一种重生产、轻营销的指导思想,其典型表现就是“生产者生产什么就卖什么”。因为经济处于短缺阶段,因而生产者不用关心市场的需求,其任务只是集中精力增加产品产量,而想要增加利润只需加强生产管理、降低成本就可以了。可见,生产观念就是“以产定销”的观念,它是短缺经济条件下,产品供不应求,商品生产还不发达,物资短缺等卖方市场存在的条件下的观念。生产观念中,重点是产品的生产过程;生产者的目的是从多生产中获利;经营者的盈利手段就是不断扩大生产,从而增加产品产量。

二、产品观念,质量领先

产品观念是与生产观念并存的一种市场营销理念,都是重生产轻营销。产品观念认为,消费者喜欢高质量、多功能和具有某些特色的产品。因此,企业管理的中心是致力于生产优质产品,并不断精益求精,日臻完善。在这种观念的指导下,公司经理人常常迷恋自己的产品,以至于没有意识到产品可能并不迎合时尚,甚至市场正朝着不同的方向发展。他们在设计产品时只依赖工程技术人员而极少让消费者介入。“酒香不怕巷子深”就是产品观念的很好例证。

三、推销观念,以销定产

推销观念产生于资本主义经济由“卖方市场”向“买方市场”的过渡阶段。盛行于20世纪30-40年代。推销观念认为,消费者通常有一种购买惰性或抗衡心理,若听其自然,消费者就不会自觉地购买大量本企业的产品,因此企业管理的中心任务是积极推销和大力促销,以诱导消费者购买产品。其具体表现是:“我卖什么,就设法让人们买什么”。执行推销理念的企业,称为推销导向企业。在推销观念的指导下,企业相信产品是“卖出去的”,而不是“被买去的”。他们致力于产品的推广和广告活动,以求说服、甚至强制消费者购买。他们收罗了大批推销专家,做大量广告,对消费者进行无孔不入的促销信息“轰炸”。如美国皮尔斯堡面粉公司的口号由原来的“本公司旨在制造面粉”改为“本公司旨在推销面粉”,并第一次在公司内部成立了市场调研部门,派出大量推销人员从事推销活动。人们的营销观念开始由生产观点转向推销观点,由以生产为中心转为以销售为中心,技术开始为销售服务,市场能销售什么产品,就研究和生产什么产品。

但是,推销观念与前两种观念一样,也是建立在以企业为中心的“以产定销”,而不是满足消费者真正需要的基础上。因此,前三种理念被称之为市场营销的旧理念。

四、市场营销观念，顾客就是上帝

市场营销观念是以消费者需要和欲望为导向的经营哲学，是消费者主权论的体现，形成于20世纪50年代。该理念认为，实现企业诸目标的关键在于正确确定目标市场的需要和欲望，一切以消费者为中心，并且比竞争对手更有效、更有利地传送目标市场所期望满足的东西。

随着经济逐渐发达，人们的消费已由解决温饱问题，转变为解决质量问题。如果市场饱和，就算产品做得物美价廉，加上各种推销方式，仍然不能将全部产品推销出去，市场竞争变得更为激烈。不能满足消费者新的需要的生产经营，将会被淘汰，这将会迫使营销活动由“以销售为中心”进入“以消费者为中心”的新阶段。所以，市场营销观念是以满足消费者需求为出发点的，即“消费者需要什么，就生产什么”，“发现需要并高度满足它们”，而不是“生产产品并设法销售出去”。因此一些国家出现了“用户第一”“顾客是上帝”等口号。

五、社会营销观念，赚钱兼顾社会利益

社会营销观念是以社会长远利益为中心的市场营销理念，是对市场营销理念的补充和修正。从20世纪70年代起，随着全球环境破坏、资源短缺、人口爆炸、通货膨胀和忽视社会服务等问题日益严重，要求企业顾及消费者整体利益与长远利益的呼声越来越高。在西方市场营销学界提出了一系列新的理念，如人类理念、理智消费理念、生态准则理念等。其共同点是都认为，企业生产经营不仅要考虑消费者需要，而且要考虑消费者和整个社会的长远利益，这类观念统称为社会营销观念。社会营销观念认为：以实现消费者满意以及消费者和社会公众的长期福利是企业的根本目的与责任，即尽量达到消费者、社会和企业三者利益的平衡。所以，经营者安排生产经营时，除了要考虑投资效益外，还要考虑对环境是否会造成污染，对资源是否会造成消耗等社会问题。

任务三　农产品营销的内涵

任务要求

掌握农产品营销的定义；了解农产品的营销的基本职能和作用；理解农产品营销应遵循的基本原则。

任务引入

老外买柿子

美国的一个摄制组想拍一部中国农民生活的纪录片。于是他们来到中国某地农村，找到一个柿农，说要买 1 000 个柿子，请他把这些柿子从树上摘下来，并演示一下储存的过程，价钱是 1 000 个柿子 160 元人民币。

这位柿农很高兴地同意了。于是他找来个帮手，自己爬到柿子树上，用绑着弯钩的长杆，看准长得好的柿子用劲一拧，柿子就摔下来，滚得地上到处都是。另一人则在地上手脚飞快地把柿子拾到竹筐里，同时还大声和树上的人拉家常。一边观望的美国人觉得很有趣，用摄像机将整个过程拍摄下来，然后又拍摄了柿子储存的过程。

美国人付钱后就准备离开，柿农一把拉住他们，提醒他们将柿子带走。美国人说不需要，他们买柿子的目的已经达到了。

柿农不知道，他的 1000 个柿子虽然原地不动就卖上 160 元，但那几位美国人拍摄的他们采摘和储存柿子的纪录片，在美国市场却可以卖更多更多的钱。

柿农不知道，在那几个美国人眼里，柿子并不值钱，值钱的是中国柿农独特有趣的柿子采摘、储存的生产生活方式。

柿农不知道，一个柿子在市场上只能卖一次，但如果将柿子制成"信息产品"，就可以卖一千次、一万次甚至千千万万次。

这样的"柿农"，乡村里有、城市里也有，生活在当今这个世界，光会种"柿子"，只知道"柿子"的价钱，那是远远不够的。现在的社会进入了信息化社会、互联网时代，我们要想发家致富，就必须拓宽我们的思路，改变我们的观念，收集大量的信息，找到真正有价值的卖点，创造更大的价值。

（资料来源：农产品营销新思维）

任务描述

根据上述案例，说说农产品营销的内涵。

相关知识

农产品营销是市场营销的重要组成部分。农产品营销与一般市场营销有共性也有区别。

一、农产品营销的定义

农产品营销是指农产品生产者与农产品市场经营者为实现农产品价值一道进行的一系

列的产品价值的交易活动过程。我们可以从以下几方面把握农产品营销定义的内涵：

1. 农产品营销的主体是农产品生产和经营的个人和组织

如专门销售粮食、蔬菜、水果的贸易公司或经济合作组织；也可以是生产者兼经营者，如家庭农场主，常常既是生产者代表，又是经销商，也可以是在产品产出后进行加工、保鲜、储运等活动的经营者。在我国，农产品营销主体主要包括：农产品生产并销售的个体户；专门从事农产品市场经营活动的个体户和经济合作组织；市场上专门从事农产品营销运行的中介组织、批发与零售或专卖企业等。

2. 农产品营销活动贯穿于农产品生产、流通和交易的全过程

农产品营销的内涵不仅包括农产品离开农户（农场）后到消费者手中的流通领域活动，而且还包括农产品产前农业生产计划的制订和决策、新产品培育和开发、农业生产资料的供应以及农产品生产者按生产计划进行的符合市场和社会需求的产品生产（或产品创造）。在这一点上，农产品营销的概念内涵远远超过农产品销售或者农产品营销的概念。换言之，农产品营销要领不仅包含了农产品的纯粹流通和交易行为，同时还体现了农产品生产事前的营销计划、决策和产品经营理念。

3. 农产品营销是受农产品的自然生长周期、生产季节、生产产地、产品自身物理化学性质等客观条件的制约进行经营的过程

该过程与其他产品的经营具有很大的差别。特别是产品自身的物理化学因素，制约着经营者的市场风险、成本核算、额外保护等。具体来说，农产品营销首先运送、保鲜就是很大的问题；其次从其价值上考虑，只要开始腐烂、变质，它就失去了产品的价值，在这一点上经营农产品市场风险更大。有些加工后的农产品还有贮藏问题，需要防虫、防污染、防鼠害、防霉变、防过期等。停留在经营者货仓的时间越长，货物损失越大，赔的因素越多，赚的机会越少。这种特殊产品的经营过程的特殊性，还体现在产品的经营者要有畅通的渠道，例如有市场没有供应商，将使机会流失；有货物没有市场，产品只能砸到手里。

二、农产品营销的特点

做好农产品营销，不仅要运用市场营销的基本理论和运作技巧指导农产品的调查、市场细分、市场定位、市场开发、市场运作，还要运用农业经济学的知识、经营管理的知识指导农产品经营、销售的各个环节，寻找其内在的特殊规律，推动农产品经营活动发展。而在此之前，首先要掌握农产品营销的特点：

1. 营销产品的生物性、自然性

农产品大多是生物性自然产品，如蔬菜、水果、鲜肉、牛奶、花卉等，具有鲜活性、易腐烂（不易储存）等特点。农产品一旦失去其鲜活性，价值就会大打折扣。而且某些农产品的体积较大，单位重量的价值低，如木材、冬瓜等。

2. 农产品供给的季节性强

农产品的供给在时间上具有季节性而且生产周期长。在我国，水稻一年一般收获一到两次，在南方日照时间长的地区最多也只能收获三次，棉花采摘时间集中在9月份，西瓜、葡

萄等水果一般集中在7~9月上市。虽然现代科学技术缩短了农产品的生长周期,改变了农产品的上市时间,出现了一些反季节的蔬菜、水果,但总的来说农产品供给的季节性是其主要特点。

3. 农产品需求的大量性、连续性、多样性

在农产品市场上,首先,基本生活消费品是人民生活的基本保证,也是社会稳定的基本保证,因此市场需求大,少量的产品供应无法满足市场需求;其次是产品的连续性,生活消费的食用品天天用,时时用,无论是餐桌上的粮食、蔬菜、鱼肉、蛋奶,还是闲暇、旅游、集会、谈天都离不开加工的休闲食品。消费者的不同个性、生活习惯,对农产品消费有不同的倾向;不同年龄、发育阶段的消费群体,体现出对农产品消费的不同理念;多样化已经成为各类人群消费农产品的基本特征。

4. 大宗主要农产品品种营销的相对稳定性

农产品生产多是有生命的动物和植物的生产,其品种的改变和更新需要漫长的时间,因而农产品经营在品种上具有相对的稳定性。当然并不排除在现代技术进步条件下某些新产品的迅速产生,但在一定时间里,人们消费的农产品品种是相对稳定的。

5. 政府宏观政策调控的特殊性

农业是国民经济的基础,农产品是有关国计民生的重要产品,由于农业生产的分散性和农户抵御市场风险能力的有限性,所以政府需要采取特殊政策来扶持或调节农业生产和经营。

三、农产品营销的基本职能

搞好农产品营销不是简单的市场经营活动,它的特点决定了农产品营销职能。

1. 连接好两个市场实现顺利交易的职能

由于农产品的自然属性,生产者在丰收的季节,最担心产品是否能顺利交易。因此农产品营销必须承担起实现顺利交易的职能。作为单纯的经营者要及时选择生产基地,监督基地的生产质量,绿色生产,并及时把市场信息传递给生产者,选择好需求市场,及时将产品销售出去。

2. 创造各种条件保证产品品质的职能

由于农产品的生物性和销售期限性制约了农产品营销,要求农产品交易必须在特定时间、环境下进行,如大宗产品的保鲜条件或设备等。农产品在经营过程中对大宗产品要进行维护和管理。在超市里我们看到大批的蔬菜由于没有及时的维护和管理,产品处于进入市场就将被毁损的状态。而消费者对这些产品又十分挑剔,无人管理最终导致资源的浪费,农民生产的产品无法实现其价值。正因如此,现在许多消费品市场中出现以出租柜台经营不易保鲜的农产品,产品卖不出由生产者或供应商承担风险,严重挫伤了生产者或供应商的积极性。因此,从事农产品营销还必须具有保证产品品质的职能。

3. 规范经营行为提高农产品价值职能

农产品收获后要想得到较高的价格回报,必须经过分级、储藏、加工、包装以及开发市场

等一系列的相应活动。在国际市场上，西方国家农产品的价格远高于我国农产品价格，除了科技含量、劳动力价格等因素外，主要是经营过程产生出的产品价值升值。我国农产品市场经营不规范，长期以来也做了大量宣传，但由于传统经营习惯和大多数人对规范经营的不熟悉，农产品价值升值还很难实现，这样提高农民的收入就很难解决。

4. 引导文明、健康消费的职能

我国的消费习惯制约着国民身体素质的提高，尤其是传统的消费习惯，如什么都敢吃、什么都想试，对产品不了解其营养含量、所含成分，消费不科学，造成了严重的社会健康问题。饮食习惯可以通过社会传媒、社会健康教育来改进，而产品加工、储藏和改造则是农产品营销的职责，可以通过经营，引导人们健康消费，提高社会消费的文明程度，以提高全民族素质。这方面工作做好了将实现消费者与经营者的双赢和整个社会民族的健康发展。

四、农产品营销的作用

农产品营销对农产品的生产，对农村经济的繁荣，对农民收入的提高，起着非常重要的作用，具体表现在以下几个方面：

1. 农产品营销促进了农业产业结构的调整

农产品营销的开展有利于改善农产品的种植结构。市场需求是营销活动的指挥棒，根据营销的要求，农作物种植品种的选择必须符合市场的需求，而市场的需求是不断变化的，这就推动着农产品种植原品种结构不断改善，从而不断增加优质农产品的有效供给。我国加入世贸组织后，农业也置身于世界市场的大潮中。应通过营销活动，将我国农业也置身于国际农业产业结构的范围内，参与农业国际分工，形成自己的创新农业。

2. 农产品营销促进了生产与销售的对接

生产与销售过去是脱节的，生产者不知什么农产品好销，只管生产自己会生产的，销售者也不知如何去引导生产。营销是促进买卖双方交易的一系列活动，其最终结果是把产品推向市场，实现消费者购买的目标，使农产品生产有效地与销售相对接。例如，农产品营销者通过开展一系列的营销策划活动，在产品品种选择、质量、卖相、包装、品牌上下功夫，提高产品上柜率，还运用多种营销手段，与各超市、商店、配送中心合作，使自己的产品走向千家万户。

3. 农产品营销促进了社会资本对农业的投资

农产品营销可以帮助农产品经营者吸引更多的投资和贷款，将社会资金聚集到农业产业上。农业有很强的可塑性和延伸性，通过产品的延伸开发，以旺盛的销售聚集广泛的社会资源，必会带动社会资本对农业的投资。

4. 农产品营销促进了农产品的出口创汇能力

中国市场已经全面与国际市场接轨，农产品也在走向国际化。农产品营销者通过国际市场调研、产品设计，按照国际消费者需求组织生产，培育和打造高质量、符合标准的农产品，从而不断提高我国农产品在国际市场上的占有率和出口创汇能力。

5. 农产品营销培养锻炼了农产品经营者

在很多人看来，农业是一个没有什么技术门槛的“简单”产业。但事实上，农业生产远比工业生产复杂，农业生产者需要面对的可变因素，不仅有气象和生物活动等自然条件，还有变幻莫测的市场。通过营销活动可以培养和锻炼农产品经营者，使农民在竞争中成长，将分散的农民组织起来，培养出一批技能型农民；培养和锻炼他们如何将现代科技成果和信息技术运用于生产与销售之中，提高他们发现、利用市场机会的能力，将农产品经营者培养为智能型职业农民。

五、农产品营销应遵循的基本原则

现代营销原则对于现代市场条件下的农产品经营者来说，是必须掌握的法宝，是他们致富的金钥匙。农产品营销有以下几项基本原则：

1. 把握市场的原则

在市场营销中，市场和顾客是出发点，是营销活动的指挥棒，把握市场与顾客需求是营销活动的中心环节，因此，农产品营销者准确地把握市场是关键。农产品经销者要坚决克服那种单凭老本和经验的主观主义，要充分运用市场分析、消费者行为分析、竞争分析、顾客满意度调查及各种实验、试销等科学的营销分析技术，正确地把握市场现状和顾客需求的发展趋势。

2. 对应市场的原则

把握市场是前提，应对市场是章法。市场在不断变化，农产品经营要根据市场变化不断调整营销思路。从市场出发，围绕着消费者需求的变动，有意图、有计划地开展市场营销活动，解决市场出现的矛盾；同时，要求参与农产品经营的各环节中的每一主体都能开展各自的市场营销活动。

3. 创造市场需求的原则

消费者往往不十分清楚自己的需求，创造需求原则其实是将消费者的需求从深处向浅处浮现。这一原则提醒我们，需求并非固定或有一定限度的，而是可以通过企业的努力去扩大和创造的。如2010年在第八届中国国际农产品交易会上，“创意农业”是此届农交会的亮点之一，如用丝瓜制成的鞋垫，用核桃加工拼接成的各种工艺品，用五谷制成的画，等等，大受欢迎。

4. 推拉结合原则

农产品营销中少不了要开展各种促销活动，这些促销活动归纳起来就两种——推进和拉引。推进措施，是指农产品经营者派销售人员活动于各批发市场，促进农产品交易，批发商向零售商推销农产品，零售商向消费者推销农产品，这样，从上游到下游，一个阶段一个阶段地进行信息传递和沟通并转移其产品。拉引措施，是指农产品经营者直接作用于消费者，唤起消费者的兴趣和购买欲望，引导消费者到商店寻购其产品，零售商向批发商、批发商向制造商询问或订购。

5. 社会责任在前的原则

农产品大多数与食品有关,食品安全是当今世界的头等大事,农产品经营者的营销活动一定要遵循社会责任在前的原则,以保护消费者及其利益,使消费者享受到应该享受的权利,将食品安全摆在首位,面对并适应"绿色"健康的趋势,促使消费者需求与社会相协调。在营销活动中既要满足消费者的需要和欲望,又要符合道德规范,还要符合消费者和整个社会的长远利益,特别是在处理消费者欲望、企业利润和社会整体利益之间矛盾时,要做到统筹兼顾。

知识拓展

"今明后"产品的出炉

美国加利福尼亚的爱丽美食品公司被人们称为"今明后公司"。该公司为了迎合消费者心理,雇用了42位食品设计师兼配方师,每周总要设计出10多种新产品。但对这10多种新食品,公司并不盲目推出,而是试探出顾客的反应后再推出。其做法是在公司的门市部专门设立一个所谓的"今明后"柜台。每天在这个柜台,总有几种新设计出来的食品样品陈列,免费供顾客品尝。公司还制定了一条测试流程:今天出样,听取顾客意见;明天订货,观察顾客反应。也就是说,在"今明后"柜台陈列的新食品,今天出样陈列供顾客免费品尝,明天接受订购,后天才公开出售。由于是免费品尝,顾客的反应就非常真实,公司还可从中预测出后天的市场需求量,从而制订上市供应计划。

(资料来源:农产品营销新思维)

项目三 农产品网络营销

任务一 农产品网络营销的内涵

任务要求

了解农产品网络营销概念、农产品网络营销的特点、农产品网络营销的内容、农产品网络营销的常用方法。

任务引入

李佳琦和高晓松:公益+直播为贫困县农产品带货

2019年12月12日晚,高晓松、李佳琦首次在淘宝公益同台直播,为贫困县农产品带货。在直播中高晓松首次涂起了口红,还跟李佳琦的狗“Never”友爱互动。“高晓松涂口红”微博话题阅读量高达2.5亿人次。

当晚,40万斤内蒙古扎赉特大米5秒售空,5万罐安徽金寨山核桃5秒售空,12万袋康保燕麦面7秒售空,预计带动三地1114户贫困户共计增收439万元。

除了明星主播,在广袤的乡村,还有不少农民走在直播脱贫的路上。截至2019年11月底,淘宝公益直播超过120万场,带动农产品成交40亿,农民主播已超过5万名。公益+直播成为直播电商一条崭新的路径。

(资料来源:央广网财经)

任务描述

根据上述案例,说说农产品网络营销的内涵。

相关知识

随着网络的普及,网络市场已经成为销售渠道中非常重要的组成部分。2021年,中国网络购物市场交易规模达到13.09万亿元,维持在较高的增长水平。根据国家统计局2021年全年社会消费品零售总额数据,2021年,网络购物交易额大致相当于社会消费品零售总额的29.7%。利用网络市场,农民可以完成发布信息、寻找商机、交易洽谈、付款结算等工作,足不出户就可以掌握市场动态,进行产品推广。

一、农产品网络营销的概念

农产品网络营销,又称为“鼠标+大白菜”式营销,是农产品整体营销战略的一个组成部分,是为实现农产品总体营销目标所进行的,以互联网为基本手段开展农产品销售的营销活动,包括网上农产品市场调查、客户分析、产品开发、销售策略和反馈信息等方面活动。其实质是利用互联网对农产品的售前、售中、售后各环节进行跟踪服务,它自始至终贯穿于农产品营销的全过程。

二、农产品网络营销的特点

农产品网络营销作为一种基于互联网的全新的营销方式,除具有与传统农产品营销的一般特点外还具有以下一些特点。

1. 跨时空

通过互联网能够超越时间和空间的限制进行信息交换,因此使得脱离时空限制达成交易成为可能,农户和企业有更多的时间和更大的空间进行营销,每周 7 天,每天 24 小时,随时随地向客户提供全球性的营销服务,以达到尽可能多地占有市场份额的目的。

2. 多媒体

互联网可以传输文字、声音、图像、动画等多种媒体信息,从而使为达成交易进行的信息交换可以用多种形式进行,能够充分发挥营销人员的创造性和能动性。

3. 交互性

农户和企业可以通过互联网向客户展示商品目录,通过链接资料库提供有关商品信息的查询,可以和顾客进行双向互动式的沟通,可以收集市场情报、进行产品测试与消费者满意度的调查等,因此互联网是农户和企业进行产品设计、商品信息提供以及服务提供的最佳工具。

4. 人性化

在互联网上进行的促销活动具有一对一、理性、消费者主导、非强迫性和循序渐进式的特点,这是一种低成本与人性化的促销方式,可以避免传统的推销活动所表现的强势推销的干扰。同时,农户和企业可以通过信息提供与交互式沟通,与消费者建立起一种长期的、相互信任的良好合作关系。

5. 成长性

遍及全球的上网者数量飞速增长,而且其中大部分是年轻的、具有较高收入和高教育水准的群体,由于这部分群体的购买力强而且具有很强的市场影响力,因此,农产品网络营销是一个极具开发潜力的市场渠道。

6. 整合性

在互联网上开展的营销活动,可以完成从商品的信息的发布到交易操作的完成和售后服务的全过程,这是一种全程的营销渠道。

7. 超前性

互联网兼具渠道、促销、电子交易、互动顾客服务以及市场信息分析与提供等多种功能,是一种功能强大的营销工具,并且它所具备的一对一营销能力,正迎合了定制营销与直复营销的未来趋势。

8. 高效性

网络营销应用计算机储存大量的信息,可以帮助消费者进行查询,所传送的信息数量与精确度,远远超过其他传统媒体。同时还能适应市场的需求,及时更新产品陈列或调整商品的价格,因此能及时有效地了解和满足顾客的需求。

9. 经济性

网络营销使用权交易的双方能够通过互联网进行信息交换,代替传统的面对面的交易方式,可以减少印刷与邮递成本,进行无店面销售而免交租金,节约水电与人工等销售成本,同时也减少了由于交易双方之间的多次交流所带来的损耗,提高了交易的效率。

10. 技术性

网络营销是建立在以高技术作为支撑的互联网基础上的，企业在实施网络营销时必须有一定的技术投入和技术支持，必须改变企业传统的组织形态，提升信息管理部门的功能，引进懂营销与计算机技术的复合型人才，方能具备和增强农户和企业在网络市场上的竞争优势。

三、农产品网络营销的内容

农产品网络营销涉及的范围较广，所包含的内容也较丰富，主要内容包括：

1. 网上市场调查

网上市场调查是指农户和企业利用互联网的交互式信息沟通渠道来实施市场调查活动，所采取的方法可以直接在网上通过发布问卷进行调查，也可以在网上收集市场调查中需要的各种资料。

2. 网络消费者行为分析

网络消费者是网络社会的一个特殊群体，与传统市场上的消费群体的特性截然不同，因此要开发有效的网络营销活动，必须深入了解网络用户群体的需求特征、购买动机和购买行为模式。

互联网正成为许多有相同兴趣爱好的消费群体聚集交流的场所，在网上形成了一个个特征鲜明的虚拟社区。网络消费者行为分析的关键就是要了解这些虚拟社区中消费群体的特征和喜好。

3. 网络营销策略的制定

农户和企业在采取网络营销实现其营销目标时，必须制定与农户和企业相适应的营销策略，因为不同的农户和企业在市场中所处的地位是不同的。农户和企业实施网络营销需要进行投入，并且会有一定的风险，因此农户和企业在制定网络营销策略时，应考虑各种因素对网络营销策略制定的影响。

4. 农产品和服务网络营销策略

网络作为有效的信息沟通渠道，改变了传统农产品的营销策略特别是营销渠道的选择。在网上进行农产品和服务营销，必须结合网络特点重新考虑对农产品的设计、开发、包装和品牌塑造，因为不少传统的优势品牌在网络市场上并不一定能够成为优势品牌。

5. 网络价格营销策略

作为一种新的信息交流和传播工具，互联网从诞生伊始就实行自由、平等和信息基本免费的策略。因此，制定网上价格营销策略时，必须考虑到互联网对农户和企业产品的定价影响和互联网本身独特的免费特征。

6. 网络渠道选择与直销

互联网对农户和企业营销活动影响最大的是营销渠道。借助互联网的直接互动的特性交易双方可以建立网上直销的销售模式，可以改变传统渠道中的多层次选择和管理与控制的问题，可以最大限度地降低营销渠道中的营销费用。

7. 网络促销与网络广告

互联网是双向的信息沟通渠道，这可以使沟通的双方突破时空限制进行直接的交流，操作简单、高效，并且费用低廉。互联网这一特点使得在网上开展促销活动十分有效，但在网上开展促销活动必须遵循在网上进行信息交流与沟通的规则，特别是遵守一些虚拟社区的礼仪。

网络广告是进行网络营销最重要的促销工具，作为在第四类媒体上发布广告，其交互性和直接性的特点使之具有报刊杂志、无线电广播和电视等传统媒体发布广告无法比拟的优势。

8. 网络营销管理与控制

网络营销依托互联网开展营销活动，必将面临传统营销活动无法碰到的许多新问题，如农产品质量的保证问题、消费者隐私保护问题以及信息的安全问题等，都是网络营销必须重视并进行有效控制的问题，否则农户和企业开展网络营销的效果就会适得其反。

四、农产品网络营销的常用方法

在网络营销中，按照农民和企业是否拥有自己的网站将网络营销分为两类：无站点网络营销和基于网站的网络营销。无站点网络营销，也就是说，即使没有自己的网站，农户和企业也可以利用互联网上的资源，开展初步的营销活动。对于缺少资金实力和互联网知识的农户和小企业来说，主要是利用无站点网络营销方式。采取这种方式，只要拥有上网的条件，学会一般上网的方法就可以。无站点网络营销在农产品营销中的应用主要包括：通过互联网调查市场情况、免费发布农产品信息、网上拍卖、加入专业经贸网和行业信息网、发布网络广告等等。有些方法在两种情况下都适用，但更多方法需要以建立网站为基础，基于农户和企业网站的网络营销显得更有优势。网络营销的具体方法很多，其操作方式、功能和效果也有所区别，下面介绍常用的农产品网络营销方法及其作用。

1. 搜索引擎营销

这是最常用的网络营销方法之一。搜索引擎营销的基本思想是让用户发现信息，并通过（搜索引擎）搜索点击进入网站（网页）进一步了解他所需要的信息。在介绍搜索引擎策略时，一般认为，搜索引擎优化设计主要目标有两个层次：被搜索引擎收录、在搜索结果中排名靠前。这已经是常识问题，简单来说 SEM 所做的就是以最小的投入在搜索引擎中获最大的访问量并产生商业价值。多数网络营销人员和专业服务商对搜索引擎的目标设定也基本处于这个水平。但从实际情况来看，仅仅做到被搜索引擎收录并且在搜索结果中排名靠前还很不够，因为取得这样的效果实际上并不一定能增加用户的点击率，更不能保证将访问者转化为顾客或者潜在顾客，因此只能说搜索引擎营销策略是最基本的农产品网络营销方法。

2. 交换链接

网站交换链接，也称为友情链接、互惠链接、互换链接等，是具有一定资源互补优势的网站之间的简单合作形式，即分别在自己的网站上放置对方网站的 LOGO 或网站名称，并设置对方网站的超级链接，使得用户可以从合作网站中发现自己的网站，达到互相推广的目的。

因此常作为一种网站推广手段。

交换链接的作用主要表现在:获得访问量,增加用户浏览时的印象,在搜索引擎排名中增加优势,通过合作网站的推荐增加访问者的可信度等。交换链接的意义实际上已经超出了是否可以直接增加访问量这一具体效果,获得合作伙伴的认知和认可,同样是一个网站品牌价值的体现。

3. 信息发布

信息发布既是网络营销的基本职能,又是一种实用的操作手段,通过互联网不仅可以浏览到大量商业信息,同时还可以自己发布信息。在网上发布信息可以说是网络营销最简单的方式,网上有许多网站提供农户和企业供求信息发布服务,而且多数是免费,有时这种简单的方式也会取得意想不到的效果。不过,最重要的是将有价值的信息及时发布在自己的网站上,以充分发挥网站的功能,比如新产品信息和优惠促销信息等。

4. 网络广告

网络广告就是在网络上做的广告。它是一种通过网络广告投放平台来利用网站上的广告横幅、文本链接、多媒体的方法,在互联网刊登或发布广告,通过网络传递到互联网用户的一种高科技广告运作方式。网络广告主要针对农业企业而言,农户往往实力弱,做网络广告并不现实。

5. 网上商店营销

建立在第三方提供的电子商务平台上,由农户和企业自行经营的网上商店,如同在大型商场中租用场地开设商家的专卖店一样,是一种比较简单的电子商务形式。除了通过网络直接销售产品这一基本功能之外,网上商店还是一种有效的网络营销手段。网上商店的作用主要表现在两个方面:一方面,网上商店为农业企业扩展网上销售渠道提供了便利的条件;另一方面,建立在知名电子商务平台上的网上商店增加了顾客的信任度,对提升农业企业形象并直接增加销售具有良好的效果。

任务二 网络营销的理论基础

任务要求

了解直复营销理论、关系营销理论、网络软营销理论和网络整合营销理论。

任务引入

第一个利用互联网络赚钱的人

互联网上最早的赚钱方式是在新闻组发布广告信息,最早通过互联网赚钱的人不是什么知名网站,而是两个美国律师。1994 年 4 月 12 日,美国亚利桑那州两位从事移民签证咨询服务的律师 Laurence Canter(坎特)和 Martha Siegel(西格尔)(两人为夫妻)把一封“绿卡抽奖"的广告信发到他们可以发现的每个新闻组,这在当时引起了轩然大波,他们的"邮件炸弹"让许多服务商的服务处于瘫痪状态。

有趣的是,两位律师在1996年还合作写了一本书——《网络赚钱术》(How to Make a Fortune on the Internet Superhighway),书中介绍了他们利用互联网网络赚钱的辉煌经历:通过互联网发布广告信息,只花费了20美元的上网通信费用就吸引来25000个客户,赚了10万美元。他们认为,通过互联网进行Email营销是前所未有几乎无需任何成本的营销方式。当然他们并没有考虑别人的感受,也没有计算别人因此而遭受的损失。1995年之后,Canter事实上已经不再从事律师职业,而是从事电脑软件开发。Canter和Siegel从网上赚钱之后半年多时间,到了1994年10月27日,网络广告才正式诞生,而目前全球最著名的亚马逊网上商店成立于1995年7月份,比"网上赚钱第一人"的诞生要迟15个月!从此,人们开始研究网络营销的理论。

任务描述

根据上述案例,说一说研究网络营销的理论的必要性。

相关知识

网络营销的理论基础主要是直复营销理论、网络关系营销理论、网络软营销理论和网络整合营销理论。

一、直复营销理论

直复营销理论是20世纪80年代引人注目的一个概念。美国直复营销协会对其所下的定义是:"一种为了在任何地方产生可度量的反应和(或)达成交易所使用的一种或多种广告媒体的相互作用的市场营销体系。"直复营销理论的关键在于它说明网络营销是可测试的、可度量的、可评价的,这就从根本上解决了传统营销效果评价的困难性,为更科学的营销决策提供了可能。这具体表现在以下几个方面。

1. 直复营销的互动性

直复营销活动特别强调营销者与顾客之间的双向信息的交流,以克服传统营销中营销者与顾客无法直接沟通,或只能进行单向信息交流的致命弱点。互联网作为一种自由的、开放的双向式信息沟通的网络,使企业与顾客之间可以实现直接的一对一的信息交流与沟通。企业可以根据目标顾客的需求来进行商品的生产和营销决策,在最大限度地满足顾客需求的同时,也能提高企业营销决策的效率。

2. 直复营销的跨时空特征

直复营销活动强调的是在任何时间、任何地点都可以实现营销者与顾客的双向信息的交流。互联网的持续性和全球性的特征,使得顾客可以通过互联网在任何时间、任何地点直接向企业提出服务请求或反映问题;企业也可以利用互联网低成本地突破地域和时间限制,与顾客实现双向交流。

3. 直复营销的一对一服务

直复营销活动最关键的是为每个目标顾客提供直接向营销者反映情况的渠道。这样,企业可以凭借顾客反映找到自己的不足之处,为下一次的直复营销活动做好准备。互联网的方便、快捷性这一特征,使得顾客可以方便地通过互联网直接向企业提供购买需求或建议,也可以直接通过互联网获取售后服务;企业也可以通过了解顾客的建议、需求和希望找出企业的不足,改善经营管理,提高服务质量。

4. 直复营销的效果可测定

直复营销的一个重要的特征就是直复营销活动的效果是可测定的。通过互联网可以最低或最大限度地满足顾客需求,同时还可以了解顾客的需求,细分目标市场,提高营销效率。

网络营销作为一种有效的直复营销策略,说明网络营销的可测试性、可度量性、可评价性和可控制性。因此,利用网络营销这一特性,可以大大改进营销决策的效率和营销执行的效用。

二、关系营销理论

关系营销是1990年以来受到重视的营销理论,它主要包括两个基本点:在宏观上,认识到市场营销会对范围很广的一系列领域产生影响,包括顾客市场、劳动力市场、供应市场、内部市场、相关者市场,以及影响者市场(政府、金融市场);在微观上,认识到企业与顾客的关系不断变化,市场营销的核心应从过去的简单的一次性的交易关系转变到注重保持长期的关系上来。企业是社会经济大系统中的一个子系统,企业的营销目标要受到众多外在因素的影响,企业的营销活动是一个与消费者、竞争者、供应商、分销商、政府机构和社会组织发生相互作用的过程,正确理解这些个人与组织的关系是企业营销的核心,也是企业成败的关键。

关系营销的核心是保持顾客,为顾客提供高度满意的产品和服务价值,通过加强与顾客的联系,提供有效的顾客服务,保持与顾客的长期关系。并在与顾客保持长期的关系的基础上开展营销活动,实现企业的营销目标。实施关系营销并不是以损伤企业利益为代价的,根据研究,争取一个新顾客的营销费用是老顾客费用的五倍,因此加强与顾客关系并建立顾客的忠诚度,是可以为企业带来长远的利益的,它提倡的是企业与顾客双赢策略。

互联网作为一种有效的双向沟通渠道,企业与顾客之间可以实现低费用成本的沟通和交流,它为企业与顾客建立长期关系提供有效的保障。这是因为:

首先,利用互联网企业可以直接接收顾客的订单,顾客可以直接提出自己的个性化的需求。企业根据顾客的个性化需求利用柔性化的生产技术最大限度满足顾客的需求,为顾客在消费产品和服务时创造更多的价值。企业也可以从顾客的需求中了解市场、细分市场和锁定市场,最大限度降低营销费用,提高对市场的反应速度。

其次,利用互联网企业可以更好地为顾客提供服务和与顾客保持联系。互联网不受时间和空间限制的特性能最大限度方便顾客与企业进行沟通，顾客可以借助互联网在最短时间内以简便方式获得企业的服务。同时，通过互联网交易企业可以实现对整个从产品质量、服务质量到交易服务等过程的全程质量的控制。

此外，通过互联网企业还可以实现与企业相关的企业和组织建立关系，实现双赢发展。互联网作为最廉价的沟通渠道，它能以低廉成本帮助企业与企业的供应商、分销商等建立协作伙伴关系。如联想电脑公司，通过建立电子商务系统和管理信息系统实现与分销商的信息共享，降低库存成本和交易费用，同时密切双方的合作关系。

三、网络软营销理论

网络软营销理论是针对工业经济时代的以大规模生产为主要特征的“强式营销”提出的新理论，该理论认为顾客在购买产品时，不仅满足基本的生理需要，还满足高层的精神和心理需求。因此，软营销的一个主要特征是对网络礼仪的遵循，通过对网络礼仪的巧妙运用获得希望的营销效果。它强调企业进行市场营销活动的同时必须尊重消费者的感受和体会，让消费者能舒服地主动接收企业的营销活动。传统营销活动中最能体现强势营销特征的是两种促销手段：传统广告和人员推销。在传统广告中，消费者常常是被迫地被动地接收广告信息的“轰炸”，它的目标是通过不断的信息灌输方式在消费者心中留下深刻的印象，至于消费者是否愿意接收、需要不需要则不考虑；在人员推销中，推销人员根本不考虑被推销对象是否愿意和需要，只是根据推销人员自己的判断强行展开推销活动。

在互联网上，由于信息交流是自由、平等、开放和交互的，强调的是相互尊重和沟通，网上使用者比较注重个人体验和隐私保护。因此，企业采用传统的强势营销手段在互联网上展开营销活动势必会适得其反，如美国著名 AOL 公司曾经对其用户强行发送 E－mail 广告，结果招致用户的一致反对，许多用户约定同时给 AOL 公司服务器发送 E－mail 进行报复，结果使得 AOL 的 E－mail 邮件服务器处于瘫痪状态，最后不得不道歉以平息众怒。

四、整合营销理论

整合营销是指以消费者为核心，重组企业行为和市场行为，综合协调地使用各种传播方式，以同一目标和统一的传播形象，传递一致的信息，实现与消费者的双向沟通，迅速树立企业品牌在消费者心目中的地位，建立企业品牌与消费者之间长期和密切的关系。整合营销是网络营销理论中的又一新理念，是传统营销理论为适应网络营销的发展而逐步转化形成的。其特点有：

1. 整合产品和服务以消费者为中心

由于互联网具有很好的引导性和互动性，使消费者可以通过互联网在企业的引导下对产品或服务进行选择或提出具体要求；企业则可以根据消费者的选择或对产品的具体要求，及时组织生产并及时为消费者提供服务，使消费者能跨时空地得到满足。另一方面，企业也可以及时地了解消费者的需求，并根据消费者提出的具体要求，及时组织生产和销售，提高企业的生产效率和营销效率。

2. 整合产品销售以方便消费者为主

网络营销是一对一的分销,是跨越时空的销售方法,消费者可以随时随地利用互联网进行订货(或预约)和购买商品(或取得服务)。

3. 整合以消费者能接受的成本定价

传统企业采用的是以生产成本为基准的定价方式,在以市场为导向的营销中必须予以摒弃。新型的价格应以消费者能并愿意接受的成本来制定,并依据该成本来组织生产和销售。企业以消费者为中心进行定价,必须测定市场中消费者的需求以及对价格认同的标准。在互联网上,企业可以很容易地实现这些要求,消费者可以通过互联网向企业提出自己愿意接受的价格,企业则可以根据消费者愿意接受的价格成本提供柔性的产品设计和生产方案供消费者选择,直到消费者确认后再组织生产和销售。以上所有这些交互过程都是消费者在企业的服务程序的引导之下完成的,并不需要专门的营销服务人员陪同,因此营销成本也极其低廉。

4. 整合由强制式促销转向加强与消费者的沟通和联系

传统的促销是以企业为主体,通过一定的媒体或人员对消费者进行强制式的灌输,以加强消费者对其企业和产品的接受的忠诚度,消费者完全处于被动状态,缺乏企业与消费者之间的沟通和联系,这种促销方式使企业的促销成本逐年上升。而网络营销则是一对一、交互式的营销方式,消费者完全可以参与到企业的营销活动中来。因此,企业借助互联网更能加强企业与消费者的沟通和联系,更能了解消费者的需求,也更易引起消费者的认同。

学习测试题

一、单选题

1.《农产品质量安全法》规定,农产品是指来源于农业的( )。

A. 初级产品　　B. 加工产品　　C. 最终产品　　D. 其他产品

2. 我国国土面积约 1045 万平方公里,其中,耕地面积约(　　)亿亩。

A. 16　　B. 18　　C. 20.24　　D. 22

3. 我国最大的稻谷、油菜生产区是( )。

A. 青藏地区　　B. 西北地区　　C. 华南地区　　D. 中南部省区

4. (　　)宜重点发展棉、甜菜、瓜果、杂粮、牛羊等农畜产品。

A. 青藏地区　　B. 西北地区　　C. 华南地区　　D. 中南部省区

5. 我国 1 公顷耕地约负担(　　)人。

A. 1.8　　B. 4　　C. 8　　D. 12

6. 农产品供给波动表现为(　　)波动。

A. 年度性　　B. 半年度性　　C. 季节性　　D. 月度性

7. 农产品的市场需求波动比较( )。

A. 大　　B. 一般　　C. 小　　D. 无法确定

8. 需要和欲望是市场营销活动的（ ）。

A. 起点　B. 中间环节　C. 终点　D. 想法

9. （ ）是交换的基本组成单位，是双方之间的价值交换。

A. 产品　B. 货币　C. 价值　D. 交易

10. 市场营销是价值（ ）的过程。

A. 增值　B. 不增值　C. 减值　D. 等值

11. 20世纪二三十年代，福特汽车公司的口号是“我们只生产一种颜色的汽车——黑色”，属于（ ）营销观念。

A. 生产　B. 产品　C. 销售　D. 市场营销

12. “酒香不怕巷子深”，属于（ ）营销观念。

A. 生产　B. 产品　C. 销售　D. 市场营销

13. 美国皮尔其堡面粉公司口号由原来的“本公司旨在制造面粉”改为“本公司旨在推销面粉”，属于（ ）营销观念。

A. 生产　B. 产品　C. 销售　D. 市场营销

14. “顾客是上帝”、“用户第一”，属于（ ）营销观念。

A. 生产　B. 产品　C. 销售　D. 市场营销

15. “赚钱兼顾社会利益”，属于（ ）营销观念。

A. 社会　B. 产品　C. 销售　D. 市场营销

16. 规范经营行为提高农产品（ ）职能。

A. 交易　B. 品质　C. 价值　D. 价格

17. 农产品营销者准确把握市场是（ ）。

A. 基础　B. 关键　C. 本质　D. 重点

18. 关系营销的核心是（ ）。

A. 提供满意的产品和服务　B. 保持客户

C. 保持沟通　D. 降低成本

二、判断题

1. 农产品是指食用农产品。（ ）

2. 我国绝大部分地区适宜农、林、牧、渔等各业生产的发展。（ ）

3. 东北地区是我国最大的玉米、大豆商品粮基地。（ ）

4. 市场营销的最终目标是满足需求和欲望。（ ）

5. “交换”是市场营销的核心。（ ）

6. 农产品营销的主体一定是农产品生产者。（ ）

7. 农产品营销活动贯穿于农产品生产和流通、交易的全过程。（ ）

8. 大宗主要农产品品种营销具有相对稳定性。（ ）

9. 农产品网络营销实质是利用互联网对农产品的售前、售中、售后各环节进行跟踪服务，它自始至终贯穿于农产品营销的全过程。（ ）

10. 农产品网络营销只能在白天进行营销。（ ）

11. 网络直复营销中“直”指的是直接沟通,“复”指的是回复的意思。(　　)

12. 网络软营销的一个主要特征是对网络礼仪的遵循。(　　)

三、多选题

1.《农产品质量安全法》规定,农产品是指在农业活动中获得的(　　)及其产品。

A. 植物　　B. 动物　　C. 微生物　　D. 细菌

2. 农产品营销应遵循的原则是(　　)。

A. 把握市场　　B. 对应市场　　C. 创造市场需求　　D. 社会责任在前

3. 网络直复营销理论具有的特征有(　　)。

A. 可测试性　　B. 可度量性　　C. 可评价性　　D. 可控制性

4. 农产品就其特性可分为(　　)。

A. 动物性产品　　B. 植物性产品　　C. 生活必需品　　D. 工业原料必需品

5. 农产品营销连接(　　)市场实现了互利交易的职能。

A. 生产　　B. 需求　　C. 供给　　D. 产品

四、名词解释

1. 市场营销

2. 社会营销观念

3. 农产品营销

4. 农产品网络营销

五、填空题

1. 农产品就其用途可分为三大类,第一类是人类________需求的生活必需品;第二类是________需求的生活必需品;第三类是用做________的必需品。

2. 农产品就其特征可分为________产品和________产品。

3. 我国九大商品粮基地是太湖平原、洞庭湖平原、________平原、________平原、成都平原、珠江三角洲、________平原、松嫩平原、________平原。

4. 中国五大商品棉基地,江汉平原,________、________、________平原,________、________平原,黄淮海平原,________。

5. 农产品交易的分散性表现为农产品________的分散性和农产品________的分散性。

6. 农产品销售运行成本,表现在信息搜集成本高、农产品________、农产品________、农产品交易调节滞后性大。

7. 市场营销的核心概念有________、________、________、产品、________。

8. 交换发生必须具备5个基本条件:交换双方,对方需求有________产品,有沟通和________产品的能力,都可以接受或拒绝,认可与双方的交易。

9. 交易方式通常有________交易和________交易。

10. 价值创造可以更进一步细化为________价值、________价值、

________________价值、________________价值、________________价值等。

11. 农产品营销中所开展的各种促销活动，归纳起来就是两种，即______________和______________。

12. 农产品网络营销的特点有______________、多媒体、交互性、______________、成长性、整合性、超前性、______________、______________、技术性。

13. 农产品网络营销常用方法有搜索引擎营销、交换链接、______________、______________、______________。

14. 农产品网络营销按照经营主体是否拥有自己的网站分为______________网络营销和基于______________网络营销。

15. 网络营销的理论基础是______________理论、______________理论、______________理论、______________理论。

16. 网络直复营销理论具体表现在直复营销的互动性、______________、______________、______________等几方面。

六、综合题

1. 简述农产品及其贸易的特点。
2. 简述农产品营销的特点。
3. 简述农产品营销的作用。
4. 简述农产品网络营销的内容。

学习情境二

扫描农产品市场营销环境

与任何事物一样，企业处于一定的环境中，其生产经营活动受到外部环境的促进和限制。农产品经营企业的农产品营销也是这样，总是会受到企业内部条件和外部环境的制约。企业为了能够在复杂多变的环境中很好地生存与发展，并在市场竞争中取胜，必须通过市场调研，分析企业的营销环境，寻找市场机会，克服环境威胁，并不断地随环境的变化而调整自身的组织、战略和策略等，以使自身发展与周围环境相协调、相平衡。

学习目标

了解农产品经营企业与农产品市场营销环境的关系；熟悉农产品经营企业宏观营销环境和微观营销环境；认识农产品经营企业绿色营销环境。

项目一　农产品经营企业与农产品市场营销环境

任务一　农产品营销环境的含义

任务要求

了解环境、市场营销环境的含义，理解农产品营销环境的含义及相关内容。

任务引入

农产品的“互联网 +”时代

2015 年 3 月 5 日，李克强总理在政府工作报告中提出，要制定“互联网 +”行动计划。由此，传统行业的“互联网 +”开始蓬勃发展起来。“互联网 +”作为一种理念和思维，对传统农产品全产业链整合，是一种革命性的改革与推进。作为传统的涉农企业，雨润集团紧紧拥抱“互联网+”的浪潮，在发展农业“全产业链”的基础上，注资30亿元专门成立江苏雨润农产品集团有限公司，投资建设农产品电商服务平台——雨润果蔬网，业务从线下向线上延伸，致力于打造全行业最专业的农产品交易平台，以基地种植、标准化生产为起点，以农产品展销交易中心为窗口，以社区终端配送为重点，通过全程的冷链物流、电子商务、安全溯源打造农业全产业链流通体系。

任务描述

李克强总理提到的“互联网+”对于农产品企业来说属于营销环境吗？说出农产品市场营销环境的含义及相关内容。

相关知识

一、环境的概念

环境是相对于某一事物来说的，是指围绕着某一事物（通常称其为主体）并对该事物会产生某些影响的所有外界事物（通常称其为客体），即环境是指相对并相关于某项中心事物的周围事物。譬如，对生物学来说，环境是指生物生活周围的气候、生态系统、周围群体和其他种群；对文学、历史和社会科学来说，环境指具体的人生活周围的情况和条件；对企业和管理学来说，环境指社会和心理的条件，如工作环境等。从环境保护的宏观角度来说，环境就是人类的地球家园，我们通常所称的环境就是指人类生活的环境。人类与其他的生物不同，不仅仅以自己的生存为目的来影响环境、使自己的身体适应环境，而且为了提高生存质量，还通过自己的劳动来改造环境，把自然环境转变为新的生存环境，这种新的生存环境有可能更适合人类生存，但也有可能恶化了人类的生存环境。因此，人们习惯上将环境分为自然环境和社会环境。自然环境亦称地理环境，是指环绕于人类周围的自然界，它包括大气、水、土壤、生物和各种矿物资源等。自然环境是人类赖以生存和发展的物质基础，把这些构成自然环境总体的因素，分别划分为大气圈、水圈、生物圈、土圈和岩石圈等五个自然圈。社会环境是指人类在自然环境的基础上，为不断提高物质和精神生活水平，通过长期有计划、有目的的发展，逐步创造和建立起来的人工环境，如城市、农村、工矿区等。社会环境的发展和演替，受自然规律、经济规律以及社会规律的支配和制约，其质量是人类物质文明建设和精神文明建设的标志之一。

二、市场营销环境的概念

人类在适应、改造、利用自然环境的基础上，建设与发展社会环境，其中市场交易是人类发展高度文明的标志之一，代表了人与自然、人与社会、人与人之间的联系与定位。所以，市场营销环境就是指以人所运作的企业为单位，关注影响企业市场营销活动及其目标实现的各种因素和趋势，总体上包括自然环境和社会环境，但从企业市场营销活动的影响程度上来看，社会环境影响比较直接，也很重要。

按对企业营销活动影响的范围，市场营销环境分为宏观环境和微观环境。宏观环境为间接营销环境，指影响企业营销活动的社会性力量和因素，包括人口环境、经济环境、政治法律、法律环境、技术环境及自然环境；微观环境为直接营销环境（作业环境），指与企业紧密相连，直接影响企业营销能力的各种参与者，包括企业本身、市场营销渠道企业（供应者、中间商）、竞争者及社会公众。

市场营销环境通过对企业构成威胁或提供机会影响营销活动。环境威胁是指环境中不利于企业营销的因素及其发展趋势，对企业形成挑战，对企业的市场地位构成威胁。市场机会指由环境变化造成的对企业营销活动富有吸引力和利益空间的领域。因此，市场营销环境具有客观性、关联性、层次性、差异性、动态性以及不可控制性等特点。

三、农产品市场营销环境

所谓农产品市场营销环境，就是指影响农产品经营企业生产经营活动的各种内外部因素的总和。

（一）农产品市场营销环境的构成

农产品市场营销环境是影响农产品经营企业生产经营活动的各种内外部因素的总和，由一整套相互影响、相互作用的重要参加者、市场和相关力量共同构成，可以分为三个层面：第一个层面是企业本身，它处于市场营销环境的中心；第二个层面是企业所处的微观环境，包括市场营销渠道（生产、分销活动）、市场（顾客）、竞争者（相同相似企业）以及公众（社会）；第三个层面是宏观环境，包括人口环境、政治法律环境、经济环境、社会文化环境、自然科技环境等等共同构成，所有的企业都会受到宏观环境的影响与制约，但是所有的企业也都会面临宏观环境所赐予的共同机遇，有些企业在经营管理中受到了一定的冲击，有些企业会利用环境因素的变化而愈加发展。

除了第一个层面企业本身之外，通常说的农产品市场营销环境就是宏观环境和微观环境，具体为：

1. 宏观市场营销环境

农产品宏观市场营销环境与企业本身的关系相对间接，是指所有与农产品的市场经营活动有联系的大环境因素，包括国家社会状态、政治经济、科学技术、文化习俗、自然地理等方面的因素，从宏观上对农产品经营企业的经营活动产生影响。

2. 微观市场营销环境

农产品微观市场营销环境与企业的关系密切，是指对农产品营销企业影响直接的小环境因素，如农资供应商、农产品营销中介、竞争对手、顾客等等。

宏观市场营销环境需要通过微观市场营销环境发挥作用，对农产品营销企业产生影响；

而农产品营销企业本身才是所有环境中的关键因素，宏观、微观市场营销环境都要通过农产品营销企业才能发挥作用。

（二）农产品市场营销环境的特点

1. 客观性和不可控性

客观性是指营销环境的存在不以营销者的意志为转移。主观地臆断某些环境因素及其发展趋势，往往造成企业盲目决策，导致在市场竞争中的惨败；相对于企业自身来说，如企业对自身资源的调配使用具有完全自主的能力，市场营销环境则是企业无法控制或者很难控制的外部影响力，如政治环境、地理条件等是需要企业在不可控制的情况下适应并创造性地利用的环境。

2. 多样性和复杂性

营销环境的构成要素多，涉及范围广，各种环境要素之间相互影响，关系也错综复杂。例如随着城市人口的迅速增加，工作、生活节奏的加快，人们对快餐盒方便食品的需求增加，但是研究证明，过多地依赖快餐食品对人的健康存在损害，在有关营养专家和食品营养与健康组织的呼吁下，食品企业不得不研制开发既满足方便需要，又健康营养的食品，并引导消费者选购，同时还需要考虑到消费者的收入、消费习惯、家庭等众多因素。

3. 动态性和多变性

营销环境与企业要不断地交换信息、物质、能源，所以不可能始终处于稳定状态之中，而是不断地发生着变化，如市场竞争状况瞬息万变，从总体上讲营销环境的变化速度正呈现加快趋势，故变化是绝对的；因此，农产品企业的营销活动需要与环境动态变化保持契合，一旦环境变化，企业营销就必须快速反应和积极适应这种变化，呈现多变性特征，否则企业就会墨守成规，濒临危机。

4. 差异性和相关性

营销环境变化对于不同企业的影响也是有差异的。一方面企业为适应不同的环境及其变化，采取具有针对性和各有特点的营销策略；另一方面不同企业对于市场环境变化的反映和适应是不尽相同的，所以受到的影响也是存在差异的。从营销环境的构成要素来看，营销环境是诸多要素构建起来的整体系统，其中某一要素发生了变化，其他要素或多或少地受到相关影响，例如食品企业的产品开发，就要受到食品卫生标准、技术标准、消费者的偏好与习惯、竞争者产品的多种要素制约，当其中某一要素——消费者人群老龄化，那么就需要调整和适应相关变化。

任务二 农产品企业营销与环境的关系

任务要求

了解农产品市场营销环境的分析意义、分析方法，掌握营销环境对农产品企业营销的影响和应对策略。

任务引入

在非洲卖鞋的故事

因为要拓展非洲市场，亚洲某鞋子制造厂委派两位行销人员到非洲考察。甲君在非洲待了几天，举目所见都是赤脚的非洲人。他颇为颓丧，原因是没有人穿鞋，意味着没有市场。于是他便向总公司汇报有关情况，同时订购机票回国。而乙君到了非洲视察之后，发现大家都没有穿鞋子，认为市场潜能非常可观。他连夜致电总公司，催促加速生产，以应付未来的需求。

甲、乙两君同样考察非洲市场，却得到两种截然不同的信息。甲君颓丧，无心纠缠；乙君以乐观的心境看到希望，在第一时间催促加速生产，以供应非洲市场。然而，业绩却一败涂地。原因何在？

原来，非洲人世代以来都是赤脚的，他们没有穿鞋的习惯，也不懂得穿鞋，鞋子无法激起他们的兴趣；再加上长期赤脚的结果，脚趾左右张开，一般中国或亚洲设计的鞋子，都不符合他们的需求。乙君对市场知其一而不知其二，最终还是一事无成，有人形容有热情，没水平。

于是，鞋厂又派丙君考察非洲。丙君到了非洲，看到非洲人的赤脚现象，先与甲君一样的愕然，再与乙君一样的兴奋，但更加慎重地组建团队，着重于调查研究和强劲的执行力，并考虑到消费者的需求和生活习惯。为了使鞋子能够在非洲畅销热卖，丙君进行深入的研发，掌握非洲人的脚型，量脚订制，让他们穿起鞋来感到舒适。同时，丙君也非常重视营销策略，并执行到位。他选择非洲人的重要节庆，在人潮汹涌的广场竖立一大塑像，采用一块大布将塑像掩盖着，以保持神秘感。等到节庆开幕的那一天，丙君邀请非洲名人主持揭幕礼。当主持带动高喊："三、二、一"而揭下大布，人群中爆发"哗"的惊叹，非洲人看到自己敬佩的领袖塑像穿着奇特鞋子；与此同时，广场上有人们穿着美丽鞋子翩翩起舞的舞蹈呈献。穿鞋子于是变成非常时髦，非洲人有样学样，千万双鞋子很快便被抢购一空。

任务描述

上述故事对我们有何启示？

相关知识

一、农产品市场营销环境的分析意义

农产品企业进行市场营销的首要前提，就是需要了解和熟悉企业所在的环境，才能制订出具有针对性的营销策略和营销方案。因此，分析农产品市场营销环境的意义在于：

（一）环境分析是企业营销活动的出发点

营销环境是农产品企业营销活动的约束条件。营销成功的关键，就在于能否适应不断变化的市场营销环境，成功的企业都十分重视营销环境分析；反之如忽视营销环境的分析，企业将面临困境。例如，有些啤酒生产企业看到农村的啤酒市场增长迅速，立即把产品直接延伸到农村市场，将城市的营销方法照搬到农村。由于没有经过调研分析，不清楚农村的饮酒习惯、口味偏好、价格定位以及购买习惯，结果不但没有打开农村市场，反而让消费者对其产品产生了不认同的感受，最终冲击了其原有的市场份额。

（二）环境分析有助于企业发现市场机会，规避环境威胁

营销环境的变化对于适应能力较差的企业可能是灭顶之灾，但是对于一般企业来说，都会给企业发展带来新的机会。所以，通过营销环境分析可以帮助企业识别机会、利用机会，在不稳定的环境中谋求企业的稳定发展；同时帮助企业克服环境变化造成的不利影响，化解威胁，采取适当的营销策略迎接市场的挑战。

（三）环境分析有助于企业做出正确的营销决策

环境分析是营销决策的基础和前提。任何市场行为都拒绝“拍头脑”决策，尤其是营销决策，因此环境分析可以帮助企业对营销环境做出客观的判断，对其自身条件进行正确的分析，明确自身的优势和弱点，使企业的内部条件、营销目标和营销环境实现动态的契合。

二、农产品市场营销环境的分析方法

农产品经营企业的生存和发展既与生存的市场营销环境密切相关，又取决于企业对环境因素及其影响所持的对策，为了能够掌握营销环境与营销活动之间的关系，从市场营销环境的客观性、多变性、复杂性中，主动去摸索、适应环境，甚至利用环境为企业创造“红利”，企业应该运用科学的分析方法。这些方法主要包括 SWOT 分析法和 PEST 分析模型。

(一) SWOT 分析法

1. 原理

SWOT 四个字母分别对应的是 Strength、Weakness、Opportunity、Threat 单词的首写字母，意思分别是优势、劣势、机会、风险。SWOT 分析法，就是从企业的优势、劣势、机会和风险等四个方面进行客观评价分析，并针对性地提出一些可选择的解决问题的方案；从整体上看，SWOT 可以分为两个部分，其中 SW 分析主要用来分析内部条件，OT 分析主要用来分析外部条件。另外，每一个单项都可以分为内部因素和外部因素，这样就可以对情况有一个较为完整的概念。

SWOT 分析通过优势、劣势、机会和威胁等加以综合评估与分析得出结论，然后再整合企业资源，调整企业营销策略，从而达到企业的经营目标。

2. 分析步骤

第一步：正确识别企业的优势、劣势、机会与威胁因素。

第二步：评价某种因素的优劣，该因素又预示机会或威胁，取决于企业的生存环境，而企业的生存环境主要由行业背景与主要竞争对手构成。

第三步：综合分析优势、劣势、机会与威胁考察企业竞争力，得出结论。

第四步：调整企业资源和营销策略，从而取得良好的营销效果。

3. 制定农产品营销策略

在对农产品企业内外部环境进行全面分析和评价的基础上，进一步系统地综合分析相关因素，制定企业的经营策略以便更好地促进企业的发展。因此，制定农产品企业应对策略的基本思路是：发挥优势、克服劣势、利用机会、化解风险，回顾过去、立足当前、着眼未来。

(1) 最小与最小对策(WT 对策)，即考虑劣势因素和风险因素，目的是努力使劣势、风险威胁都趋于最小。

(2) 最小与最大对策(WO 对策)，即着重考虑劣势因素和机会因素，目的是努力使劣势趋于最小，使机会趋于最大。

(3) 最大与最小对策(ST 对策)，即着重考虑优势因素和风险因素，目的是努力使优势趋于最大，使风险趋于最小。

(4) 最大与最大对策(SO 对策)，即着重考虑优势因素和机会因素，目的在于努力使这两种因素都趋于最大。

其中从外部环境角度来看，不论农产品企业处于优势地位，还是劣势处境，都存在机会和风险，SWOT 分析注重立足于企业内部资源的实际情况，探求和评价环境因素，所以同样的环境背景，可能会有“横看成岭侧成峰，远近高低各不同”的结果，从而影响企业采取不同的营销策略。

(二) PEST 分析法

1. 原理

PEST分析是指在分析一个企业集团所处的背景时,通常是通过PEST四个因素来进行分析企业集团所面临宏观环境状况的分析,P是政治(politics),E是经济(economy),S是社会(society),T是技术(technology)。PEST分析法是战略外部环境分析的基本工具,它通过政治的(Politics)、经济的(Economic)、社会的(Society)和技术的(Technology)角度或因素进行分析,从总体上把握宏观环境并评价这些因素对企业战略目标和战略制定的影响。

2. 具体分析的内容

(1) P即Politics,政治要素,是指对组织经营活动具有实际与潜在影响的政治力量和有关的法律、法规等因素。当政治制度与体制、政府对组织所经营业务的态度发生变化时,当政府发布了对企业经营具有约束力的法律、法规时,企业的经营战略必须随之做出调整。法律环境主要包括政府制定的对企业经营具有约束力的法律、法规,如反不正当竞争法、税法、环境保护法以及外贸法规等,政治、法律环境实际上是和经济环境密不可分的一组因素。处于竞争中的企业必须仔细研究一个政府和商业有关的政策和思路,如研究国家的税法、反垄断法以及取消某些管制的趋势,同时了解与企业相关的一些国际贸易规则、知识产权法规、劳动保护和社会保障等。这些相关的法律和政策能够影响到各个行业的运作和利润。

具体的影响因素主要有:①企业和政府之间的关系;②环境保护法;③外交状况;④产业政策;⑤专利法;⑥政府财政支出;⑦政府换届;⑧政府预算;⑨政府其他法规。

对企业战略有重要意义的政治和法律变量有:①政府管制;②特种关税;③专利数量;④政府采购规模和政策;⑤进出口限制;⑥税法的修改;⑦专利法的修改;⑧劳动保护法的修改;⑨公司法和合同法的修改;⑩财政与货币政策。

(2) E即Economic,经济要素,是指一个国家的经济制度、经济结构、产业布局、资源状况、经济发展水平以及未来的经济走势等。构成经济环境的关键要素包括GDP的变化发展趋势、利率水平、通货膨胀程度及趋势、失业率、居民可支配收入水平、汇率水平、能源供给成本、市场机制的完善程度、市场需求状况等。由于企业是处于宏观大环境中的微观个体,经济环境决定和影响其自身战略的制定,经济全球化还带来了国家之间经济上的相互依赖性,企业在各种战略的决策过程中还需要关注、搜索、监测、预测和评估本国以外其他国家的经济状况。

企业应重视的经济变量有:①经济形态;②可支配收入水平;③利率规模经济;④消费模式;⑤政府预算赤字;⑥劳动生产率水平;⑦股票市场趋势;⑧地区之间的收入和消费习惯差别;⑨劳动力及资本输出;⑩财政政策;⑪贷款的难易程度;⑫居民的消费倾向;⑬通货膨胀率;⑭货币市场模式;⑮国民生产总值变化趋势;⑯就业状况;⑰汇率;⑱价格变动;⑲税率;⑳货币政策。

(3) S即Society,社会要素。是指组织所在社会中成员的民族特征、文化传统、价值观念、宗教信仰、教育水平以及风俗习惯等因素。构成社会环境的要素包括人口规模、年龄结构、种族结构、收入分布、消费结构和水平、人口流动性等。其中人口规模直接影响着一个国家或地区市场的容量,年龄结构则决定消费品的种类及推广方式。

每一个社会都有其核心价值观，它们常常具有高度的持续性，这些价值观和文化传统是历史的沉淀，通过家庭繁衍和社会教育而传播延续的，因此具有相当的稳定性。而一些次价值观是比较容易改变的。每一种文化都是由许多亚文化组成的，它们由共同语言、共同价值观念体系及共同生活经验或生活环境的群体所构成，不同的群体有不同的社会态度、爱好和行为，从而表现出不同的市场需求和不同的消费行为。

值得企业注意的社会文化因素有：①企业或行业的特殊利益集团；②对政府的信任程度；③对退休的态度；④社会责任感；⑤对经商的态度；⑥对售后服务的态度；⑦生活方式；⑧公众道德观念；⑨对环境污染的态度；⑩收入差距；⑪购买习惯；⑫对休闲的态度。

（4）T 即 Technology，技术要素。技术要素不仅仅包括那些引起革命性变化的发明，还包括与企业生产有关的新技术、新工艺、新材料的出现和发展趋势以及应用前景。在过去的半个世纪里，最迅速的变化就发生在技术领域，像微软、惠普、通用电气等高技术公司的崛起改变着世界和人类的生活方式。同样，技术领先的医院、大学等非盈利性组织，也比没有采用先进技术的同类组织具有更强的竞争力。

技术环境除了要考察与企业所处领域的活动直接相关的技术手段的发展变化外，还应及时了解：国家对科技开发的投资和支持重点；该领域技术发展动态和研究开发费用总额；技术转移和技术商品化速度；专利及其保护情况；等等。

3. 有关应用

PEST 分析相对简单，并可结合其他分析方法来完成，如头脑风暴法等。PEST 分析主要应用于公司战略规划、市场规划、产品经营发展、研究报告撰写等方面。从政治的（P）、经济的（E）、社会的（S）和技术的（T）四个方面因素进行分析一个企业或者行业，其中某些因素的变化对该企业或行业发展的战略过程的影响。

三、营销环境对农产品企业营销的影响和应对策略

环境因素直接或间接、单独或交叉地给农产品企业带来机会或造成威胁，企业趋利避害的基础是对营销环境及其发展变化进行客观认识和分析。这就是要不失时机地发现营销环境的变化，挖掘变化所带来的潜在机会并充分营造自身优势，同时能够正确地分析和对待威胁，要结合企业自身的优势和劣势采取合理的措施，转“危”为“机”。

市场营销环境是企业营销职能外部的因素和力量，是影响企业营销活动及其目标实现的外部条件，所以要了解营销环境的基本特点，营销管理者要采取积极主动的态度主动地去适应营销环境，农产品企业需要通过环境分析来评估环境威胁和环境机会，趋利避害，从而获得可持续的竞争优势。

项目二　农产品经营企业宏观营销环境

农产品经营企业宏观营销环境，又称间接环境，包括人口、经济、生态自然、科学技术、社会文化、政治法律等因素。

任务一　人口环境

任务要求

熟悉并掌握人口环境所包含的内容，进一步理解人口环境从不同角度对农产品市场营销的影响。

任务引入

“全面两孩”政策会使得人口发生什么变化？

党的十八届五中全会决定：坚持计划生育的基本国策，完善人口发展战略，全面实施一对夫妇可生育两个孩子政策，积极开展应对人口老龄化行动。这是继2013年十八届三中全会决定启动实施“单独二孩”政策之后的又一次人口政策调整。

任务描述

国家全面实施一对夫妇可生育两个孩子政策，你认为这样的调整，会使得我国人口发生怎样的变化？这些变化对企业来说又会有怎样的影响？

相关知识

营销学认为市场是由有购买愿望并且具备购买能力的人构成的，人的需求是企业经营活动的基础。对农产品市场而言，人口数量是决定市场潜力的首要指标，而从人口环境、人口环境变化及人口环境对农产品营销的影响等方面进行分析，则能把握农产品需求的特点和发展趋势。

一、人口环境

人口环境是指人口的数量、年龄和性别等结构以及分布等情况，主要包括人口数量、人口结构、人口分布以及其他方面。人口环境既是农产品企业生产经营活动必要的人力资源条件，又是企业的产品和劳务的市场条件，因而是农产品企业生产经营的重要外部环境，是首要的宏观环境。

人口环境会对市场格局产生深刻影响，并直接影响企业的市场营销活动和企业的经营管理，所以企业必须重视对人口环境的分析，密切注视人口特性及其发展动向，不失时机抓住市场机会，当出现威胁时，应及时、果断地调整营销策略以适应人口环境的变化。

二、人口环境变化

农产品营销的人口环境主要包括人口的数量、密度、家庭、年龄、性别、民族(种族)、职业等方面，近年来人口环境发生了显著的变化。

1. 年龄结构趋于老龄化

不同年龄的消费者对农产品的种类需求是不同的，农产品生产经营企业可以根据年龄结构来细分消费市场，例如针对婴儿、儿童、青年、中年人、老年人等市场，开发出满足不同市场需求的蔬菜、瓜果和花卉品种。

2. 性别比例失衡化

人口的性别不同，其市场需求也有明显的差异。例如，大多数女性出于美容的需求，会更多地购买一些具有美容功能的水果、蔬菜。从全球范围和我国来看，性别比例正在发生严重失衡，主要表现为男女比例分布严重不平衡，男女配偶间年龄差距增加，高基数高比例的无择偶人群，男女比例的失衡所导致的出生人口萎缩及老龄化等社会问题所带来的新的人口问题。

3. 家庭规模小型化

家庭是生产和消费的基本单位，家庭的数量直接影响到农产品需求数量。目前，世界上普遍呈现家庭总数增加而规模缩小，且家庭模式多元化的趋势。那么，针对小规模家庭的农产品需求来说，高档的、精细化加工的和包装精美的农产品需求呈现为增长趋势。

4. 职业需求精品化

现代社会随着分工的细化分为越来越多的职业种类，不同的职业对于农产品的消费需求也存在职业偏好，总体上说白领职业人员更注重营养均衡搭配，生活更加规律，要求产品更加精品化；而蓝领职业人员可能更加突出摄入工作所需要的能量、热量，因为工作加班方面的需要，喜欢消费快餐式产品。

三、人口环境对农产品营销的影响

人口是构成市场的第一位要素，人口环境变化直接影响企业的营销策略，农产品企业需要根据人口环境的变化趋势制定战略规划，尤其是中大型企业必须要有战略眼光、长期规划和国际视野，否则一旦错过与“人口”共成长的机遇，即使“百年老店”的企业也会没落。

（一）人口数量对农产品企业营销的影响

根据世界银行的数据统计，截止2014年末世界总人口达72亿人，每年仍以8 200多万人的数量在猛增；来自国家统计局的信息，截止2014年末中国人口数量为13.68亿人，60周岁及以上人口占总人口的15.5%，65周岁及以上占总人口的10.1%。人口数量及其内涵的变化，给企业带来市场机会，也会带来危机。

（1）人口数量是决定市场规模和潜力的一个基本要素。人口越多则对食物、衣着、日用品等农产品需求量也就越大，那么市场也就越大。目前，按照人口数量推算市场规模，中国无疑是一个巨大的消费市场，这也是其他国家无法比拟的优势。

（2）人口也不能一味地追求数量之大，也应关注组成人口的内涵。如中国的老年人口正逐步增多，所占人口比例也越来越大，那么对于企业来讲就存在“机会”和“威胁”。机会是人口老龄化可以促使对老龄化产品的需求，如农产品企业可以进一步开发老年人所需要的保健品、营养品、着装等商品，但威胁企业生存的恰恰也可能是人口老龄化，可能使得企业人力资源萎缩，用工成本增加进而引发产品竞争力下降，进一步引发产品市场份额和利润的下降，如果不能及时调整生产经营策略，企业将掉入老龄社会的泥淖。

（3）人口的迅速增长促进了市场规模的扩大。因为人口增加，其消费需求也会迅速增加，市场潜力也会增大。中国是一个农业大国，既是农产品的生产大国也是消费大国，所以从全球范围看，中国人口的增加但囿于农业耕地的限制必然会从其他国家进口农产品，这对以农产品出口为主国家的企业来说无疑是机会；国内的农产品企业也需要及时调整营销策略，将经营范围下移到生产环节才能应对未来变化。

（二）人口结构对农产品企业营销的影响

人口结构，又称人口构成，是指将人口以不同的标准划分而得到的一种结果，主要包括人口的年龄结构、性别结构、居家结构、社会结构以及民族结构。

1. 年龄结构

目前，中国人口年龄结构的显著特点是：青少年比重约占总人口的一半以上，反映到市场上，在今后的20年内，婴幼儿和少年儿童用品及结婚用品的需求将明显增长；同时将出现人口老龄化现象，且人口老龄化速度将大大高于西方发达国家，这是因为中国人口政策方面的后遗症，反映到市场上将是老年人的需求用品呈现高峰，这样诸如保健用品、营养品、老年人生活必需品等市场愈发兴旺。

2. 性别结构

根据第六次全国人口普查结果，中国总人口男女性别比为105.20∶100，性别不同，其市场需求也有明显的差别，反映到市场上就会出现男性用品市场和女性用品市场，例如女性已成为休闲食品的购买主力。

3. 居家结构

居家是购买、消费的基本单位，居家的数量直接影响到某些商品的数量。目前，世界上普遍呈现居家规模小型化的趋势，我国居家人口也仅为3.1人，所谓“麻雀虽小，五脏俱全”，柴、米、酱、醋、盐样样需要，所以居家数量的剧增必然会引起对农产品需求的迅速增长。

4. 社会结构

中国社会呈城乡二元结构，过去中国90%人口为农村人口，随着城镇化战略的实施，农村人口的转移，以及近年来不断推进人口政策、户籍改革等，逐步消除了二元结构带来的种种差异。但是不可否认，农村仍然是个广阔的市场，农产品生产经营企业需要调研正在发生的人口变化，尤其是一些刚刚起步的农产品企业，更应该注意开发物美价廉的农产品以满足农村的需要。

5. 民族结构

中国是一个多民族国家，民族不同，其生活习性、文化传统也不相同，反映到市场上就是需求的差别，譬如藏族喜饮低度的青稞酒，而蒙古族更喜欢高度的烈酒，所以同样的企业针对不同的民族应考虑开发适合各民族特性、受其欢迎的商品。

（三）人口分布对企业营销的影响

人口分布主要是指人口的地理分布，具体指人口在不同地区的密集程度。从区域人口分布看，中国东部沿海地区经济发达，人口密度大，消费水平高；中西部地区经济相对落后，人口密度小，消费水平低。随着我国西部大开发战略的实施，必然推动西部地区的经济发展，刺激西部市场需求大幅度的提高，从而大大拓展了企业发展的空间。

任务二　政治、法律环境

任务要求

了解政治、法律环境对农产品企业营销的影响。

任务引入

中美经贸协议

2020年1月16日，中华人民共和国财政部等五部委联合发布《关于发布中美第一阶段经贸协议的公告》。公告指出，中美将进一步加强农业合作。包括乳品和婴幼儿配方奶粉、禽肉、牛肉、活种牛、加工肉类、肉禽电子信息系统、水产品、大米、植物卫生、宠物食品动物饲料等多个品类，提高准入效率，促进农产品贸易增长；并在关税配额、农业生物技术、食品安全等方面加强沟通。

任务描述

中美关系是中国的政治环境之一，说说政治、法律环境对农产品企业营销的影响。

相关知识

企业的营销决策很大程度上受政治、法律环境影响。从事农产品经营的企业必须遵循政府的政策，执行国家和地方政府制定的各种法令、法规。良好的政治、法律环境是建立健全市场经济秩序，规范和调整农产品营销活动的基本保障。

一、政治环境

政治环境引导着企业营销活动的方向，是企业市场营销活动的外部政治形势。一个国家的政治稳定与否，会给企业营销活动带来非常重大的影响。如果政治局势稳定，人民安居乐业，企业和消费者就非常有信心，企业营销也会取得不错的效果；反之，政局混乱，社会动荡，秩序错乱，企业的成本就会增加，营销效果也非常有限。

农业是我国国民经济的基础产业。农产品营销活动客观上需要政府扮演管理者的角色，对农产品活动进行必要的、适度的宏观调控。纵观世界各国，当今政府在农产品营销活动中都扮演着重要角色，起着重要作用。比如政府制定的农业财政政策、农业金融政策、环境保护政策等，极大地影响着农业生产者和经营者的农产品开发、定价、加工与营销等方面决策。

从企业角度讲，营销人员在从事农产品营销活动中，必须把政治环境的因素考虑在内，注意分析、研究政府所制定的与农产品营销相关的政策、制度，同时积极与政府部门保持沟通和联系，争取政府对农产品营销活动的关注、支持和指导，使农产品营销企业在宽松有利的政治环境中生存、发展，从而增强企业的核心竞争力。

二、法律环境

农产品营销的法律环境主要是指国家和地方制定的关于规范农产品营销活动的各种法令、规定。如《农业法》《农产品质量安全法》《食品安全法》《环境保护法》《消费者权益保护法》《价格法》等，企业的营销管理者需要全面了解有关法律规定，才能保证企业经营的合法合规性，运用法律来保护、发展企业和消费者的合法权益。

（一）法律环境的主要因素

1. 与农产品企业密切相关的法规

国家的法规政策，除了国家颁布的法律之外，还包括国家发布的无公害农产品行动计划、农产品质量与卫生安全管理条例等，主要从农产品生产、流通、消费等环节进行有力的控制。首先，农产品生产方面的政策。例如，政府对农业生产资料如种子、化肥、农药、燃油、电力等供应政策；对农业基础设施建设，如农村道路、通信、农业水利、生态环境建设项目等的财政支持；对农业生产补贴和农业税费减免，以及农业信贷等的支持；对科教兴农、技术推广、人才引进等的安排。其次，农产品流通的控制政策。例如政府政策表现为对烟草市场的垄断，对粮食、棉花等市场的调节，蔬菜、禽蛋市场的自由竞争等。再次，对农产品消费的调控。如扩大农民收入政策，对困难地区的消费补贴等。

2. 国家司法执法机关的管理

在我国主要有法院、检察院、公安机关以及各种行政执法机关。与企业关系较为密切的行政执法机关有工商行政管理机关、税务机关、物价机关、计量管理机关、技术质量管理机关、专利机关、环境保护管理机关、政府审计机关。此外，还有一些临时性的行政执法机关，如各级政府的财政、税收、物价检查组织等。这些机关、机构构成了国家全面的司法执法体系，有效的执法体系能够为农产品企业营造良好的营销环境；反之，权责重叠、执法混乱的体系将让农产品企业不能生存。

3. 农产品企业的法律意识

企业的法律意识是法律观、法律感和法律思想的总称，是企业对法律制度的认识和评价。企业的法律意识，最终都会物化为一定性质的法律行为，并造成一定的行为后果，从而构成每个企业不得不面对的法律环境。农产品企业需要树立依法经营、依法管理、依法保护企业和消费者的合法权益的观念和思想，所以应对企业经营相关的法律法规政策等进行全面的了解，随时关注企业法律环境的变化和改变。

4. 国际法所规定的国际法律和目标国的国内法律环境

对从事国际营销活动的企业来说，不仅要遵守本国的法律制度，还要了解和遵守国外的法律制度和有关的国际法规、惯例和准则。例如 WTO《农业协定》和农产品贸易规则以及与之密切相关的国际协定等是进行农产品国际贸易的法律依据。日本政府也曾规定，任何外国公司进入日本市场，必须要找一个日本公司同它合伙，以此来限制外国资本的进入。只有了解掌握了这些国家的有关贸易政策，才能制定有效的营销对策，在国际营销中争取主动。

（二）法律环境对农产品企业营销的影响

法律环境对农产品企业营销的影响主要表现为：

（1）维护企业的合法权益，避免企业不正当竞争，促进市场有序运行和经济健康发展方面，使得当其他经营者或竞争者侵犯自己正当权益的时候，企业要勇于用法律手段保护自己的利益，法律为市场经济保持健康稳定的发展提供了可靠的保障。

（2）维护广大消费者的利益，保护消费者免受不正当商业行为的侵害，要求企业重视产品质量和营销，树立社会责任感，对社会和人民群众负责。

（3）保护社会公共利益，规范企业的营销活动，促使企业加强自我监督意识，在企业营销过程中，合理开发利用资源，防止对环境的污染和生态的破坏。随着社会对可持续发展观的进一步认同，企业的经营活动越来越不可回避其应有的社会责任。

任务三　经济环境

任务要求

认识经济环境对农产品企业实施市场营销的影响，把握经济环境的重要因素。

任务引入

麦当劳是如何选址的？

麦当劳华东地区总裁曾这样表述：麦当劳之所以开一家火一家，第一是地点，第二是地点，第三还是地点。那么，麦当劳究竟有什么样的选址秘诀呢？在选址问题上，麦当劳有一本厚达千页的规范手册作为指导，一切都程序化。麦当劳选址从不片面追求网点数量的扩张，而是经过严格的调查与店址评估。麦当劳选址建新店都是慎之又慎，前期都要经过很长时间的市场调查。通常一个店能不能开都要经过三到六个月的考察，考察的问题极为细致，除了人口、经济水平、消费能力、发展规模和潜力、收入水平以及前期研究商圈的等级和发展机会及成长空间等，甚至涉及店址是否与城市规划发展相符合，是否会出现市政动迁和周边动迁，是否会进入城市规划红线。进入红线坚决不碰，老化商圈内坚决不设点。正因为麦当劳选址的眼光敏锐，所以它的失败率很低，这不仅保证了生意兴隆，而且使得别的商家对他们产生了信心。据说有的餐饮连锁店已经不需要花人力物力去找新的店址了。只要看麦当劳在哪里开店，就把自己的分店开在附近就可以了，这充分说明了麦当劳选址的科学性。

任务描述

你认为麦当劳在选择进驻城市时会考虑哪些因素？为什么？

相关知识

一般说来，生产力决定着消费力。这种关系具体表现在：生产力发展水平不同，形成的经济能力和经济发展水平也不同；而经济发展水平不同，社会消费品的生产能力、消费资源的开发能力和综合利用能力也就不同，从而造成消费品的供给总量和供给结构不同，直接影响到消费品生产企业的经营策略与经济利益。同时,人们形成的不同消费结构和消费方式也使得原来的农产品市场营销的内容发生变化。

一、城市规模

城市规模是衡量城市大小的数量概念,包括城市人口规模与城市地域规模两种指标,通常人口规模是衡量城市规模的决定性指标(因为城市地域规模会随着人口规模的变化而变化)。一般情况下,城市规模越大说明该城市的经济发展程度和水平越高,维持城市运行的条件就更高,例如需要完备的产业体系和规模,城市市政设施基建投资等都要跟上。因此,在规模较大的城市中才会见到麦当劳的店面。另外,人口结构、人口分布也是农产品企业的营销活动时需要考虑的重要因素(人口环境中已论述,这里不再赘述)。

城市规模、人口结构及分布对农产品营销的影响主要表现为:

城市规模,即人口数量决定了对农产品的消费的规模,特别是食物消费的规模;人口构成决定了人们对农产品消费的取向;人口分布,决定了消费的地域特征。因此,农产品经营企业应密切关注城市规模及其人口发展动向,不失时机地抓住市场机会,当人口出现威胁时,应及时果断地调整市场营销策略。

二、消费结构、特点与趋势

每个国家在某一个时期都有自己的独有的消费结构和消费特点。消费结构是在一定的社会经济条件下,人们(包括各种不同类型的消费者和社会集团)在消费过程中所消费的各种不同类型的消费资料(包括劳务)的比例关系,它决定了某类产品的销售总量。消费特点则是在消费结构确定的条件下所形成的特定的特征,它决定了在消费总量下的消费分布。消费趋势指的是顾客消费心理和消费行为模式的变化趋势,它决定着未来消费的方向。

农业企业分析企业所在的消费环境,能够了解人们对农产品的需要情况,掌握经济发展过程中的消费趋势,制定与之相适应的营销方案,避免只顾农产品生产,而不顾经济情况已发生了变化。

三、经济发展水平

“经济成长阶段”理论认为,经济发展阶段越高的国家,企业在营销策略上也越为发达,如其分销途径越复杂而且广泛,代理商、制造商、批发商、零售商、商店等职能越能得到充分发挥。农产品经营企业的营销活动也要与“经济成长阶段”相匹配,即受到一个国家和地区的经济发展水平的制约。经济发展阶段不同,居民的收入不同,顾客对产品的需求也不一样,从而影响农产品的营销。例如,经济发展水平比较高的地区,在市场营销方面强调产品的款式、性能及特色,品质竞争多于价格竞争;而在经济发展水平低的地区,则较侧重于产品的功能和实用性,价格因素比产品品质更为重要。

因此，对于不同经济发展水平的地区，农产品企业应采取不同的市场营销策略。

四、消费者支出模式

所谓消费者支出模式，是指消费者收入变动与需求结构之间的对应关系，也就是常说的支出结构。在收入一定的情况下，消费者会根据消费的急需程度，对自己的消费项目进行排序，一般先满足排序在前也即主要的消费。如温饱和治病肯定是第一位的消费，其次是住、行和教育；再次是舒适型、提高型的消费，如保健、娱乐等。

近几年，世界各国恩格尔系数以及与此有关的消费支出和消费结构表现出以下特点：

（1）西欧、北欧、南欧、北美、日本、澳大利亚和中东石油富国的恩格尔系数显著下降，许多国家降到25%以下，而发展中国家的恩格尔系数几乎都超过45%，其购买力仍集中于食物消费。

（2）发达国家消费者新建改建住房，逐步加强室内现代化，这方面开支比重增加，发展中国家的住房建设、衣着开支也有所增加。

（3）用于小汽车、奢侈品、旅游、娱乐等方面的支出，发达国家的增速高于发展中国家。

（4）居民消费支出占国民生产总值和国民收入的比重上升，许多国家的消费者甚至大量提取个人存款或举债购物。多层次的消费风潮在世界范围内流行。

任务四　社会文化环境

任务要求

了解社会文化环境对农产品企业营销的影响。

任务引入

“俞三男”状元蟹，十万蟹券换来千万销售额

在营销环节，一定要把这个好产品它真正的独特点挖掘出来，最表层的就是色香味形，再往深里走就是背后的人、背后的文化。

“俞三男”状元蟹原名为“金澄牌大闸蟹”，金澄，金色的阳澄湖。后被我们提议改名，理由有二：第一，俞三男是阳澄湖大闸蟹唯一的一个养蟹状元，当年阳澄湖大闸蟹协会颁了一个养蟹状元证书给他。第二，他是一个谈起螃蟹养殖就两眼发光的农人，有“星农人”潜质。金色的阳澄湖，不是个品牌，只是个名字，没人记得住。但是叫俞三男状元蟹，将可能成为一个具有人格魅力的品牌。

关于营销部分，团队则提出了更精彩的提议：每年九月，各地高考状元都会进京，各大高校暗自较劲哪家抢到的状元最多，而此时也是媒体采访状元的高峰期。于是就提议，俞三男状元蟹要连续三年开“状元蟹宴”，进行相似点的链接。

俞三男毫不犹豫地拿出了三十万蟹券作为营销费用。于是，我们就利用媒体资源优势，邀请媒体参加蟹宴，并一起采访清华北大的三四十名状元。结果，各家媒体都做了大篇幅的报道，其中一家媒体做了六个完整版的宣传。于是，内容报道通过互联网变成了热门事件。

俞三男火了，2014年在线销售翻了至少三倍，加上线下销售，销售总额达到了一千万以上。

总结：产品必须要有独特性，要把产品内容化，把产品中很有意思的东西把它用内容化的方式表达出来。而内容化最好能够事件化，如果产品好，事件化之后就是口碑化。

任务描述

从上述案例中，说出社会文化环境对农产品企业营销的影响。

相关知识

社会文化是某一特定人类社会在其长期发展历史过程中形成的，它主要由特定的价值观念、行为方式、伦理道德规范、审美观念、宗教信仰及风俗习惯等内容构成，它影响和制约着人们的消费观念、需求欲望及特点、购买行为和生活方式，对农产品营销企业行为产生直接影响。社会文化环境影响农产品企业营销有诸多因素，主要有：

一、教育状况

受教育程度的高低，影响到消费者对商品功能、款式、包装和服务要求的差异性。通常文化教育水平高的国家或地区的消费者要求商品包装典雅华贵，对附加功能也有一定的要求。因此企业营销开展的市场开发、产品定价和促销等活动都要考虑到消费者所受教育程度的高低，采取不同的策略。

二、宗教信仰

宗教是构成社会文化的重要因素，宗教对人们消费需求和购买行为的影响很大。不同的宗教有自己独特的对节日礼仪、商品使用的要求和禁忌。某些宗教甚至对教徒在购买决策中有决定性的影响。为此，企业可以把影响大的宗教组织作为自己的重要公共关系对象。在营销活动中也要注意到不同的宗教信仰，以避免由于矛盾和冲突给企业营销活动带来损失。

三、价值观念

价值观念是指人们对社会生活中各种事物的态度和看法。不同文化背景下，人们的价值观念往往有着很大的差异，消费者对商品的色彩、标识、式样以及促销方式都有自己褒贬不同的意见和态度。企业营销必须根据消费者不同的价值观念设计产品，提供服务。

四、消费习俗

消费习俗是指人们在长期经济与社会活动中所形成的一种消费方式与习惯。不同的消费习俗，具有不同的商品要求。研究消费习俗，不但有利于组织好消费用品的生产与销售，而且有利于正确、主动地引导健康的消费。了解目标市场消费者的禁忌、习惯、避讳等是企业进行市场营销的重要前提。

任务五　自然环境

任务要求

了解自然环境对农产品营销活动的影响。

任务引入

橘生淮南则为橘，生于淮北则为枳

在《晏子春秋·内篇杂下》中"橘生淮南则为橘，生于淮北则为枳，叶徒相似，其实味不同。所以然者何？水土异也。"这充分说明了每一个物种都有其特别适合的环境，如果换了一个生长环境，其滋味和营养都会发生变化。

任务描述

如果你是农产品企业的经营者，自然环境对农产品营销活动的影响你了解多少呢？

相关知识

自然环境是指地理、气候、资源、生态等环境。不同的地区企业由于其所处自然环境的不同，会对其企业战略有一定程度的影响。我国是一个幅员辽阔的国家，这种影响尤其明显，如同一种产品在我国南部的广东地区其市场营销战略和西藏等西北高寒地区有较大差距，但很多时候此点会被忽略。对于农产品企业的营销者来说，应该高度关注这样的自然环境的变化，并从中分析农产品经营企业营销的机会和威胁，采取应对措施。

一、自然资源日益短缺对农产品营销的影响

自然资源根据其是否再生性分为可再生资源和不可再生资源。可再生资源，如森林、农作物，这些资源是有限的，可以被短时间内再次生产出来，但必须防止过度砍伐、侵占耕地等行为，以保护资源再生；不可再生资源，如煤炭、石油、矿石等这些资源储量有限，随着人类的大量开采，有些矿产已近于枯竭，难以在短时间内恢复。

自然资源的日益短缺，一方面使得企业将面临原材料价格上涨，生产成本大幅度上升，另一方面企业需要投入科研经费，研究更为合理利用资源的方法，开发新的资源和替代品，这些为企业营销提供了新的机会。

二、自然环境影响农产品的品种结构和质量

由于我国地域辽阔，各种自然资源丰缺及组合状况不同，导致生产农产品的种类因地而异，形成了各地不同的产业结构、生产结构和产品结构，比如东北盛产大米、中原华北盛产面粉，南方水果品种多、西北水果数量多。同时，环境的差异使得不同地区生产的同一种产品的质量存在较大差异，形成了独具特色的地方名、优、特农产品，如阳澄湖大闸蟹就是阳澄湖的特产。

农产品的经营者要充分利用自然环境的优势，生产独具特色的产品来赢得市场，还要不断分析和认识自然环境的变化，根据不同的环境情况来规划、生产和销售产品，例如根据季节进行蔬菜的生产、储藏、运输等，以便进行销售。

三、环境污染日益严重对农产品营销的影响

工业化、城镇化的发展对自然环境造成了很大的影响，尤其是环境污染问题日趋严重，许多地区的污染已经严重影响到人们的身体健康和自然生态平衡。目前，我国的污染主要是工业“三废”、农业污染、生活污染、放射性污染等，这些污染对农产品生产环境造成了严重影响，如2013年5月中国广东发现大量湖南产的含镉毒大米一度引起轰动。

环境污染一方面限制了农产品行业的发展，但也给农产品企业提供了重要机会：首先是为治理污染的技术和设备提供了一个市场空间；其次为无公害或绿色农产品的销售提供了市场；最后为不破坏生态环境的新生产技术和包装方法创造了营销机会。因此，农产品生产经营者要了解政府对资源使用的限制、对污染治理的措施和无公害农产品的质量标准，力争做到既能减少资源浪费、减少环境污染，又能生产出无公害的绿色产品，以此来保证农产品经营企业的发展，提高经济效益。

除此之外，还有科学技术环境等也要求农产品企业在农产品营销的过程中，不断地进行设备技术开发、生产工艺创新、生产流程优化，作物品种更新等，发挥“科技是第一生产力”的优势，发挥重要影响。

项目三　农产品经营企业微观营销环境

农产品经营企业微观营销环境，又称直接环境，是指对农产品经营企业有直接影响的小环境因素，如农产品企业自身、农产品营销配套体系、农产品消费者与社会公众、竞争对手等。农产品经营者不仅要重视目标市场的要求，而且要了解微观市场营销环境因素对农产品经营者的影响。

任务一　农产品企业

任务要求

了解农产品企业的概念。

任务引入

北大荒集团

北大荒集团（黑龙江省农垦总局）地处东北亚经济区位中心，位于我国东北部小兴安岭山麓、松嫩平原和三江平原地区，属世界著名的三大黑土带之一，辖区总面积5.54万平方公里，其中耕地面积3 650万亩，是国家级生态示范区。

集团以粮食生产为主，一、二、三产业综合经营，集团工业已具备比较雄厚的发展实力，现已形成农产品加工、食品、农机、化肥、医药、建材制造和原煤、黄金采选、汽车配件、汽车零部件等工业体系，各类规模的工业企业及生产单位已达到651个。粮食、糖料、鲜奶年加工能力分别达到330、120、40万吨。完达山奶粉、北大荒白酒等产品已成为国内名牌产品。

任务描述

请思考，北大荒集团是农产品企业吗？

相关知识

农产品企业，具有狭义和广义之分。狭义上的农产品企业，就是指具有营业执照、农产品经营许可等必要条件，具备相应的营运场所、设备、技术和技术人员，从事农产品生产、加工、研究、销售等活动的相关企业，如中粮集团、北大荒集团等知名的综合性企业，也包括仅从事生产或销售农产品的单一功能的企业或者公司；广义上的农产品企业，就是更为广泛地认定农产品经营者，如农产品的生产农户、基地或者公司，也包括农业科技园区、产供销一条龙的贸易公司等。本书中认为农产品营销是观察企业相关要素的，因此重点分析狭义的农产品企业，主要包括农产品企业的硬件要素和软件要素。

一、农产品企业的硬件要素

1. 经营条件

经营条件是农产品企业的营销基础。如北大荒集团成员分布在黑龙江省 12 个地市、61 个县市区。北大荒集团拥有土地总面积 543.9 万公顷，占全省土地总面积的 12.6%，总人口 157.9 万人，从业人员 73.1 万人；耕地面积 212.4 万公顷，尚有可垦荒地 47.6 万公顷，森林面积 89.1 万公顷，木材蓄积量 4932 万立方米，森林覆盖率 15.12%，肉牛存栏 41.895 万头，奶牛存栏 26.73 万头。生猪存栏 131.58 万头，羊存栏 206.29 万只，家禽 735.17 万只，水面面积 27.3 万公顷，地表水资源总量 86.7 亿立方米，地表径流 56.7 亿立方米，可用水量 37.02 亿立方米，地下浅层水量 30 亿立方米，可开发量 29.8 亿立方米等；也包括北大荒现具有的运营资格、运营许可证等政府审批项目。

2. 组织架构

组织架构方面主要分投资者和管理层，投资者为企业的权益所有者。真正对企业影响较大的是管理层是市场营销部，它由品牌经理、营销研究人员、广告及促销专家、销售经理及销售代表等组成，市场营销部门制定现有各个品牌、各个产品及新产品的研究开发的营销计划，同时考虑与其他部门如股东会、经理层、财务部门、研究开发部门、采购部门、生产部门等的协调。

二、农产品企业的软件要素

1. 经营理念

以北大荒集团为例来说，其基本理念为以绿色创造价值，以品质赢得未来，作为中国规模最大、现代化程度最高的农业类上市公司，北大荒股份一直致力于为全人类提供安全、健康的食品，以种植业为核心，双向延伸产业链，从生产资料到农副产品、从种植到加工、从田园到餐桌、从农业到产业、从资产到资本、由国内到国际，打造一体化的全程产业链模式，致力于实现综合效益最大化。

2. 发展前景

发展前景将有效地提振企业信心，北大荒集团精心实施“田园＋餐桌”——农业产业化战略，争取用10年左右时间把北大荒集团建设成为具有强大经济实力和市场竞争能力，在全省、全国农业现代化建设中起示范作用，在国内外有影响的大型现代化农业企业集团。

3. 产品与服务

产品与服务是农产品企业的产出品，也是企业的生命，因此直接影响农产品营销的成效。如北大荒集团已形成农产品加工、食品、农机、化肥、医药等生产、销售一条龙体系，主要农产品有粮食、油料、甜菜、水果，肉类、牛奶、水产品。其中，年粮食加工能力达到800多万吨，年处理鲜奶能力达到51万吨，培育了“北大荒”，“完达山”等一批知名品牌，已获得了市场的认可。

任务二　农产品营销配套体系

任务要求

认识农产品营销配套体系的内容；分析供应商、各种中介服务商的作用。

任务引入

“农超对接”模式

农超对接，即大型连锁超市与农户或者农产品专业合作社直接接洽，建立农产品直接采购基地，将千家万户的小生产与千变万化的大市场对接起来，实现农产品生产、贮运和销售一站到位，并且对品种质量进行全过程监控和可追溯。农超对接是农副产品流通体系的一次创新，实现了商家、农户、消费者三方共赢。

在农超对接新的模式中，超市一方面以一手市场信息、规模化管理等方面的优势参与到农产品的生产、加工、流通全过程当中，解决农产品产销信息不通畅问题，使农民规避市场风险，让他们专心致力于农产品生产，一手牵市场，一手牵农户，促进农业生产适销对路，帮助农民增收。另一方面，超市获得了数量稳定、质量可靠、卫生安全的农产品货源，降低了采购成本，促进了农产品销售。如2008年，四川橘子炭疽虫病事件发生后，江西吉水橘子大量积压，江西国光公司及时派车到基地上门收购，每天收购10吨以上，有效解决了基地橘农的燃眉之急。

另外，在食品安全危机四伏的今天，农超对接可以实现对农产品品种质量全过程的监控和可追溯。超市按照食品卫生和质量安全标准提出要求，农民按照超市要求进行生产，超市和专业合作社给予技术指导，甚至统一提供良种、农药、化肥等生产资料，确保农产品质量。麦德龙在选择基地时，选聘第三方机构对基地的环境、工艺等方面进行评估，制定了家禽、猪肉、活鱼、蔬菜和水果等各种农副产品的生产与加工质量标准体系，监督和指导基地按照标准进行生产，从而有效地保证了农产品的质量安全。

任务描述

根据上述案例，分析供应商、各种中介服务商的作用。

相关知识

农产品营销配套体系帮助农产品经营者或农产品生产专业户对农产品进行促销、销售并分销给最终购买者。它主要包括营销中间商、货物贮运公司、营销服务机构和金融机构等。

一、营销中间商

营销中间商就是那些为农产品经营者进行促销、销售以及配销等经营活动的中介组织，它主要包括购销公司、经纪人、批发商和零售商（摊商、连锁店、超市、便利店）等。中间商的主要任务是帮助农产品经营者或生产专业户寻找顾客，为农产品打开销路，并为顾客创造地点效用、时间效用及持有效用。无论农产品经营者，还是生产专业户，都需要与中间商打交道，通过中间商把自己的产品推介给消费者。由于中间商一头连接生产者，一头连接最终消费者，所以，它的服务质量、销售速度、销售效率直接影响到农产品的销售。

二、货物贮运机构

货运贮运机构是帮助农产品生产者进行产品保管、贮存保鲜以及运输的专业农产品经营者，它包括仓储公司、物流公司等机构。农产品经营者或生产专业户需要选择贮运公司时，主要应考虑贮存成本、运输费用、安全性和交货期等因素。

三、营销服务机构

营销服务机构包括广告公司、财务公司、营销咨询公司、电子商务网站、市场调研公司等。在营销活动中，农产品经营者和生产专业户面对众多的服务机构，要从中进行比较，选择最具有创造性、服务质量最好、服务价格最合适、最适合本农产品经营者发展的营销服务机构。

四、金融机构

金融机构包括银行、农村信用合作社、信托公司、保险公司等，它们可以为农产品经营者或生产专业户提供融通资金或信用担保，以促进交易，帮助农产品经营者克服临时性的资金周转困难等问题。

除此之外，农产品供应商与农产品营销配套体系一起能够对农产品营销产生重要影响。农产品供应商是指向农产品经营企业、生产专业户和其他竞争者提供生产和经营所需的资源的单位和个人，提供的资源包括种子、农药、化肥、地膜、生产工具、农业机械等。

任务三　农产品消费者与社会公众

任务要求

认识农产品消费者和社会公众。

任务引入

私人订制：找到农产品的消费群

众所周知，有一些特殊的农产品，由于受自然环境的限制，只能在特定区域内种植，扩大种植规模非常困难，由于受产量和利润的限制，这类小产区特色农产品的营销一度成为困扰很多经营者的难题。而现在，移动互联网尤其是社交媒体的兴起，使这些原本面临困境的特色农产品营销出现转机。移动社交使消费者的工作和生活变成了一个一个的圈子，小产区产品可以低成本且快捷地找到最需要它的小众消费者所在的圈子，在这个圈子内推广私人定制。原来的小产区农产品藏在深闺无人识，现在由于能够低成本地找到最直接精准的消费群，这种小产区产品就能顺利地卖出去，再加上小产区产品的稀缺属性，只为少部分人专属，当消费者知道供给自己的产品是稀缺的和只供他专属享用的时候，一种优越感油然而生，这种产品想不贵点都不行。所以，私人订制不仅能把原来难推销的产品销售出去，而且还能卖得贵！不仅是私人订制，还是不折不扣的高端私人订制！

任务描述

“私人订制”的实质是什么？说出农产品消费者和社会公众关系。

相关知识

一、消费者

消费者是农产品企业最重要的环境因素之一。消费者是农产品的购买者（包括顾客、最终消费者和农产品加工、经营者),也是农产品生产者服务的对象和目标市场。农产品经营者和专业户需要仔细地了解消费者市场,根据不同的市场特点,更好地树立以消费者为中心的经营思想。

农产品的消费者市场一般分为三种类型,就是消费者市场、加工农产品经营者市场和中间商市场。农产品经营者的一切营销活动都要以满足消费者的需要为中心,要认真研究为之服务的不同消费群体,研究其类别、需求特点、购买动机等,使农产品经营者的营销活动能针对消费者的需要,符合消费者的"胃口"。

二、社会公众

公众就是对一个组织完成其目标的能力有着实际或潜在兴趣或影响的群体。农产品企业社会公众是指对农产品经营者、基地、专业户的生存和发展具有实际的和潜在的利害关系或影响力的一切团体和个人。公众是农产品经营者或生产专业户寻求目标市场时的人缘基础,鉴于公众会对农产品经营企业的命运产生巨大的影响,精明的企业就会采取具体的措施,成功地处理与公众的关系,而不是等待。

对一个农产品企业来说,其面临的社会公众包括金融公众、媒介公众、政府公众、社团公众、社区公众、内部公众以及一般公众等。随着农产品交易日益复杂,产品流通频率加快,人与人相互交往及社会联系更为频繁和多样化,这就形成了错综复杂的公众关系,而处理好公众关系就成为农产品企业顺利进行营销活动的敲门砖。

任务四　竞争对手

任务要求

了解竞争对手的类型;学会对竞争对手进行分析;知晓竞争对手对农产品的营销的影响。

任务引入

美洲豹"生病"了

动物园最近从国外引进了一只极其凶悍的美洲豹供人观赏。为了更好地招待这位远方来的贵客,动物园的管理员们每天为它准备了精美的饭食,并且特意开辟了一个不小的场地供它活动和游玩。然而它始终闷闷不乐,整天无精打采。也许是刚到异乡,有点想家吧?谁知过了两个多月,美洲豹还是老样子,甚至连饭菜都不想吃了。眼看着它就要不行了,园长惊慌了,连忙请来兽医多方诊治,检查结果又无甚大病。

万般无奈之下,有人提议,不如在草地上放几只美洲虎或许有些希望。原来人们无意间发现,每当有虎经过时,美洲豹总会站起来怒目相向,严阵以待。果不其然,栖息之所有了美洲虎的加入,美洲豹立刻变得活跃警惕起来,又恢复了昔日的威风。

任务描述

你觉得美洲豹和老虎是什么样的关系?作为农产品企业经营者,你如何了解你的竞争对手?

相关知识

俗话说,同行是冤家。农产品企业在目标市场进行营销活动时,不可避免地会遇到竞争对手的挑战,竞争对手的营销战略及营销活动的变化会直接影响到本企业的营销效果。竞争对手,一般是指那些与本企业提供的产品或服务相似,并且所服务的目标顾客也相似的其他企业。

一、竞争对手的类型

竞争对手的范围非常广泛,从不同的角度可以分为现实竞争对手与潜在竞争对手,直接竞争对手与间接竞争对手,国内竞争对手与国际竞争对手等。从满足消费需求与产品替代的角度看,每个企业在试图为自己的目标市场服务时,通常面临四种类型的竞争对手。

1. 愿望竞争对手

愿望竞争对手指的是向一企业的目标市场提供种类不同的产品以满足不同需要的其他企业。例如,一个消费者在一定时期内既想购买电动车,又想购买冰箱,那么对于消费者的诸多愿望来说,提供电动车、冰箱的各个企业之间就在这一部分市场上形成竞争关系,互为愿望竞争对手。一般来讲,愿望竞争主要解决行业乃至产业之间的竞争关系,属于竞争程度最不激烈的竞争形式。

2. 一般竞争对手

一般竞争对手是指向一企业的目标市场提供种类不同的产品但可以满足同一种需要的其他企业。例如,一个消费者打算通过某种形式来解渴,购买果汁饮料,或是购买矿泉水,或是购买牛奶都可以满足他的这一需求,那么提供果汁饮料、矿泉水、牛奶的各个企业之间就是在这一部分市场上形成了竞争关系,互为一般竞争对手。实际上,这类产品虽然种类不同,但功能相同或类似,在满足某种需要时可以相互替代,被称作为“相关产品”。因此,一般竞争对手考察的主要是不同行业间生产销售相关产品的企业的竞争关系。

3. 产品形式竞争对手

顾名思义,指的是向一企业的目标市场提供种类相同,但质量、规格、型号、款式、包装等有所不同的产品的其他企业。由于这些产品属于相同种类,但形式不同的产品对同一种需要的具体满足上存在差异,购买者有所偏好和选择,因此这些产品的营销企业便形成了竞争关系，称为互为产品形式竞争对手。

4. 品牌竞争对手

品牌竞争对手指的是向一企业的目标市场提供种类相同、产品形式也基本相同，但品牌不同的产品的其他企业。由于主客观原因，购买者往往对某种同型不同品牌的产品形成不同的认识，具有不同的信念和态度，从而有所偏好和选择，如电动车市场上的品牌爱玛、雅迪等，因而这些产品的营销企业之间便形成了竞争关系，互为品牌竞争对手。

二、竞争对手分析

企业参与市场竞争，不仅要了解谁是自己的顾客，而且还要弄清谁是自己的竞争对手。从表面上看，识别竞争者是一项非常简单的工作，但是，由于需求的复杂性、层次性、易变性，技术的快速发展和演进、产业的发展使得市场竞争中的企业面临复杂的竞争形势，一个企业可能会被新出现的竞争对手打败，或者由于新技术的出现和需求的变化而被淘汰。企业必须密切关注竞争环境的变化，了解自己的竞争地位及彼此的优劣势，只有知己知彼，方能百战不殆。

1. 竞争对手分析的内容

（1）竞争对手的长远目标。对竞争对手长远目标的分析可以预测竞争对手对目前的位置是否满意，由此判断竞争对手会如何改变战略，以及他对外部事件会采取什么样的反应。

（2）竞争对手的战略假设。每个企业所确立的战略目标，其根本是基于他们的假设之上的，这些假设包括竞争对手所信奉的理论假设、竞争对手对自己企业的假设、竞争对手对行业及行业内其他企业的假设。

（3）竞争对手的战略途径与方法。从营销战略的角度看，途径与方法主要包括产品战略、价格战略、品牌战略以及促销等内容。

（4）竞争对手的战略能力。目标也好，途径也好，都要以能力为基础。在分析研究了竞争对手的目标与途径之后，还要深入研究竞争对手是否具有能力采用其他途径实现其目标。

2. 竞争对手分析的步骤

竞争对手分析一般包括以下步骤：

（1）识别企业的竞争者。

（2）识别竞争者的策略。

（3）判断竞争者目标。

（4）评估竞争者的优势和劣势。

（5）确定竞争者的战略。

（6）判断竞争者的反应模式。

三、竞争对手对农产品营销的影响

在农产品市场中形成而且不断变化的竞争关系，是每一农产品企业在开展营销活动时都必须密切注意和认真对待的。一般来说,竞争对手的力量越强,其产品及市场营销组合的有关方面越有竞争力,对本企业的威胁也就越大。因此,农产品企业要制定正确的营销策略,除了要了解市场的需要与消费者的购买决策过程外,还要全面关注现实竞争对手的数量、分布状况、综合能力、竞争目标、竞争策略、营销组合、市场占有率及其发展动向等方面的情况,同时要注意潜在竞争对手的参与。

项目四　农产品绿色营销环境

任务要求

了解绿色营销环境的内涵,分析绿色营销环境对农产品企业的影响。

任务引入

“绿色壁垒”影响我国农产品出口

2007 年 1 月以来,美国对我国出口产品,尤其是食品和农产品采取加严检验的措施,导致我国枸杞等农产品出口受到较大影响。据调查,2007 年 1 月至 2009 年 3 月,我国共有 24 批出口到美国的枸杞产品因为检出农残、亚硫酸盐、色素、恶性杂质以及标签、成分未作说明等问题被美国食品药物管理局拒绝入境;欧盟一些进口商也从我国枸杞干果中检出农药残留超标,从而提出质疑甚至退货。类似的情况不一而足,例如我国脱水蔬菜出口遭遇日本“肯定列表制度”设定的“绿色壁垒”。

任务描述

从上述案例中,你认为“绿色壁垒”是什么?对我国农产品企业的影响有哪些?

相关知识

随着我国人均生活水平从温饱型向小康型转变,人们对自然、无污染绿色食品的渴望程度越来越高,80、90 后新生代消费群的崛起,居民收入水平的大幅度提升,健康消费、安全消费意识和理念的形成,都为绿色食品消费创造了无限的空间,这是绿色食品的市场需求基础。相比而言,西方发达国家对于绿色食品的关注更早,对于绿色食品需求的标准更高,在国际出口贸易的过程中,中国农产品出口企业屡次遭遇西方国家的“绿色壁垒”而蒙受损失,但绿色农产品的需求在迅速增长。为满足国际国内双重营销需要,农业系统实施了生态农业计划,并率先实施了“绿色食品”工程,提出开发绿色食品,规范绿色食品的定义,制定了评定标准。至此,农产品绿色营销的国际国内市场环境基本形成。

一、农产品绿色营销

绿色营销兴起于20世纪80年代中期,它注重把消费者需求、企业利益和环境保护统一起来。在西方国家,继“生态食品”、“有机食品”之后,又分别出现了绿色电池、绿色电视、绿色电脑、绿色冰箱、绿色汽车等一系列节约能源、保护环境的产品。我国的绿色营销起步较晚,但同样也是以绿色食品为先导而发展起来的,绿色食品营销在绿色营销中占有非常重要的地位,并不断地得到发展。

所谓“绿色营销”是指在权衡和统一消费者需求、企业自身经济利益和保护环境资源的前提下,在局部利益服从整体利益、眼前利益服从长远利益的原则下,在品牌、品质、定价、分销、促销等市场营销组合方面以保护环境、反对污染、变废为宝、充分利用资源为根本出发点,倡导绿色消费,满足消费者的绿色需求,从而实现企业的营销目标。农产品绿色营销则是农产品企业在营销活动中,谋求消费者利益、企业利益与环境利益的协调,既要充分满足消费者的需求,实现企业利润目标,也要充分注意保护自然生态环境,反对环境污染,从而达到农产品营销目标并实现企业自身的可持续发展。

二、绿色营销环境

农产品绿色营销环境就是农产品企业需要密切关注国内外有关绿色营销的政策、法律法规,引导并培养消费者进行绿色消费,保护和改善生态环境等等方面,以及与开展绿色营销活动有关的诸多因素。从地域角度来看,绿色营销环境包括农产品企业绿色营销的国际环境和国内环境。

(一) 农产品绿色营销的国际环境

随着世界绿色浪潮的兴起,农产品绿色营销的国际市场环境已经形成,初步具备了营销的组织基础及法规、市场观念和社会需求环境条件。

1. 组织基础

绿色组织的建立最初始于美国。20世纪70年代美国成立了数百个青少年环保组织,发起了保护地球生态平衡的“地球日”活动。此后,各国绿色组织纷纷成立,英国、德国、日本等国还成立了以保护生态环境为宗旨的社团组织——绿党。1991年日本成立了“再生运动市民工会”,1992年在法国成立了“有机农业运动国际联盟”,现已有近100个国家参加,遍及世界各大洲,成为国际性的绿色组织。国际性绿色组织的出现,对农产品国际营销起了巨大的推动作用。

2. 法规环境

在国际性绿色组织建立的同时,西方发达国家已从行政、立法、经济等方面形成了一套行之有效的环保规范。目前,世界上已签署的与环保有关的法律、国际性公约、协定或协议多达180多项。同时，国际标准化组织的ISO9000、ISO14000（即国际贸易商品在技术、安全、卫生、环保等方面的质量保证体系）系列标准和1995年4月起实施的ISO1800（即国际环境标准制度）等协约，协议上限制甚至明文禁止了许多产品的国际贸易。乌拉圭回合贸易谈判签署的最后文件中，不仅包括制成品，也包括农产品等纳入了世界贸易组织体制，呈现出明显的“绿色印记”。西方发达国家都已建立了环境标志制度，环境标志已成为出口产品进入这些国家市场的通行证。至此，有别于传统非关税的国际贸易技术壁垒——“绿色壁垒”已形成。

3. 社会实践基础

近年来，以农产品生产过剩和农业补贴负担过重为契机，欧美国家纷纷进行农业转型。美国从1985年开始实施“低投入持续型”农业政策。在农业生产中减少农药、化肥的使用；欧共体从20世纪80年代后期开始推行新农业政策，改变以往大量投入化肥、农药的粗放型农业经营政策；日本也正积极推动“环境安全型”新农业政策，其宗旨是保护农业生态环境，满足人们日益增加的对有机食品的需求。新农业政策的实施无疑为绿色食品营销奠定了社会实践基础。

4. 市场观念环境

随着国际上环境保护意识的增强，人们的思维方式、价值观念乃至消费心理和消费行为都发生了变化，人们对不污染环境的产业及产品的需求日益增长，甚至有些团体提出了“绿色消费主义”，为国际市场带来了绿色消费热。在国际消费市场上，绿色产品标志是取得消费者信任有竞争优势的主要条件。据美国的调查显示，有79%的美国人表示一个公司的环境信誉会影响其购买决定；欧共体进行的调查表明，76%的荷兰人和82%的德国人在超市购物时会考虑环境污染的因素，英国的购物者大约有半数会根据对环境和健康是否有利来选择商品；在日本对家庭主妇的调查时，91.6%的消费者对绿色食品（有机农产品）感兴趣，觉得有安全性的占88.3%。绿色、有机食品市场消费观念已基本形成。

5. 社会需求环境

近年来发达国家对有机食品的需求迅速增长，并以20%的年递增率增加，预计再过十年，其消费量将是现在的5倍，这种需求大有超过其本国生产和供应能力的趋势。目前，西欧是最大的有机食品需求市场，消费量最多的是奥地利、瑞士、英国和德国等，其供求矛盾已日趋明显，而其国内生产能力有限，在相当程度上只有依靠进口。由此可见，有机食品供求矛盾的出现，使得绿色营销逐渐成为企业一项积极主动的生产和营销策略。生产者、经营者更明确地意识到开发有机食品可增加其利润和竞争力，将成为农产品国际商战中攻守皆宜的利器，成为影响农产品国际市场供求关系的重要因素，成为21世纪国际市场上一项更重要的促销手段，而获得了绿色标志的有机食品也就掌握了进入国际市场的通行证。

（二）农产品绿色营销的国内环境

随着国际环境的变化，国内人均生活水平从温饱型向小康型转变，1990年国家提出发展绿色食品并在十年的发展进程中，形成了国内组织、法规、技术、社会实践及市场需求基础，使农产品企业绿色营销的国内市场环境基本具备。

1. 组织基础

农业部成立了“绿色食品发展中心”和“中国绿色食品总公司”，并由绿色食品发展中心注册了绿色食品标志，负责推行和管理此标志，同时制定了绿色食品标志管理办法及申请使用绿标的审核程序，并在30个省(市)建立了相应机构负责绿色食品的监督管理等，为国内绿色食品营销奠定了组织法律基础。

2. 法规、技术基础

我们已经制定并颁布了有关绿色食品方面的法规及其规章制度，制定了绿色食品的产品或产品原料的生态环境标准，绿色食品种植业、畜禽养殖、水产养殖及加工的生产技术操作规程，以及最终产品的质量卫生标准等，形成了绿色食品营销的技术基础。

3. 社会实践及市场需求基础

截至目前，我国已开发了包括粮油、蔬菜、果品、饮料、畜禽蛋奶、水产酒类等14大类2 400多种的绿色食品，建成了千余家绿色食品企业和100多个绿色食品生产示范基地，以及百余个生态农业示范县的建设，形成了绿色食品营销的社会实践。

同时，随着人们生活水平的提高，在我国东部沿海等发达的大中城市，人们对自然、无污染的食品的渴望程度相当高，已经形成了一定的消费群体，这也就是绿色食品的市场需求基础。

三、农产品绿色营销环境对于农产品企业的影响

对于农产品企业来说，国内外农产品绿色营销环境的形成必然改变当前的格局，主要影响分为积极影响和消极影响。

（一）对农产品企业的积极影响

(1) 农产品绿色营销环境是农产品企业的外在力量，组织、法规、技术以及需求等环境要求的提高会倒逼农产品企业关注社会、关注环境、关注技术更新换代，促进企业努力做到与消费者、环境的利益统一、协调发展。以发展循环经济、促使人类社会可持续发展为目标的绿色企业形象的树立，是企业及其经营者注重经济效益、社会效益与生态效益的统一，注重企业的社会责任和长远发展的高尚思想境界的体现。追求绿色形象的企业，其理念和行为符合现代社会发展的根本利益，是现代企业的楷模。

(2) 各国绿色环境保护改变农产品格局，由于绿色食品在国际市场上的巨大需求，农产品企业必将闻风而动，改善农产品生产，减少农药化肥的使用，提高农产品品质，从而改变了农产品生产、贸易格局。

(3) 企业实施绿色营销符合社会可持续发展战略的需要。近几年来，我国城市大气环境，水资源污染问题日益严重，企业作为环境污染的主要制造者，必须认识到企业生产的产品只有顺应社会可持续发展战略的要求，才能得到社会的承认，并获得良好的效益。

(4) 实施绿色营销有利于打破绿色壁垒。随着国际贸易的不断发展，国际贸易中最隐蔽、最棘手和最难对付的贸易障碍——“绿色壁垒”产生了。加入WTO以后，我国企业逐步

向外向型发展，一些发达国家也以环保为名，构筑起的“绿色壁垒”对我国和其他发展中国家的出口贸易产生了极大冲击。通过强化绿色观念，重视绿色设计、推行清洁生产、强化绿色包装、积极争取 ISO14000 认证等措施来实施绿色营销，是突破“绿色壁垒”的重要举措。

（二）对农产品企业的消极影响

目前，中国绿色产品市场还处于市场引入期，人们的绿色消费观念淡薄，绿色消费水平还很低，绿色产品引入市场需支付巨额费用，并导致利润为负值（绿色产品成本含生产成本和环境成本），从而使广大企业陷入两难境地。尤其是出口型农产品企业，如果要突破国外苛刻的“绿色壁垒”进入国际市场，必然要投入很大的成本甚至入不敷出；如果降低标准，就会失去产品竞争力，进而失去国际市场，甚至因为产品不达标而浪费。

总之，从全球化视角和长远角度来看，绿色营销环境是一个大的趋势，对于农产品的标准会越来越高，因此绿色营销作为实现农业可持续发展的有效途径，无疑成为现代农产品企业，尤其是绿色食品生产企业市场开拓的必然选择。

学习测试题

一、单选题

1. 下列选项中，属于农产品市场营销宏观环境的是（　　）。

A. 顾客　　B. 中间商　　C. 社会公众　　D. 社会文化

2. 下列选项中，属于农产品市场营销微观环境的是（　　）。

A. 政治法律环境　　B. 经济环境　　C. 人口环境　　D. 竞争对手

3. 农产品市场营销环境的第二个层面是企业所处的微观环境，下列不属于农产品市场营销微观环境的构成要素是（　　）。

A. 科技环境　　B. 营销渠道　　C. 竞争者　　D. 公众

4. 市场营销环境则是农产品企业无法控制或者很难控制的外部影响力，如政治环境、地理条件等反映的是农产品市场营销环境的（　　）特点。

A. 客观性　　B. 复杂性　　C. 不可控性　　D. 动态性

5. 从营销环境的构成要素来看，营销环境是诸多要素构建起来的整体系统，其中某一要素发生了变化，其他要素或多或少的受到相关影响，说明的是农产品市场营销环境的（　　）特点。

A. 客观性　　B. 相关性　　C. 差异性　　D. 动态性

6. 从整体上看，SWOT 可以分为两个部分，其中主要用来分析内部条件的是（　　）分析。

A. SW 分析　　B. SO 分析　　C. OT 分析　　D. ST 分析

7. SWOT 分析法，就是从企业的优势、劣势、机会和风险等四个方面进行客观评价分析，那么，其中 O 分析是针对企业的（　　）。

A. 优势　　B. 劣势　　C. 机会　　D. 风险

8. 农产品企业生产经营的外部环境中，具有宏观环境的首要地位的是( )。

A. 自然环境 B. 经济环境 C. 人口环境 D. 社会文化

9. 随着我国西部大开发战略的实施，必然推动西部地区的经济发展，刺激西部市场需求大幅度的提高，从而大大拓展了企业发展的空间。这是从人口环境的( )方面权衡的。

A. 人口数量 B. 人口结构 C. 人口分布 D. 其他方面

10. 下列属于农产品企业的硬件要素的是( )。

A. 经营理念 B. 组织架构 C. 发展前景 D. 产品与服务

11. “绿色组织”的建立最初始于( )。

A. 美国 B. 日本 C. 欧洲 D. 中国

12. 随着国内环境的发展，下列属于国内成立的绿色组织的是( )。

A. 绿党 B. 有机农业运动国际联盟

C. 再生运动市民工会 D. 绿色食品发展中心

二、判断题

1. 农产品市场营销环境就是专指存在于农产品经营企业外部，影响其营销活动及目标实现的各种因素总和。 ( )

2. 农产品企业发展绿色营销不利于企业取得更好的利润，所以也不能促进自身的可持续发展。 ( )

3. 农产品市场营销环境的三个层面中处于市场营销环境的中心的是农产品企业本身。 ( )

4. SWOT 分析的每一个单项如 S 分析，只能对外部因素，不能对内部因素分析。 ( )

5. 市场环境只需要一味关注人口数量，无需注意人口数量的组成内涵，只要人口规模够大，对什么样企业来说都是机会。 ( )

6. 民族结构反映到市场上就是需求的差别，譬如藏族喜饮低度的青稞酒，而蒙古族更喜欢高度的烈酒，所以同样的企业针对不同的民族应考虑开发适合各民族特性、受其欢迎的商品。 ( )

7. 农产品营销活动是市场行为，无需政府扮演管理者的角色，所以也无需对农产品营销活动进行宏观调控。 ( )

8. 经济发展水平比较高的地区，在市场营销方面强调产品的款式、性能及特色，品质竞争多于价格竞争。 ( )

9. 对于不同经济发展水平的地区，农产品企业应采取不同的市场营销策略。 ( )

10. 自然资源日益短缺对所有农产品企业的营销影响只会是消极的，所以要保护自然资源。 ( )

11. 中间商的主要任务只是帮助农产品经营者，为农产品打开销路，并不能为顾客创造地点效用、时间效用及持有效用。 ( )

12. 农产品经营者的一切营销活动都要以满足消费者的需要为中心，要认真研究为之服务的不同消费群体，研究其类别、需求特点、购买动机等，使农产品经营者的营销活动能针

对消费者的需要，符合消费者的“胃口”。　(　　)

13. 一般来说，竞争对手的力量越强，其产品及市场营销组合的有关方面越有竞争力，对本企业的威胁也就越大。　(　　)

14. 乌拉圭回合贸易谈判签署的最后文件中，不仅包括制成品，也包括农产品等纳入了世界贸易组织体制，呈现出明显的“绿色印记”。这“绿色印记”就是“绿色壁垒”。　(　　)

15. 农产品企业只有积极实施绿色营销才能突破一些发达国家以环保为名构筑起的“绿色壁垒”。　(　　)

三、多选题

1. 市场营销环境具有的特点包括(　　)。

A. 客观性　B. 关联性　C. 层次性　D. 差异性　E. 动态性

2. 农产品微观市场影响环境与企业的关系密切，是指对农产品营销企业影响直接的小环境因素，那么下列属于农产品微观环境的是(　　)。

A. 农资供应商　B. 农产品营销中介　C. 竞争对手　D. 农产品消费者

3. 基于SWOT分析法的农产品企业制定农产品营销策略可能包括的策略有(　　)。

A. WT对策　B. WO对策　C. OT对策　D. SO对策

4. PEST分析法中，对企业战略有重要意义的政治和法律变量有(　　)。

A. 政府预算赤字　B. 政府管制

C. 特种关税　D. 政府采购规模和政策

5. 社会文化环境影响农产品企业营销有诸多因素，主要有(　　)。

A. 教育状况　B. 宗教信仰　C. 价值观念　D. 消费习俗

6. 农产品营销配套体系主要包括(　　)。

A. 营销中间商　B. 农产品供应商　C. 营销服务机构　D. 货物贮运机构

7. 对一个农产品企业来说，其面临的社会公众包括(　　)、社区公众、内部公众、一般公众等。

A. 金融公众　B. 媒介公众　C. 政府公众　D. 社团公众

8. 从满足消费需求与产品替代的角度看，竞争对手可分为(　　)。

A. 愿望竞争对手　B. 一般竞争对手

C. 产品形式竞争对手　D. 品牌竞争对手

四、名词解释

1. 农产品市场营销环境
2. 农产品企业
3. 农产品营销配套体系
4. 农产品企业社会公众
5. 农产品企业绿色营销环境

五、填空题

1. 人们习惯上将环境分为____________________和____________________。

2. 按环境对企业营销活动影响因素的范围分为________________和________________。

3. ______________________指由环境变化造成的对企业营销活动富有吸引力和利益空间的领域。

4. 农产品市场营销环境可以分为______________________、______________________、______________________三个层面。

5. PEST 分析法是战略外部环境分析的基本工具,其中 P 分析的是________________。

6. 人口环境是指人口的数量、年龄和性别等结构以及分布等情况,主要包括________________、__________________、____________________以及其他方面。

7. 农产品市场营销的法律环境的主要因素包含了____________________、____________________、__________________________、国际法所规定的国际法律和目标国的国内法律环境等四个方面。

8. 经济环境主要是通过________________,消费结构、特点与趋势,________________,________________等重要因素对农产品企业营销实施影响的。

9. 自然资源根据其是否可再生分为____________________和____________________。

10. 农产品的消费者市场一般分为三种类型,就是______________________、______________________和______________________。

六、综合题

1. 简要说明分析农产品市场营销环境的意义。

2. 简要说明 SWOT 分析法的原理。

3. 论述市场环境对农产品企业营销的影响及农产品企业的应对策略。

4. 简述近年来人口环境发生了哪些显著的变化。

5. 简述法律环境对农产品企业营销的重要影响。

6. 简述环境污染日益严重对农产品营销的影响。

7. 简述如何分析农产品企业的竞争对手。

8. 概述农产品企业绿色营销环境对于农产品企业的影响。

学习情境三

分析农产品消费者市场行为

在产品的营销活动中，消费者的行为对产品的影响是众所周知的。为了提高产品的销售量，我们往往不惜花费巨额的广告投入来达到产品推广的目的。

学习目标

了解消费者行为的相关理论；把握农产品市场消费者行为特征；学会对农产品网络消费者行为的分析。

项目一　消费者行为的相关理论

任务一　需要及需要理论

任务要求

理解需要的含义、需要的种类；掌握马斯洛的需要理论及消费者需要的特点。

任务引入

两家人过春节的故事

有两家人同住一个城市，他们是邻居。快到春节了，一家太太对老公说：该过春节了，咱爸咱妈想来这边，看看咱们和小外孙。她先生立刻气急败坏地说：来啥来？根本不用来！咱已经忙得够呛了，再让他们过来，净添乱！再说，这路上，老年人多不方便！但是另外一家，太太说：老公啊，快过春节了，老人们都想过来看看咱们，一年没见面了！先生说：哦，好啊好啊，应该让他们过来。这样，你让他们坐飞机过来。这个男人就不气急败坏，他很平静。还有，你看，咱家的房子，这三层七八间，冷冷清清的，孩子也没有人陪着玩。爷爷奶奶来了，或者姥姥姥爷来了,家里有生气,过年过节的有生气多好!然后,一家人高高兴兴地过了春节。老人走的时候,先生问太太:爸妈他们有什么要求没有?没有没有,他们都很高兴,一点要求都没有。先生说:我听见了,他们说老三要结婚,没房子住,他们想空出房子去住老房。这怎么可以呢?这样,在老家花6万块钱,我们出3万,三弟拿3万,盖一栋两层小楼让他们住,爸妈就不用动了。听了这话,太太抱着丈夫说不出话来,这样的老公哪个太太不爱不感激呢?好,房子盖成了,弟弟说姐夫是好人,全村羡慕,父母开心,一家生活幸福。3万块钱,只是他一个月的工资,他愿意拿出这3万块钱。

为什么两家的先生对太太爸妈来过年态度截然不同呢?"记住,凡是气急败坏的男人都是穷男人。"另外一家先生为什么这样说?因为这个男人有钱,他不怕,他有地方住,有钱让父母过来。他有办法显示他的孝心,而且这种男人往往不会发脾气。因为他有很大的控制力,有很好的基础,任何事情到他这里都可以化解,可以平静对待。

任务描述

试用马斯洛的需要理论分析案例中两家人的消费特点。

相关知识

现代社会的商品正不断向差别化、多元化发展。农产品也不例外,以大米为例,按照品牌、产地来划分就有上百种之多。这将意味着人们在生活中可依赖的选择对象愈来愈多,决策的过程也将愈复杂。美国营销权威菲利普·科特勒教授指出,一个购买者的决策受其个人特征影响。因此,消费者做出决策的前提首先是消费者的需要和动机。

一、需要的含义

需要是人们对某种目标的渴望或欲望。任何购买行为都开始于消费者对某一问题或需要的察觉,即消费者感觉到实际状态与渴望状态之间有差距存在。因此,消费者的任何需要都有明确的对象,即消费者的需要不是空洞的,而是有目的、有对象的,而且也随着满足需要的对象的扩大而发展。当然,对农产品的需要也必然符合这一特点。

二、需要的种类

1. 主要的需要

在消费者的有机体中,具有某种肉体上基本的需要,如果某些满足因素长期缺乏,将使其生命发生危险而致命。如对食物、氧气、水、衣、食、住、行等的需要,它们的匮乏将危及人类的生存和种族的延续。

2. 次要的需要

这是指并非是消费者立即满足的需要,但它在消费者生存的过程中,也担负着一种重要的任务,也称之为社会需要。如人与人之间交往的需求,人对权力、地位、威望等的需求。

三、马斯洛的需要理论

美国人本主义心理学家马斯洛把人类的基本需要按其发生的先后顺序和重要的程度分为五个层次,即生理需要、安全需要、社交需要、尊重需要和自我实现需要。他认为人类的低级需要基本满足之后,才能谈到高一级的需要,如此逐级向上一级推移,一直追求,直到满足最后一级的需要为止。

1. 生理需要

这是人类最基本的需要,人体的活动均集中于满足生理上的需要,而且要求强烈,非满足不可。正如马斯洛所说的:如果一个人所有的需要都不能得到满足,这个人就会被生理需要所支配,而其他需要都要退到隐蔽的地位。对于一个处于极端饥饿状态的人来说,除了食物,没有别的兴趣,在这种极端的情况下,写诗的愿望,获得一辆汽车的愿望,等等,则统统被忘记或退到第二位。这个人做梦也会梦见食物,看见的只是食物,渴望的只是食物,充饥成为独一无二的目标。对农产品、食物需求的满足,可以使消费者生存得以维持,生命得以延续。

2. 安全需要

当生理上的需要相对满足之后,人们又显现出一种新的需要,即安全需要。指消费者为保证自身生命安全、工作安全、身体健康,而对各种医疗服务、药品、劳保用品、保健滋补品、健身器材、人寿保险以及多种类商品的安全性能、卫生程度的需要。

3. 社交需要

指归属感、团结感、被爱、给人友谊与接受别人的友谊等。人由家庭进入社会之后,在所接触的团体中建立了感情,久而久之便归属于该团体,从而扩大个人社会活动范围,增加生活的色彩。

4. 尊重需要

人人都有自尊心,希望得到别人的尊重。但是在得到别人的尊重之前必须首先要自爱,才能达到被尊重的目的。

5. 自我实现需要

指消费者为提高自身能力和实现个人的理想、抱负的追求。即尽量发挥自己的潜力,增强自己的实力,改变其在社会上的地位,求得更多的表现和成就。

四、消费者需要的特点

1. 需要的多样性

消费者的需要是多样的,首先体现为每个人的需求是多种多样的,具有多元化特征,即不仅有生理的、物质的需要，还有心理的、精神方面的需要。其次，还体现在同一需要上不同的人也是各不相同的，因为每个消费者的收入水平、文化程度、职业、性别、年龄、民族和生活习惯等的不同，自然对同一需要也有很大差别。

2. 需要的层次性

消费者的需要是多层次的，其中包括生存、安全等低层次需要，也包括享受、发展等高层次需要。一般来说，这种需要应从低层次向高层次逐级延伸和发展。当低层次的物质生活需要得到满足后，就会转向高层次的社会性、精神性需要的追求。

3. 需要的发展性

由于科学技术和生产力在不断地发展，社会在不断地进步，人们的收入和生活水平也在不断提高，消费者的需要必然会发生变化。这种变化表现为由追求生活资料的数量到追求质量，由追求低质量到追求高质量，由比较单一的需要到多种需要。

4. 需要的可诱导性

消费者的需要是可以加以诱导和调节的，即可以通过环境的改变或外部诱因的刺激、引导，诱导消费者需要发生变化和转移。如当生产企业提供了合适的消费品并通过有效的广告宣传、营业推广等促销手段来刺激消费者的需求，使消费者的需要发生变化，使消费者的潜在需要变成现实需要，使人们的消费需要朝着有利于企业的方向变化。

任务二　动机及购买动机

任务要求

了解动机的含义、种类以及消费者的购买动机。

任务引入

购买动机自测

在下列选项中，挑选最能体现你购物心理的三条，以主次标出（首选次选三选）：

啊，这玩意我从没见过，我得买回去玩。

这是我常用的东西，没错，买下了。

这家商店在打折，我这下可捞着便宜货了。

现在时兴玩这个，我也买一个试试。

新品种游戏机今天上市，我赶紧去买。

这件衣服价钱烫手，可它是名牌，我撑一撑也要把它买下来。

这个价钱虽然贵点，但我非常用得着它，而且今后价格还会涨，我应当把它买下来。

这个文具比某某同学的更高级，我一定要买下它。

任务描述

了解什么是动机，你认为以上购物动机哪些是合理的，哪些是不合理的，哪些有一定的合理性？

相关知识

一、动机的含义

人们从事任何活动都由一定的动机所引起。所谓动机是指在需要的作用下，推动人们为了达到特定目标而采取行动的心理驱动力。

二、动机的种类

动机对于活动的影响和作用有不同的方面，由此可对动机进行不同的分类。

1. 内在动机和外在动机

根据动机的引发原因，可将动机分为内在动机和外在动机。内在动机是由活动本身产生的快乐和满足所引起的，它不需要外在条件的参与。个体追逐的奖励来自活动的内部，即活动成功本身就是对个体最好的奖励。如学生为了获得知识、充实自己而努力读书就属于内在动机。外在动机是由活动外部因素引起的，个体追逐的奖励来自动机活动的外部，如有的学生认真学习是为了获得教师和家长的好评等。内在动机的强度大，时间持续长；外在动机持续时间短，往往带有一定的强制性。事实上，这两种动机缺一不可，必须结合起来才能对个人行为产生更大的推动作用。

2. 主导性动机和辅助性动机

根据动机在活动中所起的作用不同，可将动机分为主导性动机与辅助性动机。主导性动机是指在活动中所起作用较为强烈、稳定、处于支配地位的动机。辅助性动机是指在活动中所起作用较弱、较不稳定、处于辅助性地位的动机。事实表明，只有主导性动机与辅助性动机的关系较为一致时，活动动力才会加强；彼此冲突，活动动力会减弱。

3. 生理性动机和社会性动机

根据动机的起源，可将动机分为生理性动机和社会性动机。生理性动机是与人的生理需要相联系的，具有先天性。人的生理性动机也受社会生活条件所制约。社会性动机是与人的社会性需要相联系的，是后天习得的，如交往动机、学习动机、成就动机等。

4. 近景动机和远景动机

根据动机行为与目标远近的关系，可将动机划分为近景动机和远景动机。近景动机是指与近期目标相联系的动机；远景动机是指与长远目标相联系的动机。如有的学生努力学习，其目标是能在期末考试中获得好成绩；而有的学生努力学习，其目标是为今后从事教育事业打基础。前者为近景动机，后者为远景动机。远景动机和近景动机具有相对性，在一定条件下，两者可以相互转化。远景目标可分解为许多近景目标，近景目标要服从远景目标，体现远景目标。“千里之行，始于足下”，是对近景与远景动机辩证关系的描述。

以上所分类的各种不同的动机，就消费者的购买行为而言，并不能完全予以清晰的区别，将每种产品或服务的购买清晰地归入单独的基本种动机之内，是非常困难的。例如，一个人为了健康和显示自己的财富而只购买价格昂贵的绿色农产品，一对夫妇为了社会的赞许及个人的兴趣而加入高尔夫球俱乐部等。

三、消费者的购买动机

购买动机是指消费者为了满足其需要，在商品目标的引导下，驱使消费者指向已决定的购买目标，实施购买行为的内在驱动力。消费者在购买商品时，事先在心理上都经过了考虑，即使每天所需的简单必需品也不例外。因此产品的营销者，对消费者的购买动机必须有深刻的了解，才能使他们的产品在激烈的市场竞争中立于不败之地。当然消费者的需求是多种多样的，其动机亦是多种多样的。具体可分为如下几种：

1. 求实动机

这是消费者最普遍和基本的购买动机。在购买商品时，他们主要追求商品的实惠、使用方便，偏重于购买低价及中等偏低的大路货，而较少追求商品的外形美观，不易受社会潮流和各种广告的影响。

2. 求全动机

这是消费者普遍的购买动机。要求商品在使用过程与使用以后，保证生命安全或身体健康，如食品、药物、交通工具及电气用具等均要求安全可靠，有利身体健康。

3. 求廉动机

这是一般顾客的普遍动机，具有这种动机的顾客，在购买商品时，特别重视商品的价格，要求物美价廉。这些顾客多半属于经济收入较低或是有勤俭节约的习惯。

4. 求新动机

这是以追求商品的时尚和新颖为特点的购买动机。具有这种动机的顾客特别重视商品的款式新颖、格调清新和社会流行的式样。他们对商品的实用程度及价格高低不大注重。这类顾客多半是经济条件较好的青年男女。

5. 求美动机

这是以重视商品的欣赏价值和艺术为主要特点的购买动机。这些顾客在购买商品时，重视商品的造型、色彩和艺术美，重视对人体的美化作用。

6. 求名动机

这是以追求名牌产品、特点产品的购买动机。这些顾客在购买商品时，很注意商品的商标、牌号、产地、名声和购买地点。

7. 求奇动机

这是以重视商品的与众不同之处为主要特征的购买动机。这种购买者对商品奇特的样式，别具一格的造型等特别感兴趣，也容易受刺激性强的促销措施的诱惑，触发冲动性购买。

消费者对农产品的需要与动机必然也符合其中的某些特点。对于消费者来说，他们所需要的农产品主要是指肉类、奶制品、蛋类、蔬菜、粮食等。对这些农产品的需要与动机的调查和分析，可帮助经营者提高他们的营销水平和经营利润。

任务三　农产品购买行为与决策

任务要求

了解购买行为、影响农产品购买行为的因素，知晓消费者对农产品购买行为的决策及农产品购买决策的过程。

任务引入

消费者的艰难抉择

王太太和老公都是刚退休的的教师，儿子是一家公司业务经理，儿媳妇也是一所中学的教师，平时都比较忙，孙子还在上小学。她和老公退休后在家帮助料理家务并接送孙子上学。王太太和老公都很喜欢做饭，每天早上吃完早餐送孙子上学后，便匆匆忙忙到超市购买当天的菜品等。然而，选择农产品就成了老两口头痛的事情。当瘦肉精、镉大米、毒淀粉、地沟油、一滴香、三聚氰胺、烂果门等食品安全事件层出不穷时，老两口每拿起一样菜总担心是否安全，老两口常为选择一样菜，分析来分析去。这样购买一段时间后，买菜几乎成了痛苦的工作。

任务描述

根据上述案例，谈谈影响农产品购买行为与决策的因素有哪些？

相关知识

一、购买行为

消费者对农产品的购买动机并非都会导致其购买行为，购买行为是在购买动机驱动下，在当时各种因素相互作用下产生的行为。

购买基本的生活用品是由人的生存需要决定的。假定日常生活中必须购买基本的生活用品，但是市场上提供给人们的消费品琳琅满目，同种功能的不同产品很多，人们最终将购买哪一种商品是不能事先确定的，因此在市场上人们将出现常见的购买思考和购买斟选及购买决策，其结果也是多样的，有的人到市场上可能转了一圈都不满意，空手而归；有的人原本已想好所需要购买的商品，但是到市场上发现了其他更好的目标，于是改变初衷，购买了其他看中的商品；也有的消费者到市场上，在各种商品技术性能启发下，本人在原有的基本素质和技术的驱动而产生的创作欲望下，不购买现成需要的产品，而是购买一些原料进行创造性的消费。可见，消费者购买行为是在购买动机驱动下，同时在各种因素作用下，经过内心的斟选和决策导致的购买行为。

二、影响农产品购买行为的因素

农产品购买行为是一个比较复杂的过程，整个过程受到多个因素的作用和相互影响。随着消费者收入水平的不断提高和消费品种的日益丰富，消费者的购买行为表现得更加复杂多样。虽然消费者的个别购买行为千差万别，但通过形形色色的购买行为，也不难发现农产品的购买行为受着一些共同因素的影响。

综合来看，消费者在做出购买决策时，一般受文化、社会、个人及心理等因素的影响，这些因素不被经营者和营销者所控制，但作为经营者必须加以考虑。

1．文化因素

人类生活在一定的社会环境中，会形成一些共同的价值观、信仰、态度、道德与习俗等，这些即是人类文化的表现。文化是人类欲望和行为最基本的决定因素。消费者的购买行为同样会受到其文化、亚文化背景的深刻影响。

文化不同，消费者的消费习俗不同，购买行为就不同。如由于东西方文化背景不同，消费者在购买农产品方面也有显著的不同。西方有感恩节，在感恩节期间火鸡和南瓜是必不可少的食品，而我国却没有这一文化和习俗。同样，我国的传统节日，如春节、端午节等在特殊文化背景下产生的节日，在国外却没有，相应的农产品需求和购买行为也有很大的差别。再比如，受中国传统文化的影响，无论是古人还是今人，无论是穷还是富，无论身份贵贱，无论城市还是农村，都有“爱面子”的文化基础，人们将送礼、维系体面和关系等视为基本要求，将争面子或礼尚往来列入基本行为规范，从而形成了恒久而普遍的面子行为，造就出非常大的消费市场——礼品市场。“面子消费”的特征是：受收入限制低、对价格不敏感；购买者与使用者分离，中看不中用；购买价值的中心是体面和关系；对包装和寓意等高度关注；与节日、办事目标高度相关。

文化的原因使消费者形成了稳定的购买心理和购买行为。例如，春节是我国广大消费者都非常重视的传统佳节，在这时大量购买、大量消费已经成为我国大多数消费者的传统消费模式。此外，文化也是消费者偏好形成的一个重要原因，从而形成了各地不同的风俗习惯以及饮食习惯。

2. 社会因素

所谓受社会因素影响，是指消费者的购买行为由于受消费者所接触的社会群体的影响，其购买行为也表现出不同的特点。这些群体分为主要群体、次要群体和渴望群体等。

主要群体是接触频繁并相互影响的群体，如家庭、邻居、同事、朋友等。他们会相互讨论农产品的价格是否合理，怎样鉴别某种农产品的品种和质量，如何烹调更加鲜美等。他们往往对消费者农产品的购买行为产生直接的影响，对消费者的示范作用较为强烈。

次要群体是指与消费者有关的各种群众团体和组织。如宗教、社会团体、职业团体、党派、学会等，他们对消费者的行为产生间接影响。

渴望群体指消费者渴望加入作为参照体的个人和组织。如利用消费者对明星的崇拜和模仿，邀请明星为农产品做广告，宣传某种农产品对健康的益处等。

3. 个人因素

购买农产品最主要的还是受个人因素的影响，个人因素主要包括年龄、性别、经济状况、个性、职业等。

(1) 年龄。年龄不同，消费者对于农产品有不同的需要和爱好。年轻人往往容易接受新鲜事物，对新产品表现出强烈的爱好，因此，他们往往是新产品的购买者；而老年人的购买往往具有稳定性，更趋向于对传统农产品的购买。为此，营销者应该区分不同年龄的消费者，对于青年人占较大比例的区域，适宜销售那些创新产品，而对于老年人居住区，则更多地偏重于传统产品的销售。

(2) 性别。一般而言，对于农产品的购买，女性是主要的购买群体。也就是说，女性是家庭购买行为的主要发起者、决策者和购买者。她们在家庭生活消费支出中处于绝对地位。农产品是家庭生活中最主要的消费品，因此，在农产品营销中，营销的对象应该倾向于女性消费者。

(3) 经济状况。经济状况决定着个人和家庭的购买能力。收入水平高的消费者，消费时追求高档、豪华、体面，是进口农产品和高档农产品的主要消费群体；而低收入群体在消费时，则追求价廉物美、实用；中等收入人群是农产品消费中最具购买潜力的消费群，由于有稳定的收入，他们购买时比低收入群体更果断，消费能力更强。

(4) 个性。所谓个性，是指能导致一个人对自身环境产生相对一致和持久反应的独特心理特征。每个人都有与众不同的个性，由于个性不同，其购买行为也表现出明显的差异性。例如，对于奶制品的消费，一些消费者喜欢喝纯牛奶，而有些消费者则喜欢喝酸奶，还有一些消费者喜欢喝加入其他成分的混合奶制品。为此，奶制品生产企业可以生产出各种各样的产品以适应不同消费者的购买行为，如除了生产纯牛奶、酸牛奶之外，大枣奶、核桃牛奶、麦香奶、果蔬酸酸乳等产品也不断推出。

(5) 职业。不同职业的消费者由于对农产品的消费态度和消费理念的差异，其购买行为也表现出一定的差异性。脑力劳动者比较注重营养，在购买过程中，通常会选择营养丰富的农产品。另外，与体力劳动者比较起来，茶叶、咖啡产品的销售对象则更多地倾向于脑力劳动者，因为他们工作时间长，更需要提神醒脑。医生由于对健康营养知识更了解，他们会有针对性地选择农产品进行购买，而对于普通消费者来讲则不然。

4. 心理因素

一般而言，心理因素在影响消费者购买行为的因素中处于支配性的主导地位。在消费行为的形成过程中，消费者首先受到某种信号的刺激，内心产生消费欲望与需求。当需求达到一定程度的时候，会引发指向某特定目标的购买动机。在动机的驱动下，消费者搜寻相关的产品出处然后根据个人偏好，从质量、价格、品牌等方面对产品进行分析比较。最后作出购买决策，并进行实际购买。购买后消费者还要根据自己的感受进行评价，以形成购买经验。在以上的整个活动中，消费者的心理因素起着决定性的作用。

总之，文化、社会、个人及心理因素是影响农产品购买行为的四大因素。其中很多因素是市场营销者无法改变的，但这些因素在识别那些对产品有兴趣的购买者方面颇有用处，其他因素则受到市场营销者的影响。市场营销者可借助有效的产品、价格、分销和促销策略，诱发消费者的强烈反应。

三、消费者对农产品购买行为的决策

由于受文化、社会、个人、心理等因素的影响，不同消费者或同一消费者面对不同农产品会表现出不同的购买行为。

1. 购买行为的参与者

消费者虽然是以家庭为单位，但参与购买决策的通常并非是一个家庭的全体成员，许多时候是一个家庭的某个成员或某几个成员，而且由几个家庭成员组成的购买决策层，其各自扮演的角色也是有区别的。一般在一项决策中可担任如下的角色：

发起者——首先想到或提议购买某种产品或劳务的人；影响者——其看法或意见对最终决策具有直接或间接影响的人；决定者——对买不买、买什么、买多少、何时买、何地买等问题作出全部或部分的最后决定的人；购买者——实际采购的人；使用者——直接消费或使用所购商品的人。

2. 农产品购买行为的类型

（1）习惯型购买行为。所谓习惯型购买行为，是指消费者按照个人对某一品牌的偏好而形成的一种定向购买行为。这种购买行为较少受广告宣传以及时尚的影响，其购买习惯的形成多是由于长期食用某种特定品牌的农产品而使消费者产生了信赖感，从而按习惯重复购买。这种购买行为被称为“认牌型”购买，购买过程一般果断、迅速。但是，随着农产品数量和新品种的不断增加，习惯性购买行为的比例在不断地减少。

（2）理智型购买行为。所谓理智型购买行为，是指消费者在购买过程中往往多方面考虑，在做出购买决策时比较理性。这种类型的购买，消费者一般要经过周密的思考，通常要货比三家，对农产品的品质、价格、产地等作细致的检查、比较，反复权衡利弊，最后才作出购买决策，购买行为比较冷静、慎重。

（3）经济型购买行为。所谓经济型购买行为，是指消费者对农产品的价格变化比较敏感的一种购买行为。具有这种购买行为的消费者，往往以价格作为决定购买决策的首要标准，倾向于购买价格比较低的农产品。之所以有这种购买行为，主要与这类消费者的经济收入较低有直接的关系。

（4）冲动型购买行为。一些消费者容易受产品的特色、宣传或别人诱导的影响，而迅速作出购买决策，这种购买行为被称为冲动型购买行为。例如，有些消费者购买农产品时容易受到产品特色、包装、购买氛围、广告宣传、降价或打折销售的影响和刺激，以直观感觉为主，购买时不愿做反复比较，因此，能快速作出购买决定。

（5）不定型购买行为。所谓不定型购买行为，是指消费者购买意向未定、随意性较大的购买行为。具有这种购买行为的消费者，往往缺少购买农产品的经验，购买心理不稳定，购买时大多没有主见，表现出不知所措的情形。持这种购买行为的消费者，一般都渴望得到农产品相关的知识，很容易听从经营者的推荐或从众购买。

四、农产品购买决策过程

所谓购买决策过程，是指消费者购买行为形成和实现的全过程。一般来讲，消费者购买决策过程分5个阶段，即确认需要、收集信息、评估选择、决定购买、购后行为。同样，农产品的购买决策过程也表现为这5个阶段。

1. 确认需要

确认需要是指消费者确认还有没有满足的需求并要通过购买某种农产品来满足这一需求的过程。这是购买行为的起点。一般来说，消费者对农产品的需要可能来自于两个方面：一是来自自身的生理性需要，如饥、渴、冷等；二是来自外部的刺激，如广告对某种农产品的宣传、朋友的推荐等。农产品经营者应该充分利用好这一阶段，采取适当的措施，唤起或强化消费者的需求，通过制定市场营销组合策略，帮助消费者确认需要，创造需求。

2. 收集信息

消费者需求的满足一般通过两种方式：一是随时随地就可以满足，如对于普通农产品的需求，通过长期的购买经验就可以即时决定；二是靠现有的经验和知识不能马上决定，而是需要收集相关方面的信息，了解市场行情，以此作为购买决策的依据。这种信息来源的途径主要有：①经验来源，指消费者本人通过使用、查看、联想、判断等获得的信息。②他人传授，指亲朋好友、家庭成员、同学同事、乡亲邻里等提供的信息。③商业来源，指由推销员、经销商、广告、包装、产品介绍等提供的信息。④公共来源，指期刊、杂志、广播、电视及其他大众传播媒介、公共组织提供的信息。为了更加有效地让消费者了解相关购买信息，营销者应该做好这方面的工作，利用适合的传播媒介与农产品消费者充分沟通，扩大产品的知名度。

3. 评估选择

消费者在收集到信息之后，根据自己的购物标准对各种备选农产品的质量、效用、款式、价格、服务等进行比较和评价，从中选择最能满足自己需要的产品。

4. 决定购买

做出购买决策和最终购买，是购买行为的中心环节。消费者对各种农产品进行比较和评选之后，就会产生购买倾向，并按照购买倾向购买适合自己的农产品。当然，在产生购买倾向与做出购买决定之间，也会受到他人态度和意外事件的影响。如身边人的态度，家庭收入出现较大改变,或者农产品涨价,或者发生了意外事件等,都会改变其购买倾向。当消费者决定购买某种农产品时,一般作出如下决策:①产品种类决策:优先购买哪一类农产品。②时间决策:在什么时间购买。③经营商决策:到哪里购买或到哪一家商店购买。④数量决策:买多少。⑤购买方式决策:自己取,还是要求送货上门。

5. 购后行为

消费者购买某种农产品之后,往往喜欢对整个购买行为和所购农产品进行评价,一方面有自己的感受,另一方面有他人对所购买产品的评判。如果自身对整个购买行为和所购农产品非常满意,或者其他人对所购农产品给予认可的态度,会使消费者产生满足感,进而对下一次的购买行为产生影响,即下一次仍然愿意重复上次的购买行为,即愿意购买该种农产品。相反,如果消费者对所购农产品不满意,或者存在部分不满意,或者他人认为所购农产品的质量有瑕疵,这就会使消费者在下次的购买行为过程中尽量避开该种农产品的购买或采取审慎的态度。

当然,上述5个阶段只是一种基本的模式,对于不同的农产品所经历的阶段也不尽相同。对于较为复杂和价格比较高的农产品的购买决策往往凝结着购买者反复权衡的过程,并涉及较多的购买决策参与者;而对于日常所需的普通农产品的购买,如米、面、油、菜、肉、果等,消费者大多根据习惯或经验购买,由于不会花很多时间和精力去选购,决策比较简单。

任务四 运用消费规律指导农产品营销活动

任务要求

学会运用情感心理打造农产品营销品牌并能运用消费规律指导农产品营销活动。

任务引入

"德青源"牌鸡蛋

2013年9月24日在南非开普敦闭幕的2013世界蛋品年会上,德青源从全世界的蛋品企业中脱颖而出,勇夺水晶鸡蛋奖。全球水晶鸡蛋奖向来以严格和苛刻的评审标准著称,其评奖标准包括:独特的产品创新、成功的市场推广、杰出的环境保护和突出的社会责任。

同样是鸡蛋,为什么"德青源"品牌鸡蛋的价格是普通鸡蛋的2倍?德青源鸡蛋广受消费者青睐,并形成一个稳定且快速增长的消费群体,占据了北京品牌鸡蛋70%以上的市场份额。主要原因在于德青源大力推广品牌:鸡舍宽敞有空调,全部采用无抗生素的饲料;鸡生活在郊区封闭式的大型养鸡场里,可以在山上跑;鸡蛋上有标识,记下何时下的蛋;把鸡蛋磕在碗里之后,普通鸡蛋的蛋黄是浅黄色,德青源鸡蛋的蛋黄是橙黄色;德青源设有全天候24小时的售后服务,快速服务各大城市销售点。这些打动了其所锁定的细分消费群——城市中产阶层。

任务描述

分析“德青源”牌鸡蛋是如何成功打造农产品营销品牌的？

相关知识

众所周知，情感可以刺激消费者的购买兴趣、引导选择、唤起购买动机以及影响未来的购买决定。购买的想法并不是毫无生气的精神活动。这些想法可以是令人兴奋的，可以包含着强烈的喜好和不喜好、渴望和失望。

一、运用情感打造农产品营销品牌

1. 情感

情感是一种体验，被用来概括对一些真实或想象的事件、行为或品质的高度肯定或否定的评价而引起的各种精神状态和身体过程。当人们对什么表露出情感就显示他们关心什么。当人们受到鼓励对某一产品寄予厚望，情感就显示出对某一产品的高度肯定或高度评价，人们就期望实现这种满足；反之，当人们受到鼓励对某一产品寄予厚望，而这种期望又没能满足时，他们就会产生某种感受——愤怒交织失望。如果这种愤怒得不到表达，就会产生怨恨。

2. 品牌价值

品牌重要吗？品牌代表着社会认可度和社会地位，它为消费者提供产品和价值的保证。品牌价值的产品成分主要包含产品的使用功能和产品的使用享受两方面；品牌价值的价值成分主要是由消费者加到一个商品上的附加值，这个附加值是品牌同他的竞争对手相比，高于品牌直观形式的价值。

3. 运用情感增加农产品品牌价值

如果营销管理是为了理解消费者，那么，了解消费者对产品的情感及树立对品牌的亲切感和喜好，并获得消费者的信任是十分重要的。因为消费者只有对一个品牌熟悉后，才会产生喜好，很高的熟悉和亲切感导致感情的增强。如果和一个品牌的第一次相遇留下了好印象，接下来的多次接触又增加了喜好程度，那么这个品牌就有可能会变成在这个不确定的世界中一种生活方式的固定的标志性信号。

二、运用消费规律指导农产品营销活动

1. 抓住消费层次指导农产品营销活动

消费者按消费层次可分为实用层次、求名层次和保健层次。

(1) 实用层次：追求实用、实效。绝大多数的农产品，都是满足人们的基本消费的。消

费者在购买农产品时更注重对产品实用、实效的考虑。例如，人们每天都要消费粮食、蔬菜，在一定的经济条件允许下，人们还要有水果、饮料的消费，对于这些农产品的消费，人们首先的态度是实用、有效。在实用、实效的基础上，农产品营销活动的策略是追求物美价廉。

（2）求名层次：追求时尚。我国进入21世纪后，多数地区讲求在节假日串门或专门拜访，带来的不仅有水果花篮，还可能是鲜花或花束，如金钱树、富贵花、高档酒等，送去美好的祝福。贵重农产品的购买已不再是食用价值，而是精神价值。正因如此，农产品生产者可以通过高科技的嫁接，生产特种农产品，开发农产品市场，提高农产品市场效益，增加收入。在求名的农产品作为选择的目标时，农产品营销活动的策略是追求档次。

（3）保健层次：对于农产品中绝大多数的基本生活必需品，粮、果、菜、鱼、肉、蛋等，人们越来越重视其绿色、环保、有利于健康。如，当人们得知黑色粮食有利于健康时，市场上的黑米、黑芝麻、黑玉米、黑豆等都受到消费者的关注，价格也看涨。由于绿色食品的知识增长和宣传，一些中等收入的家庭，会舍近求远到超市购买绿色蔬菜、有机果蔬、无公害粮食，于是这种消费趋势也给农产品生产者带来了商机。农产品营销活动的策略是对农产品生产者提出较高要求，同时注重保健宣传。

2. 抓住消费群指导农产品营销活动

消费者按消费群可分为女性消费群、中等收入人群和高收入人群。

（1）抓住女性消费群，她们是市场购买力的主要群体。农产品是家庭生活的基本消费品，因此进行营销首先要打动女性消费者。

（2）关注中等收入人群，他们是消费者中最具购买潜力的消费群。我国中等收入人群占人口绝大多数，一部分是富裕起来的农民，一部分是城市有稳定收入的上班族，由于稳定的收入和一定的积蓄，使他们在购买行为上比低收入者更果断，消费力更强。

（3）盯住高收入人群，他们是购买行为最活跃的群体。在今天我国消费市场中，高消费群固然处于少数，但随着我国特色的市场经济的发展，高收入者将逐渐增多，成为小康社会强有力的支撑。包括私营企业或民营企业主、高级管理层、高级专业技术人员或高级市场营销人员等，由于收入的持续稳定和高薪积累，他们在消费上追求新、特、异等，如送一份礼可能上千元，高档寿桃、高档鲜花、名牌农产品都会成为他们为了生意、关系进行消费的对象。

总之，消费心理与购买行为有着必然的联系，已成为农产品生产者和营销人员必须关注的基本问题。抓住心理趋势，就抓住了商机，就会给农民带来可观的经济收益。

项目二　农产品市场消费者行为特征

任务一　农产品市场消费行为特征

任务要求

把握农产品市场消费者行为特征。

任务引入

民以食为天,食品安全关系重大

近年来,我国食品安全事故频发,严重影响人民群众生活与社会和谐稳定,保障食品安全越来越重要和紧迫。例如,2001 年 9 月 3 日,距离中国的传统节日中秋节还剩一个月不到,中央电视台报道“南京冠生园大量使用霉变及退回馅料生产月饼”的消息,举国震惊。2002 年 5 月 21 日,长春市卫生局查处一处用牛血、猪血和化工原料加工假“鸭血”的黑窝点,制造假“鸭血”的化工原料一般为建筑或化工用品。2003 年 3 月 19 日,辽宁海城发生豆奶中毒事件,海城市铁西区的 8 所小学,3000 余名学生在同一天饮用了区教委推荐的豆奶后,持续发生了腹痛、头痛、眩晕等症状。2004 年“陈化粮”事件曝光,全国 10 多个省市粮油批发市场发现有国家粮库淘汰的发霉米,含有可致肝癌的黄曲霉素。黄曲霉素是目前发现最强的化学致癌物,试验显示其致癌所需时间最短仅为 24 周。2005 年 3 月 15 日,上海市相关部门在对肯德基多家餐厅进行抽检时,发现新奥尔良鸡翅和新奥尔良鸡腿堡调料中含有“苏丹红一号”成分;从 16 日开始,在全国所有肯德基餐厅停止售卖这两种产品,同时销毁所有剩余调料。2006 年 7 月,中央电视台曝光湖北武汉等地的“人造蜂蜜”事件,造假分子还在假蜂蜜中加入了增稠剂、甜味剂、防腐剂、香精和色素等化学物质,这一事件造成该地区蜂蜜价格的大幅跌落。2007 年 4 月 12 日,在广西壮族自治区销售的“龙凤”品牌水饺被检出金黄色葡萄球菌,这一检测结果公布之后,商家采取措施,对购买到问题批次产品的消费者提供退货服务。2008 年的“三鹿奶粉”事件,导致众多婴幼儿患了结石病。2009 年 2 月 27 日,“咯咯哒”问题鸡蛋所用饲料厂的法人代表获刑,该厂于 2008 年 9 月两次向饲料中加入三聚氰胺。2010 年 7 月,三聚氰胺超标奶粉事件“卷土重来”:在青海省一家乳制品厂,检测出三聚氰胺超标达 500 余倍,而原料来自河北等地。2011 年 3 月 15 日,央视 3·15 特别节目曝光双汇火腿肠,双汇宣称“十八道检验、十八个放心”,但猪肉不检测“瘦肉精”。河南孟州等地添加“瘦肉精”养殖的有毒生猪,顺利卖到双汇集团旗下公司。2012 年 11 月,有记者将酒鬼酒送第三方检测后发现,酒鬼酒塑化剂超标高达 260%,在记者曝光酒鬼酒塑化剂超标后，湖南省质量技术监督局11月21日向质检总局报告，经湖南省产商品质量监督检验院对50度酒鬼酒样品进行检测，DBP最高检出值为1.04mg/kg，超标2.47倍。2013年5月，江苏江阴犯罪嫌疑人卫某等以狐狸、水貂等未经检验检疫的动物肉制品制售的假羊肉流入了上海9家熟食店；周浦万达广场品尚豆捞坊销售的所谓“羔羊卷”经检验掺入了猪肉和鸭肉，涉嫌销售假冒食品，欺骗消费者。台湾强冠公司以低价购进地沟油成分食用油并制成“全统香猪油”向下游食品厂商和消费者出售，仅2014年2月至8月间就涉及782吨。这些都影响了消费者对我国现行食品安全标准和食品市场的信任。

任务描述

由上述案例，说说农产品市场消费者行为的特征有哪些？

相关知识

美国营销权威菲利普·科特勒教授明确指出，一个购买者的决策受其个人特征影响，特别受其年龄和生命周期阶段、职业、经济情况、个性和自我概念、生活方式和价值观的影响。目前，农产品市场的消费行为有以下特征：

一、食品质量安全逐渐成为人们关注的焦点

第一，民以“食”为天，但现在食品质量令人担忧。老百姓日常消费的农产品，主要有米面、蔬菜水果、肉蛋奶和水产品等，但我们现在吃的食品中，真正令人“吃得放心”的并不多。

第二，土壤、水等污染严重，影响农产品质量。由于中国目前农产品生产环节绝大多数是个人的生产行为，为了多赚钱，少花钱，各种节约成本、增加收益的非法手段屡见不鲜，如打农药、超量使用无机肥、蔬菜保鲜用甲醛和水果保鲜加层蜡等。

第三，安全“三品”产品蓬勃发展。随着国民收入水平的提高和消费观念的转变，无公害食品、绿色食品和有机食品等安全农产品越来越受到青睐。从国际市场看，20多年前美国消费者因为关心环境问题而购买有机食品。现在，美国2/3的消费者首先把健康和营养作为选择有机食品的主要原因，其次才是口味、食品安全和环境等因素。这给安全农产品的生产和开展带来巨大的市场潜力。

二、消费者购买农产品的场所选择

消费者对农产品购买地点的选择能够在一定程度上反映出他们对农产品质量安全性的要求，消费者认为农产品质量安全可保证程度是随着销售场所不稳定性的增加而逐步递减的。城市消费者的农产品购买渠道仍呈现多样化的态势，超市与农贸市场的竞争已趋白热化。

1. 超市

与农贸市场相比，超市更有能力对采购的农产品进行农药残留等检测，并且能够通过做出质量保证和退货换货承诺而建立起质量信誉，因此，注重质量风险的消费者倾向到超市购买农产品。但是，过高的经营成本导致销售价格居高不下，也会使超市农产品对价格敏感度高的消费者难有吸引力。

2. 农贸市场

农贸市场满足了消费者便利性的要求，也有固定场所，方便了监管机关的抽查和检验，质量可以保证，而且价格相对便宜，因此选择的人最多。但相对而言，农贸市场环境不如超市，其规范性和封闭性也不如超市。

三、农产品采购过程的行为特征

在农产品采购与使用过程中也存在安全性问题，主要涉及生鲜食品。因此，新鲜是农产品，特别是鲜活农产品的基础。

第一，新鲜是农产品营养价值的保证。水果、蔬菜在采摘后，仍然是一个活体，是具有生命力的碳水化合物，具有易腐烂、不易保存的特点，如不及时消费，一段时间后就会腐败、变质，失去原有的营养价值。

第二，新鲜是农产品外观价值的直接表现。消费者买菜，无法从蔬菜的营养品质、卫生品质上去判断是否新鲜，最直观方式就是外观，觉得水灵的蔬菜水果就是新鲜的，显得红润的肉就是新鲜的。因此，新鲜的程度直接决定消费者是否购买。

第三，温度是农产品保鲜最重要的条件。温度越低，农产品的营养消耗越少，微生物繁殖越慢，保持新鲜品质的时间也越长。同时，温度变化小，保鲜效果好。所以保鲜贮藏要求一个相对稳定的低温条件，大多数农产品最适保鲜温度是0℃左右。

知识链接

据学者滕月以生鲜肉的消费者研究结果显示：消费者从购买到回家的过程中是否注意冷链运输的问题，54.9%的消费者从不注意冷藏温度，45.1%的消费者知道生鲜肉正确的冷藏温度是(1℃～5℃)；消费者采购生鲜肉的时间段问题，36.4%的消费者在购物的过程中随机购买生鲜肉，36.1%的消费者在路过的时候购买，14.4%的消费者一到商店直接就去买，只有9.9%的消费者在买好其他东西之后买生鲜肉；消费者使用单独的包装或冷藏箱可以确保易腐烂食品在运送回家的过程中能够保持安全的温度问题，51.7%的消费者从未考虑过用冷藏袋，而33%的消费者认为没有必要使用冷藏袋。

四、农产品市场消费者的个性特征

1. 性别对农产品购买的影响

性别的不同使得消费者在观念与行为上的差异较大。

(1) 对于蔬菜类农产品的购买,男性对超市购买的偏好优于农贸市场;女性则偏好于农贸市场,这符合女性更爱讨价还价的购物特点。

(2) 对水果和鱼肉禽两大类农产品的购买,男性和女性均偏好于选择超市,尤其是鱼肉禽的购买对超市的偏好更为明显。

2. 年龄对农产品购买的影响

年龄与消费选择行为关系密切,中老年人倾向于到农贸市场购买,无公害蔬菜购买率低;而年轻人更倾向到超市购买,并成为无公害蔬菜的主要购买者。

3. 教育程度对农产品购买的影响

教育程度对不同的农产品的影响程度有一定差异,对蔬菜购买地点选择影响最大,对鱼肉禽的影响次之,对水果的影响相对较小。学者俞海峰的研究显示,消费者教育程度与超市生鲜选择呈正相关关系。

4. 消费者收入对农产品购买的影响

消费者收入水平从多方面影响消费者对农产品的购买和选择行为,既影响消费者对农产品种类的消费选择,又影响消费者对农产品购买地点的选择。如高收入家庭在肉禽、水产和奶等农产品的消费上占有很大比例。

五、影响农产品消费者购买行为的主要因素

主要包括:

(1) 产品内在因素,包括营养、观感、新鲜度、有害成分(如农药残留、添加剂、加工程度)等。

(2) 产品外在因素,包括品牌、包装与标识。

(3) 产品价格。

(4) 购物场所,包括场所内品种、环境及便利性。

任务二　农产品需求发展特征

任务要求

把握农产品需求发展特征。

任务引入

我国农产品市场需求总量和需求结构的变化规律

随着市场化进程的不断推进，我国农产品市场需求总量和需求结构发生了深刻变化，并呈现了规律性，农产品的消费总体上呈上升趋势，从人均消费情况和变化趋势来看，在2001－2011年间，我国人均口粮消费量基本稳定，但猪肉消费量增长了20%，禽蛋增长21%，禽肉增长37%，牛奶增长223%。这种变化直接导致了粮食消费结构的变化。2011年，我国小麦、稻谷和玉米三大谷物总共用于饲料生产的数量已经占产量的30%，相比2001年增加了4个百分点。2011年我国小麦、稻谷和玉米三大谷物产量51 183万吨，其中用于饲料生产的数量为15 518万吨，而2001年的用量仅为10 372万吨。

（资料来源：智研数据研究中心）

任务描述

说说农产品需求发展特征有哪些？

相关知识

随着人民生活水平的提高和国际贸易的发展，农产品市场和需求发生了巨大变化。

一、农产品市场需求总量稳中有升

目前我国农产品从数量上看是总需求量稳中有升，需求种类多样化。由于居民的消费观念、消费方式转变，人们对农产品的主要需求转变为营养均衡、绿色、健康的基础食品，农村居民在蔬菜方面的需求向更高水平过渡。

二、农产品消费需求结构变化大

我国农产品消费需求结构变化有两大特点：第一个特点是农产品最终需求，特别是直接消费比重呈下降趋势，而中间需求（加工产品）逐渐增加，以及最终需求中出口消费比重则呈上升趋势。第二特点是居民家庭在不同种类的农产品需求方面的差异性，即品种结构的变化。近二十几年来，城镇居民的家庭消费由以粮食和蔬菜为主、动物性食品很少的消费结构，向粮、蔬、肉、鱼、果、奶趋于平衡的方向转变，其中粮食的消费量大幅度减少，而瓜果和肉奶的消费量大幅度增加，尤其是瓜果和鲜奶的消费量增长最快。

三、农产品消费观念、消费方式在转变

不同消费者对农产品的需求不同。人们对农产品的消费需求已从原来解决温饱问题的必需品转变为满足人们营养均衡、饮食健康需要的基础食品。也就是说目前老百姓吃的标准已经由吃得饱到吃得好,再到吃得安全,而农产品的生产,已经由20世纪80年代的短缺到90年代的供求平衡,到现在的过剩。所以,现在老百姓对农产品就挑着吃、换着吃,不停更换。这就导致对农产品营销有直接影响的变化:一是讲究合理搭配、营养均衡;二是向绿色食品型转化;三是向新鲜多样型转化;四是向个性特殊型转化(例如,家里有新生儿,母亲和婴儿对农产品的营养品质和卫生品质就有不同的需求;家里有"三高"老人,对农产品的营养品质要求也不同);五是成品化、半成品化的生鲜食品的销售量大量增加,使农产品加工业得以发展;六是居民外出饮食支出增长迅速。

知识拓展

农产品怎样才能够深度商品化

农产品的商品化,是指对农产品进行的一系列维持和提高品质,实现产品增值,发挥最大使用价值的过程。

农产品的商品化处理,包括对农产品的采收、清洗、分级、加工、包装和储藏等过程。农产品的商品化处理既有利于避免腐烂,减少浪费,又可保持农产品的品质,更可满足消费者的多样需求。

农产品深度商品化方法一:深度分级,把单个农产品"剥开卖"。一般的产品分级是按形状、大小等分类,例如,水果按大小、外形等分级,猪、牛、羊按部位不同价格分级等。但很少人会想到,苹果能否像猪一样切开卖,苹果皮、外层肉和内层肉分开卖。更进一步,能否将苹果作为原料,粗加工成苹果食品,如,苹果皮干、苹果肉干等。这主要看农产品是否会由于部位的不同而有不同的价值。

农产品深度商品化方法二:菜谱化,让农产品组合起来。一般情况下,农产品是按种类卖,消费者都是买各种菜,然后回家自己加工、配菜。所以,一般的农产品企业也是这样,卖蔬菜的专卖蔬菜,卖肉的专卖肉,很少有人把蔬菜和肉组合起来变成一种商品,然后卖给客户。这样的做法就是农产品的菜谱化。在快节奏生活的城市,时间是人们最大的成本,凡能节约时间的做法都是有很大价值的。把一家一户的分散化的净菜、切菜和配菜的劳动变成一种专业化、规模化的统一劳动,也是很有价值的。

项目三　农产品网络消费者行为分析

任务一　网络消费者需求特征

任务要求

了解网络消费者的类型；掌握网络消费者需求的特征。

任务引入

让农产品上网

针对农产品购销两难和消费者购买绿色农产品的意愿的增长，全国人大代表、中国移动广东公司总经理徐龙建议要加快实施“电商村村通”工程，推动农产品的网络化购销，促进农业现代化转型，实现“洗脚上田到洗手上网”。徐龙分析说，城市人越来越愿意“花钱买绿色”，但由于农产品生产、交易环节的独特性，普遍存在“花钱难买绿色”的尴尬。一项对北京、上海两个城市的调查表明，超过80%的消费者愿意花更多的钱购买绿色农产品。尤其是食品安全屡屡暴露出问题后，人们的食品安全意识逐步增强，绿色食品渐成消费趋势。

另一方面，根据CNNIC发布的数据显示，近年来，我国电子商务市场持续快速发展。截至2021年6月，我国网络购物用户规模达8.12亿。徐龙认为，电子商务是通过电子数据传输技术开展的商务活动，能够有效地解决传统商务活动中信息传递与物流配送的时空障碍。

（资料来源：广州日报）

任务描述

说说什么是网络消费者行为以及网络消费者需求特征。

相关知识

网络消费者行为是指在互联网营销的环境下，网络消费者的感知、认知、行为，以及与网络环境因素之间相互作用的动态过程。因此，对于网络消费者行为的分析首先从需求方面来进行。

一、网络消费者的类型

按上网的目的来分类,网络消费者可分为以下几种类型。

1. 简单型

此类型的网络消费者需要的是方便、直接的网上购物体验。他们每月只花少量时间上网,但他们进行的网上交易却占了一半。农产品零售商们必须为这一类型的消费者提供真正的便利,让他们觉得在你的网站上购买农产品将会节约更多的时间。

2. 冲浪型

此类型的网络消费者大约占上网用户的8%,而他们在网上花费的时间占了32%,并且他们访问的网页数量是其他网民的4倍。冲浪型网民对常更新、具有创新设计特征的农产品网站很感兴趣。

3. 接入型

此类型的网络消费者通常是刚接触网络的新手,所占比例约36%,他们很少在网上购物,而喜欢在网上聊天和发送免费问候卡。那些有着农产品品牌的公司对这群网民保持足够的重视,因为网络新手们更愿意想信他们所熟悉的品牌。

4. 议价型

此类型的网络消费者所占比例为8%,他们有一种趋向购买便宜农产品的本能,著名的eBay网站一半以上的顾客就属于这一类型,他们喜欢讨价还价,并有强列的在交易中获胜的愿望。

5. 定期型和运动型

此两种类型的网络消费者通常都是被网站的内容所吸引,其上网时间有一定的规律性和稳定性。

目前,网上销售商所面临的挑战是如何吸引更多的网民,并努力地将网站访问者变为消费者。农产品营销人员应该将自己的注意力集中在以上几类网民中,从中确定自己的潜在消费群体,这样才能做到有的放矢。

二、网络消费者需求的特征

由于互联网商务的出现,消费观念、消费方式和消费者的地位发生了重要的变化,互联网商务的发展促进了消费者主权地位的提高;网络营销系统巨大的信息处理能力,为消费者挑选商品提供了前所未有的选择空间,使消费者的购买行为更加理性化。网络消费者需求的特征主要有:

1. 个性消费的回归

网络营销是一种以消费者为导向,强调个性化的营销方式。在互联网时代,消费品市场变得越来越丰富,消费者拥有更大的选择自由,消费者根据自己的实际需求在全球范围内挑选满意的产品和服务,而企业则从消费者身上寻找商机,为其提供称心如意的产品和服务,个性化消费正在也必将成为消费的主流。

2. 消费需求的差异性

消费者的个性化消费必然使网络消费需求呈现差异性。网络消费者来自世界各地,有不同的国别、民族、信仰和生活习惯,因而会产生需求差异性。所以,从事农产品网络营销的厂商要想取得成功,就必须在整个生产过程中,从产品的构想、设计、制造,到产品的包装、运输、销售,认真思考这些差异性,并针对不同消费者的特点,采取有针对性的方法和措施。

3. 消费主动性增强

网络消费者以年轻人为主,一般经济收入比较高,因此主动性消费是其特征。

4. 对购买方便性的需求与购物乐趣的追求并存

消费者在网上购物,除了能够完成实际的购物需求以外,同时还能够得到许多信息和各种在传统商店没有的乐趣。另外,网上购物的方便性也会使消费者节省大量的时间和精力。

5. 价格仍然是影响消费心理的重要因素

开展网络营销,通过互联网进行信息交换来代替实物交换,一方面可以节省实际店面的相关费用和相关的人工成本,减少库存产品的资金占用;另一方面,可以减少由于多次交换带来耗损。所以,网上销售的低成本将使经营者有能力降价商品销售的价格,并开展各种促销活动,给消费者带来实惠。

6. 网络消费需求的超前性和可诱导性

从网络消费需求上看,有些农产品表现出周期性、规律性消费特点,如粮、油、牛奶等,它们已成为消费者的日常需求。在网络营销下,消费者足不出户,就可以轻松完成购物任务,做到网络消费需求的超前性。2013 年“双 11”,针对有周期性需求的农产品,天猫推出了“周期购”,消费者一次性预付半年或全年货款,卖家根据约定的周期定时定量配送产品。在网上购物的消费者以经济收入较高的中、青年为主,这部分消费者比较喜欢超前和新奇的农产品,也比较注意和容易被新的消费动向和农产品介绍所吸引。

任务二　网络消费者的购买过程

任务要求

熟悉网络消费者的购买过程。

任务引入

“双 12”网购火爆:新疆大枣半天卖出 15 吨

对于习惯了在网上购物的“亲”们,12 月 12 日凌晨又是一通手忙脚乱。零点时分,众多网购达人频频点着“立即购买”按键。短短的一分钟内,淘宝网同时在线买家高达 270 万人,真可说“你不是一个人在战斗”。

绿色无污染的山货显然受到了买家的青睐。无污染的新疆大枣，成为网购年货的新宠。一名新疆卖家的大枣五折包邮，不到半天时间就售出了近 3 万份，达 15 吨。

（资料来源：钱江晚报）

任务描述

试述网络消费者在淘宝网购买新疆大枣的过程。

相关知识

网络消费者的购买过程，也就是网络消费者购买行为形成和实现的过程，它可以粗略地分为 5 个阶段：诱发需求、收集信息、比较选择、购买决策和购后评价。

一、诱发需求

网络购买过程的起点是诱发需求。消费者的需求是在内外因素的刺激下产生的。当消费者对市场中出现的某种商品或服务产生兴趣后，才可能产生购买欲望，这是消费者作出消费决定过程中所不可缺少的基本前提。对于农产品网络营销来说，诱发需求的动因只能局限于视觉和听觉。文字的表述、图片的设计、声音的配置是农产品网络营销诱发消费者购买的直接动因。这要求从事农产品网络营销的企业或经销商注意了解与自己产品有关的实际需求和潜在需求，并了解这些需求在不同时间的程度状况和刺激诱发的因素，进而巧妙地设计促销手段去吸引更多的消费者浏览网页，诱导他们的需求欲望。

二、收集信息

收集信息、了解行情是农产品网络消费者购买过程的第二个环节。这个环节的作用就是汇集农产品的有关资料，为下一步的比较奠定基础。收集信息的渠道主要有内部渠道和外部渠道。内部渠道是指消费者个人所储存、保留的市场信息，包括购买农产品的实际经验、对市场的观察以及个人购买活动的记忆等；外部渠道则是指消费者可以从外界收集信息的渠道，包括个人渠道、商业渠道和公共渠道等。网络购买的信息收集带有较大的主动性。在网络购买过程中，农产品信息的收集主要是通过互联网进行的。一方面，网络消费者可以根据已经了解的信息通过互联网跟踪查询；另一方面，网络消费者又不断地在网上浏览，寻找新的购买机会。

三、比较选择

消费者需求的满足是有条件的，这个条件就是实际支付能力。没有实际支付能力的购买欲望不可能导致实际的购买。为了使消费需求与自己的购买能力相匹配，比较选择是农产品网络消费者购买过程中必不可少的环节。网络消费者对各条渠道汇集而来的资料进行比较、分析、研究，了解各种农产品的特点和性能，从中选择最为满意的一种。一般来说，农产品网络消费者的综合评价主要考虑的是农产品质量、安全、新鲜、价格和售后服务。网络购物不直接接触实物。网络消费者对网上商品的比较依赖于厂商对商品的描述。网络经销商对自己的产品描述不充分，就不能吸引更多的顾客；而如果对产品的描述过分夸张，甚至带有虚假的成分，则可能永久地失去顾客。

四、购买决策

农产品网络消费者在完成了对商品的比较选择之后，就进入到购买决策阶段。网络消费者在决策购买某种商品时，一般必须具备以下三个条件：①对厂商有信任感；②对支付有安全感；③对产品有好感。所以，树立企业形象，改进货款支付和商品邮寄办法，全面提高产品质量，是每一个参与网络营销的厂商必须重点抓好的三项工作，只有这三项工作抓好了，才能促使网络消费者毫不犹豫地作出购买决策。

五、购后评价

消费者购买商品后，往往通过使用对自己的购买选择进行检验和反省，重新考虑这种购买是否正确，效用是否理想，以及服务是否周到等。这种购后评价往往决定了消费者今后的购买动向。为了提高企业的竞争力，最大限度地占领市场，企业必须虚心倾听顾客反馈的意见和建议。互联网为网络营销者收集消费者的购后评价提供了得天独厚的优势。方便、快捷、便宜的电子邮件紧紧连接着厂商和消费者。厂商可以在订单的后面附上一张意见表。消费者在购买商品时，就可以同时填写自己对厂商、产品及整个销售过程的评价。厂商从网络上收集到这些评价之后，通过计算、分析、归纳，可以迅速找出自己工作中的缺陷和不足，及时了解到消费者的意见和建议，随时改进自己的产品质量和售后服务。

任务三　影响网络消费者购买行为的因素

任务要求

了解影响网络消费者购买行为的因素。

任务引入

武汉女子网上炒卖农产品被骗34万

武汉市民李女士,在2013年11月初接到陌生来电,对方自称名叫林冰,是投资顾问,建议她炒大宗农产品。林冰发来金银花、冬虫夏草、杜仲和枸杞子的价格资料,“学一学,试试运气,投多少没限制”。李女士心想小试无妨,便在林冰的公司网上开户。在林冰指点下,李女士有了几千元进账,戒心渐渐解除。林冰说,介绍你认识更厉害的杨老师。李女士在杨老师指点下交易了六七次,居然每次都赚,疑虑全消。11月12日,杨老师说公司两周年庆,对于VIP客户,盈利分成可以提高55%,只要存入50万元就能成为VIP。李女士说最多只有35万。杨老师说,经过努力说服领导,可以先存35万办VIP卡,差额随后补上。李女士照办了。当天中午11时,李女士按照杨老师的建议全仓买入,不料网上的价格直线下跌。她焦急地问林冰,要不要赶紧抛出止损,林冰坚持说“没问题”,又过了半个小时后,杨老师告诉她:“完了、完了,快平仓,出大问题了。”李女士再查自己账户,只剩下6560元。杨老师安慰她:“公司要打官司追回损失,补偿客户,要等一段时间。”李女士焦急地等到2014年3月15日,直到林冰和杨老师突然无法联系,李女士才如梦初醒。

(资料来源:荆楚网-楚天都市报)

任务描述

李女士为什么被骗?影响网络消费者购买行为的因素有哪些?

相关知识

网络营销是目前大多数农业企业或农村合作社最优的营销方法。那么有哪些因素影响农产品网络消费者利用网络购买农产品的行为呢?

一、农产品的特性

农产品是影响消费者购买的重要因素之一。农产品大多是食品,直接关系人体健康,产品的安全度就尤为重要。易腐烂、变质是农产品区别于其他产品的唯一特性,因此,并不是所有的农产品都适合在网上销售和开展网上营销活动。只有那些便于在采收、清洗、分级、加工、包装和储藏等过程中保持品质不变的农产品,才适合在网上销售和开展网上营销活动。

二、农产品的价格

从消费者的角度说，价格不是决定消费者购买的唯一因素，但却是消费者购买农产品时肯定要考虑的因素，而且是一个非常重要的因素。对一般商品来讲，价格与需求量之间经常表现为反比关系，同样的商品价格越低，销售量越大。网上购物之所以具有生命力，重要的原因之一是网上销售的农产品价格普遍低廉。网络营销市场面对的是开放的、全球化的市场，用户可以在世界各地直接通过网站进行购买，而不用考虑网站是属于哪一个国家或者地区的。企业面对的是全球性的网络市场，因此，定价必须采用全球化本地化相结合的原则进行。目前，企业在对网络销售农产品进行定价时，主要采用低价位定价和顾客主导定价两种方式。

三、网上购物的便捷性

购物便捷性是消费者选择网上购物的首要考虑因素之一。一般而言，消费者选择网上购物时考虑的便捷性主要表现为：①时间上的便捷性，可以不受时间的限制并节省时间；②地域上的便捷性，可以足不出户在很大范围内选择农产品。因此，消费者家庭周边交通的方便性，超市、银行、邮局等的有无对网络营销的影响极大。部分人群由于居住地周围没有大型农贸市场或者超市，购买农产品耗费的时间和交通成本较高，也会选择尝试通过网络购买农产品。

四、网上购物的安全性和可靠性

影响消费者网上购物的另一个重要因素是安全性和可靠性问题。在网络的虚拟环境下，消费者最关心的莫过于账户的安全性和可靠度。由于网上购物一般是先付款后送货，这与过去购物的一手交钱一手交货的现场购买方式发生了变化，网上购物的时空发生了分离，消费者有失去控制的离心感。因此，为减低消费者网上购物的这种离心感，必须加强网上购物各个环节的安全控制措施，使消费者在购物过程中的信息传输安全和个人隐私得到有效的保证，以树立消费者对网站的信心。

在网上商店进行网上购物时，消费者面对的是虚拟商店，对逐个产品的了解只能通过网上介绍完成，交易时消费者需要将个人的重要信息（如信用卡号、密码和个人身份信息等）通过网上传送。由于互联网的开放性，网上信息存在被非法截取和非法利用的可能，存在一定的安全隐患。另外，在网上购物时，消费者将个人身份信息传送给商家，其个人隐私信息有被商家非法利用的可能，因此网上交易还存在个人隐私被侵犯的危险。如果没有完善的安全体系，网络营销的发展终究会受到限制。

从技术上讲，网络营销发展的核心和关键问题是交易的安全性，这也是电子商务技术的难点。为了降低交易的风险性，因此提出了相应的安全控制要求：一是信息的保密性；二是交易者身份的确定性;三是交易不可否认性;四是安全文件的不可修改性。近年来,IT 业界与金融行业一起,推出了不少更有效的安全交易标准,如安全超文本传输协议(S—HTTP)、安全交易技术协议(Secure Transaction Technology,STT)、安全电子交易协议(Secure Electronic Transaction,SET)等。同时在发表的多个安全电子交易协议或标准中,均采用了一些常用的安全电子交易的手段和相关技术,如密码技术、数字签名、数字时间、数字凭证和认证中心等。在实际应用时,各种安全电子交易手段常常结合在一起使用,从而构成了安全电子交易的体系。只有建立一个稳定与安全的交易体系,人们才可以放心地使用。

学习测试题

一、单选题

1. 消费者的任何需要都有(　　)的对象。

A. 明确　　B. 糊涂　　C. 虚拟　　D. 空洞

2. 根据马斯洛的需要理论,生理需要是(　　)层次需要。

A. 高　　B. 中　　C. 低　　D. 不清楚

3. 根据马斯洛的需要理论,自我实现需要是(　　)层次需要。

A. 高　　B. 中　　C. 低　　D. 不清楚

4. 人对食物、氧气、水、衣、食、住、行等的需要是(　　)需要。

A. 主要　　B. 次要　　C. 高级　　D. 中级

5. 人对人与人之间交往的需求、人对权力、地位、威望等的需求是(　　)需要。

A. 主要　　B. 次要　　C. 低级　　D. 中级

6. “认牌型”购买属于(　　)购买行为。

A. 习惯型　　B. 理智型　　C. 经济型　　D. 冲动型

7 消费者购买农产品时容易受到产品特色、包装、购买氛围、广告宣传、降价或打折销售的影响和刺激而快速做出购买决定,属于(　　)购买行为。

A. 习惯型　　B. 理智型　　C. 经济型　　D. 冲动型

8. 农产品的营养、观感、新鲜度、有害成分等因素影响农产品消费者购买行为,这个因素属于(　　)。

A. 产品内在因素　　B. 产品外在因素　　C. 产品主要因素　　D. 产品次要因素

9. 农产品的品牌、包装与标识等因素影响农产品消费者购买行为,这个因素属于(　　)。

A. 产品内在因素　　B. 产品外在因素　　C. 产品主要因素　　D. 产品次要因素

10. 网络消费者以(　　)为主,一般经济收入比较高,因此主动性消费是其特征。

A. 老年人　　B. 中年人　　C. 年轻人　　D. 青少年

二、判断题

1. 马斯洛的需要理论认为人类的高级需要基本满足之后,才能谈到低一级的需要,如此逐级向下一级推移,一直追求,直到满足最低一级的需要为止。(　　)

2. 一般而言,心理因素在影响消费者购买行为的因素中处于支配性的主导地位。(　　)

3. 做出购买决策和最终购买，是购买行为的中心环节。（　）

4. 对于蔬菜类农产品的购买，男性和女性都偏好于农贸市场。（　）

5. 对水果和鱼肉禽两大类农产品的购买，男性和女性均偏好于选择超市。（　）

6. 年龄与消费选择行为关系不密切。（　）

7. 目前我国居民对农产品的主要需求由数量型向营养均衡、绿色、健康型转变。（　）

8. 目前我国居民的家庭消费食品品种结构呈现粮食的消费量大幅度减少，而瓜果和肉奶的消费量大幅度增加。（　）

9. 网络营销是一种以消费者为导向，强调大众化的营销方式。（　）

10. 腐烂、变质是农产品区别于其他产品的唯一特性，因此，所有的农产品都适合在网上销售和开展网上营销活动。（　）

三、多选题

2. 下列属于马斯洛的需要理论中的需要是（　）。

A. 生理需要　B. 社交需要　C. 尊重需要　D. 自我实现需要

2. 下列属于消费者的购买动机是（　）。

B、求实动机　B. 求全动机　C. 求廉动机　D. 求名动机

3. 消费者在作出购买决策时，一般受（　）等因素的影响。

A. 文化　B. 社会　C. 个人　D. 心理

4. 网络消费者在决策购买某种商品时，一般必须具备的三个条件是（　）。

A. 对社会有责任感　B. 对厂商有信任感　C. 对支付有安全感　D. 对产品有好感

5. 网上购物之所以具有生命力，重要的原因是网上销售的农产品（　）。

A. 价格普遍低廉　B. 易腐烂、变质性　C. 购买便捷性　D. 交易的安全性

四、名词解释

1. 购买动机

2. 网络消费者行为

五、填空题

1. 马斯洛的需要理论是指＿＿＿＿、＿＿＿＿、＿＿＿＿、＿＿＿＿、＿＿＿＿。

2. 根据动机的引发原因，可将动机分为＿＿＿＿和＿＿＿＿。

3. 根据动机在活动中所起的作用不同，可将动机分为＿＿＿＿与＿＿＿＿。

4. 消费者的购买动机有＿＿＿＿、＿＿＿＿、＿＿＿＿、＿＿＿＿、＿＿＿＿、＿＿＿＿、＿＿＿＿。

5. 农产品购买行为的类型有＿＿＿＿、＿＿＿＿、＿＿＿＿、＿＿＿＿、＿＿＿＿。

6. 一般来讲，消费者购买决策过程分5个阶段，即＿＿＿＿、＿＿＿＿、＿＿＿＿、＿＿＿＿、＿＿＿＿。

7. 消费者的购买行为，必然要涉及7个问题，即＿＿＿＿、＿＿＿＿、＿＿＿＿、＿＿＿＿、＿＿＿＿、＿＿＿＿、＿＿＿＿。

8. 农产品需求发展特征是__________、__________、__________。

9. 按上网的目的来分类，网络消费者可分为__________、__________、__________、__________、定期型和运动型等五种类型。

10. 网络消费者的购买过程，可以粗略地分为5个阶段：即__________、__________、__________、__________、__________。

六、综合题

1. 如何运用情感打造农产品营销品牌？请举例说明。
2. 如何运用消费规律指导农产品营销活动？请举例说明。
3. 农产品市场的消费行为有哪些特征。
4. 简述网络消费者需求的特征。
5. 简述有哪些因素影响农产品网络消费者利用网络购买农产品的行为。

学习情境四

调研农产品营销

近年来，网络上衍生出了诸如“蒜你狠”“豆你玩”“姜你军”“玉米疯”“辣翻天”“糖高宗”“火箭蛋”等新词汇，实实在在地反映了个别农产品价格持续上涨的严峻现实。然而大宗农产品也会出现“储粮难拍卖、库存粮满仓、新粮难入仓”的现象？是什么原因导致了物价如此大的变化？怎样解决这个问题？我们要了解原因，获取相关信息，做到如《孙子兵法》中写的：“知己知彼，百战不殆”。从根本上解决问题，就需要进行市场调查。农业有其特殊性，农产品市场有着自己的特性，农产品营销也有着自己的特定规律。我们应当掌握适当的营销方法，深入全面进行农产品市场调查，选准适合自己经营的农产品，充分发挥自己的经营优势，在满足顾客需求的同时实现利润目标。

学习目标

了解农产品市场类型和调查方法；掌握农产品营销调研的程序、内容和方法；会开展农产品网络营销调研。

项目一 农产品市场类型和调查方法

任务一 农产品市场的类型

任务要求

了解农产品市场的概念、特征及分类。

任务引入

1亿斤大白菜"烂"出一个大市场

1983年,山东省寿光市种植了两亿斤大白菜。当时大白菜不是论斤卖,而是估堆、论车卖,尽管如此,最后还剩1亿斤大白菜没卖出去,白白烂在了地里。痛定思痛,当时的山东省寿光市的领导们形成了这样一个共识:"抓生产不抓流通不行,抓流通不抓市场不行,抓市场不抓交通不行。"

1984年始建山东寿光蔬菜批发市场,现占地面积600亩,累计投资总额2亿元,年交易蔬菜15亿公斤,成交额28亿元。该市场设施完善,配套机构健全,辐射力广,带动力强。拥有32 000平方米的网架交易大厅,5 000平方米的交易棚和7 200平方米的交易服务楼,信息系统与全国20多个城市联网,常年上市蔬菜有120多个品种,辐射全国20多个省、市、自治区,并出口日、韩、俄等10多个国家和地区,是全国最大的蔬菜集散中心、价格形成中心和信息交流中心。该市场已被国务院经济研究发展中心选入《中华荣誉大典》,誉称"中华之最",列"全国十大农副产品中心批发市场"之一,也是"农业部首批定点鲜活农产品市场"。寿光出现了"家家户户种蔬菜,户户家家奔小康"的可喜局面。

任务描述

上述案例给我们的启示是什么?

相关知识

一、农产品市场的概念

农产品市场是农业商品经济发展的客观产物,它的涵义有狭义和广义之分。

狭义的农产品市场是指进行农产品交换的场所。生产者出卖自己生产的农产品和消费者购买自己所需的农产品,要有供他们进行交换的场所,这种交换农产品的场所就形成了农产品市场。

广义的农产品市场是指农产品流通领域交换关系的总和。它不仅包括各种具体的农产品市场,还包括农产品交换中的各种经济关系,如商品农产品的交换原则与交换方式,人们在交换中的地位、作用和相互联系,农产品流通渠道与流通环节,农产品供给和需求的宏观调控等。

二、农产品市场的特征

农产品市场与其他市场相比,具有如下一些特有的性质。

1. 交易的产品具有生活资料和生产资料的双重性质

许多农产品具有生活资料和生产资料的双重性质。如粮食、果品、棉花等,这既是人们日常生活的必需品(生活资料),又分别是食品加工业和棉纺工业所需的原材料(生产资料)。

2. 具有供给的季节性和周期性

这主要是由农业生产的季节性和周期性所决定的。因此,农产品市场的货源是随农业生产的季节性而变动,其供给在一年中有淡季、旺季。农产品生产在数年之中还有丰产、平产、歉产之分。农业生产的这些特点要求对鲜活农产品要及时采购和销售,要求在农产品供应中克服生产的季节性和周期性,维持均衡供应。

3. 受自然风险和市场风险的双重约束

农业生产是从事有生命的动植物的生长、发育、成熟、收获与储运全过程,因而具有自然与市场的双重风险,农产品受水、旱、风、雹、冻、热和病虫等自然灾害影响,会造成农产品生产的自然风险;在市场经济条件下,农产品还会因供求关系变化而造成市场风险,并与自然风险交织,形成互为因果、反相关的双重风险。当自然风险小时,农产品因丰收质优量大,价格相应走低、市场风险变大;反之,当自然灾害重时,农产品因歉收量少,价格上扬,此时,市场风险相对变小。

4. 有"分散—集中—分散"的流通轨迹

即农户"分散"生产,拿到市场出售时,由经营者收购、贮藏、运输、加工等环节进行"集中",再经批发、零售等环节,最终"分散"到消费者。我国农业实行家庭承包经营体制,由小农户"分散"生产,即使加入农民专业合作社,生产也是"在农村家庭承包经营基础上"由"分散"农户来完成。

5. 应保持供求平衡的基本稳定性

农产品供求平衡且基本稳定是保证社会稳定和经济发展的要求。因此,对农产品市场的营销活动和农产品价格,既要充分发挥市场机制的调节作用,又要加强宏观调控,以实现市场繁荣和社会稳定两个目标,还可以通过全球的余缺来调剂一国农产品的丰歉。

三、农产品市场类型

从不同的层面划分,农产品市场可分为不同的类型。按农产品种类划分,可分为种植产品市场、林产品市场、畜产品市场、水产品市场;按地域空间划分,可分为国内市场和国际市场。国内市场又可分为农村市场和城镇市场;按交易规模和类型划分,可分为农产品综合交易市场、专业批发市场、零售市场、城乡集贸市场;按农产品交易的交割方式划分,可分为现货交易市场和期货交易市场。

当前,我国农产品批发市场、集贸市场仍然是农产品流通的主要市场类型,初步形成了以农产品集贸市场为基础、以农产品批发市场为中心、以直销配送和超市经营为补充的农产品市场体系,但高效畅通的农产品市场体系还尚未形成。

任务二　农产品市场调查的方法

任务要求

掌握农产品市场调查的方法。

任务引入

德尔菲法案例分析

某农业公司引进栽培出一种新兴农产品,市场上还没有相似产品出现,因此没有历史数据可以获得。公司需要对可能的销售量做出预测,以决定产量。于是该公司成立专家小组,并聘请业务经理、市场专家和销售人员等8位专家,预测全年可能的销售量。8位专家提出个人判断,经过三次反馈得到结果如表4-1所示。

表4-1　农产品销售预测

专家编号	第一次	第一次	第一次	第二次	第二次	第二次	第三次	第三次	第三次
	最低销售量	最可能销售量	最高销售量	最低销售量	最可能销售量	最高销售量	最低销售量	最可能销售量	最高销售量
1	500	750	900	600	750	900	550	750	900
2	200	450	600	300	500	650	400	500	650
3	400	600	800	500	700	800	500	700	800
4	750	900	1500	600	750	1500	500	600	1 250
5	100	200	350	220	400	500	300	500	600
6	300	500	750	300	500	750	300	600	750
7	250	300	400	250	400	500	400	500	600
8	260	300	500	350	400	600	370	410	610
平均数	345	500	725	390	550	775	415	570	770

任务描述

通过市场调查,用德尔菲法预测这个新产品的平均销售量?

相关知识

农产品市场调查即根据农产品生产经营者市场调查的目的和需要，运用一定的科学方法，有组织、有计划地搜集、整理、传递和利用市场有关信息的过程。其目的在于通过了解市场供求发展变化的历史和现状为管理者和经营者制定政策、进行预测、做出经营决策、制定计划提供重要依据。农产品市场调查的内容十分广泛，具体内容要根据调查和预测的目的以及经营决策的需要而定，最基本的内容有以下几个方面：市场环境调查；消费者需求情况调查；生产者供给情况调查；销售渠道的通畅情况调查；市场行情调查。农产品市场调查的方法很多，归纳起来有以下几种方法。

一、访问调查法

访问调查法是指调查者通过口头、电讯或书面方式向被调查者了解情况、搜集资料的调查方法。按调查者与被调查者接触方式的不同，可分为面谈调查、德尔菲法、邮寄调查、电话调查。

（一）面谈调查

面谈调查是指派调查员当面访问被调查者，询问与营销活动有关的问题。它是访问法中的一种常用方法。个人面谈时调查员到消费者家中、办公室或在街头进行一对一面谈。小组面谈是邀请6到10名消费者，由有经验的调查者组织大家进行讨论某一产品、服务或营销措施，从中获得更有深度的市场信息。小组面谈是设计大规模市场调查前的一个重要步骤，它可以预知消费者的感觉、态度和行为，明确调查所要了解的资料和解决的问题。

1. 面谈调查的优点

(1) 能当面听取被调查者的意见，并观察其反映。

(2) 回收率高，可以提高调查结果的代表性和准确度。

(3) 可以从被调查者的个人条件推测其经济状况，进而判断对方回答问题的真实程度。

(4) 对于从被调查者不愿意回答或回答困难的问题，可以详细解释，启发和激励对方合作，以顺利完成调查任务。

2. 面谈调查的缺点

(1) 调查费用支出大。特别是对于复杂的、大规模的市场调查，人力、财力和物力消耗很大。

(2) 很难对调查员的工作进行监督和控制。如有的调查员为尽早完成调查任务，不按照样本的随机原则抽样，有的调查员在调查了部分样本后即终止调查做出结论；有的调查员甚至不进行实地调查，随意编造调查结果。对于这些问题，调查组织者应采用必要的制度约束和相应的监控手段，加强对调查员的管理。

(3) 对调查员的素质要求较高。调查结果易受调查员的工作态度和技术熟练程度的影响。

（二）德尔菲法

德尔菲法，是采用背对背的通信方式征询专家小组成员的预测意见，经过几轮征询，使专家小组的预测意见趋于集中，最后做出符合市场未来发展趋势的预测结论。该方法主要是由调查者拟定调查表，按照既定程序，以函件的方式分别向专家组成员进行征询；而专家组成员又以匿名的方式（函件）提交意见。经过几次反复征询和反馈，专家组成员的意见逐步趋于集中，最后获得具有很高准确率的集体判断结果。基本特点是匿名性、多次反馈、小组的统计回答。德尔菲法是为了克服专家会议法的缺点而产生的一种专家预测方法。在预测过程中，专家彼此互不相识、互不往来，这就克服了在专家会议法中经常发生的专家们不能充分发表意见、权威人物的意见左右其他人的意见等弊病。各位专家能真正充分地发表自己的预测意见。

1. 德尔菲法特征

（1）吸收专家参与预测，充分利用专家的经验和学识；

（2）采用匿名或背靠背的方式，能使每一位专家独立自由地作出自己的判断；

（3）预测过程经几轮反馈，使专家的意见逐渐趋同。

德尔菲法的这些特点使它成为一种最为有效的判断预测法。

2. 德尔菲法优点

可以避免群体决策的一些可能缺点，声音最大或地位最高的人没有机会控制群体意志，因为每个人的观点都会被收集，另外，管理者可以保证在征集意见以便作出决策时，没有忽视重要观点。

3. 德尔菲法使用原则

（1）挑选的专家应有一定的代表性、权威性；

（2）在进行预测之前，首先应取得参加者的支持，确保他们能认真地进行每一次预测，以提高预测的有效性。同时也要向组织高层说明预测的意义和作用，取得决策层和其他高级管理人员的支持；

（3）问题表设计应该措辞准确，不能引起歧义，征询的问题一次不宜太多，不要问那些与预测目的无关的问题，列入征询的问题不应相互包含；所提的问题应是所有专家都能答复的问题，而且应尽可能保证所有专家都能从同一角度去理解；

（4）进行统计分析时，应该区别对待不同的问题，对于不同专家的权威性应给予不同权数而不是一概而论；

（5）提供给专家的信息应该尽可能的充分，以便其作出判断；

（6）只要求专家作出粗略的数字估计，而不要求十分精确。

（7）问题要集中，要有针对性，不要过分分散，以便使各个事件构成一个有机整体，问题要按等级排队，先简单后复杂；先综合后局部。这样易引起专家回答问题的兴趣。

（8）调查单位或领导小组意见不应强加于调查意见之中，要防止出现诱导现象，避免专家意见向领导小组靠拢，以致得出专家迎合领导小组观点的预测结果。

(9) 避免组合事件。如果一个事件包括专家同意的和专家不同意的两个方面,专家将难以做出回答。

4. 德尔菲法的具体实施步骤

(1) 确定调查题目,拟定调查提纲,准备向专家提供的资料(包括预测目的、期限、调查表以及填写方法等)。

(2) 组成专家小组。按照课题所需要的知识范围,确定专家。专家人数的多少,可根据预测课题的大小和涉及面的宽窄而定,一般不超过20人。

(3) 向所有专家提出所要预测的问题及有关要求,并附上有关这个问题的所有背景材料,同时请专家提出还需要什么材料。然后,由专家做书面答复。

(4) 各个专家根据他们所收到的材料,提出自己的预测意见,并说明自己是怎样利用这些材料并提出预测值的。

(5) 将各位专家第一次判断意见汇总,列成图表,进行对比,再分发给各位专家,让专家比较自己同他人的不同意见,修改自己的意见和判断。也可以把各位专家的意见加以整理,或请身份更高的其他专家加以评论,然后把这些意见再分送给各位专家,以便他们参考后修改自己的意见。

(6) 将所有专家的修改意见收集起来汇总,再次分发给各位专家,以便做第二次修改。逐轮收集意见并为专家反馈信息是德尔菲法的主要环节。收集意见和信息反馈一般要经过三四轮。在向专家进行反馈的时候,只给出各种意见,但并不说明发表各种意见的专家的具体姓名。这一过程重复进行,直到每一个专家不再改变自己的意见为止。

(7) 对专家的意见进行综合处理。

5. 德尔菲法需要注意的四点

(1) 并不是所有被预测的事件都要经过五步。可能有的事件在第三步就达到统一,而不必在第四步中出现。

(2) 在第五步结束后,专家对各事件的预测也不一定都达到统一。不统一也可以用中位数来作结论。事实上,总会有许多事件的预测结果都是不统一的。

(3) 必须通过匿名和函询的方式。

(4) 要做好意见甄别和判断工作。

6. 德尔菲法应用案例

以任务引入案例为例:

(1) 平均值预测:在预测时,最终一次判断是综合前几次的反馈做出的,因此在预测时一般以最后一次判断为主。在任务引入案例中,如果按照8位专家第三次判断的平均值计算,则预测这个新产品的平均销售量为(415 +570 +770)/3 =585。

(2) 加权平均预测:将最可能销售量、最低销售量和最高销售量分别按0.5、0.2和0.3的概率加权平均,则预测平均销售量为:570 ×0.5 +415 ×0.2 +770 ×0.3 =599

(3) 中位数预测:用中位数计算,可将第三次判断按预测值高低排列如下:最低销售量:300 370 400 500 550;最可能销售量:410 500 600 700 750;最高销售量:600 610 650 750 800 900 1250。最高销售量的中位数为第四项的数字,即750。将最可能销售量、最低销售量和最高销售量分别按0.5、0.2和0.3的概率加权平均，则预测平均销售量为：$600\times0.5+400\times0.2+750\times0.3=695$

（三）邮寄调查

邮寄调查指将事先设计好的调查表（亦称问卷，questionnaire）投寄给调查对象，要求填好后寄回。

1. 邮寄调查的特点

问卷简洁，问题明了，回收率一般较低，回收时间较迟缓。

2. 邮寄调查的适用情况

（1）空间范围大。在一个地区可以邮寄到许多地方甚至是全国、国际市场进行调查。不受调查所在地区的限制，只要通邮的地方，都可选为调查样本；

（2）样本数目可以很多，而费用开支少。按随机原则选定的调查样本，可以达到一定数量，同时发放和回收问卷费用较低；

（3）被调查者有较充裕的时间来考虑回答问卷，并可避免面谈中受调查者倾向性意见，从而得到较为真实可靠情况。

3. 邮寄调查优点

（1）扩大调查范围。

（2）增加样本量。

（3）减少了调查员的劳务费，免除了对调查员的管理。

（4）被访者能避免与陌生人接触而引起的情绪波动。

（5）被访者有充足的时间填答问卷。

（6）可以对较敏感或隐私问题进行调查。

4. 邮寄调查缺点

（1）问卷回收率较低。

（2）信息反馈周期长，影响收集资料的时效。

（3）要求被访者有较好的文字表达能力。

（4）问卷的内容和题型不能太困难。

（5）难以甄别被访者是否符合条件。

（6）调查内容要求易引起被访者兴趣。

（四）电话调查

电话调查是指调查者按照统一问卷，通过电话向被访者提问，笔录答案。这种调查方法在电话普及率很高的国家很常用，在我国只适用于电话普及率高的人口总体。电话调查速度快，范围广，费用低，回答率高，误差小；在电话中回答问题一般较坦率，适用于不习惯面谈的人；但电话调查时间短，答案简单，难以深入，受电话设备的限制。

二、观察法

观察法是指调查者在现场对被调查者的情况直接观察、记录，以取得市场信息资料的一种调查方法。它不是直接向被调查者提出问题要求回答，而是凭调查人员的直观感觉或是利用录音机、照相机、录像机和其他器材，考察、记录被调查者的活动和现场事实，以获得必要的信息。例如在城市集贸市场调查中，对集贸市场上农副产品的上市量、成交量和成交价格等情况进行观察。

1. 采用观察法收集资料应注意的事项

为了尽可能地避免调查偏差，市场调查人员在采用观察法收集资料时应注意以下几点：

（1）调查人员要努力做到采取不偏不倚的态度，即不带有任何看法或偏见进行调查；

（2）调查人员应注意选择具有代表性的调查对象和最合适的调查时间和地点，应尽量避免只观察表面的现象；

（3）在观察过程中，调查人员应随时作记录，并尽量作较详细的记录；

（4）除了在实验室等特定的环境下和在借助各种仪器进行观察时，调查人员应尽量在观察环境时保持时平常自然的状态，同时要注意被调查者的隐私权问题。

2. 观察法在市场调查中的应用范围

（1）对实际行动和迹象的观察。例如，调查人员通过对顾客购物行为的观察，预测某种商品购销售情况。

（2）对语言行为的观察。例如观察顾客与售货员的谈话。

（3）对表现行为的观察。例如观察顾客谈话时的面部表情等身体语言的表现。

（4）对空间关系和地点的观察。例如利用交通计数器对来往车流量的记录。

（5）对时间的观察。例如观察顾客进出商店以及在商店逗留的时间。

（6）对文字记录的观察。例如观察人们对广告文字内容的反映。

三、实验法

实验法是指在给定条件下，通过实验对比，对市场经济中某些变量之间的因果关系及其发展变化过程加以观察分析的调查方法。在市场调查中主要用于市场销售，它是先进行一项商品促销的小规模实验，然后分析该商品促销是否值得大范围推广。例如农业企业生产新产品或者老产品改变质量、包装、价格时，均可以通过实验调查法，来了解市场对商品的评价和商品对市场的适应性。

四、互联网搜索法

这是通过互联网有针对性地搜索所需信息的方法。

优点：互联网中的信息多而全，涉及面广，且较容易搜集，成本也低。

缺点:需要信息收集者有一定的文化基础,能使用电脑,能用搜索工具。同时需要有信息处理能力,对繁多的信息能去伪存真,找到自己真正需要的信息。

知识拓展

农产品市场调查问卷

您好:

我是 * * 学校的学生,为了解盐城市农产品市场的现状,我们开展此项调查。此项调查采用匿名形式,完全用于课题研究,不涉及商业运作。您的答案对我们很重要,因此,请在所选项上认真如实填写。衷心感谢您对我们工作的大力支持。

1. 您常住地是(　　)。

A. 农村社区　　B. 城市社区

2. 您的年龄是(　　)。

A. 30 以下　　B. 31 - 40　　C. 41 - 50　　D. 50 以上

3. 您的职业是(　　)。

A. 家庭主妇　　B. 工薪人士　　C. 个体

4. 您认为农产品的市场价格合理吗?(　　)

A. 合理　　B. 一般　　C. 不合理

5. 您希望吃到什么样的农产品?(　　)(多选题)

A. 有机食品　　B. 无公害食品　　C. 绿色食品　　D. 原生态食品

6. 您认为购买农产品最重要的是(　　)。(多选题)

A. 新鲜　　B. 安全　　C. 品质

7. 您采购农产品最关注(　　)。(多选题)

A. 安全　　B. 价格　　C. 品牌　　D. 包装　　E. 营养

8. 您经常购买农产品的场所有(　　)。(多选题)

A. 流动菜贩　　B. 农贸市场　　C. 大型超市　　D. 便利店　　E. 马路市场

9. 你一般是在(　　)去购买农产品。

A. 6:00—9:00　　B. 9:00 - 11:00　　C. 16:00 - 19:00　　D. 其他

10. 您对目前农产品市场环境的印象是(　　)。(多选题)

A. 环境很好　　B. 质量有保障　　C. 质量没保障　　D. 脏、乱、差

11. 您希望农产品市场环境是(　　)。(多选题)

A. 服务优质　　B. 价格合理　　C. 店面整洁　　D. 干净卫生　　E. 品种齐全

12. 您觉得现在农产品市场需要做的改进是(　　)。(多选题)

A. 购买环境　　B. 交通　　C. 质量　　D. 品种

13. 您认为现在市场上经营的农产品需要改进的是(　　)。(多选题)

A. 品种　　B. 质量　　C. 新鲜度　　D. 便捷性　　E. 购物环境

14. 您最经常买的农产品是(　　)。(多选题)

A. 禽蛋类　B. 水果类　C. 蔬菜类　D. 主食类　E. 杂粮类　F. 水产品类

任务三　农产品经营信息的搜集和运用

任务要求

了解农产品经营信息含义,掌握农产品经营信息的收集与分析利用。

任务引入

信息就是金钱

陕西礼泉县阡东镇农民雷某十几年来通过获取市场信息,不断寻找市场空间。如他从市场得来的信息中将当地农民积压卖不掉的辣椒收购加工成辣子酱,在市场上销售很快,既解决了卖辣椒难题,又增加了经济收入。陕西扶风县绛帐镇营中村农民霍某,抓住杨凌的苗木销售信息,向省内外销售各类苗木100多万株,净赚20多万元。这些活生生的现实例子告诉人们:信息就是资源、信息就是财富、信息就是金钱。

任务描述

假如你是农产品经营者,你会如何重视农产品经营信息的搜集和运用?

相关知识

一、农产品经营信息

信息是现代农民进行生产、经营、决策的基础和依据。简单地说,信息就是具备新内容、新知识的消息。市场信息反映市场交易活动的数据、情报和资料。搜集信息、捕捉农产品营销商机是农产品经营者必备的一项基本功。农产品经营信息是指在农产品经营活动中,能客观描述农产品市场经营活动及其发展变化的特征,为解决农产品生产经营、管理和进行市场预测所提供的各种有针对性的,能产生经济效益的知识、消息、数据、情报和资料的总称。农产品经营信息包括:农产品供给与需求的信息、价格变动信息、竞争对手的信息、服务对象的信息、营销网点的信息、营销策略的信息等。

二、农产品经营信息的作用

信息是一种有效竞争力，及时、迅速的信息就是农产品营销的生命之源，准确的信息是农产品经营者进行农产品营销决策的基础和依据。快速准确的信息可以使农产品经营者减少生产经营中的盲目性。

1. 信息是进行生产、营销决策的依据

农产品经营者在进行农产品生产、营销时都离不开信息，种植前需要信息指导选择未来种植品种，种植过程中需要技术信息，开拓市场需要供求信息，销售更要有渠道信息。

2. 信息是新品种选育、开发和引进的先导

农产品经营要围绕选种问题开展具体工作，对于育种目标的确定以及新品种的开发、引进和推广，经营信息起着先导作用。

3. 信息对农产品经营企业的调节作用

通过收集来的经营信息，结合经营活动的实际情况，及时调整经营企业中的人、财、物的组合，可以保证营销目标和经营计划的实现。

4. 经营信息的交流有利于企业各部门的协作

经营信息可以成为协调沟通农产品经营企业各部门工作的有效的桥梁和纽带，表现为互通情报，加强横向、纵向联系，密切配合，协调一致，有利于实现企业的整体化、目标最优化。

三、农产品经营信息的收集和处理

1. 农产品经营信息的主要来源

农产品经营信息来源比较广泛，主要有以下几个渠道：

（1）农产品经营者内部资料。农产品经营者的日常销售资料包括不同区域和不同时间的销售品种和数量、稳定用户的调查资料、广告促销费用、用户退货记录及退货原因、用户的意见、竞争对手的情况与实力、产品的成本与价格的构成等。农产品经营者要注意收集和保存内部资料，可以从中得出许多规律和经验。

（2）政府部门的统计资料。我国政府历史上十分重视农业，农业是国民经济的基础，政府部门定期公布相关的统计报告、调查报告、年度报表、学术研究论文，党和政府下达的方针、政策、法令、法规、经济计划、国外各种信息和情报部门发布的消息，农产品经营者从中也可以获得有价值的农产品信息。

（3）专业人员的意见。农产品经营相关方面的专业人员对企业的营销及经济活动的各种问题进行分析，整理出趋向性意见和某些独特的看法，对未来趋势的判断，可供农产品经营者应用。

（4）实地调查所得到的第一手资料。农产品经营者通过组织对生产经营活动各个环节遇到的实际问题进行调查，如对消费者与销售点的调查、对产品需求的调查、对流通渠道与

广告效果的调查等，所掌握的第一手资料应注意保管与使用。

2. 农产品经营信息的收集和处理

农产品经营者每天都会接触到生产、经营和管理活动中大量杂乱无章的信息，需要通过收集、整理、分析、计算、加工、存储等工作，才能变成有用资源。因此，农产品经营信息收集和处理要求做到“及时、准确、适用、经济”八个字。及时就是要求信息记录快、整理快、传输快。信息处理的一个重要目的是对经营活动进行指挥、调整、控制，而过时的信息就起不了作用。准确是信息处理的最基本的要求。真实可靠的信息才能反映客观事实，如果信息不准，不但没有用处，甚至可能产生误导，导致经济上的巨大损失。适用是指不同的人、不同的工作需要不同的信息，多余的信息会变成不必要的噪音，反而造成干扰。经济要求的出现是因为信息处理是要付出成本的，盲目的信息处理，会造成经济上的浪费，应该用最少的劳动、费用和时间来处理最多的信息。

四、农产品经营信息的运用

（1）分析。是将不同渠道获得的同一信息进行比较，或者将同一渠道获得不同的信息加以对照，判明信息的真伪。如某农户从他人那里得知某种农产品在批发市场上价格上涨，但又通过电话联系知道了该种农产品价格已经回落，就可判断出所听传言不准确，避免了盲目经营。

（2）筛选。就是剔除信息中那些不需要的内容，抓住实质内容。如某人通过听广播得知某城市农产品热销的报道时，立即与该市场联系，将自己的农产品全部推销出去。

（3）综合。从一两条信息中往往只能看到市场变动的一个侧面，只有对多种信息进行综合分析，才能掌握市场动态。如某人从广播中听到肉鸡价格趋升，又从市场调查中得知肉鸡价格确实上涨，综合这些信息判断饲料价格可能会上升，立即购买了一批较便宜的肉鸡饲料储存起来。当饲料价格上升时便获得了理想的经济收益。

（4）推导。就是从得到的信息进行推理判断，寻找重要的市场机会。如某人从一次偶然的机会中得知某外贸部门组织出口活牛，立即抓住这一机会，数次与有关部门联系，邀请参观自己创办的牛场，争取出口许可，并以优质低价竞争，终于成为该外贸部门出口活牛的大户，养牛不愁卖，又得到可观的经济收入。

项目二　农产品营销调查的内容和程序

任务要求

知晓农产品营销调查的含义，了解农产品营销调查的程序。

任务引入

不能主观臆断

某经销商路经南方某城市时，看到当地养鹅条件并不好，但很多居民家里都养着鹅，就误认为该地居民一定是喜欢吃鹅肉而购买困难。于是从北方采购22万斤冻鹅运到该地销售，可是一再削价也卖不出去，亏损近11万元。一去调查才了解到，该地居民没有吃鹅肉的习惯，他们养鹅一为防蛇，二为代狗看门。

任务描述

这个案例说明了什么？请说出农产品营销调查的内容。

相关知识

一、农产品营销调查的内容

对于农产品经营者来说，农产品营销市场调查是开展项目最基础也是最根本的一个必不可少的步骤。如果农产品营销调查的内容错了，得到的正确结论的概率几乎为零，错误的结果将会给经营者带来巨大的损失。由于影响农产品经营者营销的因素非常多，所以，市场调查的内容也就非常广泛。凡是直接或间接影响农产品经营者营销活动、与营销决策有关的各种因素都可能作为被调查的内容。

1. 农产品市场环境调查

农产品市场环境调查是指对影响农产品企业生产经营活动的外部因素所进行的调查。它是从宏观上调查和把握企业运营的外部影响因素及产品的销售条件等。对农产品企业而言，市场环境调查的内容基本上属于不可控制的因素，包括政治、经济、社会文化、技术、法律和竞争等，它们对所有企业的生产和经营都产生巨大的影响。因此，每一个农产品企业都必须对主要的环境因素及其发展趋势进行深入细致的调查研究。

农产品市场环境调查包括政策环境、经济环境、社会文化环境的调查。政策环境调查主要是分析党和政府的路线、方针、政策的制定与调整及其对市场、企业产生的影响，分析研究国家和地区的各项法律、法规，尤其是其中的经济法规。经济环境调查具体包括：社会购买力水平，消费者收支状况，居民储蓄和信贷等情况变化的调查。社会文化环境调查通常包括价值观念，信仰，兴趣，行为方式，社会群体及相互关系，生活习惯，文化传统和社会风俗等。

2. 农产品市场需求调查

农产品市场需求调查是指在一定地区、一段时间内对农产品的需求量、需求结构、需求变化趋势、消费者购买动机、外贸出口及其潜力的调查。农产品市场需求包括现实需求和潜在需求。现实市场需求调查,就是摸清楚所生产经营的农产品现有用户数量和销售量;潜在市场需求调查,就是摸清楚所生产经营农产品的潜在用户和潜在销售量、购买原因,一旦条件具备,这种潜在的需求就会转化为现实的需求。

3. 农产品调查

农产品调查主要是在一定地域、一定时间内对消费者需求的农产品及其评价进行的调查。农产品调查主要包括农产品品种调查、农产品质量调查、农产品外观质量调查、农产品包装质量调查、农产品价格调查和农产品发展趋势调查。农产品品种调查重点调查市场需要什么品种,需要的数量是多少,农户生产的产品品种是否适销对路;农产品质量调查主要调查消费者对产品品质、产品性能等的满足程度;农产品外观质量调查主要调查产品形状、颜色、体积大小等是否符合消费者的要求;农产品包装质量调查主要调查消费者对包装、商标的评价以及包装开启的方便程度;农产品价格调查主要调查所生产经营农产品的价格信息,了解产品生产成本、供求状况、竞争状况、心理因素对产品价格变化的影响,及时调整生产经营计划,确定自己的价格策略;农产品发展趋势调查包括产品生命周期调查和新产品研发调查。这些调查对经营者确定自己的投入水平、生产规模,以及产品、技术的更新换代等都有十分重要的作用。

4. 农产品销售调查

农产品销售调查是指对一定地区和一定时期内产品销售市场的特点、消费者的购买行为和方式以及满足其需要的方法等做的调查。具体内容有产品销路调查,消费者购买行为、购买力调查,农产品竞争状况调查。

二、农产品营销市场调查的程序

一般农产品市场调查的基本程序包括以下 5 个步骤。

1. 确定市场调查的目标

确定市场调查的目标即确定调查的目的、范围和要求,也就是确定调查的主题。这样才能有的放矢,避免因盲目行动而造成人力、物力、财力及时间的浪费和损失。

2. 制定调查计划

制定调查计划,这是整个市场调查过程中最复杂的阶段,主要包括选择与安排调查项目、调查方法、调查人员以及对调查费用进行估算等。

3. 搜集市场资料,获取市场情报

搜集市场资料,获取市场情报,这是农产品市场调查的最重要的一个环节,整个市场调查质量如何,主要取决于这一阶段的工作。搜集资料一般有两种途径:一是运用一定的调查方法,如通过询问、观察或表格调查,直接取得第一手资料;二是获取现有资料,包括政府公布的统计资料,公开出版的期刊、报纸、书籍,研究机关的调查报告、研究报告以及经济年鉴手册等。

4. 资料的整理

整理资料主要是对调查中获得的资料进行比较、分类和分析，目的在于去伪存真，即剔除调查资料中不符合实际的资料，如不完整的答案，前后有矛盾的答案，调查人员自己掺入的个人偏见等。

5. 提出调查报告

根据调查资料以及对资料的分析提出调查报告，是整个调查工作的最后一个阶段。调查报告应包括如下基本内容：一是调查研究的目的性；二是调查资料的收集方法、抽样方法和代表性；三是调查研究的重要发现；四是调查的结论与建议。同时，调查报告还应注意时效性，即必须在规定的时间内提出，以免失去指导农产品销售的作用。

项目三　农产品网络市场调研的步骤和方法

任务要求

了解农产品网络市场调研的含义、特点，掌握农产品网络市场调研的步骤与方法。

任务引入

可口可乐网站的网上调查

Internet 的出现对任何一个知名企业的产品和品牌都构成了新的挑战。对可口可乐公司（www. cocacola. com）而言，电子邮件、语音信箱、网络站点等技术不只是对传统经营方式的补充，也是成败攸关的重要因素。

可口可乐首席执行官艾华士一直认为，接触大量的信息，是进行实时决策必不可少的。“我们要做的事情是与消费者沟通，从我们得到的资料看来，我们与顾客的关系正在变得越来越密切。”这也许就是可口可乐建立网站和网站运行的准则。

可口可乐公司在网络营销上是极其认真的，它在网上的渗透和扩张的意图也是十分强烈的，从与网民的交互中获得信息的欲望也是实实在在的。在可口可乐网站的调查专页，可口可乐设计了如下一些问题：

您最常访问哪些类站点（科学、商业、政府、卫生、教育、新闻、运动、娱乐、游戏、地理……）？

您是如何找到可口可乐站点的（搜索引擎，从报纸或杂志上看到，从朋友处听到，从一个您本人不太喜欢的人处听到，本人是可乐迷专程找上门来的，只是偶然撞上，从别的站点链接过来的）？

您最后一次访问本站是（昨天、上周、上个月、很久以前）？

您访问过本站几次（1 至 2 次、3 至 6 次、6 次以上）？

您最喜欢本站哪些页面或栏目(选择目录……)?

您认为本站点哪些页面或栏目不需要(选择目录……)?

您认为本站还应增加哪些内容(游戏、不同品牌的信息、可下载的新资料/旧素材、其他内容、建站者信息……)?

您认为本站在网上排名第几(您所访问过的前5%以内、前10%以内、排名再后些)?

所有这些数据对于任何认真开展网络营销,同时又拥有一支数据分析队伍的企业来说,是一笔无可估量的财富,它将在站点改进、建立客户数据库、开展精细营销、个性化服务和培养顾客忠诚度、增强品牌竞争力等方面发挥巨大的作用。

任务描述

说出网络市场调研的特点、步骤与方法。

相关知识

一、农产品网络市场的调研的含义

农产品网络市场调研是运用互联网络和信息技术,以科学的方法,系统地、有目的地收集、整理、分析和调研所有与农产品市场有关的信息,特别是有关消费者的需求、购买动机和购买行为等方面的信息,从而把握市场现状和发展趋势,有针对性地制定营销策略,以取得良好的效益。

目前广为流行的网站用户注册、免费服务申请表格填写及网站问卷调查等做法被看作是网站发起的用户市场调查的基本手段。与传统的市场调研一样,进行网络市场调研主要是要调查以下几个方面的问题:

(1) 市场可行性调研:挖掘不同区域的销售机会和发展潜力,找出最适合的细分市场和消费人群,分析细分市场的特征,探索影响销售的各种因素等;

(2) 同行业竞争分析:产品调研,价格调研等;

(3) 消费者行为调研:形象调研,品牌调研,包装测试等;

(4) 市场性质变化的动态调研:网站表现监测,广告效果和评估调研等。

二、网络市场调研的特点

当大多数人对市场调研的认识还停留在“被电话骚扰”、“在大街上被拦住发问”或者“在家中被敲门面访”程度的时候,“网络调研”是中国市场上迟来的陌生来客。网络市场调研可以充分利用互联网的开放性、自由性、平等性、广泛性、直接性、无时间和地域限制等特点,展开调查工作。与传统的市场调研相比,网络市场调研具有如下特点:

1. 网络信息的及时性和共享性

网络的开放性和快速传播性使得信息获取的速度非常快，只要连接到网络上并愿意接受调研的网民都可以随时接触到不同形式的网络调查，同时任何网民都可以参加投票和查看结果，这保证了网络信息的及时性和共享性。

2. 网络市场调研的便捷性与低费用

网上调查可节省传统调查中所耗费的大量人力、物力和时间。在网络上进行调研，只需要一台能上网的计算机即可。调查者只需在企业站点上大量发出电子调查问卷供网民自愿填写，然后通过统计分析软件对访问者反馈回来的信息进行整理和分析。在这种情况下，所需的人工部分就下降到相当低的程度，也避免了通过人工调查所要遇到的不同方面的阻挠、不便、时间长和敷衍回答等问题。

3. 网络市场调研的交互性和充分性

网络的最大特点是交互性。在网上调查时，被调查对象可以在任何时间里完成不同形式的调研，也可以及时就问卷相关的问题提出自己更多的看法和建议，可减少因问卷设计得不合理而导致的调查结论偏差等问题。同时，被调查者还可以自由地在网上发表自己的看法，没有任何限制。

4. 调研结果的可靠性和客观性

由于公司站点的访问者一般都对公司产品有一定的兴趣，所以这种基于顾客和潜在顾客的市场调研结果是比较客观和真实的，它在很大程度上反映了消费者的消费心态和市场发展的趋向。这是因为：

(1) 被调查者是在完全自愿的原则下选择参与不同类型的调查，调查的针对性更强。

(2) 调查问卷的填写是自愿的，不是传统调查中的“强迫式”，填写者一般都对调查内容有一定兴趣，回答问题相对认真些，所以问卷填写可靠性较高。

(3) 网上调查能最大限度地保证调查结果的客观性，可以避免传统调查中人为错误（如访问员缺乏技巧，诱导回答问卷问题）所导致调查结论的偏差，被调查者是在完全独立思考的环境下接受调查，不会受到调查员及其他外在因素的误导和干预。

5. 网络调研无时空、地域限制

网上市场调查不受时空地域的限制，可以 24 小时，365 天全天候进行，这与受区域制约和时间制约的传统调研方式有很大的不同。

利用互联网络的这些特点进行市场调研的优势是非常明显的，不难发现这是一个快速省钱的方法。同时由于消费者的反馈信息相对真实，那么经过对这些信息的分析所得到的结果必然会更加精确，从而能够更大程度地帮助生产商或经销商发现商机、找准经营方向及作出正确决策等。

三、网络市场调研的步骤

网络市场调研与传统的市场调研一样，应遵循一定的方法与步骤，以保证调研过程的质量。网络市场调研一般包括以下几个步骤：

（一）明确问题与确定调研目标

明确问题和确定调研目标对网上调研来说尤为重要。因特网是一个快速更新的信息流。当你开始搜索时，你可能无法精确地找到你所需要的重要数据，不过你肯定会沿路发现一些其他有价值或价值不大但很有趣的信息。这似乎验证了因特网上的信息搜索的定律：在因特网上你总能找到你不需要的东西。其结果是，你为之付出了时间和上网费的代价。因此，在开始网上调研时，头脑里要有一个清晰的目标并留心去寻找。可以预先设定一些目标：

（1）谁有可能想在网上购买你的农产品？

（2）谁是最有可能要买你提供的产品的客户？

（3）在农产品行业中哪些产品适合网上销售，已经有哪些相类似的农产品在网上销售了？

（4）你潜在的客户对产品的要求如何？

（二）制定调查计划和方案

网上市场调研的第二个步骤是制定出最为有效的信息搜索计划。具体来说，要确定资料来源、调查方法、调查手段、抽样方案和联系方法。

1. 资料来源

确定收集的是二手资料还是一手资料（原始资料）。

2. 调查方法

网上市场调查可以使用专题讨论法、问卷调查法和实验法。

（1）专题讨论法是借用新闻组、邮件列表讨论组和网上论坛（也可称BBS，电子公告牌）的形式进行。

（2）问卷调查法可以使用E-mail（主动出击）分送和在网站上刊登（被动）等形式。

（3）实验法则是选择多个可比的主体组，分别赋予不同的实验方案，控制外部变量，并检查所观察到的差异是否具有统计上的显著性。这种方法与传统的市场调查所采用的原理是一致的，只是手段和内容有差别。

例如：2000年6月，拉拉手网站和中央电视台信息部等一些新闻媒体单位联合推出“中国首届网上购物测试”活动，结果发现在配送等环节存在着明显的地区差异。

3. 调查手段

（1）在线问卷，其特点是制作简单、分发迅速、回收方便。但要注意问卷的设计水平。

（2）交互式电脑辅助电话访谈系统，是利用一种软件程序在电脑辅助电话访谈系统上设计问卷结构并在网上传输。Internet服务器直接与数据库连接，对收集到的被访者答案直接进行储存。

（3）网络调研软件系统，是专门为网络调研设计的问卷链接及传输软件。它包括整体问卷设计、网络服务器、数据库和数据传输程序。

4. 抽样方案

要确定抽样单位、样本规模和抽样程序。

5. 联系方法

采取网上交流的形式。如 E－mail 传输问卷、参加网上论坛等。

（三）收集信息

网络通信技术的突飞猛进使得资料收集方法迅速发展。Internet 没有时空和地域的限制，因此网上市场调研可以在全国甚至全球进行。同时，收集信息的方法也很简单，直接在网上递交或下载即可。这与传统市场调研的收集资料方式有很大的区别。

如某公司要了解各国对某一国际品牌的看法，只需在一些著名的全球性广告站点发布广告，把链接指向公司的调查表就行了，而无须像传统的市场调研那样，在各国找不同的代理分别实施。诸如此类的调查如果利用传统的方式是无法想象的。

在问卷回答中访问者经常会有意无意地漏掉一些信息，这可通过在页面中嵌入脚本或 CGI 程序进行实时监控。如果访问者遗漏了问卷上的一些内容，其程序会拒绝递交调查表或者验证后重发给访问者要求补填。最终，访问者会收到证实问卷已完成的公告。在线问卷的缺点是无法保证问卷上所填信息的真实性。

（四）分析信息

收集信息后要做的是分析信息，这一步非常关键。“答案不在信息中，而在调查人员的头脑中”。调查人员如何从数据中提炼出与调查目标相关的信息，直接影响到最终的结果。要使用一些数据分析技术，如交叉列表分析技术、概括技术、综合指标分析和动态分析等。目前国际上较为通用的分析软件有 SPSS、SAS 等。网上信息的一大特征是即时呈现，而且很多竞争者还可能从一些知名的商业网站上看到同样的信息，因此分析信息能力相当重要，它能使你在动态的变化中捕捉到商机。

（五）提交报告

调研报告的撰写是整个调研活动的最后一个阶段。报告不是数据和资料的简单堆砌，调研人员不能把大量的数字和复杂的统计技术扔到管理人员面前，否则就失去了调研的价值。正确的做法是把与市场营销关键决策有关的主要调查结果报告出来，并以调查报告所应具备的正规结构写作。

作为对填表者的一种激励或犒赏，网上调查应尽可能地把调查报告的全部结果反馈给填表者或广大读者。如果限定为填表者，只需分配给填表者一个进入密码。对一些“举手之劳”式的简单调查，可以实施互动的形式公布统计的结果，效果更佳。

四、网络市场调研的方法

利用网络进行市场调查有两种方法：一种是直接进行的一手资料调查，即网上直接调查;另一种方法是利用互联网的媒体功能,在互联网上收集二手资料,即网上间接调查。

(一)网络市场直接调研

网络市场直接调研指的是为当前特定的目的在互联网上收集一手资料或原始信息的过程。直接调研的方法有四种:网上观察法、专题讨论法、在线问卷法和网上实验法。调研过程中具体应采用哪一种方法,要根据实际调查的目的和需要而定。目前使用最多的是专题讨论法和在线问卷法两种方法。

1. 网上观察法

网上观察法的实施主要是利用相关软件和人员记录登录网络浏览者的活动。相关软件能够记录登录网络浏览者浏览企业网页时所点击的内容;浏览的时间;在网上喜欢看什么商品网页;看商品时,先点击的是商品的价格、服务、外型还是其他人对商品的评价;是否有就相关商品和企业进行沟通的愿望等。

2. 专题讨论法

专题讨论法可通过 Usenet 新闻组、电子公告牌(BBS)或邮件列表讨论组进行。具体地说,目标市场的确定可根据 Usenet 新闻组、BBS 讨论组或邮件列表讨论组的分层话题选择,也可向讨论组的参与者查询其他相关名录。还应注意查阅讨论组上的 FAQs(常见问题),以便确定能否根据名录来进行市场调查。

3. 在线问卷法

在线问卷法即请求浏览其网站的每个人参与的调查。在线问卷法可以委托专业公司进行。

调查问卷的基本结构一般包括标题及标题说明、调查内容(问题)和结束语三个部分。

(1) 标题及标题说明是调查者向被调查者写的简短信,主要说明调查的目的、意义、选择方法以及填答说明等,一般放在问卷的开头。

(2) 问卷的调查内容主要包括各类问题,问题的回答方式及其指导语,这是调查问卷的主体,也是问卷设计的主要内容。

问卷中的问答题,从形式上看,可分为开放式、封闭式和混合型三大类。封闭式问答题则既提问题,又给若干答案,被调查中只需在选中的答案中打"✓"即可。开放式问答题只提问题,不给具体答案,要求被调查者根据自己的实际情况自由作答。混合型问答题,又称半封闭型问答题,是在采用封闭型问答题的同时,最后再附上一项开放式问题。

指导语,即填答说明,用来指导被调查者填答问题的各种解释和说明。

结束语一般放在问卷的最后面,对被调查者表示感谢,也可征询一下被调查者对问卷设计和问卷调查本身的看法和感受,要诚恳亲切。

在线问卷发布的主要途径有三种:一是将问卷放置在自己网站上,等待访问者访问时填写问卷。二是通过 E-mail 方式将问卷发送给被调查者,被调查者完成后将结果再通过 E-mail 将问卷返回。三是在相应的讨论组中发布问卷信息,或者调查题目。

4. 网上实验法

网上实验法可以通过在网络中所投放的广告内容与形式进行实验。设计几种不同的广告内容和形式在网页或者新闻组上发布，也可以利用E-mail传递广告。广告的效果可以通过服务器端的访问统计软件随时监测，也可以利用查看客户的反馈信息量的大小来判断，还可借助专门的广告评估机构来评定。

（二）网络市场间接调研的方法

网络市场间接调研指的是网上二手资料的收集。二手资料的来源有很多，如公共图书馆、大学图书馆、贸易协会、市场调查公司、广告代理公司、专业团体、企业情报室等等。再加上众多综合型ICP（互联网内容提供商）、专业型ICP，以及成千上万个搜索引擎网站，使得互联网上二手资料的收集非常方便。

互联网上虽有海量的二手资料，但要找到自己需要的信息，首先必须熟悉搜索引擎的使用，其次要掌握专题型网络信息资源的分布。归纳起来，网上查找资料主要通过三种方法：利用搜索引擎；访问相关的网站，如各种专题性或综合性网站；利用相关的网上数据库。

1. 利用搜索引擎查找资料

提供一个搜索入口，根据搜索者提供的关键词，反馈出的搜索结果是与关键词相关的商机信息，比如供求信息、产品信息、企业信息、行业动态信息，并且给予搜索者一定的信息分拣引导，以最终达到满足搜索者的实际需求。

2. 访问相关网站收集资料

如果知道某一专题的信息主要集中在某些网站，可直接访问这些网站，获得所需的资料。

3. 利用网上数据库查找资料

网上数据库有付费和免费两种。在国外，市场调查用的数据库一般都是付费的。

学习测试题

一、单选题

1. 农产品市场交易的农产品具有（　　）的双重性质。

A. 生活资料　　B. 生产资料

C. 生活资料和消费资料　　D. 生活资料和生产资料

2. 农产品市场受（　　）的双重约束。

A. 自然风险　　B. 市场风险

C. 自然风险和市场风险　　D. 生产风险和市场风险

3. 农产品市场有（　　）的流通轨迹。

A. 生产—市场—消费　　B. 分散—集中—分散

C. 集中—分散—集中　　D. 收购—运输—市场

4. 农产品市场按地域空间划分有（　　）市场。

A. 国内和国际　　B. 城市和农村　　C. 集贸和批发　　D. 线上和线下

5. 当前我国农产品市场初步形成了农产品（　　）市场基础。

A. 批发　　B. 集贸　　C. 零售　　D. 超市

6. 德尔菲法是采用(　　)的方式展开调查。

A. 面对面　　B. 背对背　　C. 署名对匿名　　D. 个体对群体

7. 农产品经营是进行生产、营销决策的(　　)。

A. 前提　　B. 基础　　C. 依据　　D. 先导

8. 农产品经营信息运用中剔除信息中那些不需要的内容,抓住实质内容属于(　　)环节。

A. 分析　　B. 筛选　　C. 综合　　D. 推导

9. 农产品(　　)调查是指在一定地区、一段时间内对农产品的需求量、需求结构、需求变化趋势、消费者购买动机、外贸出口及其潜力的调查。

A. 市场环境　　B. 市场需求　　C. 品种　　D. 销售

10. 农产品网络市场调研是运用(　　)技术开展调查工作。

A. 互联网　　B. 信息　　C. 互联网和信息　　D. 互联网 +

二、判断题

1. 农产品市场是指农产品流通领域的交换关系。(　　)

2. 农产品市场具有季节性和周期性。(　　)

3. 保持农产品供求平衡的基本稳定,只要发挥市场机制的调节作用。(　　)

4. 按农产品交易的交割方式将农产品市场分为批发市场和零售市场。(　　)

5. 当前我国现货交易市场和期货交易市场仍然是农产品流通的主要市场类型。(　　)

6. 德尔菲法的优点是地位高的人能够控制群体的意志。(　　)

7. 德尔菲法预测过程只需一轮反馈,就能使大家的意见逐渐趋同。(　　)

8. 电话调查具有速度快、范围广、费用低、深入性强、回答率高等优点。(　　)

9. 互联网搜索调查具有信息多而全,涉及面广,且较容易搜集,成本也低等优点。(　　)

10. 网络市场调研的结果具有可靠性和客观性。(　　)

三、多选题

1. 农业生产的特点要求在农产品供应中克服生产的(　　),维持均衡供应。

A. 季节性　　B. 周期性　　C. 新鲜性　　D. 短期性

2. 按调查与被调查者接触方式的不同,访问调查法包括(　　)。

A. 面谈法　　B. 德尔菲法　　C. 邮寄调查　　D. 电话调查

3. 农产品市场需求包括(　　)。

A. 供给需求　　B. 消费需求　　C. 现实需求　　D. 潜在需求

4. 网络市场直接调研方法有(　　)。

A. 网上观察法　　B. 网上实验法　　C. 专题讨论法　　D. 在线问卷法

5. 网络市场间接调研方法有(　　)。

A. 利用搜索引擎　　B. 访问相关网站

C. 网上观察法　　D. 利用相关的网上数据

四、名词解释

1. 农产品市场
2. 农产品经营信息
3. 农产品网络市场调研

五、填空题

1. 农产品市场调查方法有____________、____________、____________、____________。
2. 农产品经营信息的主要来源____________、____________、____________、____________。
3. 农产品经营住处收集和处理要求做到"____________、____________、____________、____________"八个字。
4. 农产品经营信息运用的环节是____________、____________、____________、____________。
5. 农产品营销调查的内容有____________、____________、____________、____________。

六、综合题

1. 农产品市场的特点有哪些？
2. 农产品市场调查的基本程序有哪些？
3. 网络市场调研的特点是什么？

学习情境五

制定农产品市场营销战略

农产品市场营销战略是指农产品企业在现代市场营销观念下，为实现其经营目标，针对营销环境，对整个市场进行细分，选择自己准备进入的具体目标市场，并进行产品定位的总体设想和规划。从企业营销的角度看，每个企业都想把自己的产品卖给社会全体消费者。但实际上，任何规模的企业都不可能满足所有消费者的所有需要。特别是在我国农产品市场供过于求，农产品相对过剩，消费者对农产品的需求越来越高的情况下，农产品生产者就更需要集中优势资源，服务于某一类或某几类消费者。因此，必须对农产品市场进行细分，在细分的基础上正确选择目标市场，恰当进行市场定位，才能在农产品营销中取得成功。

学习目标

了解农产品市场细分；了解农产品目标市场选择；了解农产品市场定位。

项目一　农产品市场细分

任务一　农产品市场细分的概念

任务要求

了解农产品市场细分的概念及作用；理解农产品市场细分的客观基础；知晓农产品市场细分的步骤。

任务引入

无糖食品前景看好

我国目前除了糖尿病患者人数众多外,还有很多血糖偏高、体态偏胖以及高血脂病人,这些特殊的人群都是无糖食品的庞大消费队伍。更何况,还有既喜欢吃甜食又怕发胖的女士和爱好吃糖又怕引发蛀牙的儿童,他们也是无糖食品的“生力军”。

随着人们生活水平的不断提高,健康水平也得到了相应的提升,然而,现代“富贵病”也随之而来。目前,我国有糖尿病患者4000万人,是世界上仅次于印度的糖尿病大国。

糖尿病人的不断增加,除了给制药工业带来了新的增长点外,也给食品行业开辟了市场空间。走进超市、大卖场,人们就会发现,无糖饼干、无糖月饼、无糖桃酥、无糖豆奶粉、无糖元宵、无糖八宝粥、无糖饮料等抢人眼球,这些无糖食品柜台往往冠有“糖尿病人专柜”字样。一些零售药店也相应增设了糖尿病人无糖食品和药品专卖。很显然,包括糖尿病人在内的肥胖疾病人群,已经把目光瞄准“无糖”两字,注意摄入低糖和低热量食品正成为人们的一种共识。

何谓无糖食品?按照国际惯例,无糖食品是不含蔗糖(甘蔗糖和甜菜糖)和淀粉糖(葡萄糖、麦芽糖、果糖)的甜味食品,但无糖食品应含有食糖属性的食糖替代品。也就是说,无糖食品应不含任何一种糖,即不含蔗糖、葡萄糖、麦芽糖、果糖等,但应含有包括木糖醇、山梨醇、麦芽糖醇、甘露醇等糖醇替代品。目前,我国已经批准列入食用卫生标准的食糖替代品只有麦芽糖醇、山梨醇、木糖醇、乳糖醇。

据业内人士介绍,无糖食品作为功能性食品最早在20世纪30年代便在糖果业中出现,而在20世纪80年代之后已取代传统甜味料的无糖糖果已经正式成为国际市场的主流食品。在美国、德国等发达国家,无糖食品已比较普遍,无糖食品甚至已经占到了食品市场总量的1/3,产品以防龋齿、降低胆固醇、预防糖尿病、减肥等低能量的添加木糖醇和麦芽糖醇等甜味剂的食品为主。美国是世界上肥胖人口最多的国家,约有61%的成年人体重超标,美国人每年花在减肥上的费用至少有300亿美元,其中很大一部分是用于购买低热食品。

(资料来源:百度文库)

任务描述

如果你是无糖食品的经销商,你会采取怎样的决策运作无糖食品的营销?

相关知识

一、农产品市场细分的概念

农产品市场细分是指农产品企业根据消费者或用户需求的不同特性，将需求大致相同的消费者群归为一类，通过划分不同的消费者群来细分农产品市场，即将整体农产品市场划分为若个市场部分或子市场的过程。每一个消费群就是一个细分市场，即子市场。所以，农产品市场细分是对农产品需求不同的消费者群进行分类，而不是对农产品本身进行分类。

二、农产品市场细分的客观依据

农产品市场细分的客观依据是消费者需求的“异质性”理论。根据消费者需求的“异质性”理论，可将农产品市场划分为同质市场与异质市场。

1. 同质市场

指某些农产品的消费者对农产品的需求和对农产品企业营销策略的反应具有基本相同或极为相似的一致性。

2. 异质市场

指在大多数农产品市场上，消费者对农产品企业提供的产品各种特性和企业营销策略的要求不相同。

绝大多数的农产品市场都是异质市场。农产品市场细分就是对农产品异质市场进行细分，将其细分为若干个同质农产品子市场。

三、农产品市场细分的作用

当前农产品卖难是个普遍的现象，这在很大程度上是因许多农户、农产品加工企业并没有真正对市场细分所致。有人认为：“庄稼活，不用学，人家咋做咱咋做。”农产品低值易耗，不用也不值得细分。很多人正是在这种习惯思维的引导下急功近利，盲目发展，看到人家赚了钱也挤同一条赚钱道，不自觉地扩大同类农产品的种植面积，放弃自己的优势，去追求所谓的“热门”，结果大家都赚不到钱。有的自认为“细分”了，实际上却分得很粗，比如把蛋类分为鸡蛋、鸭蛋等大类别，把鸡肉加工分为烤鸡、炸鸡等不同加工方法的大类别等，结果导致生产经营趋同化，竞争更加激烈。其实，对同类农产品而言，由于人们的消费观念、经济状况、年龄大小、所处状况等存在差异，需求也各不相同，所以形成的市场呈现多层次、多样化和复杂化。在一般情况下，一个农产品经营企业不可能满足所有消费者的需求，尤其在激烈的市场竞争中，农产品经营企业更应集中力量，有效地选择市场，取得竞争优势。农产品市场细分对于经营企业来讲，有以下几方面的作用。

1. 有利于分析和发掘新的市场机会,制定最佳的营销策略

市场机会是已经出现在市场但尚未加以满足的需求。由于农产品市场需求的多样性、变化性,农产品市场的需求始终处于非饱和满足的状态。通过对农产品市场的具体而充分的细分,企业可以了解农产品市场的竞争状况,研究消费者的购买水平和购买行为的差异,分析市场需求的满足程度,结合本身的优势条件,就能发掘出新的市场机会,通过制定最佳的营销组合策略,进入并占领市场。比如北方一些农民把鸡蛋的蛋黄和蛋清分开卖,拆零拆出了大市场。爱吃蛋黄的消费者买蛋黄,爱吃蛋清的消费者买蛋清,各有所爱,各得其便。消费者得到了实惠,卖方开辟了新市场,赚到了以前赚不到的钱。1 只鸡能被内蒙古草原兴发集团开发出 140 余种深加工产品,仅鸡胸肉就有 8 个产品之多。鸡脖子附近的食管、气管在国内售价 400 元/吨,将其深加工穿成串在日本可以卖到 12 万元/吨。

2. 有利于集中使用企业的资源,取得最大的经济效益

市场细分,确定目标市场是营销策略运用的前提,离开目标市场,制定营销策略就是无的放矢。农产品市场细分后,每个市场变得小而具体,单个的农产品经营企业根据自己有限的资源条件,找准自身企业资源能满足的最佳市场结合点,这有利于农产品经营企业集中人力、物力、财力,有针对性地采取不同的营销策略,取得投入少、产出多的良好经济效益。比如四川仁寿县的文宫镇被誉为“中国枇杷之乡”,20 世纪 80 年代,文宫镇调整农业结构后,全镇都种上了枇杷,截止今日,文宫镇枇杷种植量已近 20 万亩。前几年,仁寿县由于种植枇杷面积非常多,导致很多无法销售出去。因此,四川福仁缘农业开发有限公司老板通过枇杷市场细分,有了将那些卖不掉,烂掉又可惜的枇杷做成枇杷饮料的想法。仁寿县每年品相不好的枇杷占整个产量的 15%,当鲜果卖,卖不上好价钱,而将其作为枇杷饮料的原料却是个不错的选择。经过努力,2010 年,仁缘农业开发有限公司因销售枇杷饮料,所带来的收益超过了 1 亿元。

3. 有利于企业及时调整市场营销策略,增强企业的应变能力

通过市场细分,明确了企业的服务对象,这样就比较容易观察到顾客需求的变化情况,一旦市场情况发生变化,可以及时地反馈到企业的相关部门,便于企业及时调整生产和经营策略。农产品经营企业的营销环境是不断变化着的,无论是宏观还是微观环境中的任何一个与企业密切相关的因素发生变化,企业都要及时调整市场营销策略加以应对,只有这样才能使企业立于不败之地。

4. 有利于小企业开发和占领市场,在竞争中求得生存和发展

农产品市场细分对从事农产品经营的微小企业及农户家庭意义特别重大。微小企业及农户家庭经营“船小好掉头”,在激烈的市场竞争中,只要及时发现并把握住社会需求中未被满足的需求,及时地填补这一市场空白,就能为企业的生存和发展抢得先机。

四、农产品市场细分的步骤

第一,分析产品,确定营销目标。经营者要了解自己农产品的生产优势、劣势、产品特色及具备什么样功能,这是细分的基础。

第二，分析顾客各种需求。从现在需要、潜在需求出发，尽可能详细列出消费者各种需求。

第三，划分顾客不同类型。按需求不同，划分出各类消费者类型，分析他们需求的具体内容，然后按一定标准进行细分。

第四，选定目标市场。将产品特点、经营者经营能力同各细分市场特征进行比较，选出最能发挥经营者和产品优势的细分市场作为目标市场。

第五，进一步认识各细分市场特点，测量各细分市场大小，考虑各细分市场有无必要再作细分，或重新合并。

第六，选定目标市场，制定营销策略。

任务二 农产品市场细分的标准

任务要求

了解农产品市场细分标准的四个方面，理解各种细分标准的具体内容。

任务引入

农产品细分的市场究竟有多大

在云南省漾濞彝族自治县的一个村里采访，当地农民告诉记者，他们的核桃仁最贵每千克能卖到50元。这个价格，甚至比北京超市里卖得还要高。

小小核桃仁，从云南的大山千里迢迢来到北京的超市，不知道要经过多少环节，按理说在北京超市里的价格远远高于云南农民家门口销售的价格才对。为了消除疑惑，记者前去采访一位核桃经销大户。这位经销大户把周边村庄的核桃收购来，再请人把一部分核桃剥成核桃仁出售，也算是初级加工了。在现场记者看到，几位农民把剥好的核桃仁摊在案板上，熟练地按成色分成三类。色泽最明亮、颗粒最大、果仁最饱满的，就是每千克卖到50元的一等品，光看品相，就知道跟北京超市里卖的不一样。

其实把核桃剥成核桃仁这种简单的"加工"，并不怎么挣钱。这位经销大户的利润来源主要依靠对核桃仁进行细分销售这种"增值服务"。这位经销大户说，客户买核桃有不同的用处，但除了直接卖的核桃之外，都是要先剥成核桃仁再进行下一步加工的，因此他留了部分核桃卖，其余的剥成核桃仁，再分等级，客户就能根据需要购买不同等级的核桃仁了。

话说得很朴素，道理也很浅显，却说明了一个问题：根据客户的需求，把商品进行细分，不仅能发掘新的市场，而且往往能够在传统市场里找到增值的空间。

市场细分是一种传统的营销方式，在商业高度发达的城市生活中，人们对此已经习以为常——在零售领域，曾经"包揽一切"的百货商场被定位越来越个性化的卖场抢了市场；在生产厂家，我们看到人性化的产品越来越多，消费者的需要只有"想不到"的，没有"满足不了"

的……

市场细分的好处是显而易见的：对消费者而言，在细分市场下，自己的需求总是能够不断地得到更大程度的满足；对生产者而言，每满足消费者一个新的需求，就意味着开辟了一块新的市场空间，或者在某一领域的竞争中占领了先机。因此，不管是商家还是厂家，都非常注重依靠市场细分来开辟市场，寻找增值的空间，而消费者总是在这样的“被细分”中享受到更加完善的服务。

任务描述

试述农产品市场细分的标准。

相关知识

市场细分对于农产品经营企业开展营销具有重要意义，企业要想对市场进行细分就必须找到适当的、科学的标准。

一、农产品市场细分的标准

农产品市场细分的依据是消费者需求的多样性、差异性。消费者对农产品的需求与偏好主要受地理因素、人口因素、心理因素、购买行为因素等文献的影响。因此，这些因素都可以作为农产品市场细分的标准。

1. 地理因素

地理细分就是以消费者所处的地理位置以及其他地理因素为依据，对总体消费群体进行分类的过程。这是大多数经营者采取的主要标准之一。这是因为这一因素相对其他因素表现得较为稳定，也较容易分析。地理因素主要包括区域、地形、气候、城镇大小、交通条件等。由于不同地理环境、气候条件、社会风俗等因素影响，同一地区内的消费者需求具有一定的相似性，不同地区的消费需求则具有明显的差异。例如，根据我国不同地区对大米的不同需求，可将大米市场细分为东北、华北、华东、华中、华南等子市场。应该指出，按照国家、地区、南方北方、城市农村、沿海内地、热带赛带等标准来细分市场是必需的，但是，地理环境是一种静态因素，处在同一地理位置的消费者仍然会存在很大的差异。因此，农产品经营者还必须采取其他因素进一步细分市场。

2. 人口因素

人口细分就是企业按照人口统计因素对消费者市场进行分类的过程。这是大多数经营者采取的常用标准之一。这是因为人口是构成市场的最基本、最主要的因素，它与消费者对产品的需求、爱好、购买特点、使用频率等关系密切。人口因素包括年龄、性别、家庭人口、家庭收入、职业、教育、文化水平、宗教、种族、国籍、家庭生命周期等。按人口因素细分市场，如表5-1所示。

表 5-1　按人口因素标准细分市场

细分标准	细分结构	营销特点
性别	男女构成	了解男女构成及消费需求特点
年龄	婴儿、儿童、少年、青年、成年、老年	掌握年龄结构、比重及各档次年龄的消费特征
收入	高收入、中高收入、低收入	掌握不同收入层次的消费特征和购买行为
家庭生命周期	单身阶段、备婚阶段、新婚阶段、育儿阶段、空巢阶段、孤老阶段	研究各家庭处在哪一阶段、不同阶段消费需求的数量和结构
职业	工人、农民、军人、学生、公务员、教育工作者、文艺工作者等	了解不同职业的消费差异
文化程度	文盲、小学、中学、大学等	了解不同文化层次人群购买种类、行为、习惯及结构
民族	汉族、满族、回族等	了解不同民族的文化、宗教、风俗及不同的消费习惯

3. 心理因素

心理细分就是按照消费者的生活方式、个性、购买动机等心理变量等对市场进行分类的过程。心理因素对消费者的爱好、购买动机、购买行为有很大影响。在如今个性张扬的时代，消费者具有表达自我的强烈愿望和动力，在农产品消费上也不例外。心理状态直接影响人们的购买意向，随着经济收入水平的不断提高，人们购买商品不再是满足生存的需求，更注重品味、情趣。因此，心理因素对消费者的购买行为影响力越来越大。企业可以按照消费者性格、爱好等来细分农产品市场。例如，农产品消费心理，从 20 世纪 70、80 年代吃得饱，到 20 世纪 90 年代吃得好，到现在吃得安全。安全是老百姓现在购买农产品时首要关注的问题。

4. 行为因素

行为因素就是企业根据消费者购买或使用某种产品的时机、所追求的利益、对某种产品的使用率、品牌的忠诚度、对产品的态度等行为因素来细分市场的过程。它是农产品市场细分的一个重要因素，在农产品相对过剩、消费者收入不断提高的市场条件下，这一因素愈显重要。例如春节前副食品销售达到高峰，重阳节前各类保健食品吃紧。

消费者市场需求具有较大的差异性，而这些形成需求差异的因素，就可以作为市场细分的依据。当然，市场细分没有一个固定的模式，不同的企业可根据自身所处行业的特点或自己提供产品的特点，采用适宜的因素进行细分，以求发展最佳营销机会。

二、农产品经营者运用市场细分标准应注意的问题

农产品市场细分的标准为一般标准，农产品经营者在运用上述标准时，应该注意以下几个问题。

1. 不同类型经营者在市场细分时应采取不同的标准

如消费品市场主要根据地理、人口等因素作为细分标准，但不同的消费品市场所使用的度量也有差异。如苹果市场按地域、收入等变量细分，大米则按家庭人口、收入等细分。

2. 市场细分的标准是随社会生产和消费需求的变化而不断变化的

由于消费者价值观念、购买行为和动机不断变化，经营者细分市场采用的标准也会随之变化。如土猪肉原来只需用“收入”标准来细分，而今天消费者购买土猪肉除了考虑经济承担力外，还追求土猪肉的口感等内容。

3. 农产品经营者在进行市场细分时，应注意各种标准的有机组合

在选择市场细分标准时，可以采取单一标准，更多情况下则采用多项标准的组合，这样可使整个市场更细、更具体，经营者也更易把握细分市场的特征。

4. 市场细分是一项创造性的工作

由于消费者需求的特征和经营者营销活动是多种多样的，市场细分标准的确定和选择不可能完全拘泥于书本知识。经营者应在深刻理解市场细分原理的基础上，创造新的有效的标准。

要特别注意的是，市场细分的目的是为了挖掘市场机会，而不是为了细分而细分。有的市场消费需求客观上存在差异，甚至很小的差异也被消费者所重视，这样市场的细分越小越好，人们称之为“微细分”。如一位阿姨到水果店买李子，就要酸李子，不要甜李子，因为她是给自己怀孕的儿媳妇买水果。有的需求差异意义并不大，市场细分得太细，使产品设计、投产到销售都趋于复杂化，产品生产成本和销售成本都会增加，导致经营者收入减少，甚至可能超过市场细分所增加的收益。例如，将消费者按不同年龄段的身高再进一步细分市场的意义就不大。

项目二　农产品目标市场选择

任务一　农产品目标市场评估

任务要求

了解农产品目标市场的概念；学会对农产品目标市场评估。

任务引入

“小农女”送菜的故事

三个年轻有为的青年聚在一起卖菜，他们不是在我们经常去的菜市场卖菜，而是通过微信来进行营销，他们三个中其中两个是来自于腾讯团队，这也使他们更容易在微信上成功！

小农女团队选择的送菜地点目前主要在深圳科技园附近。深圳科技园成立于1996年9月，面积11.5平方公里，是国家科技部“建设世界一流科技园区”发展战略的6家试点园区

之一，共计3 264家企业，6万余名园区人汇聚这里。“小农女”团队提供的是半成品（也就是净菜）。他们的微信用户可以在前一晚用微信预订，“小农女”团队会在早上5点采购菜品，并在下午3点多以前完成对食材的装配，通过自建物流完成下午4－6点的配送。有人总结“小农女”团队成功的几点“要诀”：

（1）名字有创意。虽然创业团队是三个大老爷们，但他们的思维能够突破男人限制，从“卖菜”、“小龙女”想出“小农女”真是让人叫绝，不得不佩服！

（2）传单的创意。传单的成功就在于传单上有什么内容，从发到人手里到看传单的那1至2秒，能不能吸引人就看单子的内容，而他们在传单上印有显眼大字“微信送菜”肯定能吸引人们去拿手机扫一扫。

（3）前期试运营。“小农女”团队每天送出30个特价单，每单赔10元，售价9.9，但是必须要把图文信息分享到自己朋友圈才有机会获得特价菜。

（4）每天推送的信息无广告化。虽然“小农女”团队是卖菜的，推送的内容也应该是菜品，但是作为用户，谁都不希望每天收到广告信息。于是“小农女”团队想办法让自己信息做得不像广告，他们经常会发一些有关饮食人文、创业想法的交流等，这就接近与用户之间的距离！

（5）净菜配送到公司或家里。这对用户来说，是非常的方便，“小农女”团队站在用户的角度，为用户提供贴心的服务，以赢得客户！

任务描述

“小农女送菜”成功除了上述5点“要诀”外，其实最关键是“小农女”挖掘了“送菜”的目标市场——深圳科技园区6万余名园区人汇聚这里。请问如何评估农产品目标市场？

相关知识

农产品市场细分仅仅是决定应当针对哪类消费者销售农产品，一旦确定后下一步的任务就是选择一个或多个目标市场。

一、农产品目标市场的概念

农产品市场细分是农产品目标市场选择的基础和前提。市场细分的目的就在于有效地选择并进入目标市场。农产品目标市场是指在市场细分的基地上，企业决定进入并为之服务的农产品市场。企业的一切营销活动都是围绕目标市场进行的。选择和确定目标市场、明确企业具体服务对象，是企业制定营销策略的首要内容和基本出发点。

二、农产品目标市场的评估

进行农产品市场细分以后，并不是每一个细分市场都值得进入的，企业必须对其进行评估。农产品企业在评估各种不同的细分市场时，必须考虑以下四个因素：细分市场的潜量、细分市场的购买力、企业自身的经营实力以及细分市场的竞争状况。

1. 细分市场的潜量

细分市场潜量是在一定时期内，在消费者愿意支付的价格水平下，经过相应的市场营销努力，产品在该细分市场可能达到的销售规模。一个理想的目标市场要有足够的规模和需求量。作为农产品目标市场，如果市场狭小，没有挖掘潜力，企业进入后没有发展前途，这样的市场就没有开发的价值。只有具备足够规模和需求量的目标市场，企业才可能通过向市场提供相当数量的、适销对路的农产品，满足消费需求，而获得收益。

2. 细分市场的购买力

细分市场购买力是指在一定时期内，消费者用于购买商品的货币总额。市场仅存在未满足的需求，不等于有购买力。如果没有购买力或购买力很低，就不可能构成现实市场，不能作为目标市场。只有当市场上的消费者具有现实购买力时，才能将未满足的需求变成现实的需求，构成现实市场，企业才能有足够的销售收入。

3. 企业自身的经营实力

经营者所选择的目标市场应该是经营者力所能及的和能充分发挥自身优势的。经营者能力表现在技术水平、资金实力、经营规模、地理位置、管理能力等方面。所谓优势是指上述各方面能力较竞争者略胜一筹。如果经营者进入的是自身不能发挥优势的细分市场，那就无法在市场上站稳脚跟。

4. 细分市场的竞争状况

经营者要进入某个细分市场，必须考虑能否通过产品营销组合，在市场上站稳脚跟或居于优势地位。所以，经营者应尽量选择那些竞争者较少，竞争实力较弱的细分市场为自己的目标市场。那些竞争十分激烈、竞争对手实力十分雄厚的市场，经营者一旦进入后就要付出昂贵的代价。当然，对于竞争者已经完全控制的市场，如果经营者有条件超过竞争对手，也可设法挤进这一市场。如某水果店店主听取营销学教授建议，用红彩带将店中苹果两两一扎，以名为“情侣苹果”。情侣们看上去、听起来都觉得有趣，倍感新奇，尽管定价稍高，仍争相购买，即使遇上苹果不好销的大冷天也是如此，为此水果店收益颇丰。精明的水果店店主在市场细分后将占市场比例很大的情侣定为目标市场，加之独具匠心的产品定位，使其经营取得了成功。

任务二　农产品目标市场策略的选择

任务要求

了解农产品目标市场策略选择应考虑的因素；知晓农产品目标市场覆盖模式；掌握农产品目标市场策略选择应考虑的因素。

任务引入

“中国荔枝之乡”的营销策略

2010 年，中国—东盟自贸区启动，双方农产品贸易实现零关税，越南荔枝自此“阔步”进入我国，占领了一定市场。作为“全国荔枝之乡”的广西钦州市灵山县，近年来通过调整树种、错峰上市，以和越南荔枝抗衡。

灵山荔枝果皮深红，核小肉厚，甜爽香脆。2009 年，中国驻柬埔寨大使馆特选定优质品种“桂味”鲜果，空运到柬埔寨供柬王室享用，受到该国好评。

当下正是蜜果成熟时，灵山县的荔枝节也开启了大幕，促产销对接。在该县龙武农场 3000 多亩的荔枝园里，自驾车前来采摘的游客络绎不绝，电商门户纷至沓来谈合作。场长秦扬开说，最近几年，农场将“黑叶荔”、“三月红”等旧有品种改种为品质更佳的“妃子笑”、“鸡嘴荔”、“无核荔”，以赢得市场。

而灵山全县每年改种的荔枝面积多达数千亩。该县水果局局长曾世江介绍，以“三月红”为例，其上市时间在 5 月份，是各品种中最早的，而改种为“妃子笑”后，上市期则推迟了一个月。“调整之后，荔枝的品质更加出众。而且，也避开与越南荔枝在 5 月份集中上市相竞争。提高品质，错峰上市，这样就可以保证灵山荔枝的销售”，曾世江说。

目前，灵山县百年以上荔枝树超过万株，树龄最长的生长在新圩镇邓家村，已经有 1 500 年。曾世江介绍，下一步，灵山县将打造“百年荔枝”品牌，对接电商，实现特色营销，在国内外荔枝中脱颖而出。

（资料来源：央广网，2015－6－18）

任务描述

分析灵山县的荔枝选择什么样的目标市场策略与越南荔枝抗衡？说出农产品目标市场覆盖模式有哪些？

相关知识

农产品经营者选择的目标市场不同,市场策略就不一样。一般来说,农产品市场策略分为无差别性市场营销策略、差别性市场营销策略和集中性市场营销策略。

一、农产品目标市场策略

1. 无差别性市场营销策略

无差别性市场营销策略,指企业在进行市场细分之后,不考虑各子市场的特殊性差异,而只注意各市场需求方面的共性,将所有子市场即农产品的总体市场看作是一个大的目标市场,仅推出一种农产品,制定单一的市场营销组合,以此吸引尽可能多的消费者,为整个市场服务。美国可口可乐公司从1886年问世以来,一直采用无差别市场策略,生产一种口味、一种配方、一种包装的产品满足世界156个国家和地区的需要,被称作“世界性的清凉饮料”。由于百事可乐等饮料的竞争,1985年4月,可口可乐公司宣布要改变配方的决定,不料在美国市场掀起轩然大波,许多电话打到公司,对公司改变可口可乐的配方表示不满和反对,公司不得不继续大批量生产传统配方的可口可乐。可见,采用无差别市场策略,产品在内在质量和外在形体上必须有独特风格,才能得到多数消费者的认可,从而保持相对的稳定性。

这种策略的优点是产品单一,容易保证质量,能大批量生产,降低生产和销售成本。但如果同类企业也采用这种策略时,必然要形成激烈竞争。闻名世界的肯德基炸鸡,在全世界有800多个分公司,都是同样的烹饪方法、同样的制作程序、同样的质量指标、同样的服务水平,采取无差别策略,生意很红火。1992年,肯德基在上海开业不久,上海荣华鸡快餐店开业,且把分店开到肯德基对面,形成“斗鸡”场面。因荣华鸡快餐把原来洋人用面包作主食改为蛋炒饭为主食,西式沙拉土豆改成酸辣菜、西葫芦条,更取悦于中国消费者。所以,面对竞争强手时,无差别策略也有其局限性。其缺点是:不能适应多变的市场形势和满足不同消费者的需求,对大多数农产品是不适用的。如几家同类农产品经营者均采用这种策略,则容易形成较激烈的竞争,而某些小的细分市场的需求又无法得到满足。

2. 差别性市场营销策略

差别性市场营销策略,是指企业针对不同细分市场上消费者对农产品的不同需求,生产不同的农产品,并采用不同的营销组合,以适应不同子市场的需求。如美国有的服装企业,按生活方式把妇女分成三种类型:时髦型、男子气型、朴素型。时髦型妇女喜欢把自己打扮得华贵艳丽,引人注目;男子气型妇女喜欢打扮的超凡脱俗,卓尔不群;朴素型妇女购买服装讲求经济实惠,价格适中。公司根据不同类妇女的不同偏好,有针对性地设计出不同风格的服装,使产品对各类消费者更具有吸引力。又如某自行车企业,根据地理位置、年龄、性别细分为几个子市场:农村市场,因常运输货物,要求牢固耐用,载重量大;城市男青年,要求快速、样式好;城市女青年,要求轻便、漂亮、闸灵。因此,要针对每个子市场的特点,制定不同的市场营销组合策略。

这种策略的优点是能满足不同消费者的不同要求，有利于扩大销售、占领市场、提高企业声誉。其缺点是由于产品差异化、促销方式差异化，增加了管理难度，提高了生产和销售费用。目前只有力量雄厚的大公司采用这种策略。如青岛双星集团公司，生产多品种、多款式、多型号的鞋，满足国内外市场的多种需求。

3. 集中性市场营销策略

集中性市场营销策略，就是指企业在细分后的市场上，选择两个或少数几个细分市场作为目标市场，实行专业化生产和销售，在个别少数市场上发挥优势，提高市场占有率。采用这种策略的企业对目标市场有较深的了解，这是大部分中小型企业应当采用的策略。日本尼西奇起初是一个生产雨衣、尿布、游泳帽、卫生带等多种橡胶制品的小厂，由于订货不足，面临破产。总经理多川博在一个偶然的机会，从一份人口普查表中发现，日本每年约出生250万个婴儿，如果每个婴儿用两条尿布，一年需要500万条。于是，他们决定放弃尿布以外的产品，实行尿布专业化生产。一炮打响后，又不断研制新材料、开发新品种，不仅垄断了日本尿布市场，还远销世界70多个国家和地区，成为闻名于世的"尿布大王"。

这种策略的优点是能集中优势力量，有利于产品适销对路，降低成本，提高企业和产品的知名度。其缺点是因为它的目标市场范围小，品种单一，有较大的经营风险。如果目标市场的消费者需求和爱好发生变化，企业就可能因应变不及时而陷入困境。同时，当强有力的竞争者打入目标市场时，企业就要受到严重影响。因此，许多中小企业为了分散风险，仍应选择一定数量的细分市场为自己的目标市场。

以上三种目标市场策略各有利弊。选择目标市场时，必须考虑企业面临的各种因素和条件，如企业规模和原料的供应、产品类似性、市场类似性、产品寿命周期、竞争的目标市场等。选择适合本企业的目标市场策略是一个复杂多变的工作。企业内部条件和外部环境在不断发展变化，经营者要不断通过市场调查和预测，掌握和分析市场变化趋势与竞争对手的条件，扬长避短，发挥优势，把握时机，采取灵活的适应市场态势的策略，去争取较大的利益。

二、农产品目标市场覆盖模式

企业在确定农产品市场策略之后，就要考虑目标市场覆盖模式。经营者在选择目标市场时，有下列五种市场覆盖模式可供参考：密集单一市场、有选择的专业化、市场专业化、产品专业化和完全覆盖市场。如图5-1所示。

（1）密集单一市场。这是最简单的一种模式，企业只选择一个目标市场。该模式只生产一种产品，供应某一顾客群，以取得某一特征市场的优势。如某合作社生产芹菜，只选择一个细分市场，即专门生产供应给农贸市场的芹菜。这一策略通常被小经营者所采用。但是，密集单一市场的风险比较大，一旦所选择的市场需求发生变化，企业可能会面临倒闭的风险。

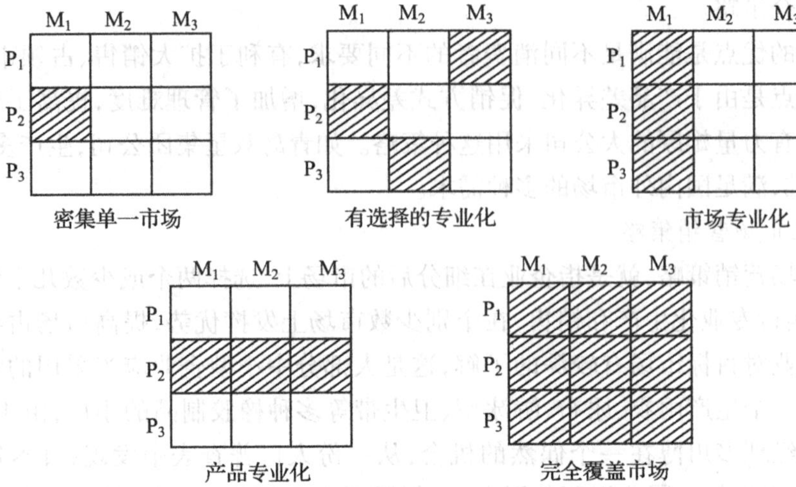

图5-1　目标市场选择的5种模式

（2）产品专业化。指企业同时向几个细分市场销售一种产品。即以一类产品供应给不同的顾客群。如合作社只生产芹菜，选择多个细分市场，即不仅供应农贸市场，还供应超市、连锁店等。这一策略容易树立某一领域的声誉，但是，如果该产品被市场淘汰，经营者就会面临效益滑坡的危险。

（3）市场专业化。指公司集中力量满足某一特定顾客群的各种需要。如合作社生产多种蔬菜，专门供应超市，包括芹菜、白菜、菠菜等。这种模式能更好地满足顾客的需求，树立良好的信誉。

（4）有选择的专业化。指企业选择若干细分市场，如农贸市场、超市、连锁店等。但是，每个市场供应不同的农产品的结果是，每一个市场在客观上都有吸引力，但每个细分市场之间很少有联系。

（5）完全市场覆盖。指企业为所有顾客群提供他们需要的所有产品。具体策略可以通过无差别性市场营销策略或差别性市场营销策略来实施。一般只有实力强大的大公司才能采取这种策略。

知识链接

娃哈哈的市场覆盖模式

国内一流饮料企业娃哈哈，多年来平均增长率保持在70%以上。每年新品对销售贡献率高达20% -30%。

最初的产品“儿童营养液”伴它走过10亿的销售，后来推广成功AD钙奶后，销售超过20亿；纯净水的推广成功让销售达到40亿；非常可乐的推广让销售站到了60亿的平台；茶饮料的推广成功推动销售超80亿；后来营养快线、爽歪歪的爆发，让娃哈哈的销售跨过了300亿。娃哈哈的新品推广，生动展示了一个企业从小到大的发展之路。成为目前中国最大的食品饮料生产企业，仅次于可口可乐、百事可乐、吉百利等跨国巨头。

目前，娃哈哈的产品涵盖蛋白饮料、瓶装水、碳酸饮料、茶饮料、果汁饮料、咖啡饮料、植物饮料、风味饮料等八大类饮料，还有罐头食品、医药保健品、方便食品、休闲食品、童装、婴幼儿奶粉等5大类产品。其中瓶装水、蛋白饮料、八宝粥罐头多年来产销量一直位居全国第一。

（资料来源：百度文库）

三、农产品目标市场策略选择应考虑的因素

1. 企业的资源

企业资源实力（包括农产品经营者的人、财、物、技术能力、创新能力、信息能力、竞争能力、销售能力、经营管理能力等）不足时，无力开发更多的市场，最好采用集中性市场营销策略；如果企业资源实力雄厚，就可以采用差别性市场营销策略。

2. 产品的特点

同质性产品，即消费者购买和使用时对此类产品特征感觉相似，其需求弹性较小，如食用油、面粉、大众蔬菜等初级产品可采取无差别性市场营销策略；异质性产品，消费者对这类产品特征感觉有较大差异，其需求弹性较大，如茶叶、香菇、食品等选择性强的产品，则宜采用集中性市场营销策略或差别性市场营销策略。

3. 产品所处的生命周期

处于产品生命周期不同阶段的产品，要采取相应的目标市场策略。当产品处于生命周期的开发期和成长期时，品种比较单一，竞争者较少，宜采用无差别性市场营销策略，目的是探测市场需要和顾客反应。当产品进入成长后期和成熟期，由于竞争者增加，宜采用差别性市场营销策略，以开拓新的市场，扩大销路；当产品进入衰退期时，宜实行集中性市场营销策略，以维持或延长产品的生命周期。

4. 市场特点

市场特点是指顾客需要和偏好等方面的类似程度。从市场特点看，市场类似程度高时，可采用无差别性市场营销策略；市场差异程度高时，可采用集中性市场营销策略或差别性市场营销策略。

供求是市场的两大基本力量。供不应求时，企业重在扩大供给，无暇考虑需求差异，所以选择无差别性市场营销策略；供过于求时，企业为刺激需求、扩大市场份额而往往采用集中性市场营销策略或差别性市场营销策略。在农产品市场，普通农产品相对过剩，而优质农产品和特色农产品、绿色农产品则需求旺盛，此时，企业实施集中性市场营销策略或差别性市场营销策将大有作为。

5. 竞争对手的状况

经营者采取任何目标市场策略时，通常还要分析竞争对手的策略，知己知彼，百战不殆。经营者可与竞争对手选择不同的目标市场策略，当竞争者采取无差别性市场营销策略时，企业应采用差别性市场营销策略与之对抗，而当竞争者采用差别性市场营销策略时，企业应进行更为有效的市场细分，采取集中性市场营销策略占领市场。

项目三　农产品市场定位

任务一　农产品市场定位含义

任务要求

理解农产品市场定位的含义。

任务引入

反季节果品市场缘何遭遇“红灯”

农产品反季节栽培曾一度是各地农民调整产业结构、提高种植效益的首选，然而近一段时期以来，这种一味赶早的果蔬产品却频频遭遇市场红灯，造成货多压市，产品滞销，让众多赶早农户叫苦不迭。大家都赶早，效益难说好。前些年，种植大棚蔬菜、瓜果的人少时，产品价格自然不菲，每亩获利少则几千元，多则上万元。许多人今天看到种什么赚钱了，明天就去种，结果一哄而上，致使反季节农产品大量涌入市场，早熟优势渐失，收入也自然锐减。山东、河北的瓜农根据上一年行情大面积种植大棚西瓜，结果大量赶早的西瓜都集中在4、5月份上市，批发价最低时每公斤只有0.7元，远远低于种植成本。一些专家分析认为，当前我国农产品市场变化极快，往往会因为区域性一哄而上的规模种植而出现烂市，大棚早熟栽培自然也不例外。专家建议，农民朋友在选择品种和上市时间时，不要轻信一方提供的信息，要搜集该农产品上一年的市场销售行情，据此判断该种什么、什么时候种，只有这样才能抓住市场的空白，避免“卖难”。

（资料来源：致富天地）

任务描述

反季节果品市场遭遇“红灯”的影响因素有很多，而在众多的影响因素中最关键的是如何对反季节果品进行市场定位。针对案例中的现象，谈谈你对农产品市场定位含义的理解。

相关知识

一、农产品市场定位的含义

企业进行市场细分和选择目标市场后，一个重要的问题就是必须回答：如何进入目标市场？以怎样的姿态和形象占领目标市场？这就是市场定位。

农产品市场定位是指农产品经营企业根据竞争者现有产品在市场上所处的位置，针对消费者对该产品某种特征或属性的重视程度，强有力地塑造本企业产品与众不同的鲜明个性或形象，并传递给顾客，从而使该产品在市场上确定适当的位置。

二、农产品市场定位如何理解

1. 市场定位的"位"是产品在消费者感觉中所处的地位

市场定位起始于产品。然而，定位并非是对产品本身做什么行动，定位是要针对潜在顾客的心理采取行动。即要将产品在潜在顾客的心目中定一个适当的位置。所以，市场定位的"位"，是产品在消费者感觉中所处的地位，是一个抽象的心理位置的概念。市场上的商品越来越丰富，但与竞争者雷同、毫无个性的产品，却可能淹没在商品的海洋中，无法吸引消费者的注意。农产品的市场定位是企业通过为自己的产品创造鲜明的特色和个性，从而在顾客心目中塑造出独特的形象和位置来实现的。这种特色和形象既可以从产品实体方面表现出来，如品质、包装等，也可以从消费者心理方面反映出来，如安全、档次等。农产品的市场定位可以打出"特色"牌、"健康"牌、"优质成分"牌、"绿色"牌和"田园文化"牌。比如"田园文化"牌定位于消费者的一种休闲理念和生活态度。还有纪念品定位，如桃核雕刻；观赏品定位，如微型蔬菜"盆景"等。

2. 市场定位的"位"是一种竞争性定位

农产品市场定位的实质是取得目标市场的竞争优势。为使自己的产品获得竞争优势，就要使消费者感到自己的产品与众不同，如一个企业通过提供较低的价格或者较高的利益使消费者获得更大的价值，它就具备了竞争优势。因此，农产品市场定位从这个意义上讲，又是一种竞争性定位。

为了获得竞争优势而进行目标市场定位包括以下主要任务：首先要确定企业可以从哪些方面寻求差异化；其次找到企业产品独特的卖点；最后要开发总体定位策略，即明确产品的价值方案。

(1) 寻求差异化。差异化指为使企业的产品与竞争者产品相区分，而设计一系列有意义的差异行为。差异化可以从以下几方面着手进行：①产品差异化：即实体产品的差异化，可体现在诸多方面，如品种差异化、种养殖方式差异化。品种是影响农产品品质最基本的因素，为什么杂交水稻比一般的水稻亩产高出许多？为什么肉鸡比土鸡长得快？最关键的是因为品种的不同,遗传基因的不同,所以选择好品种是农产品品质最基本的一个环节。同一个品种,种养殖方式不同,农产品的品质也不同。很多人都会有这样的感觉,现在的鸡吃起来没有以前有味道？原因有很多,最主要是因为以前农村自己家养鸡,是散养,平时都是鸡自己找虫子吃,再喂些稻谷,这样的鸡和鸡蛋吃起来和现在工厂化大规模养出来的鸡味道当然相差很远。农产品企业可以充分利用农产品的多样化种养殖的特性,建立自己差异化的竞争优势。②服务差异化:主要体现在订货方便、交货及时、客户培训与咨询等方面。③渠道差异化:主要体现在直销、间销、网销等方面。④消费者差异化:主要体现在不同消费者对农产品的需求不同,特别是特殊的高端消费群体。

(2) 寻求独特的"卖点"。任何产品都可以进行各种程度的差异化。然而,并非所有商品的差异化都是有意义或有价值的。有效的差异化应该能够为产品创造一个独特的"卖点",即给消费者一个鲜明的购买理由。如高端大米、高端土猪肉专卖店。

(3) 确定价值方案,开发总体定位战略。所谓价值方案是指企业定位所依赖的所有利益组合与价格的比较。消费者往往以此作为价值判断的依据。例如,无公害蔬菜定位以食用安全为基础,尽管售价高于普通蔬菜,但与其价值相比,仍使人感到物有所值。

通常,企业可以从"优质优价;优质平价;价廉物美;利益相同,价格较低;利益较低,价格更低"这五种价值方案中选择一种进行总体定位。在确定了总体战略后,企业应就其选择的定位对目标市场进行有效的传播与沟通。

任务二　农产品市场定位的基本步骤

任务要求

了解农产品市场定位的基本步骤。

任务引入

星巴克的中国之旅

星巴克于20世纪90年代中后期登陆中国大陆市场,市场定位在曾经"稀少"的中高端人群,但"曲高和寡"。后来还是在中国市场,星巴克获得了前所未有的"高歌猛进"。后来成功之处,就在于它是"面对"着消费者,而不是"背对"着消费者。

100多年前,星巴克是美国一本家喻户晓的小说里主人公的名字。1971年,3个美国人开始把它变成一家咖啡店的招牌。1987年,霍华德·舒尔茨和他的律师,也就是比尔·盖茨的父亲以380万美元买下星巴克公司,开始了真正意义上的"星巴克之旅"。如今,星巴克咖啡已经成为世界连锁咖啡的第一品牌。星巴克咖啡已经在全球38个国家开设了13 000家店。虽然传统意义上"根红苗正"的咖啡并非起源于美国,但星巴克咖啡目前已经俨然是这些品类最"正宗"的代名词。1999年1月11日,北京国贸中心一层开设了一家星巴克咖啡店，这意味着星巴克开始了美妙的中国之旅。那么，星巴克在中国是怎样进行市场定位的呢？

一、在中国，星巴克、哈根达斯征服的不仅仅是消费者的胃

在网络社区、博客或是文学作品的随笔中，不少人记下了诸如“星巴克的下午”、“哈根达斯的女人”这样的生活片断，似乎在这些地方每天发生着可能影响着人们生活质量与幸福指数的难忘故事：“我奋斗了五年，今天终于和你一样坐在星巴克里喝咖啡了！”此时的星巴克还是咖啡吗？不！它承载了一个年轻人奋斗的梦想；“如果你是一位适龄女子，你所生活的城市有哈根达斯，而你从来没被异性带入哈根达斯，或者已经很久没机会去了，那你就不得不在内心承认，没有人疼你、宠你了。”此时的哈根达斯还是冰淇淋吗？不！它变成了一个女人心中爱的祈祷。

这种细腻的感情、美妙的感觉，不仅仅是偶然地在一个消费者心中激起涟漪，而是形成一种广泛的消费共鸣。我们不得不承认，星巴克、哈根达斯的成功与准确的品牌定位不无关系。

二、星巴克的“第三空间”

关于人们的生存空间，星巴克似乎很有研究。霍华德·舒尔茨曾这样表达星巴克对应的空间：人们的滞留空间分为家庭、办公室和除此以外的其他场所。第一空间是家，第二空间是办公地点。星巴克位于这两者之间，是让大家感到放松、安全的地方，是让你有归属感的地方。20世纪90年代兴起的网络浪潮也推动了星巴克“第三空间”的成长。于是星巴克在店内设置了无线上网的区域，为旅游者、商务移动办公人士提供服务。其实我们不难看出，星巴克选择了一种“非家、非办公”的中间状态。舒尔茨指出，星巴克不是提供服务的咖啡公司，而是提供咖啡的服务公司。因此，“第三空间”的有机组成部分，音乐在星巴克已经上升到了仅次于咖啡的位置，因为星巴克的音乐已经不单单只是“咖啡伴侣”，它本身已经成了星巴克的一个很重要的商品。

星巴克播放的大多数是自己开发的有自主知识产权的音乐。迷上星巴克咖啡的人很多也迷恋星巴克音乐。这些音乐正好迎合了那些时尚、新潮、追求前卫的白领阶层的需要。他们每天面临着强大的生存压力，十分需要精神安慰，星巴克的音乐正好起到了这种作用，确确实实让人感受到在消费一种文化，催醒人们内心某种也许已经快要消失的怀旧情感。

三、产品中国化

虽然因为一些限制，星巴克在中国的店铺中并没有像其他全球星巴克连锁那样销售星巴克音乐碟片。但星巴克利用自己独特的消费环境与目标人群，为顾客提供精美商品和礼品。商品种类从各种咖啡的冲泡器具，到多种式样的咖啡杯。虽然这些副产品的销售在星巴克整体营业额中所占比例还比较小，但是近年来一直呈上升趋势。在中秋节等中国特色的节庆时，还推出“星巴克月饼”等。

所以，“我不在星巴克，就在去星巴克的路上”，传递的是一种令人羡慕的“小资生活”，而这样的生活也许有人无法天天拥有，但没有人不希望“曾经拥有”。这就是品牌定位的魅力！

任务描述

根据“星巴克的中国之旅”，分析农产品市场定位可以采取的基本步骤。

相关知识

农产品市场定位的关键是企业要设法在自己的产品上找出比竞争者更具有竞争优势的特性。竞争优势一般有两种基本类型：一是价格竞争优势，就是在同样的条件下比竞争者定出更低的价格。这就要求企业采取一切方法来降低单位成本。二是偏好竞争优势，即能提供确定的特色来满足顾客的特定偏好。这就要求企业采取一切措施在产品特色上下足工夫。因此，农产品市场定位可通过以下三大基本步骤来完成。

一、分析目标市场的现状，确认潜在的竞争优势

这一步骤的中心任务是要回答以下三个问题：一是竞争对手产品定位如何？二是目标市场上顾客欲望满足程度如何以及还需要什么？三是针对竞争者的市场定位和潜在顾客的真正需要的利益要求企业应该及能够做什么？要回答这三个问题，企业市场营销人员必须通过一些调研手段，系统地设计、搜索、分析并报告有关上述问题的资料和研究结果。通过回答上述三个问题，企业就可以从中把握和确定自己的潜在竞争优势在哪里。

二、明确选择竞争优势，对目标市场初步定位

竞争优势表明企业能够胜过竞争对手的能力。这种能力既可以是现有的，也可以是潜在的。选择竞争优势实际上就是一个企业与竞争者各方面实力相比较的过程。比较的指标应是一个完整的体系，只有这样，才能准确地选择相对竞争优势。通常的方法是分析、比较企业与竞争者在经营管理、技术开发、采购、生产、市场营销、财务和产品等七个方面究竟哪些是强项，哪些是弱项，借此选出最适合本企业的优势项目，以初步确定企业在目标市场上所处的位置。

三、显示独特的竞争优势和重新定位

这一步骤的主要任务是企业要通过一系列的宣传促销活动，将其独特的竞争优势准确传播给潜在顾客，并在顾客心目中留下深刻印象。为此，企业首先应使目标顾客了解、知道、熟悉、认同、喜欢和偏爱本企业的市场定位，在顾客心目中建立与该定位相一致的形象。其次，企业通过各种努力强化目标顾客形象，保持目标顾客的了解，稳定目标顾客的态度和加深目标顾客的感情来巩固与市场相一致的形象。最后，企业应注意目标顾客对其市场定位

理解出现的偏差或由于企业市场定位宣传上的失误而造成的目标顾客模糊、混乱和误会，及时纠正与市场定位不一致的形象。企业的产品在市场上定位即使很恰当，但在下列情况下，还应考虑重新定位：

1. 竞争者推出的新产品定位于本企业产品附近，侵占了本企业产品的部分市场，使本企业产品的市场占有率下降。

2. 消费者的需求或偏好发生了变化，使本企业产品销售量骤减。

重新定位是指企业为已在某市场销售的产品重新确定某种形象，以改变消费者原有的认识，争取有利的市场地位的活动。如某日化厂生产婴儿洗发剂，以强调该洗发剂不刺激眼睛来吸引有婴儿的家庭。但随着出生率的下降，销售量减少。为了增加销售，该企业将产品重新定位，强调使用该洗发剂能使头发松软有光泽，以吸引更多、更广泛的购买者。重新定位对于企业适应市场环境、调整市场营销战略是必不可少的，可以视为企业的战略转移。重新定位可能导致产品的名称、价格、包装和品牌的更改，也可能导致产品用途和功能上的变动，企业必须考虑定位转移的成本和新定位的收益问题。

任务三 农产品市场定位策略

任务要求

掌握农产品市场定位策略。

任务引入

"七喜"汽水在竞争中脱颖而出

在美国及世界饮料市场上，可口可乐和百事可乐占据了软饮料市场绝大部分份额，其他饮料几乎无立足之地。但"七喜"汽水在更新消费者观念上做文章，它以"七喜：非可乐"的广告宣传把饮料市场分为可乐型饮料和非可乐型饮料两种，进而说明"七喜"是非可乐型饮料的代表。当消费者要可乐型饮料时，会想到可口可乐和百事可乐；而当消费者要非可乐型饮料时，自然会想到七喜，使"七喜"汽水在激烈的饮料市场竞争中站稳了脚跟。

任务描述

"七喜"汽水是通过"非可乐饮料"市场定位策略在竞争中脱颖而出，你能说出农产品市场定位的策略吗？

相关知识

农产品市场定位的策略是指农产品经营者根据目标市场的具体情况不同,结合企业自身的资源条件,确定的竞争原则。具体有以下三种类型:

1. “针锋相对式”定位策略

把产品定在与竞争者相似的位置上,同竞争者争夺同一细分市场。如有的农户在市场上看到别人经营什么,自己也选择经营什么。采用这种定位策略的条件是:能比竞争者生产出更好的产品;该市场容量足够吸纳这两个竞争者的产品;比竞争者有更多的资源和实力;该市场最符合企业的业务实力。

2. “填空补缺”定位策略

就是瞄准同行业竞争者忽略的市场部分,拾遗补缺,起到市场商品供应的补充作用。如有的农户发现在肉鸡销售中大企业占有优势,自己就选择经营饲养“农家土鸡”、“柴鸡”,并采取活鸡现场屠宰销售的方式,填补大企业不能经营的市场“空白”。采用这种定位策略的条件是:该市场空白处有需求,并有足够的需求;技术上可行;经济上可行。这种定位策略有两种情况:一是营销机会没有被发现;一是营销机会被发现了,但无法去占领,这需要有足够的实力才能取得成功。

3. “另辟蹊径式”定位策略

当企业意识到自己无力与同行业强大的竞争者相抗衡从而获得绝对优势地位时,可根据自己的条件取得相对优势,即宣传自己与众不同的特色,在某些有价值的产品属性上取得领先地位。如有的生产经营蔬菜的农户既缺乏进入超级市场的批量和资金,又缺乏运输能力,就利用区域集市,或者与企事业伙食单位联系,甚至走街串巷,避开大市场的竞争,将蔬菜销售给不能经常到市场购买的消费者。

知识拓展

中国茶叶定位的尴尬

可可、咖啡、茶叶,被誉为世界三大饮料,然而真正征服世界,让全球都接受的,却只有茶叶。不过,作为国粹的茶叶,如今其地位是越来越尴尬。

中国茶叶品类众多,品牌稀缺!

中国茶叶有多少品类?绿茶、红茶、普洱、毛峰……以及后来越来越多的新品种,这些品类由不可胜数的茶农、茶厂研发、生产。却不知道这些茶叶是由什么人在消费,他们为什么消费。甚至很多茶农不知道自己茶叶的终端售价是多少。

近年来,茶叶市场日渐扩大,饮茶的人群也越来越多。然而,由于市场上的茶叶品牌屈指可数,所以,消费者如同盲人摸象,大多只能进行尝试型购买。

而立顿红茶从1992年进入中国,到1997年已获得茶包销售额第一、市场占有率第一的成绩。

难道中国的茶企没有品牌意识吗？从目前的情况来看，很多茶企已经知道要做品牌，只是他们还不知道如何做，以为只要取个名字，做个包装就可以大功告成。

定位的缺失，让品牌难以形成！

很多人在总结立顿的成功经验，而笔者看来，立顿红茶首先胜在品牌定位的成功。立顿红茶进入中国后，将目标消费群锁定在事业成功人士，传递的是一种时尚和品位的象征。因此其进入中国后就一直保持着经典传统的品牌形象。这一市场定位使立顿袋泡红茶迅速成为中国包装茶的著名品牌，其市场占有率迅增，目前在整个茶饮市场上，立顿约占据了80%以上的市场份额。

我们的茶企一般是根据茶叶质量判定售价，然后根据售价进行简单的高端、低端的市场定位。至于高端属于哪些人群？有何购买动机？低端的购买行为又因何产生？通通不去分析。由于没有细致的品牌定位，消费者心理就无法形成心理需求空间，自然无法形成品牌印记。

品牌如何定位？

要做品牌定位首先就要做消费者定位，我们的茶卖给什么人最合适。只有进行了消费者定位，才能进行准确的市场定位。

从目前的消费行为来看，有些人买茶是由于其有健康的功效；有些人买茶是为了自饮解渴；也有人为了茶叶的口感(享受)而购买；还有为送礼而购买；有人是为了待客而购买；有些是为了显示身份而购买……

每一种购买行为的产生都不是单一的个体现象，只要认真研发，就是一片市场的拓展。而只有进行了市场区分，品牌定位才会逐步形成。

品牌定位的形成能够提供给消费者购买理由，产生品牌价值感，才能逐渐形成品牌印记。一个国酒的定位，就让消费者购买了茅台多年。而我们的国茶在哪里呢？

（资料来源：云南普洱茶网，2011-10-09）

学习测试题

一、选择题

1. 市场细分是根据(　　)的需要和欲望、购买行为和购买习惯等方面的差异，把某一产品的市场整体划分为若干消费者群的市场分类过程。

A. 产品　　B. 生产不同种产品的企业

C. 消费者　　D. 生产同种产品的企业

2. 农产品市场细分的客观依据是消费者需求的(　　)理论。

A. 同质市场　　B. 异质市场　　C. 同质性　　D. 异质性

3. 每一个(　　)就是一个细分市场，即子市场。

A. 产品　　B. 产品群　　C. 消费者　　D. 消费者群

4. 选择和确定目标市场的基础和前提是(　　)。

A. 市场调查　　B. 市场管理　　C. 市场细分　　D. 市场竞争

5. 消费者的职业和收入属于(　　)

A. 地理变数　　B. 人口变数　　C. 行为变数　　D. 文化变数

6. 某公司依据户主年龄、家庭人数和收入水平将整个家具市场细分为36个子市场,此种细分是按(　　)细分。

A. 人口　　B. 心理　　C. 地理　　D. 行为

7. 下列细分变数中属于心理细分变数的是(　　)变数。

A. 人口　　B. 地理　　C. 行为　　D. 心理

8. 下列(　　)策略会引起生产成本和营销费用的增加。

A. 无差别　　B. 差别　　C. 集中性　　D. 均衡

9. 采用集中性市场策略的主要缺点是(　　)。

A. 增加市场营销费用　　B. 降低企业的竞争能力

C. 降低产品的知名度　　D. 冒一定风险

10. 当企业的产品进入成熟期后,为了维持或进一步增加销售量应采用(　　)市场营销策略。

A. 无差异　　B. 差别性　　C. 集中性　　D. 多元化

11. 当企业产品处于成长期时,为了探测市场需要和顾客反应,宜采用(　　)市场营销策略。

A. 无差异　　B. 差别性　　C. 集中性　　D. 多元化

12. 当企业产品进入衰退期时,为维持或延长产品的生命周期,宜实行(　　)市场营销策略。

A. 无差异　　B. 差别性　　C. 集中性　　D. 多元化

13. 美国有的服装企业,按生活方式把妇女分成三种类型:时髦型、男子气型、朴素型,它是采用(　　)市场营销策略。

A. 无差异　　B. 差别性　　C. 集中性　　D. 多元化

14. 实力不强的小企业应该选择(　　)目标市场营销策略。

A. 差异性　　B. 无差异性　　C. 集中性　　D. 分散性

15. 市场定位起始于产品,因此,它是(　　)所处的地位。

A. 产品在消费者心中　　B. 产品在产品群中

C. 消费者心中产品　　D. 消费者心中产品群

16. 价值方案等于(　　)。

A. 总利益 + 价格　　B. 总利益 - 价格

C. 总利益 × 价格　　D. 总利益/价格

17. 有的农户在市场上看到别人经营什么,自己也选择经营什么,这是(　　)市场定位策略。

A. 针锋相对式　　B. 填空补缺　　C. 另辟蹊径式　　D. 创新式

18. 有的农户自己就经营饲养"农家土鸡"、"柴鸡",并采取活鸡现场屠宰销售的方式,填补大企业不能经营的市场"空白",这是选择(　　)市场定位策略。

A. 针锋相对式　　B. 填空补缺　　C. 另辟蹊径式　　D. 创新式

19. 有的种菜农户利用区域集市,或者与企事业伙食单位联系,将蔬菜销售给不能经常到市场购买的消费者,这是选择(　　)市场定位策略。

A. 针锋相对式　　B. 填空补缺　　C. 另辟蹊径式　　D. 创新式

20. “七喜”汽水在竞争中脱颖而出,是选择(　　)市场定位策略。

A. 针锋相对式　　B. 填空补缺　　C. 另辟蹊径式　　D. 非可乐饮料

二、判断题

1. 根据市场细分化原理,大多数商品市场属于异质市场。(　　)
2. 农产品市场细分是对农产品本身进行分类。(　　)
3. 异质市场指某些农产品的消费者对农产品的需求和对农产品企业营销策略的反应具有不同程度的一致性。(　　)
4. 农产品市场细分就是对农产品异质市场进行细分,将其细分为若干个同质农产品子市场。(　　)
5. 市场机会是已经出现在市场满足的需求。(　　)
6. 市场细分,确定目标市场是营销策略运用的前提。(　　)
7. 不同类型经营者在市场细分时应采取相同的标准。(　　)
8. 市场细分的目的是为了挖掘市场机会,有效地选择并进入目标市场。(　　)
9. 只有当市场上的消费者具有现实购买力时,才能将未满足的需求变成现实的需求,构成现实市场,企业才能有足够的销售收入。(　　)
10. 食用油、面粉、大众蔬菜等初级产品可采取差别性市场营销策略。(　　)
11. 市场定位的“位”实质是取得目标市场的竞争优势,又是一种竞争性定位。(　　)
12. 采用集中型的市场策略,可能会冒一定风险,这主要是市场总是固定不变的。(　　)
13. 一个实力较弱的企业,可以实行无差异性市场营销策略。(　　)
14. 在同质市场上,竞争的焦点主要集中在质量上。(　　)
15. 在“引入期”和“成熟期”,适于采用无差别市场策略。(　　)

三、多选题

1. 根据消费者需求的“异质性”理论,可将农产品市场划分为(　　)。

A. 同质市场　　B. 异质市场　　C. 竞争市场　　D. 垄断市场

2. 农产品市场细分的标准有(　　)。

A. 地理因素　　B. 人口因素　　C. 心理因素　　D. 行为因素

3. 人口是构成市场的最基本、最主要的因素,它与消费者对产品的(　　)等关系密切。

A. 需求　　B. 爱好　　C. 购买特点　　D. 使用频率

4. 农产品企业在评估各种不同的细分市场时,必须考虑因素是(　　)。

A. 细分市场的潜量　　B. 细分市场的购买力

C. 企业自身的经营实力　　D. 细分市场的竞争状况

5. 一个理想的目标市场应具备以下条件是(　　)。

A. 足够的规模　　B. 足够的资金

C. 足够的需求量　　　　　　　　　D. 足够的供给量

6. 农产品经营者选择的目标市场的策略有(　　)。

A. 无差别性市场营销策略　　　　　B. 差别性市场营销策略

C. 分散性市场营销策略　　　　　　D. 集中性市场营销策略

7. 农产品目标市场覆盖模式有密集单一市场、有选择的专业化、(　　)。

A. 市场专业化　　　　　　　　　　B. 产品专业化

C. 部分覆盖市场　　　　　　　　　D. 完全覆盖市场

8. 消费者对茶叶、香菇、食品等选择性强的产品,宜采用(　　)市场营销策略。

A. 无差别　　　B. 差别　　　C. 分散性　　　D. 集中性

9. 农产品市场定位的策略主要有(　　)定位策略。

A. 针锋相对式　　　B. 填空补缺式　　　C. 另辟蹊径式　　　D. 差异互补式

10. 市场定位的"位",主要是指(　　)位置。

A. 心理　　　B. 产品　　　C. 竞争　　　D. 消费

四、名词解释

1. 市场细分

2. 异质市场

3. 差别性市场营销策略

4. 农产品目标市场定位

五、填空题

1. 企业的资源条件能力不足时,最好采用________策略;如果企业资源能力雄厚,就可以采用________策略。

2. 从产品的特点看,同质性产品,企业比较适合选择________策略。

3. 当产品进入成熟期和衰退期时,应该采取________策略。

4. 市场类似程度高时,可采用________策略;市场差异程度高时,可采用________策略或________策略。

5. 竞争对手采用差别性策略时,企业则可以采用________或________策略。

6. 与主要竞争对手的实力相当时,不应发生直接冲突,以免造成不必要的损失;实力强时,采用________策略;实力较弱时,可以采用________或________策略。

7. 市场商品供不应求时,企业则可采用________策略;市场商品供过于求时,企业可采取________或________策略。

8. 早期可口可乐公司采用________目标市场营销策略,现采用________目标市场营销策略。

9. 企业评估细分市场主要考虑________、________、________和________四个因素。

10. 差异化指为使企业的产品与竞争者产品相区分,差异化体现在________、________、________和________四个方面。

六、综合题

1. 市场细分的作用有哪些？

2. 企业选择目标市场策略时应考虑哪些因素？

学习情境六

实施农产品市场营销策略

市场营销是以消费者需求为导向的，消费者需求的满足是靠产品和服务来实现的。一个企业的成败兴衰，它的市场营销活动效益如何，取决于它所生产的产品是否满足购买者的需求。生产出适销对路的产品，是企业在市场竞争中取胜的关键。产品因素是市场营销因素中的首要因素，而产品营销策略的实施是整个营销组合的基石，占有十分重要的地位。

学习目标

了解农产品市场营销策略；掌握农产品创新策略、品牌和包装策略、定价策略、分销渠道策略和促销策略。

项目一　农产品市场营销策略

任务一　农产品市场营销策略概念

任务要求

了解农产品市场营销策略；掌握农产品的营销策略的特征；知晓农产品市场营销策略与农产品市场营销战略的区别。

任务引入

把梳子卖给和尚

有一家效益相当不错的农业企业，准备扩大经营规模，高薪聘请营销人员。一时间，报名者云集。面对众多的应聘者，公司负责人说："为选拔高素质的营销人员，我们出一道实践性的试题，题目是把梳子卖给和尚，谁卖得多就录取谁。"

大多数应聘者感到困惑不解，甚至愤怒，出家人要梳子有什么用处？这岂不是神经错乱，拿人开涮吗？不一会儿，应聘者纷纷拂袖而去，只剩下三个应聘者甲、乙和丙。

负责人交代："以10日为限，届时向我汇报销售成果。"10天过后，三人都回来了。

负责人问甲："卖出多少把？"答："1把。""怎么卖的？"甲讲述了历经的辛苦，游说和尚应当买把梳子，不但没有效果，还惨遭和尚的责骂。幸好在下山途中遇到一个小和尚边晒太阳边使劲挠头皮。甲灵机一动递上梳子，小和尚用后满心欢喜，于是买下一把。

负责人问乙："卖出多少把？"答："10把。""怎么卖的？"乙说他去了一座名山古寺，由于山高风大，进香者的头发都被风吹乱了。他找到寺院住持，对他讲："蓬头垢面是对佛的不敬，应在每座庙的香案前放把木梳，供善男信女梳理鬓发。"住持采纳了他的建议，于是卖出去10把木梳。

负责人问丙："卖出多少把？"答："1 000把。""怎么卖的？"丙说他到一个颇具声名、香火极旺的深山宝刹，朝圣者、施主络绎不绝。丙对住持说："凡进香参观者，多有一颗虔诚之心，宝刹应有所回赠，以做纪念，保佑其平安吉祥，鼓励其多做善事。我有一批木梳，你的书法超群，刻上"积善梳"几个字，便可作为赠品。"住持大喜，立刻买下1 000把木梳，得到"积善梳"的施主和香客也都很高兴，一传十、十传百，朝圣者更多了，香火也更旺了。

最后负责人聘用了丙。

任务描述

丙运用了什么样的营销策略成功把木梳卖给了和尚？

相关知识

现代市场经济条件下，每一个企业不仅要致力于产品质量的提高和优化，更要致力于产品市场营销策略的实施。

一、农产品市场营销策略的概念

农产品市场营销策略是市场营销策略的一个分支，是农业企业以顾客需要为出发点，根据经验获得顾客需求量以及购买力的信息、商业界的期望值，有计划地组织各项经营活动，通过相互协调一致的产品策略、价格策略、渠道策略和促销策略，为顾客提供满意的商品和服务而实现农业企业目标的过程。影响市场营销策略的因素有宏观环境因素和微观环境因素。宏观环境因素是指企业运行的外部大环境，它对于企业来说，既不可控制，又不可影响，而它对企业营销的成功与否起着十分重要的作用。如人文环境、经济环境、自然环境、技术环境、社会文化环境。微观环境因素是指存在于企业周围并密切影响其营销活动的各种因素和条件，包括供应者、竞争者、公众以及企业自身等。

二、农产品市场营销策略的特征

农产品市场营销策略的特征主要有：

（1）农产品市场营销策略目的是创造顾客，获取和维持顾客；

（2）从长远的观点来考虑如何有效地战胜竞争，立于不败之地；

（3）注重市场调研，收集并分析大量的信息，只有这样才能在环境和市场的变化有很大不确实性的情况下做出正确的决策；

（4）积极推行革新，其程度与效果成正比；

（5）在变化中进行决策，要求其决策者要有很强的能力，要有像企业家一样的洞察力、识别力和决断力。

三、农产品市场营销策略与农产品市场营销战略的区别

常有人把市场营销策略与市场营销战略混淆，实际上，策略更为具体，是细节上的东西，也是为战略服务的。而市场营销战略是大面上的东西，它的范围更加广泛。其实简单点儿理解就是战略和策略解决不同层面的问题：战略解决的问题是“市场上需要什么、我们需要往哪个方向看”，策略解决的问题是“如何满足这些需求、这些做法如何落地”。

任务二　农产品市场营销 4Ps 理论

任务要求

理解农产品市场营销 4Ps 理论。

任务引入

展会免费吃冬枣卖出 2.6 亿元

2007 年，王学民成立了四川省仁寿县华仁冬枣专业合作社，开始了他将冬枣打造成名牌产品的计划。

第一步，他让社员按大小把冬枣分成几个级别，把最好的枣全都挑出来，并告诉社员这些枣绝对不能卖，全部送到全国各地的农产品展销会上。

第二步，展销会上其他地方的冬枣都很便宜，而他的冬枣要价二三十元都不卖，只是让更多的人直接品尝这种南方冬枣的独特口味。这种做法吸引了媒体的争相报道，他的冬枣市场立即被打开，订单纷沓而至。

第三步，建立华仁冬枣专业合作社网站，开始网络营销。他为了保证品牌的高端品质，

合作社的冬枣全部统一包装，分为特级、一级两个档次销售，定价分别为二十五元一斤和十五元一斤，没有达到等级的冬枣一律不能直接进入市场，产品销往全国各地。

第四步，在每年冬枣成熟时都会举办一次盛大的冬枣品尝会，拿出一部分最好的冬枣在现场提供消费者免费品尝。同时加大产品科技含量，对与四川大学联合开发的冬枣深加工产品，加大产品宣传。

2009 年，合作社鲜枣销售额达到了 2.6 亿元。

任务描述

说说王学民运用市场营销 4Ps 理论的关键点在哪里？

相关知识

市场营销 4Ps 理论由美国市场营销学家杰罗姆·麦卡锡于 1960 年提出，是从管理决策的角度来研究市场营销问题。从管理决策的角度看，影响企业市场营销活动的各种因素（变数）可以分为两大类：一是不可控因素，即营销者本身不可控制的市场营销环境，包括微观环境和宏观环境；二是可控因素，即营销者自己可以控制的产品、商标、品牌、价格、广告、渠道等。市场营销 4Ps 理论就是对各种可控因素的归纳。

市场营销 4Ps 理论指的是四种营销策略的组合，包含产品策略、定价策略、分销策略以及促销策略。

一、产品策略（Product Strategy）

从市场营销的角度来看，产品是指能够提供给市场被人们使用和消费并满足人们某种需要的任何东西，包括有形产品、服务、人员、组织、观念或它们的组合。它要求企业根据市场需求注重开发产品的功能，要求产品有独特的卖点，把产品功能诉求放在第一位，它是一个创造价值的概念，任何时候都要想到你的产品满足了消费者什么需求，你给消费者提供了什么样的价值。产品策略主要是指企业以向目标市场提供各种适合消费者需求的有形和无形产品的方式来实现其营销目标，其中包括对同产品有关的品种、规格、式样、质量、包装、特色、商标、品牌以及各种服务措施等可控因素的组合和运用。

二、定价策略（Pricing Strategy）

价格是指顾客购买产品时的价格，包括折扣、支付期限等。价格或价格决策，关系到企业的利润、成本补偿，以及是否有利于产品销售、促销等问题。它要求企业以营销目标为导向，根据不同的市场定位，制定不同的价格策略，最终达到实现补偿价值的预定目标。定价策略主要是指企业以按照市场规律制定价格和变动价格等方式来实现其营销目标，其中包括对同定价有关的基本价格、折扣价格、津贴、付款期限、商业信用以及各种定价方法和定价技巧等可控因素的组合和运用。

三、分销策略(Placing Strategy)

分销渠道是指商品从生产企业流转达到消费者手上的全过程所经历的各处环节和推动力量之和。这是一个交付价值的过程,企业应考虑如何交付它的价值,如何以最有效的分销体系、最恰当的成本、最恰当的地方交付给最终目标市场消费者。分销策略主要是指企业以合理地选择分销渠道和组织商品实体流通的方式来实现其营销目标,其中包括对同分销有关的渠道覆盖面、商品流转环节、中间商、网点设置以及储存运输等可控因素的组合和运用。

四、促销策略(Promotioning Strategy)

促销是公司或机构用以向目标市场通报自己的产品、服务、形象和理念,说服和提醒他们对公司产品和机构本身信任、支持和注意的任何沟通形式。广告、宣传推广、人员推销、销售促进是一个机构促销组合的四大要素。促销是一个与目标市场沟通价值的过程,它非常强调互动沟通和以消费者为中心进行沟通。在市场竞争激烈的今天,"酒香也怕巷子深"。要制定有效的促销政策,促动消费者的购买与认同。促销策略主要是指企业以利用各种信息传播手段刺激消费者购买欲望,促进产品销售的方式来实现其营销目标,其中包括对同促销有关的广告、人员推销、营业推广、公共关系等可控因素的组合和运用。

这四种营销策略的组合,因其英语的第一个字母都为"P",再加上策略(strategy)所以通常也称之为"4Ps"。

想一想

同学们上网查询市场营销"6P理论"和"10P理论"。

知识拓展

1. 市场营销"4C理论"

4C是美国营销大师劳特朋所创"4C理论"的简称,即:顾客的欲求与需要、顾客获取满足的成本、顾客购买的方便性、沟通。从关注4Ps转变到注重4C,是当前许多大企业全面调整市场营销战略的发展趋势,它更应为零售业所重视。

(1) 顾客(Customer)。零售企业直接面向顾客,因而更应该考虑顾客的需要和欲望,建立以顾客为中心的零售观念,将"以顾客为中心"作为一条红线,贯穿于市场营销活动的整个过程。零售企业应站在顾客的立场上,帮助顾客组织挑选商品货源;按照顾客的需要及购买行为的要求，组织商品销售；研究顾客的购买行为，更好地满足顾客的需要；更注重对顾客提供优质的服务。

(2) 成本(Cost)。顾客在购买某一商品时，除耗费一定的资金外，还要耗费一定的时间、精力和体力，这些构成了顾客总成本。所以，顾客总成本包括货币成本、时间成本、精神成本和体力成本等。由于顾客在购买商品时，总希望把有关成本包括货币、时间、精神和体力等降到最低限度，以使自己得到最大限度的满足，因此，零售企业必须考虑顾客为满足需求而愿意支付的"顾客总成本"。努力降低顾客购买的总成本，如降低商品进价成本和市场营销费用从而降低商品价格，以减少顾客的货币成本；努力提高工作效率，尽可能减少顾客的时间支出，节约顾客的购买时间；通过多种渠道向顾客提供详尽的信息、为顾客提供良好的售后服务，减少顾客精神和体力的耗费。

(3) 方便(Convenient)。最大程度地便利消费者，是目前处于过度竞争状况的零售企业应该认真思考的问题。如上所述，零售企业在选择地理位置时，应考虑地区抉择、区域抉择、地点抉择等因素，尤其应考虑"消费者的易接近性"这一因素，使消费者容易到达商店。即使是远程的消费者，也能通过便利的交通接近商店。同时，在商店的设计和布局上要考虑方便消费者进出、上下，方便消费者参观、浏览、挑选，方便消费者付款结算等等。

(4) 沟通(Communication)。零售企业为了创立竞争优势，必须不断地与消费者沟通。与消费者沟通包括向消费者提供有关商店地点、商品、服务、价格等方面的信息；影响消费者的态度与偏好，说服消费者光顾商店、购买商品；在消费者的心目中树立良好的企业形象。在当今竞争激烈的零售市场环境中，零售企业的管理者应该认识到：与消费者沟通比选择适当的商品、价格、地点、促销更为重要，更有利于企业的长期发展。总之，零售企业在组织市场营销活动时，应该从零售企业的行业特征出发，关注 4Ps 的组合运用。同时，更应该了解、掌握当前许多大企业全面调整市场营销战略的发展趋势，注重 4C 理论在零售企业营销管理中的运用。

2. 市场营销"4R 理论"

4R 理论以关系营销为核心，注重企业和客户关系的长期互动，重在建立顾客的忠诚度。它既从厂商的利益出发又兼顾消费者的需求，是一个更为实际、有效的营销制胜术。

(1) 关联(Relevance)。即认为企业与顾客是一个命运共同体，建立并发展与顾客之间的长期关系是企业经营的核心理念和最重要的内容。

(2) 反应(Reaction)。在相互影响的市场中，对经营者来说最现实的问题不在于如何控制、制定和实施计划，而在于如何站在顾客的角度及时地倾听顾客的希望、渴望和需求，并及时作出反应来满足顾客的需求。

(3) 关系(Relationship)。在企业与客户的关系发生了本质性变化的市场环境中，抢占市场的关键已转变为与顾客建立长期而稳固的关系。与此相适应产生了 5 个转向：从一次性交易转向强调建立长期友好合作关系；从着眼于短期利益转向重视长期利益；从顾客被动适应企业单一销售转向顾客主动参与到生产过程中来；从相互的利益冲突转向共同的和谐发展；从管理营销组合转向管理企业与顾客的互动关系。

(4) 报酬(Reward)。任何交易与合作关系的巩固和发展，都是经济利益问题。因此，一定的合理回报既是正确处理营销活动中各种矛盾的出发点，也是营销的落脚点。4R 理论的最大特点是以竞争为导向，在新的层次上概括了营销的新框架，根据市场不断成熟和竞争日趋激烈的形势，着眼于企业与顾客的互动与双赢，不仅积极地适应顾客的需求，而且主动地创造需求，运用优化和系统的思想去整合营销，通过关联、关系、反应等形式与客户形成独特的关系，把企业与客户联系在一起，形成竞争优势。其反应机制为互动与双赢、建立关联提供了基础和保证，同时也延伸和升华了便利性。“回报”兼容了成本和双赢两方面的内容，追求回报，企业必然实施低成本战略，充分考虑顾客愿意付出的成本，实现成本的最小化，并在此基础上获得更多的市场份额，形成规模效益。这样，企业为顾客提供价值和追求回报相辅相成，相互促进，客观上达到的是一种双赢的效果。

项目二　农产品创新策略

任务一　农产品含义

任务要求

认识农产品。

任务引入

日本企业在华种地“五年不赢利”

日本朝日绿源公司由三家世界 500 强企业——日本朝日啤酒、住友化学和伊藤忠商事合资建立。2006 年朝日绿源公司在山东莱阳租地 1500 多亩，种地、养牛。他们瞄准的是中国高端市场，主打高品质农产品。5 年来，朝日绿源的种地方式让当地人看着心疼：不打农药，不用化肥，甚至不除草，一亩地的产量仅是当地人的一半。朝日绿源秉承日本的古训“种植之前先做土，做土之前先育人”，最看重土壤的品质，虽然莱阳土地肥沃，但经过化肥和农药的洗刷，土地已退化。公司前几年投入大量的精力用在土壤的恢复上。在朝日绿源公司的大门内，竖着一个循环型农业的模式图：奶牛产出牛粪堆肥，肥施在地里改善土质，产出无公害高价农作物；农作物秸秆成为奶牛的饲料，再产出高品质牛奶。

当年有地撂荒，有当地村民提出返租，公司怕土地被施化肥、打农药，拒绝了。他们种的玉米和小麦，全是给奶牛吃的饲料，为保证牛奶的高品质，不允许用化肥和农药。

目前朝日绿源的牛奶每升定价 22 元，是国内牛奶价格的 1.5 倍。他们生产的草莓每公斤定价 120 元，刷新草莓价格记录。朝日绿源公司成立时他们做过调查，中国特别是大中城市，对饮食生活方面要求“安全”、“安心”和“高质量”的消费者越来越多。他们的目标是中国高消费人群。有统计显示,中国高消费人群比例大概占总人口的3% ~5%,这是一个覆盖五六千万人的大市场。

任务描述

根据上述案例,说说你对农产品整体概念的理解。

相关知识

农产品是指来源于农业的初级产品,即在农业活动中获得的植物、动物、微生物及其产品。国家规定初级农产品是指种植业、畜牧业、渔业未经过加工的产品。农产品市场营销是以满足市场需要为核心任务,而市场需要的满足只能通过提供某种农产品来实现。因此,产品是市场营销的基础,其他的各种市场营销策略,如价格策略、分销策略、促销策略等,都是以产品策略为核心展开的。因此,让我们先来认识什么是产品。

一、产品

产品是指具有某种特定物质形状和用途的物品,是看得见、摸得着的东西。如购买的瓜果蔬菜、鱼蛋肉虾等产品实体。这是一种狭义的定义。

产品不仅仅是个生产过程,更是一个经营过程。在现代市场经济条件下,每一个产品营销者都应致力于产品整体概念的开发和产品组合结构的优化,并随着产品生命周期的演化,及时开发新产品,以更好地满足市场需要,提高产品竞争力,取得更好的经济效益。

对于经营者来说,产品是指人们通过购买而获得的能够满足某种需求和欲望的所有物品的总称,它既包括具体物质形态的产品实体,又包括非物质形态的利益,这就是"产品的整体概念"。如购买的瓜果蔬菜除了可以自己食用以外,还可以附以精美的包装作为礼品馈赠亲友,也可以作为观赏性植物来愉悦身心,陶冶情操。

二、产品整体概念的内涵

产品整体概念通常包含核心产品、形式产品、附加产品、心理产品四个层次。

1. 第一层次:核心产品

核心产品,也称实体产品是指消费者购买某种产品所追求的利益,是顾客真正要买的东西,因而在产品整体概念中也是最基本、最主要的部分。如瓜果蔬菜可以补充人体所需的糖分、微生素和矿物质,蛋、奶制品可以满足人体所需的蛋白质和其他营养物质。

核心产品是基础。因此,企业在开发产品、宣传产品时应明确地确定产品能提供的利益,产品才具有吸引力。如红枣有健脾益胃、补气养血之功能;木耳、香菇、海带等黑色果蔬可提高肾脏之气,有润肤、乌发之作用。

2. 第二层次:形式产品

形式产品是核心产品借以实现的形式,通常表现为产品质量水平、外观特色、式样、品牌名称和包装等。产品的基本效用必须通过某些具体的形式才能得以实现。如在大型超市销售的一些农产品,上面贴有有机食品、无公害食品的标签,有利于消费者进行选购。

形式产品是载体。进行农产品营销应着于顾客购买产品时所追求的利益,从这一点出发再去寻求利益得以实现的形式,进行产品设计,以求更完美地满足顾客需要。

3. 第三层次:附加产品

附加产品是顾客购买有形产品时所获得的全部附加服务和利益,包括提供信贷,免费送货,承诺与保证,售前、售中和售后服务等。如荷兰小黄瓜是一种雌性系蔬菜,多为温室栽培,成熟度一致,因其表面光滑柔嫩、色泽均匀、口感清脆、瓜味浓郁而与其他黄瓜相比,具有许多竞争优势。但如果为了增加产量而错过了合适的采摘期,瓜体变大后,则口感就会下降。因此,为了保证其品质就必须在合适的时间进行采摘,保证产品的品质,这是对消费者的一种品质承诺。

附加产品是有形产品的延伸。因此,要做好农产品营销还要了解更深层次的需求,农产品的附加层次在一定程度上是决定了农产品在市场上是否能够实现交易成功的重要方面。

4. 第四层次:心理产品

心理产品指产品的品牌和形象提供给消费者心理上的满足。农产品的消费往往是生理消费和心理消费相结合的过程,随着人们生活水平的提高,人们对农产品的品质和品牌看得越来越重,因而它也是产品整体概念的重要组成部分。

了解了整体产品的概念之后,我们知道农产品也是一个整体,不仅指生产出来的农产品本身,还包括农产品的外观样式、农产品的品牌和商标、农产品的包装、农产品的营销服务、品质承诺与保证等。

任务二　农产品实体的创新

任务要求

了解农产品实体的创新。

任务引入

黑豆变身记

黑豆为豆科植物大豆的黑色种子,民间多称黑小豆和马科豆,向有“豆中之王”的美称。黑豆因它色黑形小,在人们崇尚白色食品时代,只有贫者和食不果腹的人才无奈食用黑豆,黑豆主要被用作猪马等牲畜饲料。

河南获嘉县有着悠久的黑豆种植历史,医者和养生者发现黑豆不仅营养价值高,而且具有良好的保健效果。由此黑豆重新得到了重视，成为保健品的新贵——保健黑豆。2011 年 2 月由获嘉县嘉禾农业专业合作社申报的获嘉黑豆经农业部审查和组织专家评审，符合《农产品地理标志管理办法》规定的登记保护条件，准予正式登记，并取得《中华人民共和国农产品地理标志登记证书》。科学研究显示：黑豆具有高蛋白、低热量的特性，其蛋白质含量高达 36%—40%，相当于肉类含量的 2 倍、鸡蛋的 3 倍、牛奶的 12 倍；富含 18 种氨基酸，特别是人体必需的 8 种酸含量；黑豆还含有 19 种油脂，不饱和酸含量达 80%，吸收率高达 95% 以上，除能满足人体对脂肪的需要外，还有降低血液中胆固醇的作用。因为黑豆基本不含胆固醇，只含植物固醇，而植物固醇不被人体吸收利用，却有抑制人体吸收胆固醇、降低胆固醇在血液中含量的作用。因此，常食黑豆，能软化血管，滋润皮肤，延缓衰老，特别是对高血压、心脏病，以及肝脏和动脉等方面的疾病有好处。因此，黑豆逐渐成为药食同源的食品，黑豆保健市场逐年扩大，黑豆系列产品相继推出，如黑豆腐竹、黑豆腐皮、黑豆饸饹条、黑豆面叶、黑豆茶，丰富了人们的食谱，黑豆的价格也扶摇直上，曾经每千克售价达到了 200 多元，是普通豆类价格的 100 多倍。

任务描述

通过黑豆系列产品开发过程，说说农产品实体创新的途径。

相关知识

农产品和任何产品一样，有着产品生命周期。因此，农产品经营者不能只顾经营现有的产品，还需要放眼未来，开发新产品。它不仅是经营者降低自身风险、提高效益的有效手段，还是提供竞争力的重要措施，还是创造需求、增加新客户的最佳方式。农产品实体的创新一般从以下几方面着手：

一、改变农产品内在成分，强化其营养功能

科学家们培育出许多新型农产品，如“黑五类”食品、彩色水果、紫色甘蓝、甜糯玉米、紫甜椒、红菜心等品质优良、烹调方便的果蔬，由于它们能刺激消费者的感官，吸引消费者的目光，激发消费者的兴趣，而成为农产品市场上的新宠。如，大家都种普通大豆，我可以种植高油、高蛋白、抗旱、抗病虫害大豆；别人都种普通水稻，我可以种植富硒水稻，这就比别人多了一个附加值。

二、开发保健农产品，强化人们身体健康

近年来，食疗养生成为一种社会风气，人们更崇尚自然、不含有化学添加剂的农产品。为防止疾病，保持身体健康，保健型的农产品也深受消费者欢迎。如日本两项研究成果显

示，平时并不起眼的中国柑橘富含维生素A，颜色越红，维生素A含量越高，对降低患肝癌、心脏病、中风和糖尿病的风险效果非常明显，是最新的“抗癌水果”；黑芝麻是钙的良好来源，其补钙、养生效果优于白芝麻数倍。这些农产品都应该在传统品种基础上积极创新生产。

三、开发便利产品，适应现代生活快节奏

便利产品的开发上市适应了现代生活快节奏、高效率的要求。经过产地整理、无菌消毒、分级包装后的农产品在市场上十分热销；便于储存和运输的速冻菜、真空保鲜菜，出口创汇附加值高，外销潜力大，市场广阔。当然，自产自销的农户也可以将蔬菜洗净后，对其分级分类包装，适当提价后销售，同样也能赢得顾客的欢迎。

四、开发分级分段产品，满足市场多元化需要

吃烤乳猪、烤乳鸽、毛豆、嫩玉米是人们崇高鲜嫩食品的表现。喝老鸭汤、老龟汤是人们追求养生的表现。可以开发出多种形式、多种功能的农产品来满足不同群体需要。比如，外观看上去很不同的产品（青苹果和红苹果），对不同的买家同样具有吸引力，这种差异是由买家的喜好决定的。

五、“三品一标”是农产品开发的目标

近年来，随着环保低碳观念深入人心，人们越来越讲究吃得健康、吃得安全、吃得环保。国家为了全面提高农产品质量安全水平，进一步增强农产品国际竞争力，维护消费者合法权益，自2002年起大力在全国范围内全面推进“无公害食品行为计划”，绿色食品、有机农产品和地理标志也成为人们追捧的安全食品标志。

“三品一标”指的是无公害食品、绿色食品、有机食品与地理标志产品。截至2014年底，我国获得“三品一标”认证的农产品已超过8万个，其中无公害农产品5.7万多个，绿色食品1.7万多个，农业系统认证的有机农产品接近7 000个，登记保护的地域特色地理标志农产品近600个。据统计，已通过认证登记的“三品一标”农产品已超过食用农产品总量的三成。

任务三　农产品形式的创新

任务要求

了解农产品形式的创新。

任务引入

彩色方椒当水果，身价不凡营养多

2014年6月，山东寿光第十六届国际果蔬食品博览会展示的彩色水果方椒，较市场上的普通表椒而言，个头相似，但有红有黄，卖相喜人，而且可作为水果生吃。据介绍，这种水果方椒富含维生素A、B_2、C、E以及类似胡萝卜素、辣椒红素和微量元素等，有清血、降血脂、明目的功用。生吃或半生半熟吃营养价值高，市面上能卖到40元/公斤，很受消费者欢迎。

任务描述

说出开发农产品形式的方法。

相关知识

开发新型农产品，除增加农产品品质处，还可对传统农产品经行改良创新。农产品形式的创新方法主要有以下几种：

一、农产品可以变形

农产品可由“大”变“小”，如番茄变圣女果、“迷你型”水果黄瓜、抱子甘蓝、袖珍西瓜、“娃娃”菜，其价格均远高于普通的蔬菜产品；农产品也可由“小”变“大”，如鸟蛋大的樱桃、鸡蛋大的草莓和枇杷等，都是因为由“小”变“大”才身价倍增；农产品还可由“圆”变“方”，如方形西瓜、方形苹果，使水果有更多用途，变成艺术品进而身价大涨。

将植物由“高”变“矮”后，作为盆景出售，可以使其身价倍增，如每年过年期间广东广西一带都有购买桔树（寓意“吉祥”）的习惯，使矮株桔树价格大幅度提高。将一些热带水果，如木瓜矮化后栽植于北方的温室或大棚内，使其能够在异地生长、开花、结果；将樱桃树、油桃树、枇杷树等矮化后栽植于温室或大棚内，使其提早成熟，可以显著提高种植效益。

二、农产品可以变色

近年来，种植彩色农产品已经成为农业创新发展的一大亮点，并成为一些地方增收的重要途径。彩色农产品集其特有的颜色、营养于一身，给人们耳目一新的感觉，不仅满足了人们追求新奇事物的心理，而且具有一定的时尚性和审美价值。目前，彩色农产品的培育和开发尚处于起步状态，再加上各类资源缺乏，种源和农产品都十分走俏，具有良好的发展前景。新开发的彩色农产品如五彩大米、黑色花生、紫色地瓜、绿壳鸡蛋、红色菜心、彩色棉花、观赏锦鲤、乌骨鸡等。

食品的营养价值本身与颜色无关,但据科学研究,一般深色食品具有良好的保健作用。深色农产品不仅在色泽上与传统产品有别,而且更有其深藏的科学秘密。据中国预防医学科学院营养与食品卫生研究所分析,黑粮中优质蛋白质的含量为40%左右,是其他禾类粮食作物蛋白质的3.8倍,是鸡蛋的3倍,是瘦猪肉的2.5倍。食品专家认为,黑色食品有促进胃肠消化与增强造血的功能,能提高血红蛋白含量,并有滋肤、美容、乌发的作用,对延缓衰老也有一定功效。

三、“土”、“洋”互变

农产品外表“洋”装,内在“土”实,可明显抬高农产品身价。例如将山里的蕨菜、葛花、香椿等一些普通野菜加工、包装后销往城市,价格往往成倍提高。又如对黄豆、小米、红米等粗粮进行精选和包装后,打上“七彩营养豆”的名称销往城市,也能卖个好价钱。

在他人发展“洋货”时,反其道而行之,致力于发展“土货”,也能使农产品价格翻倍。例如在别人都种植引进高产农作物,或在养鸡场规模养殖时,如果种植本地的优质珍珠玉米,或在果园里放养本地的优良蛋鸡,反而能卖出更高的价格,获得更好的效益。

任务四　农产品的组合创新

任务要求

理解农产品加工增加了产品的组合创新。

任务引入

鲜切菜和社区配菜

北京康一品农产品物流有限公司原来在北京市北务镇有70个大棚的农业观光采摘园。每年“五一”、“十一”黄金周都是销售旺季,而黄金周过后,西红柿、茄子这些应季的蔬菜就不太好卖了,最后白白扔掉。

为了解决销路问题,2007年年底,公司投资100多万元购买了一套切菜设备,将蔬菜做成鲜切菜销往市场,鲜切菜不仅市场需求大,而且利润比较高。公司根据消费者的要求进行配菜,经过清洗、切割、灭菌和密封等工序后,包装成箱后就可以直接送到市民的餐桌。市民根据自己的口味进行简单的烹调,不仅方便、快捷,省去了择菜、洗菜和切菜的过程,而且还可以省水、省电、省垃圾费。

试运行一年后,鲜切菜不仅受到了很多企事业单位和市民朋友的青睐,而且康一品物流有限公司也成了第29届奥运会北京市政府指定“奥运鲜切菜特供单位”。

康一品物流有限公司的总经理肖成云算了这样一笔账："以前光卖农产品蔬菜，不仅产品单一，需要简单的加工、包装，而且还卖不上价格，而做鲜切菜成本虽高一点，但价格却翻了一番，净利润也能提高三成左右。"

2008年9月底，肖成云首先在北京市中关村建立一个配送中心，主要向销售网点、居民家配送社区菜。

肖成云说："像宫保鸡丁、鱼香肉丝、辣子鸡丁、尖椒牛柳这一类的，大荤有100多种，小荤有100多种，蔬菜有200多种，可以做到每天菜品不同。"而消费者说自己讨厌切牛肉丝什么的，切完还得下锅，鲜切菜买回去放点油炒一下就行。

到2012年，康一品农产品物流公司已获国家ISO 22000安全卫生管理体系认证和国家许可的餐饮行业A级准入标牌，有自己的企业标准，有12 000亩蔬菜保护地，成为一家集种植、鲜切、焯菜与精品蔬菜配送，农副产品真空包装、冷藏储备、物流配送和营养快餐于一身的蔬菜配送企业。

任务描述

农产品怎样加工才能够增加产品的组合。

相关知识

一直以来，人们养成了对某些农产品特定的消费习惯，根据加工状态来选购农产品就是其中之一。如我国云、贵、川一带人们喜欢食用烟熏肉制品，而江、浙、沪地区肉松制品颇受欢迎；北方农村家庭大葱消费量大，喜欢购买成捆并带有泥土的大葱，而城市家庭则需要洗净的大葱方便食用等，这些农产品加工状态的不同来自于消费习惯的差异。在市场上，人们对某些农产品常有的加工方式已经司空见惯，如果改变其加工方式则可能达到意想不到的效果。如对"加工过"的农产品以"未加工"或"鲜嫩化"的状态出售，或将"未加工"过的农产品进行"深加工"或新的加工，这都将改变农产品在市场上的产品状态，使消费者产生新奇的感觉，能达到刺激消费者或方便消费者的目的。农产品加工的创新主要有以下两种：

一、农产品由"未加工"或"浅加工"向"深加工"转变的创新

将"未加工"的农产品进行"深加工"或新的加工，使之方便消费，并有利于保护食品的营养价值，同时可以增加农产品的经济价值。如净菜上市就是适应了人们快节奏、高效率生活的要求，速冻菜或脱水蔬菜满足了人们消费方便的要求。再比如为保持竹笋的鲜嫩脆口，将其制成袋装鲜竹笋，在色泽和风味上与鲜竹笋比较接近。双汇火腿肠开发玉米肠，改善了火腿肠的风味和增加了营养成分。天福茗茶连锁店出售的由西红柿、金橘、梨、芒果等各种果实经过深加工制成的果脯干等，不仅增加产品的保质期，经济效益也明显增加。江苏靖江地区生产猪肉脯享誉中外，猪肉脯不仅是摆酒设宴的一道小菜，更是外出随时可食用的美味小食。

二、农产品由“深加工”向“未加工”转变的创新

相反，将人们经常看到的经过“深加工”的农产品返朴归真，倒回到“未加工”或“鲜嫩化”的状态进行出售，可能会使消费者产生亲切感和好奇心，从而促进消费。如在玉米乳熟期采摘的鲜玉米，营养价值丰富，口感好，售价比成熟后的玉米高出一倍，而且医学证明，玉米须有利尿消肿、平肝利胆的功效，因此出售的鲜玉米一般都是以原来的采摘状态销售。再比如，农民种向日葵一般都是出售成熟的种子，而有些农户则将葵花盘论个在市场上销售，比出售葵花子获得的收益更多。尤其是随着我国城市化进程的推进，大量的农村人口转为城镇人口，直接从事农业生产劳作的人口数量不断下降，人们对农业特有的怀旧情结却依然存在，不经过任何加工直接销售的农产品正是利用人们的这种情结打开销路。

项目三 农产品品牌和包装策略

任务一 农产品品牌策略

任务要求

了解品牌的概念与作用，了解创建农产品品牌的几种模式以及我国农产品品牌建设中存在的问题。

任务引入

人们愿意为蔬菜品牌付高价吗？

在蔬菜行业，人们愿意为蔬菜品牌支付更高的价格吗？一项研究表明，在对品牌商品的态度上，72%的顾客愿意为他们选择的品牌支付高出次优的竞争品牌20%的额外费用，40%的人愿意支付50%的额外费用。随着人们生活水平的提高和消费观念的变化，蔬菜的品牌消费已经逐渐被人们所接受，品牌蔬菜不再是让人们陌生的名词。随着销售网络的不断扩大，一些种植大户发现，许多大商家、大超市收购农产品的时候，都十分注重农产品的品牌。

任务描述

说出农品品牌的作用。如何实施农产品品牌策略？

相关知识

品牌不仅仅代表产品名称和标识，更是给予顾客的一种印象和承诺，是一种强大的影响力。品牌的背后是一群忠诚的顾客。

一、品牌的概念

所谓品牌，也就是产品的牌子，它是生产商或经销商加在商品上的标志。品牌通常由文字、标记、符号、图案和颜色等要素或这些要素的组合构成，用作一个销售者或销售集团的标识，以便同竞争者的产品相区别。品牌一般分为两个部分，一是品牌名称，是指品牌中可以用语言称呼的部分；二是品牌标志，是指品牌中可以被认知，但不能用语言称呼的部分。品牌标志通常为某种符号、象征、图案或其他特殊的设计。

二、农产品品牌的作用

1. 便于识别

农产品品牌实质上代表着卖者对交付给买者的产品特征、利益和服务的一贯性的承诺。品牌是产品的标志，当消费者购买具有某种使用价值的商品时，有了品牌就能减少消费者在选购商品时所花费的时间和精力。

2. 提高市场占有率

农产品经营者如果有自己的品牌，就可以与市场直接地、广泛地沟通，形成自己的市场形象，建立强有力的市场控制，获得消费者的喜爱，并占有较大的市场份额。

3. 促销作用

品牌浓缩了所售产品及企业的重要特征，好的品牌有助于农产品促销，品牌能引起消费者注意，满足他们的需求，消费者往往按照品牌选择产品。这样经营者也会更重视品牌建设，维护自己的品牌形象，使品牌有不断升值的空间。

4. 提升价格作用

品牌是一种无形资产，它可以作为商品被买卖，拥有著名品牌，就相当于掌握了“点金术”。人们常听说卖“牌子”，其实就是说品牌值钱。如美国“骑士”脐橙刚进入中国市场时，每斤销售价高达15元人民币，而中国赣州同类品质的脐橙上市价格只有每斤2元。质量方面的分析结果却显示，赣州脐橙的外观光洁度、可溶性固形物含量均好于美国脐橙。价格差距如此悬殊的根本原因就是我们缺乏品牌。

三、农产品品牌的模式

农产品和一般的工业产品不一样，没有许多种品牌模式，一般来说有产地品牌、品种品牌、企业品牌和产品品牌四种。

1. 产地品牌

产地品牌指拥有独特的自然资源以及悠久的种养殖方式、加工工艺历史的农产品，经过区域地方政府、行业组织或者农产品龙头等营销主体运作，形成明显具有区域特征的品牌。一般的模式是“产地 + 产品类别”，如“西湖龙井”、“库尔勒香梨”、“赣南脐橙”等，该类品牌的价值就在于生产的区域地理环境，至于是这个区域哪家企业生产的，并不重要。一般这种有特色的产品品牌都已注册地理标志，受到《商标法》的保护，是一种极为珍贵的无形资产。

2. 品种品牌

品种品牌是指一个大类的农产品里的有特色的品种，既可以成为一个品牌，也可以注册商标。例如，“水东鸡心芥菜”就是一个品种品牌。有的品种到现在为止还没有注册成品牌，但是也广为人知，如红富士苹果。品种品牌一般的格式是“品种的特色 + 品类名字”。例如，“彩椒”就是彩色的辣椒，这是外观的特色；“糖心苹果”就是很甜的苹果，这是口感的特色；“云南雪桃”是文化特色等。只要产品有特色，都可以注册商标，也便于传播。

3. 企业品牌

企业品牌指以农产品企业的名字注册商标，作为品牌来打造，例如“中粮”和“首粮”就是企业品牌，打造的是企业整体的品牌形象。企业品牌可以用在一个产品上，也可以用在多个产品上，例如“雀巢”这个企业品牌，有“雀巢”咖啡、“雀巢”奶粉、“雀巢”水等。对于农产品流通领域来说，还有一种渠道品牌，也属于企业品牌这一类。渠道品牌就是一个渠道的名字，例如“天天有机”专卖店，里面卖的都是有机绿色食品，店里可以有几百个甚至上千个的产品品牌。

4. 产品品牌

产品品牌指对于单一一个或者一种产品起一个名字，注册一个商标，打造一个品牌。例如大连韩伟集团的“咯咯呼咯”鸡蛋。这种模式在大家日常生活中比较常见。

四、农产品品牌的内涵策划

（一）农产品品牌内涵策划的内容

农产品品牌内涵策划的主要内容是企业的产品和同类企业的产品有什么不同，对消费者有什么特别的好处，也就是给农产品品牌画张像，让目标消费者一眼就能看出，一听就能记住，一看就想买。农产品品牌内涵策划可以从以下三个方面进行：产业链的内涵策划；农产品文化的内涵策划；农产品企业以及企业人的内涵策划。

1. 产业链的内涵策划

产业链的内涵策划指的是在农产品从田头到餐桌这个产业链的过程中，企业对每一个环节进行策划，从而显示企业的与众不同。农产品的产业链一般来说包括产前、产中、产后、流通和消费五个环节，这五个环节包括了几百个细分节点，对这些细分节点进行策划，都可以做到和同类产品不一样。例如，产前环节的品种规划，品种有何特色、品种的来源是一万年前还是最新的科技成果；产中环节的种养殖方式，养猪是散养还是工厂化养，喂的是纯粮食还是精饲料，喝的是泉水还是自来水，喝的水里有哪些对人体有益的矿物质，猪病了是打针还是吃中药调理；产后环节品级分类，从多少个产品中挑出最好的多少个，挑的标准是什么；流通环节的网点布局，是在菜市场卖还是只在高端酒店卖，每次卖的量是限量还是不限量，是要预定还是随到随有；消费环节的消费引导，企业的农产品怎么吃更能保持营养，一天吃多少，在什么时候吃，和什么搭配着吃……所以，农产品的品牌策划既容易又困难，容易是因为细分点多，而困难在于将怎样把众多的点有机结合，打造出一个整体的品牌内涵。

2. 农产品文化的内涵策划

农产品文化的内涵策划指的是文化的东西融入到农产品品牌里。和农产品相关的文化内容有四个方面：地域文化、历史文化、饮食文化和产品文化。地域文化包括地方的风土人情、民族特色和自然环境等，一方水土养一种好的特色产品，一方的风土人情就可以代表着这种特色产品。例如，西藏的青稞在西藏被称为"神米"。历史文化包括历史渊源、神话传说、古代皇亲国戚与农产品的故事、古代名人与农产品的故事等。现在最多使用的策划是贡料，其实也可以将卖点放在祭祀的米上，这样更显历史悠久和珍贵神圣！饮食文化包括吃什么东西，能做出多少特色小吃，吃法，吃的场合，和谁吃等方面。产品文化主要指农产品本身的文化内涵，例如大桃是寿桃，代表着长命百岁。

3. 农产品企业及企业人的内涵策划

农产品企业及企业人的内涵策划指的是把农产品企业及企业本身的优势融入到品牌里。例如，中粮是家大型国企，消费者对它的产品自然会产生信任。还有中华老字号，消费者一听就会产生认同感。企业人包括企业家、聘请的专家顾问以及员工，对农产品方面的专家也可以进行品牌策划，如隆平杂交水稻。

（二）农产品品牌内涵策划的步骤

农产品品牌内涵策划的步骤可以分为以下五步：调研、定位、内涵策划、效果测试、修改定型。

第一步是调研。一般消费品品牌的调研包括行业研究、市场调研、目标消费者调研、竞争对手调研、企业资源和能力的诊断等，而农产品品牌的内涵策划调研除这些之外，还需调研这个品种产业链各个环节的情况，把这五个环节的几百个细分节点的过去、现在、未来全部弄清楚，以及对农产品文化的研究也要有所了解。这些都是农产品品牌策划与一般的消费品不同的地方，也显示了农产品行业自身的特性。

第二步是定位。卖给谁，以什么样的方式卖，在行业大格局中想处于什么位置，品牌要给目标消费者传达什么信息等，对第一步调研的资料进行分析，把这些问题弄清楚。

第三步是内涵策划。根据产品定位，选择适合的内涵点，进行整体策划，用各个点勾勒出符合定位的品牌内涵整体形象。

第四步是测试效果。做策划的人很容易沉迷于自身的精神世界，难以自拔，而做企业最重要的就是要赚钱，农产品品牌策划的目的是要把产品卖得更贵、更多、更快，所以，必须对品牌策划的结果进行测试，看看消费者对于这样的品牌内涵有什么反应，条件允许的可以做小范围的销售测试。

第五步，修改定型。根据目标消费者的反馈或者销售测试的情况，加以调整，再进行测试，直到得到满意的效果才算定型。

五、用认证和荣誉提升农产品品牌信誉

农产品品牌好不好，不能光自己说好，必须得别人说好。别人说好的方法有两大类：一类是第三方机构权威认证，说企业的产品好；另一类是第三方授予企业的各种荣誉，这些荣誉就暗示企业的产品好。所以，可以用认证和荣誉提升农产品品牌信誉。

1. 认证的种类

农产品的认证可以分为产品认证和体系认证两大类。产品认证有自愿性的认证和强制性的认证，强制性的认证有食品的 QS（质量安全）认证，自愿性的认证有无公害农产品认证、绿色食品认证、有机食品认证、种子认证和非转基因认证等。体系认证的目标是建立安全食品的生产管理体系，如 HACCP（危害分析的临界控制点）认证、GMP（产品生产质量管理规范）认证等。

2. 荣誉的类别

荣誉的类别可以分为企业的荣誉、品牌的荣誉与企业里个人（一般是企业家）的荣誉。企业的荣誉可以是政府、行业协会、媒体或者企业的相关利益方等有公信力的机构给予的荣誉。品牌的荣誉可以是地理标志产品、获得的各种奖励、政府或者大型赛事指定用品等。个人荣誉指的是个人获得的各种称号，或者个人在业界的各种成绩等。

知识链接

山东丁马生物科技有限公司经营的丁马甲鱼已荣获 28 项国家级荣誉认证奖励和 26 项省级荣誉认证的奖励。其中“黄运”牌甲鱼被中国绿色食品发展中心认定为中国水产品第一个 A 级绿色食品、被国家质检总局批准实施国家地理标志产品保护、“山东省绿色食品十大品牌”、山东省名牌农产品、“山东省著名商标”。基地承担的《优质中华鳖良种繁育及绿色养殖高技术产业化项目》被列入国家级高技术产业化示范工程项目，《黄河品系中华鳖水产良种示范项目》被列入现代农业示范项目，《甲鱼苗种繁育及养殖高产技术开发》被列入国家级星火计划项目。基地研究开发的《大规格中华鳖种培育技术研究》获山东省“科学技术进步奖”二等奖，《甲鱼胶的研究与开发》获山东省“科学技术进步奖”三等奖，《优质中华鳖良种繁育技术研究及产业化养殖》通过山东省科技成果鉴定，其中制定的 425—1—30 中华鳖良种繁育技术工艺结论为“国内首创”，《甲鱼规模化养殖深加工研究与产业化》项目获北京市“科学技术进步奖”二等奖，《优质中华鳖良种繁育技术研究及产业化养殖》获“山东省科学技术进步奖”二等奖。

（资料来源：农产品营销实战第一书）

六、农产品营销实施品牌策略的意义

1. 品牌是优质农产品的身份象征

当某种农产品质量安全或独具特色，在市场上受到许多消费者欢迎时，生产经营者为了将自己的产品与其他同类产品区别开来，就运用品牌策略来宣传和保护自己的产品。某一品牌在市场上具有较大知名度时，便成为名牌产品。因此，名牌是受市场检验、众多消费者所公认的，具有较高市场覆盖面、高知名度、高美誉度的品牌。名牌产品也往往被认为是质量安全的产品，是消费者信赖的产品。

2. 品牌是打开农产品销路的钥匙

品牌一经发展成为名牌，因具有高知名度、高美誉度，在市场上广为人知，所以消费者在购买时会优先考虑。尤其在产品日益丰富的今天，品牌已成为消费者心中选择商品的重要依据之一。因此，打造名牌农产品将有效解决农产品销售难的问题。

3. 品牌是提升产品竞争力的有力武器

加入 WTO 后，由于关税降低等方面的因素，国外农产品开始更多地进入中国市场。研究表明，国外农产品相比国内，更加注重品牌营销。除了产品品质的因素，国外农产品的品牌营销也为其打开市场销路、提高产品售价立下了汗马功劳，如美国的“新奇士脐橙”。而我国一些优质蔬菜出口到国外由于缺乏品牌效应，只能以初级农产品出口，产品附加值不高。因此，品牌已经成为提升农产品竞争力的有力武器。

4. 品牌是提高农产品经济效益的法宝

品牌建设可以树立良好的产品形象，扩大产品的知名度，提升产品的竞争力。品牌成为名牌，就是企业的一项重要无形资产，代表着企业、商品的信誉，成为企业逐鹿市场的一面旗帜，并给企业带来良好的经济效益。

想一想

品牌与商标有什么不同。

任务二　农产品包装策略

任务要求

了解什么是农产品包装，实施农产品包装策略的意义以及有哪些农产品包装策略。

任务引入

包装的价值

榨菜，产于四川，大缸盛之，售出获利1成；上海人换以中缸、销往香港，获利3成；香港人以小缸销往日本，获利1倍；日本人破坛、切丝，装铝箔小袋销往全球，利润翻番。

任务描述

说出什么是农产品包装，实施农产品包装策略的意义，包装设计原则以及有哪些农产品包装策略。

相关知识

中国有句老话，叫"人靠衣装，佛靠金装"，说的就是包装的作用。包装标识是产品的重要组成部分，在市场竞争激烈的状态下，除了突出自己的个性以外，包装及标识图案吸引消费者增加购买欲望也是有效的营销方法之一。因此，作为企业，要把产品包装质量当做一件大事来抓。

一、农产品包装

包装是指为了在流通过程中保护产品、便利储运、促进销售，按一定技术方法而采用的容器、材料及辅助物等的总体。进入市场的许多实体产品必须要有包装，包装既可以起到较小的作用，也可以起到重要的作用。

二、实施农产品包装策略的意义

包装是企业品牌营销的缩影，代表了企业在消费者心中的地位以及品牌形象、产品及地位等。农产品营销实施包装策略的意义在于：

1. 保护商品

包装保护商品的功能主要表现在保护商品本身。多数农产品怕压，怕震，怕风吹、日晒、雨淋、虫蛀等，需要借助包装来保护。良好的包装有助于储藏和运输，还能加快交货时间。包装既能保护好农产品，将农产品完好无损地传递到消费者手中，又能提高产品竞争力，区分竞争商品，使该农产品在琳琅满目的同类中脱颖而出。

2. 促进销售

包装是争取顾客的重要手段，在商品的陈列展销中起着"无声的推销员"作用，是品牌营销的最后一步，农产品企业要提升品牌，就要将包装这个“无声的推销员”淋漓尽致地表现出来。精致优良的包装能强烈吸引人们的注意力，进而产生购买行为。因此，企业可利用包装来宣传商品的性能、特点和用途，美化商品形象，从而激起顾客的购买兴趣和购买欲望，促进商品的销售。

3. 增加利润

商品包装过程是一种创造价值的劳动，同种商品，由于包装不同，其卖价也就大不相同。因为装饰精美、使用方便的包装能够满足消费者的某种心理需要，消费者乐于按较高的价格购买，而且包装材料和包装过程本身也包含一部分利润。在对农产品品牌塑造的研究中发现，一个产品价值的60%来自于包装，因为消费者有时候并不了解产品本质，往往需要借助于包装设计、文字说明、生动展示。

三、包装设计的原则

1. 产品包装要符合消费者消费观念的变化

现在消费者的消费已经由过去单纯追求“量”，开始转变为追求“质”，不仅要消费得到，还要消费得好。包装美观的产品，往往在货架上、橱柜里一经展示，就能够引起消费者的注意，随后就有可能成为消费者的理想选择。因此，包装也要符合消费者这种消费观念的变化，除了起到保护产品的最基本作用外，还应该根据消费者的心理和行为的变化，用新颖、别致和美观的包装来吸引消费者，满足消费者对生活质量的要求。

2. 满足消费者的心理变化

包装设计的心理策略是非常逻辑化的促销创意，它不仅要从视觉上吸引特定的消费群体产生预期的购买行为，更要从心理上捕捉消费者的兴奋点与购买欲。产品包装只有把握消费者的心理、迎合消费者的喜好、满足消费者的需求、激发和引导消费者的情感，才能够在激烈的商战中脱颖而出，稳操胜券。消费者的消费心理主要有以下几种：

(1) 求便心理。很多顾客购物时，首先考虑的就是方便，而包装的方便易用也会在一定程度上增加产品的吸引力，所以企业在设计包装时一定要考虑到这种心理，例如采用透明或开窗式包装的食品就可以方便消费者挑选。

(2) 求新心理。对于某种具备较强好奇心的消费者来说，通过设计与众不同的新奇包装，不仅可以将产品同以往的产品相区别，给消费者带来新的利益，还可以极大地满足他们的好奇心。

(3) 求信心理。在产品上突出了厂名、商标，有助于减轻购买者对产品质量的怀疑心理。特别是有一定知名度的企业，这样对产品和企业的宣传会一举两得。例如，美国百威公司生产的银冰啤酒，其包装上有一个企鹅和厂牌图案组成的品质标志，只有在啤酒冷藏温度最适宜的时候，活泼的小企鹅才会显示出来，向消费者保证是货真价实，风味最佳，满足消费者求信心理。

(4) 求美心理。产品的包装设计体现艺术美，具有艺术魅力的包装对购买者而言是一种美的享受，是促使潜在的消费者变为现实消费者，进而变为长久型、习惯性消费者的驱动力量。例如人头马等世界名酒,其包装都十分考究,从瓶到盒都焕发着艺术的光彩,这是一种优雅且成功的包装促销。

(5) 求趣心理。人们在紧张的生活中尤其需要轻松和幽默。美国的一家公司在所生产的饼干的包装桶盖上印有各种有趣的谜语,只有吃完饼干才能在桶底找到谜底,产品很受欢迎。中国儿童食品“奇多”粟米脆在每包中都附有一个小圈,一定数量的小圈可以拼成玩具,小圈越多,拼的玩具就越漂亮,结果迷住了大批的小顾客。人们的好奇心往往可以驱使他们重复购买。

(6) 求异心理。特别是年轻人,喜欢与众不同,喜欢求异、求奇和求新,极力寻找机会表现自我。以这类消费为目标市场的产品包装可以大胆采用禁忌用色,在造型上突破传统,在标识语中大肆宣扬“新一代的选择”,以求引导潮流,创造时尚。

3. 体现消费者个性

现代企业营销要求产品按消费者需求进行定制化生产,体现个性化,那么与产品密不可分的包装也应体现企业产品的创新意识和现代意识,也就是说,对包装也要同步进行创新和个性化设计。

4. 产品包装更换时要慎重

企业产品更换外包装商标及图案一定要慎重,不能想换就换,防止适得其反。一般来说,当一种产品定格在消费者心目中后,它给消费者留下印象最深的是外包装及商标,也就是说,消费者在选购这种品牌产品时,首先注意的是让他感到熟悉而亲切的外包装。像“康师傅”方便面,尽管不断开发新产品,但包装万变不离其宗,这也是它成功的谋略之一。

5. 产品包装要“适度”

在消费者的消费观念、方式和水平都发生了很大变化的背景下,很多企业发现精美的包装可以带来超额利润,所以把注意力都集中在包装上,包装越来越高档、豪华,例如中秋节的月饼包装,普遍存在“形式大于内容”。但我们要知道消费者追求的最终是实实在在的产品,其核心需求是产品本身能够给他带来的基本利益,因此,消费者产品的包装设计一定要根据消费者的消费层次、经济条件和消费场合的不同来设计不同的包装,而且必须能够满足消费者的核心需求,也就是必须有实在的价值,要“适度”,否则即使能够吸引到偶然的购买,也难以取得消费者的忠诚,缺乏长久发展的动力。

6. 包装图案的设计必须以吸引顾客注意力为中心,强调真实

包装图案可以理解为一个人的脸面,包括商标、图形、文字和色彩,这四方面的组合就构成了外包装的整体效果。商标可以称之为眼睛,是外包装的心灵窗户,透过商标就能看出一个产品的内涵和企业的内涵,一般来说,商标都放在外包装最显眼的地方,让消费者一眼就能看到。外包装图案设计应遵循以下基本原则:第一,不能喧宾夺主,抢商标的风头;第二,做出自己的特色,重视防止包装的模仿和“盗版”;第三,要强调企业产品统一的形象色彩。凡同一家企业生产的或以同品牌商标生产的相同或类似产品,不管品种、规格、包装的大小、形状,包装的造型与图案设计均采用同一风格,甚至同一色调,给人以统一的印象,使顾客一看便知产品是哪种品牌,便消费者产生类似信号反应一样的认知反应,能快速地凭色彩了解产品的内容;第四,要有具体详尽的文字说明。在包装图案上文字包括产品的原料、配制、功

效、使用和养护等具体情况。

四、农产品包装策略

农产品的包装策略虽然同一般营销产品的包装策略有许多相似或相同的地方，但因农产品有季节强、地域性明显、易腐烂等特点，又使其包装策略变得更加复杂和要求更高。农产品包装策略主要有：

1. 科技包装策略

高科技包装就是在包装材料、包装技术、包装装潢、包装造型等方面，广泛应用最新科学技术成果，使包装不仅可以方便储运，而且使商品的保质期更长、保鲜效果更好、使用更方便、产品形象更佳。如食品、饮料、医药行业采用的无菌包装在不需添加防腐剂和冷藏条件下，能最大限度地保留食品原有营养成分和风味，延长产品寿命。

2. 文化包装策略

所谓文化包装就是切合消费者追求高品位文化的消费心理，将传统文化、现代文化、地域文化等元素融入到包装之中，烘托品牌的文化气息。例如古典包装就是借助人们的怀旧心理。如“茅台”酒包装古香古色、木匣子、黄绸缎加上赠送古鼎，传递着中国酿酒业源远流长的历史和博大精深的文化。“嫦娥”月饼包装，会使消费者联想到嫦娥奔月的故事，以此打动消费者的心灵。对于具有地域特色的农产品，包装设计可以从地域特色入手，使商品从包装上就散发出浓郁的乡土气息。

3. 个性包装策略

个性包装策略即某些商品的个性化特征明显，应分别采取各种不同的有针对性的包装，通过别具特色的包装，给消费者以耳目一新的感觉，展示品牌的个性价值，传递产品独特的内涵。如“德芙”巧克力用心形包装盒，代表爱情和浪漫。圣诞节时，水果商将苹果和橙子包装在一起，寓意平平安安、心想事成。

4. 绿色包装策略

绿色包装就是在包装设计过程中，注重包装的选材与设计，在保证包装功能前提下，既要保证使用的安全、健康、方便，又要尽量减少包装物对环境的损害。绿色包装应尽量节约和简化包装、禁用有毒包装、采用分解包装、使用重复使用的包装材料等。绿色包装是对企业和产品的一种直接宣传，在包装设计中应突出绿色产品特点。

5. 时尚包装策略

时尚包装就是在包装设计过程中，根据消费者的消费观念、时尚流行不断改进、不断创新，紧跟社会的时尚潮流。如当前人们关心环境问题，那么企业就要在包装设计上与保护环境相结合；2008 年人们关心奥运，企业的包装就要和奥运挂钩。有些农产品幸运成为 2008 年北京奥运会指定使用产品，便可以运用福娃等奥运吉祥图案或标志来进行宣传。

6. 艺术包装策略

艺术包装就是结合消费者的审美情趣和情感消费需求，强化商品包装的美化装饰功能，以新奇美的形式、新颖别致的图案、简洁悦目的文字、醒目宜人的色彩渲染，给消费者以强烈的视觉刺激,使之产生心理上的美感享受,促进潜在的购买心理变成现实购买行为。所以,要满足消费者的审美情趣和情感消费需求,必须强化其包装的美化装饰功能。

7. 说明包装策略

说明包装策略就是要突出农产品的使用用途和用法的包装策略,其目的在于通过包装的文字、图形及其组合告诉消费者,该产品是什么,商品有何特别之处,产品的使用场合及使用方法等。通过说明包装可以使消费者增进对农产品基本用途的了解,并引导其购买。

项目四　农产品价格策略

任务一　农产品价格的分类及构成

任务要求

了解农产品价格的分类及形成;掌握农产品收购与销售价格的构成。

任务引入

"别拿白菜不当菜":菜价上涨推手是谁

从东北到海南,价格亲民的白菜一直是中国人菜篮子里最常见的蔬菜。但今年入春以来,原本廉价的白菜"身价"猛增,更不用提其他蔬菜了。随手买菜,动辄上百元,老百姓直呼"吃不起"。究竟是什么推高了蔬菜价格?菜价还能回归常态吗?记者就此展开了调查。

"涨"就一个字,白菜也得省着吃。

白菜一斤4元、莲藕7元、青椒9元、菜花10元、生姜20元,在某网络社区,网友吐槽着各地高昂的菜价。网友"谁知是谁"说:"以前家里穷,没菜就捣俩蒜头,把蒜汁当菜吃。现在中国GDP全球第二,蒜却要10元一斤,蒜汁都吃不起了。"

记者在梳理国家统计局公布的《50个城市主要食品平均价格变动情况》后发现,以白菜为代表的蔬菜价格今年涨势明显。2016年3月下旬,白菜价格每公斤为5.13元,较1月初上涨122%。而去年同期,白菜价格每公斤仅为3.13元。

记者走访山东、海南、甘肃、安徽等地的农产品市场后发现,无论是批发价还是零售价,今年白菜价格均高于往年。"这个涨势,我们老百姓怎么吃得起?"兰州市民李女士说,年前菜花一个才2元,现在一斤就得10元,菜价猛涨实在吃不消。合肥市民刘吉春一脸无奈:"今年过完年,蔬菜价格没有像往年一样回落,反而涨了。但有什么办法呢,总不能不吃菜吧。"

菜价上涨的同时,交易量同比明显下降。"现在菜贵,买的人少了,销量也就下来了。对我们来说，也是有弊无利。”兰州市东港世纪新村菜市场的一位菜贩说。

菜价飙升让老百姓的钱越来越不经花。对低收入人群来说，连以往最便宜的白菜都得省着吃，实在是一种难以言说的体验。究竟是什么力量，把白菜价格从“白菜价”推至高位？

——流通环节多，流通成本高。

海南省工商局向记者提供了一份2016年2月17日的进岛大白菜价格变化样本。一车21吨的净菜，从湖北省广华县菜地地头收购，经长途运输、一级批发、二级批发，抵达零售末端的海口秀英农贸市场。5个环节后，白菜“身价”高涨约220%。从地头收购价1.6元至1.8元每公斤，到零售市场5元至6元每公斤，流通环节产生的价格成本，占到了蔬菜最终价格的70%左右。记者了解到，目前我国蔬菜从业者交易方式较为落后。在海南，交易方式仍是最原始的手对手交易。“缺少自动化、规模化和现代化的采购、加工分拣、批发销售的一整套程序。环节多、效率低推高了成本。”海口市菜篮子集团公司董事长符明全说。

——天气起伏波动，市场供不应求。

山东寿光农产品物流园检测中心经理隋玉美分析，初春时节起伏不定的气温，给蔬菜生长带来一定影响。南方蔬菜供给量减少，北方蔬菜产量增幅放缓，市场整体供不应求，致使菜价节节走高。

——“囤菜”行为存在，炒高市场价格。

记者在走访北京市新发地蔬菜批发市场时，不少商贩说，除了天气、流通环节等影响外，“囤菜”也是今年白菜价格走高的一个原因。“过年菜价高，商户想挣钱，就跑到菜农那儿，菜还没长成形就先买了下来。”一位张姓商贩说，一旦确定要买，就得签合同、交订金，还得给中间人提成。冬春“南菜北运”之际，蔬菜供应量不足，蔬菜日常需求、商户“囤货”需求及部分菜农“窖菜待卖”相叠加，导致白菜价格一路高涨。

此外，少量上市的春菜受到消费者青睐，但农户缺乏市场需求信息，也推高了今春的菜价。

（资料来源：新华每日电讯，2016－4－08）

任务描述

根据上述报道，请分析农产品价格的分类及形成，说出农产品收购与销售价格的构成。

相关知识

“万事民为本，民以食为天”，农产品作为食品最重要的源头，其价格历来是人们关注的焦点。价格是影响消费者购买行为最敏感的因素，价格高低直接决定了消费者是否接受商品，决定了生产经营者提供的价格能否得到实现。农产品价格，在整个价格体系中居基础地位，对市场其他商品价格有着重要影响。因此，农产品价格的制定十分关键。

一、农产品价格的分类及其形成机制

根据农产品的生产特点和用途，一般将农产品分为粮食类、经济作物类、竹木材类、禽畜产品类、蚕茧丝类、干鲜果类、干鲜菜类、药材类、土副产品类和水产品类等。日常经济管理中，习惯上也根据农产品特点将农产品价格划分为粮油价格、经济作物价格、副食品价格等。

根据商品流转环节的不同，农产品价格可以分为农产品收购价格、批发价格和零售价格。其中批发价格和零售价格主要由市场机制作用形成，受生产经营成本、农产品质量、市场供求等因素影响。

1. 农产品收购价格

农产品收购价格是农产品经营者向生产者直接收购农产品时的结算价格。根据国务院关于粮食、棉花流通体制改革的决定，目前除列入保护价收购范围及政府定向购买范围的小麦、晚稻、北方玉米等主要粮食品种以及蚕茧、烤烟、糖料等主要经济作物收购价格由国家制定外，其他农产品价格均由市场决定。

2. 农产品批发价格

农产品批发价格是农产品经营者之间调拨的结算价格。批发价格是以农产品收购价格为基础，加上合理经营费用、利润、税金进行测算确定的。随着市场经济的不断发展，市场体系的不断完善，目前除中央储备粮、油料、棉花等产品外，绝大多数农产品的批发价格已经放开，国家不再作统一规定。

3. 农产品销售价格

农产品销售价格是农产品经营或加工企业以及农产品生产者、个体经营者向消费者供应、销售农产品时的结算价格。农产品销售价格是以农产品收购价格为基础，加上合理流通费用、加工费用及合理利润、税金等各种要素而确定的。目前，绝大多数农产品的销售价格已基本放开，粮食、棉花等由经营企业根据顺价销售原则自主确定销售价格。

二、农产品收购价格的构成

农产品收购价格是农产品价格的重要形式，是制定农产品价格政策的重要内容。农产品收购价格主要由物质费用、人工费用、期间费用和利税四部分构成。

1. 物质费用

农产品物质费用是在直接生产过程中消耗的各种农业生产资料和发生的各项支出的费用，包括直接生产费用和间接生产费用两部分。直接生产费用，是在直接生产过程中发生的、可以直接计入各种作物中的费用，包括种子秧苗费、农家肥费、化肥费、农膜费、农药费、畜力费、机械作业费、排灌费、燃料动力费、棚架材料费及其他直接费用。间接生产费用，是与各种作物直接生产过程有关，但需要分摊才能计入作物成本的费用，包括固定资产折旧、小农具购置及修理费、其他间接费用等。

2. 人工费用

农产品人工费是在农业生产过程中的人工投入费用。分直接生产用工与间接生产用工两部分。直接生产用工费用是各种作物直接使用劳动用工费用。间接用工费用是多种作物的共同劳动用工费用。这部分费用应按各种作物播种面积进行分摊。

3. 期间费用

农产品生产期间费用是与生产经营过程没有直接关系和关系不密切的费用，包括土地承包费、管理费、销售费和财务费。

4. 利税

农产品收购价格中的利税是按既定收购价格计算，除去物化劳动和活劳动投入后的剩余部分，包括生产者所得利润和上缴税金。

物质费用、人工费用和期间费用构成农产品的生产成本。税金尽管是剩余劳动的一部分，但从生产者角度来看，也是其必须支出的一项开支，因此也可视为农民的生产成本，包括税金的生产成本为含税生产成本。

三、农产品销售价格的构成

农产品销售价格一般包括购进价格、流通（加工）费用、税金、利润四部分。

1. 购进价格

农产品购进价格是农产品经营或加工企业从生产者或上一道环节的经营者手中购进农产品时的结算价格。

2. 流通（加工）费用

农产品流通（加工）费用是农产品经营或加工企业在购进、储存、加工、销售等各环节所发生的各项开支，包括直接费用和间接费用。直接费用包括运杂费、直接人工成本、燃料和辅助原料支出等。间接费用包括经营费用、管理费用和财务费用等。

3. 税金

农产品销售价格中的税金是农产品经营或加工企业在生产经营过程中所缴纳的各种间接税，不含公司所得税等直接税。

4. 利润

农产品销售利润是农产品经营或加工企业的销售价格扣除购进价格、流通（加工）费用和间接税后的剩余部分。

任务二　影响农产品价格的主要因素

任务要求

了解影响农产品价格的主要因素。

任务引入

“每个桔子 285 元”闪亮农产品电商价单

2015 年平安夜，上头条的不是“苹果”，而是高调登场的“南橘”——从化砂糖桔。

由《南方农村报》联合淘宝网、从化区政府发起，从化区农村电子商务行业协会、广州市从化华隆果菜保鲜有限公司参与的“南橘”行动，经 23 日在聚划算量贩团预热后，于 24 日零点正式占据淘宝网、手机淘宝首页，宣告在该网全网甜蜜开卖。截至 24 日下午 4 时 10 分，从化砂糖桔淘宝交易量突破 1 万单。其中两款“成绩好桔桔王”均以 9999 元被拍下，每盒 35 个，平均每个桔子 285 元，闪亮农产品电商价单。

任务描述

从化砂糖桔真值这么高的价格吗？请分析影响农产品价格的主要因素有哪些。

相关知识

影响农产品定价的因素主要可以分为两大类：一类是内部因素，一类是外部因素。作为市场机制形成的农产品批发价格和零售价格主要受到生产经营者的内部因素和外部因素影响。其中内部因素包括企业的定价目标和产品成本；外部因素主要包括市场需求、竞争因素、供求双方心理因素等因素影响。

一、农产品定价目标

农产品定价目标就是人们进行农产品定价时要达到的主要目的，是确定定价策略和定价方法的依据。

1. 维持生存目标

当企业经营管理不善，或由于激烈的市场竞争、顾客需求突然发生变化时，会造成产品积压，资金周转困难甚至濒临破产。这时，生存比利润更为重要，企业应以维持生存为主要目标。农产品生产经营者就应该为其产品制定较低的价格，以求收回成本。如在 2008 年，部分农户对大蒜生产判断失误，盲目大量种植，造成大蒜批发价每公斤不足一元，许多农户亏损出售。

2. 利润最大化目标

农产品定价以利润最大化为目标，往往有两种情况，一种是新型农产品刚刚上市期间，由于新型农产品抓住了人们追求新奇事物的心理，消费者往往能够接受较高的产品价格；第二种情况是由于市场上某一时段某种农产品供给偏少，而需求相对稳定，可将农产品价格制定的较高，以求获得较高利润，弥补在供给量增大时，价格偏低带来的损失。当然，价格过高也会抑制需求，人们的购买量会下降。如为了增加葡萄种植的收益，引进的葡萄品种往往在每年的5月一直到9月份都有成熟产品提供上市，而在早期和后期成熟的葡萄由于市场供给偏少而制定较高的价格，使生产者可以获得较高的收益。

3. 销售增长率最大化目标

一般情况下，销售额越大，单位成本就越低，经营者的利润也就越高。这样的农户一般可以采取低价格来吸引对价格敏感的顾客。目前，我国农业正向规模化、组织化方向发展，为了争取更大的市场占有率，提高销售额，农产品生产经营者通过规模种植来降低成本，以提高产品的市场竞争力。

4. 产品质量领先目标

农产品经营者可以通过名、优、特、新产品的生产来获得高价格和高盈利。例如，目前在市场上出售的无公害蔬菜是普通蔬菜价格的2－3倍。无锡阳山水蜜桃平均零售价格在15元/公斤以上，就是以保证产品质量为目标实施的定价。

5. 适应竞争目标

大多数经营者对于竞争者的价格都十分敏感，在定价之前，都会做认真的比较，并主要以对市场有决定影响竞争者的价格作为定价基础。例如，自2009年以来许多大型超市出售的散装大米没有跟随市场价格的上涨而大幅变动，其定价往往比市场价低，目的在于通过优惠价格吸引消费者到超市购物，从而带动其他商品的销售，另一方面通过低价格保持良好的企业形象，在消费者心中提高美誉度，从而增强其市场竞争力。

6. 稳定价格目标

在市场竞争和供求关系比较正常的情况下，为了避免不必要的价格竞争，保持生产的稳定，以求稳固地占领市场，经营者常常以保持价格稳定为目标。随着现代信息技术的发展，人们通过互联网能够更迅速获得市场信息，农产品的定价必须要了解市场行情的变化，定价过高会抑制需求，造成产品销售困难，而定价过低，一方面会给生产经营者带来损失，另一方面也可能会造成市场价格的大幅波动。因此，保持稳定价格有利于生产经营者的持续发展。

二、农产品成本

农产品价值是农产品价格构成的基础，农产品价值可以分为生产资料、劳动者为自己创造的价值，以及劳动者创造的剩余价值三部分。农产品价格构成是农产品各部分的货币形态，由生产成本、流通费用、国家税金和农产品纯收益构成。用公式表示为：

农产品价格＝生产成本＋流通费用＋国家税金＋农产品纯收益

在正常情况下，农产品价格要高于成本，即农产品价格不仅要能够补偿农民的成本消耗，而且能够提供盈利。农产品定价不应低于含税成本。低于含税成本，农业就不能维持简单再生产。如果价格只能补偿含税成本，而不能使农民得到一定的利润，农业扩大再生产就不能正常进行，所以，农产品价格应高于含税成本，使农民能够获得一定数额的利润，农民有利可图，农业生产活动才能正常进行。

三、农产品的供求状况

企业有一种判断定价是否合理的通俗说法:“摆得住,卖得出”,即商品在柜台里能摆得住,不会被顾客一下子全部买走;同时也能卖得出,不会积压。这个价格就是符合供求关系的合理价格。因此,企业给产品定价,成本决定了制定价格的下限,而市场需求却是制定价格的上限。农产品的供求情况决定了农产品在市场上的售价。

1.农产品供求状况对价格的影响

一般情况下,农产品供给与价格呈反方向变化,即供给增加,产品价格下降,供给减少,产品价格上升;而农产品需求与价格呈同方向变化,需求增加,价格上扬,需求减少,价格下落。所以,市场价格以市场供给和需求的关系为转移,供求规律是一切商品经济的客观规律,即商品供过于求时价格下降,供不应求时价格上涨,这就是所谓市场经济“看不见的手”。但是也有一些农产品如粮油商品,在供给减少,价格上涨时,反而会刺激需求,使需求量猛增,这些商品一般是生活消费必需品。

2. 农产品需求的收入弹性

农产品需求的收入弹性是指因消费者收入变动而引起的需求的相应变动率。有些农产品的需求收入弹性大,即消费者货币收入的增加导致该产品的需求量有更大幅度地增加,如高档食品支出会出现这种情况;有些农产品的需求收入弹性小,即消费者货币的增加导致该产品的需求量的增加幅度较小,如必需粮油生活消费品。也有的产品需求收入弹性是负值,即消费者货币收入的增加将导致该产品需求量下降,如某些低档食品、低档服装就有负的需求收入弹性。因为消费者收入增加后,对这类产品的需求量将减少,甚至不再购买这些低档产品,而转向高档产品。

3.农产品需求的价格弹性

农产品需求的价格弹性,即产品价格变动对市场需求量的影响。不同产品的市场需求量对价格变动的反应程度不同,价格弹性大小不同。产品的需求弹性在理论上分为完全无弹性、完全有弹性、缺乏弹性和富有弹性。在现实中,需求的价格弹性主要是缺乏弹性和富有弹性。所谓富有弹性,是指顾客对价格变动有较高的敏感性,此时市场需求与价格成反比。缺乏弹性则相反。一般说来,缺乏弹性有如下情况:①产品无替代品或企业无竞争者;②购买者对价格不敏感;③购买者保守,且不努力寻找便宜的产品;④购买者认可并接受较高的价格。

4. 农产品需求的交叉弹性

农产品需求交叉弹性是农产品需求交叉价格弹性的简称,它表示一种商品的需求量变动对另一种商品价格变动的反应程度。它反映了相应于其他商品价格的变动,消费者对某种商品需求量变动的敏感程度,其弹性系数定义为需求量变动的百分比除以另外商品价格变动的百分比。交叉弹性系数可以大于0、等于0或小于0,它表明两种商品之间分别呈替代、不相关或互补关系。因此,在为产品大类定价时还必须考虑各产品项目之间相互影响的程度。产品大类中的某一个产品项目很可能是其他产品的替代品或互补品。所谓替代产品是指功能和用途基本相同，消费过程中可以相互替代的产品，如猪肉和牛肉。因而，替代性需求关系，是指在购买者实际收入不变的情况下，某项产品价格的小幅度变动将会使其关联产品的需求量出现大幅度的变动。互补产品是指两种或两种以上功能互相依赖、需要配合使用的商品，如螃蟹和包装盒。因而，互补性需求量关系，则是指在购买者实际收入不变的情况下，虽然某项产品的价格发生大幅度变动，但其关联产品的需求量并不会发生太大变化。

四、市场竞争

产品价格的上限取决于产品的市场需求，下限取决于该产品的成本费用。在这个价格上限与下限的幅度内，企业能把产品价格定多高，则取决于竞争者同种产品的价格水平。

市场竞争对定价的影响主要表现为竞争价格对产品价格水平的约束。同类产品的竞争最直接表现为价格竞争。企业试图通过适当的价格和及时的价格调整来争取更多顾客，这就意味着其他同类企业将失去部分市场，或维持原市场份额要付出更多的营销努力。因而在竞争激烈的市场上，企业会认真分析竞争对手的价格策略，密切关注其价格动向并及时做出反应。

五、供求双方心理因素

供求双方心理因素对农产品价格的影响相当复杂，令人难以琢磨。

1. 买涨不买跌

一般情况下，某种商品价格下降，该商品的购买量会增加，但在通货膨胀和农产品供求关系以及价格变动较大时，消费者和生产者往往会产生恐慌心理，出现相反的购销行为，就是越涨越买。当农产品价格上涨时，消费者预期该商品价格还会涨，而过量购买，出现“抢购”现象，增加需求量，而产品供给者则希望价格再上涨，出现“惜售”的心理，减少供给量；当农产品价格下跌时，消费者希望价格再下降而少量购买，生产供给者则惧怕价格再下跌而急于抛售，这种心理行为反过来又加剧了农产品价格的急剧波动。

2. 消费者的价值观念

当某种新的农产品上市之后，相对于老的同类产品，消费者就会“喜新厌旧”，并迫使老的产品市场价格下降。原来是高价的农产品，由于消费者收入的提高或其他农产品价格的大幅度上涨，这类农产品的价格不显得贵了，消费者更愿意购买，并进而导致该农产品的价格变动。

任务三　农产品定价的方法与策略

任务要求

掌握农产品定价的几种方法和策略。

任务引入

茶叶最小单位定价

对于质量较高的茶叶来说，可以采用最小单位定价。如果某种茶叶定价为每500克150元，消费者就会觉得价格太高而放弃购买，如果缩小定价单位，每50克15元，消费者就会觉得可以买来试一试。如果再将这种茶叶采用125克进行包装和定价，消费者就会嫌麻烦而不愿意去换算每500克应该是多少钱，从而就无法比较出这种茶叶的定价是偏高还是偏低。

任务描述

从茶叶最小单位定价的例子，想想农产品还有哪些定价方法和定价策略。

相关知识

一个农产品经营者，要在竞争者林立的市场中取得优势地位，掌握多种定价方法是不可缺少的。

一、农产品定价的几种方法

（一）成本导向定价法

农产品经营者依据产品成本进行定价，称为成本导向定价。根据对成本的运用和获利的角度不同可有不同的定价方法。

1. 成本加成定价法

这是常用的商品定价方法，是按农产品单位成本（或费用）加上一定比例的预期加成（加成率）来确定农产品销售价格的定价方法。其计算公式为：

单位农产品售价 = 单位农产品成本 ×（1 + 加成率）

成本加成定价是最简单的定价方法，且可保本求利。但它没有考虑市场供求及竞争的现实情况，缺乏灵活性，难以适应复杂多变的市场。

2. 收支平衡定价法

这种方法是以保本不求利为定价原则，即求出总成本与总收入相等时价格进行定价。其计算公式为：

保本价格 =（单位产品变动成本 + 固定成本）/销量

保本求利是市场竞争的产物。在激烈的市场竞争中，企业产品的销路不好，只好把产品价格压到不亏的水平上。在使用这种方法时，必须首先预测产品的销量，如果预测不准确，就可能造成不必要的损失。

3. 变动成本定价法

又称边际效益定价。这是只计算变动成本，而不计算固定成本，在变动成本的基础上加上预期边际收益的定价方法。所谓预期边际收益，是指销售收入扣除总变动成本后，用于补偿固定成本和取得盈利的那部分收入。边际收益值大于固定成本，则盈利；反之，则亏损。其计算公式为：

单位产品价格 = 单位产品变动成本 + 单位产品边际收益。

任何产品价格不能等于更不能小于变动成本，不然这种生产就毫无意义。但价格大于变动成本，则有现实意义。从总体上看，在收回变动成本的基础上进行定价，可适应市场竞争的要求，灵活确定边际收益。特别是在产品刚进入市场，且因价格因素而无法顺利进入市场时，使用边际收益定价法便可有效地解决这一问题，体现了定价的灵活性。另外，某些企业在采用这一定价方法时，还出于以下几种考虑：

（1）为了充分利用企业的资源和生产能力。与其不生产产品，闲置厂房设备和劳动力，不如通过销售产品来弥补一部分固定成本，在企业有多种产品时，还可确保总体上盈利。

（2）为了向市场提供成套产品。即在零部件出现亏损时，为了保证主机件的销售，还保留生产销售零部件。

（3）为了维持市场占有率。即在新产品未上市时，某些尚能获取边际收益用于弥补一部分固定成本的老产品仍保留下来，才不致使企业突然减少在市场中所占的份额而造成损失。

（4）为了照顾一部分忠诚顾客的需要，维护企业的良好信誉。在市场中往往会出现这种情况：某一产品已进入衰落期而出现亏损，但一部分习惯使用这一产品的忠实顾客还有需要，这时保留生产这种产品，有利于博取顾客对企业的好感。

（二）需求导向定价法

需求导向定价法就是以顾客需求为中心来制定价格的定价方法，依据顾客对产品价值的理解和需求强度来制定价格。基本原则是市场需求强度大时，制定高价；市场需求强度小时，可适度调低价格。这种定价方法综合考虑了成本、市场购买力、顾客心理等因素。

需求导向定价法的关键在于准确估计顾客对农产品的需求情况，最重要的是顾客对农产品的价值认知程度。消费者在购买农产品时总会对同类产品进行比较和鉴别，形成不同的价格限度。如果价格刚好定在这一限度内，消费者就会顺利购买。因此，企业应当搞好农产品心理定位，突出农产品特性，综合运用各种营销手段，提高农产品的知名度，使消费者感到购买这些农产品能够获得更多的相对利益，从而提高他们接受价格的限度。企业可以据此拟订一个价格，估计此价格水平下的销量、成本及盈利情况，最后确定实际价格。

（三）竞争导向定价法

竞争导向定价是以竞争者的同类产品价格为定价的基本依据。其具体的定价方法有：

1. 随行就市定价法

这是指企业按照行业的平均现行价格水平来对农产品定价。企业采用这种定价方法的主要原因是：行业平均价格水平在人们的观念中常被认为是“合理价格”，易被买主接受。

2. 竞争价格定价法

这是指企业利用价格因素主动出击，通过竞争获取的定价方法。它多为实力强或具有产品特色的企业所采用。采用这种定价方法时。首先要了解竞争对手的价格策略和方法，然后把本企业的产品与竞争性产品进行分析、比较，找出本企业产品所具有的优势，作为制定攻击性价格的武器；最后根据上述的竞争形势和竞争有利条件，制定出本企业产品的价格。随着竞争形势的变化，还应随之调整产品的价格。

3. 投标定价法

这是用投标的方式参与价格竞争的定价方法，通常只适合于特殊行业和特殊产品。企业参加投标的目的是为了中标，所以它的报价低于竞争对手的报价。一般来说，报价高，利润大，但中标机会小，如果投标失败，则利润为零；反之，报价低，中标机会大，但利润低，其机会成本可能大于其他投资方向。因此，报价时既要考虑目标利润，又要考虑中标概率。最佳报价应是使预期利润达到最高水平的价格。预期利润是指企业目标利润与中标概率的乘积。

二、农产品定价创新策略

在激烈的市场竞争中，定价策略是企业争夺市场的重要武器，是企业营销组合策略的重要组成部分。企业必须善于根据环境、产品特点和生命周期的阶段、消费心理和需求特点等因素，正确选择定价策略，争取顺利实现营销目标。

（一）新产品定价策略

新产品定价是企业定价策略的关键环节，对新产品能否及时打开销路、占领市场有很大影响，一般有三种策略可供选择。

1. 农产品撇脂定价策略

所谓撇脂定价是指在农产品上市之初，将新产品的价格定得很高，以攫取最大利润，力求在短时间内收回全部成本，以后再随着销量的扩大和成本的降低，逐步降低价格。而在每次降价之前，企业已从不同层次的顾客身上获取了利润。这个定价策略就像从奶油中撇取油脂一样，又称为撇脂定价策略。

（1）撇脂定价策略的优点：易于企业实现预期利润；便于企业掌握市场竞争及新产品开

发的主动权;树立品牌农产品形象。

(2) 撇脂定价策略的缺点:在高价下,销路不易扩大;高价厚利易诱发竞争,使企业获得高额利润的时间较短。

(3) 撇脂定价策略的适宜条件:①市场有足够的购买者,他们的需求缺乏弹性,即使把价格定得很高,市场需求也不会大量减少;②高价使需求减少,但不致抵消高价所带来的利润;③在高价情况下,仍然独家经营,别无竞争者。

2. 农产品渗透定价策略

所谓渗透定价策略是指企业把其创新的农产品的价格定得相对较低,以吸引大量顾客,扩大销售,提高市场占有率,实现盈利目标。这种策略常被以扩大销量,提高市场占有率为定价目标的企业所用。

(1) 渗透定价策略的优点:有利于迅速打开销路,提高市场占有率,有利于阻止竞争者进入,便于长期占领市场。

(2) 渗透定价策略的缺点:本利回收期长,在市场竞争中价格变动余地小,难以应付短期内骤然出现的竞争和需求变化。

(3) 渗透定价策略的适宜条件:①市场需求对价格极为敏感,低价会刺激市场需求迅速增长;②企业的生产成本和经营费用会随着生产经营经验的增加而下降;③低价不会引起实际和潜在的竞争。

3. 农产品满意定价策略

满意定价策略是一种介于撇脂定价策略和渗透定价策略之间的价格策略。其所定的价格比撇脂价格低,而比渗透价格要高,是一种中间价格。这种定价策略由于能使生产者和顾客都比较满意而得名。有时它又被称为"君子价格"或"温和价格"。

(1) 满意定价策略的优点:比较稳妥,价格稳定,利润平稳,一般能使企业收回成本和取得适当盈利。

(2) 满意定价策略的缺点:比较保守,有可能失去获得高利的机会。

(3) 满意定价策略的适宜条件:一般产品都适宜采取这种定价策略。

(二) 心理定价策略

心理定价策略这是根据顾客不同的购买心理,采用不同的定价技巧,通常为农产品零售商所用。

1. 数字定价策略

(1) 尾数定价策略。尾数定价也称奇数定价,就是给产品定价时不采用整数而带有尾数,尽可能取低一位数。如零售商本应定为100元的商品,而宁可定为99.95元。这种定价会给人一种"商品定价认真、货真价实"的心理感觉。根据心理学家调查发现,奇数可给人以跳跃感、差异感,更容易被消费者接受。但这种定价策略不适宜高档产品,一般适用于价值较低的产品。

(2) 整数定价策略。即商品价格定为整数不带尾数。一般适用于名牌、高档或消费者不大了解的产品,如某高档商品,宁可定足10万元而不定为99950元,以显示产品身价,满足消费者“一分钱一分货”或“便宜无好货，好货不便宜”的心理。

(3) 意头定价策略。根据消费者追求吉利、好意头的心理，在定价时加以适当应用，可取得较好的效果。如我国消费者认为8、6等意头好的数字，把“8”喻为发，“888”即“发发发”，“6”喻为路，“168”即“一路发”，因此，168、888等价格在定价时也常被采用。

2. 声望性定价法

企业利用消费者仰慕品牌和“价高质必优”的心理，对在消费者心目中享有声望的产品制定较高的价格。高价一方面显示农产品的档次和企业的声望，另一方面又迎合了消费者的追求名牌的心理。如日本宫城县的大米售价188元/袋，每袋两公斤，折算下来每公斤大米的售价接近百元，但是高定价的日本大米吸引了众多高收入消费者。

3. 习惯性定价法

有些农产品在顾客心目中已经形成了习惯价格，符合标准价格的就会被顺利接受，偏离其标准价格的则会引起疑虑；高于习惯价格的被认为不合理涨价，低于习惯价格的又会被怀疑是否货真价实。如小麦收购价格每千克1.68元，如定为1.60元，则引起出售小麦企业的不满和反对。对于这类商品，企业在定价时要按照消费者已经形成的心理习惯，力求维持产品价格不变，避免价格波动带来不必要的麻烦。当产品必须变价时，应同时改变其包装或品牌，避开习惯价格对新价格的影响，使消费者逐步形成新的习惯价格。

（三）产品组合定价策略

产品组合是指一个企业所生产经营的全部产品线和产品项目的组合。对于生产经营多种产品的企业来说，定价须着眼于整个产品组合的利润实现最大化，而不是单个产品。由于各种产品之间存在需求和成本上的联系，有时还存在替代、竞争关系，所以实际定价的难度相当大。

1. 产品线定价

通常企业开发出来的是产品大类，即产品线，而不是单一产品。当企业生产的系列产品存在需求和成本的内在关联时，为了充分发挥这种内在关联性的积极效应，需要采用产品线定价策略。在定价时，首先确定某种产品的价格为最低价格，它在产品线中充当招牌价格，吸引消费者购买产品线中的其他产品；其次确定产品线中某种产品为最高价格，它在产品线中充当品牌质量象征和收回投资的角色；再次，产品线中的其他产品也分别依据其在产品线中的角色不同而制定不同的价格。例如，企业可以为一组不同款式、品牌，但质量相近的男士T恤定价为150元，同时为另一组质量较好的T恤定价为210元。这样，在同价的一组商品中顾客只需选择款式或品牌，无须考虑价格，简化了顾客对商品选择的过程。如果是由多家企业生产经营时，则共同协商确定系列产品价格。选用产品线定价策略时，企业应根据市场状况，合理组合系列产品价格，使系列产品有利销售，以发挥企业多种产品整体组合效应。

2. 系列产品定价

系列产品定价是企业向顾客提供一系列相关产品和服务。如一家宾馆为顾客提供住宿、餐饮、娱乐、健身等服务。那么，可以考虑住宿、餐饮定价较低，以吸引顾客；而娱乐、健身定价较高，以获取利润。

3. 互补产品定价

互补产品定价指必须和主要产品一起使用的产品,如照相机和胶卷、手电筒和电池、喷墨打印机和墨盒等。一些既生产主要产品又生产互补产品的企业,有时将主要产品的价格定低,而将互补产品价格提高,靠消耗量大的后者赚钱。如柯达照相机的价格较低,但企业可以在销售胶卷上盈利。

(四) 折扣与折让定价策略

折扣与折让定价策略是企业对商品实行降价,减让部分价格,或加赠货品,另给一些津贴的一种定价策略。它给买方以优惠,鼓励顾客购买,争取顾客,借以达到扩大销售目的。主要有以下形式:

1. 现金折扣

现金折扣,是企业对按约定日期付款的用户给予不同优惠的一种折扣。例如,付款期限为一个月,立即付现可打5%的折扣,10天内付现可打3%的折扣,20天内付现可打2%的折扣,最后10天内付款则无折扣优惠。现金折扣的目的是企业鼓励买方用现金交易,减少赊销带来的麻烦和损失,以利加速资金周转。

2. 数量折扣

数量折扣,是企业根据顾客购买数量的多少给予一定的价格折扣,可分为累计数量折扣和非累计数量折扣。累计数量折扣,即规定顾客在一定时间内购买商品累计达到一定的数量和金额时,按总量大小给予不同的折扣,其目的在于鼓励顾客经常购买企业的产品,建立一种长期的购买合作关系。非累计数量折扣,即按顾客每次购买产品数量和金额的多少给予不同的折扣,购买越多,折扣越大,其目的在于鼓励顾客一次性大量购买,便于企业大批量的生产和销售。

3. 交易折扣

交易折扣,是企业根据农产品批发商或农产品零售商在市场经销活动中的不同地位和功能,给予不同优惠的折扣。一般而言,交易折扣给农产品批发商的折扣较大,给农产品零售商的折扣较小,这样做,可刺激批发企业大批量购买,并有可能进行批转业务。

4. 季节折扣

季节折扣是企业对提前购买季节性强商品的顾客给予一定的价格折扣,目的在于鼓励顾客在淡季购买商品,以减少企业储存压力,实现均衡生产和上市。

(五) 地理定价策略

地理定价是根据消费者所在地理位置的不同,考虑运输、仓储、装卸、保险等费用的差异,决定在将农产品卖给不同地区的顾客时,是采用同样的价格还是不同的价格的策略。

1. 原产地交货定价策略

农产品企业按厂价交货,负责将产品送到产地的某种运输工具上。从产地到目的地的费用由买方负担,即不同地区不同价格。顾客支付的价格等于商品价格加实际运费。

2. 统一运货定价策略

统一运货定价策略是定价与原产地定价刚好相反，指农产品企业对不同地理位置的顾客都实行同样的价格，按出厂价加上平均运费定价。

3. 分区定价策略

分区策略定价介于原产地定价和统一运货定价之间，即农产品企业先将自己产品的销售市场划分为几个区域，在同一区域内执行相同的价格，离农产品企业越远的区域，价格则定得越高。

4. 基点定价策略

基点定价策略是指农产品企业选定一些城市作为基点城市，然后按出厂价加从最近的基点城市到顾客所在地的运费来定价。顾客支付价格等于农产品价格加实际所在地到基点城市的运费。

5. 运费减免定价策略

运费减免定价策略是当农产品企业急于和某个顾客达成交易或急于进入某一地区市场时，会为购买者负担部分或全部运费，即会采用运费补贴定价策略。

（六）差别定价策略

差别定价是指企业按照两种或两种以上不反映成本费用的比例差异的价格，销售某种产品或服务。

1. 农产品质量差别定价

农产品市场出现的销售困难，主要原因集中在大众化产品过多上，要大力实施“良种工程”，加速淘汰滞销的大路货品种，以质取胜，以优发财。同时依靠农业新技术、新工艺、新机械，减少农产品的生产费用投入，实行农产品规模化、集约化经营，努力降低单位农产品的生产成本，追求最佳经济效益。

2. 农产品品种差别定价

消费者对奇形异彩农产品需求，使一个产品多种多样，成了新的消费动向，如五彩大米、黑色花生、紫色地瓜、乌骨鸡等农产品虽分别属于米、瓜、鸡类，但因为其颜色特别、药用价格较高，不仅市场销路好，而且经济效益高。

3. 农产品上市差别定价

当产品的需求随着时间的变化而有变化时，对同一种产品在不同时间应该定出不同的价格，在淡季售价低一些，旺季价格上涨等。

4. 农产品部位差别定价

由于消费者的消费偏好不同和农产品不同部位的制成品品质或营养价值的不同，可以据此进行差别定价。例如，北京华都肉鸡公司将普通鸡细分成200种规格，各卖各的价。日本人爱吃鸡腿，欧洲人对鸡脯情有独钟，鸡骨架卖给餐馆熬汤，鸡翅卖给烤鸡店，鸡腿、鸡脖各有各的市场。通过产品分割，根据不同部位定不同价格，获利相当可观。

项目五　农产品分销渠道策略

任务一　农产品分销渠道的含义

任务要求

了解农产品分销渠道的概念、成员及作用。

任务引入

令人称奇的打火机销售渠道

在日本，原来打火机一般都在百货商店或是附带卖香烟的杂货店里卖。可是，日本九万公司在十几年前推出瓦斯打火机时，却把它交由钟表店销售。如今，钟表店是日本的高级场所，在这里卖打火机，人们一定会视它为高级品。而在暗淡的杂货店、香烟店里，上面蒙着一层灰尘的打火机和摆在闪闪发光的钟表店中的打火机，这两者给人的印象当然是天壤之别了。九万公司采取在钟表店销售打火机的方式收到了惊人的效果，他们的打火机十分畅销。

任务描述

九万公司的成功体现了销售渠道的哪些作用？请说出农产品分销渠道的概念、成员及作用。

相关知识

一、农产品分销渠道的概念

农产品分销渠道是指农产品从生产者向消费者移动的过程中，各类促进农产品和服务的实体流转实现所有权或帮助转移其所有权的所有企业和个人所组成的通道。所有企业和个人参与者主要包括生产者、中间商和消费者，它们都是渠道成员之一。其中，生产者处于分销渠道的起点，最终消费者或用户处于分销渠道的终点，中间商则是生产者和消费者的联络媒介。正是通过这些参与者的作用，产品才得以流通，才能上市行销，从生产者手中转移到消费者或用户手中。产品从生产者流向消费者的过程中，所有权至少要发生一次转移，大多数情况下,要发生多次转移,而且还包括商流、物流、现金流和信息流的转移。商流是指商品流通中发生的价值形态的变化和所有权转移;物流是指商品实体从供给者向需求者的实际运动;现金流是商品流通中资金的反向流动;商品流通中时刻伴随着信息的交换和流动。因此,农产品在流通过程中,通常是四流合一。

在不发达的商品经济中,商流和物流是高度统一的,在现代发达的商品经济时代,商流与物流的流经路线和经过的环节出现了许多不一致,例如,某批发市场向养殖公司的批发商购买一批活禽,但活禽可能直接从养殖场运到市场,以减少活禽的损耗,这节省了流通费用,商流环节却未减少。商流:鸡场→批发部→市场;物流:鸡场→市场。农产品的商流与实体转移有时是交织在一起进行的,有时则可能各自独立进行,如农产品期货交易时,或许农产品尚未生产,实体也没有转移,但商品交易已经开始了。

二、农产品分销渠道成员

所有企业和个人参与者主要包括生产者、中间商和消费者,它们都是渠道成员之一。

1. 农产品生产者——农户或农场

农产品生产者主要两种类型,最主要的是农户即直接从事农产品生产与劳作的人员,生产分散,规模较小;另一种是集体的农场,农场一般以公司化管理模式进行农产品生产与经营,具有规模较大、组织化程度高和管理规范的特点。农户和农场是分销渠道的起点。

2. 农产品经纪人——农产品销售个体户

农产品经纪人在农产品分销中具有重要作用,农产品经纪人是指从事农产品收购、储运、销售以及代理农产品销售、农业生产经营信息传递、农业销售服务等中介活动而获取佣金或利润的人员。

目前,根据我国实行的行业准入制度要求,为规范全国各地大量存在的农产品流通领域的各种中介行为,劳动和社会保障部制定了农产品经纪人职业资格制度,所有在农村从事农产品经营中介活动的人员都要经过培训取得农产品经纪人职业资格证书,持证上岗。

3. 专业市场——农产品批发市场

农产品专业市场是最常见的农产品销售渠道,通过影响力大、辐射力强的农产品专业批发市场,集中销售农产品,一方面具有销售集中、吞吐力强的优势;另一方面还具有集中处理信息、快速反应能力和综合服务能力。

4. 贸易公司——农产品销售中间商

贸易公司作为农产品销售的中间商,有其自己的利益要求,农业经营者要重视渠道伙伴关系,充分关注中间商的利益,最大限度地调动他们的积极性,以实现双赢共处。

5. 农产品零售市场——农产品贸易市场和超市

农产品零售市场是农产品与顾客直接接触的地点,传统的农产品零售市场主要以农贸市场为主。但是随着经济的发展,顾客的购买方式发生了变化,越来越多的顾客到大型超市集中购买商品,超市中的农产品专柜吸引了广大的顾客。

6. 农产品消费者

农产品消费者是农产品分销渠道最终一环，是农产品的直接消费对象。消费者对农产品的需求具有最终决定权。

三、农产品分销渠道的作用

分销是市场营销活动的重要环节，分销承担着提高市场营销效率的发挥，创造条件或通道促进商品在卖者和买者之间转移，消除产销的空间、时间矛盾，以及信息沟通的任务。其作用如下：

1. 建立农产品销售网络

农产品分销的核心任务就是把农产品销售给需要它的顾客，通过销售渠道的建立，使农产品从生产地到销售地经过一系列的通道和环节，被推向广泛的市场，接近消费者。

2. 缩短产销空间距离

农产品产地和销地并不一定在同一地点，消费者居住分散，分销的作用就是要让消费者在希望的购买地点购买商品，让买家零距离地购买和最便利地使用，创造空间效用。

3. 平衡产销时间差异

农产品生产是受季节限制的，但消费者的需求却不受时间控制，分销渠道的物流功能就是减少顾客需要时商品供应的短缺和顾客不需要时商品的积压，分销职能还包括建立和管理物流体系的功能，通过重视物流管理，追求合理的库存、快速的运输以及灵敏的需求响应，及时将产品送到买方手上。

4. 通过传递信息，消除沟通的障碍

由于产品从生产者向消费者转移的过程是在分销渠道实现的，因此，分销职能还包括了商品展示、人员推介、现场促销等方面的工作，旨在向顾客传递企业和商品的信息。消费者也将自己需要的农产品特征信息，通过渠道反馈让农产品经营者知道，让他们能够向消费者提供正确的产品，而且在消费者需要的时间和地点组织销售。作为与消费者直接联系的接触点，分销承担着收集市场信息、适时反馈调节的功能。

任务二　农产品分销渠道的类型及分销渠道的选择

任务要求

了解农产品分销渠道的类型；掌握农产品分销渠道的选择。

任务引入

姜德明绿色餐饮直销窗口

姜德明连续18年将自己生产、自己配送、自己销售的绿色放心农产品在盐城市区海纯、亭湖、大庆、鹿鸣、解放路、老虎桥等菜场设立直销窗口。由于产品纯天然、原生态、无污染(蔬菜、稻米覆盖防虫网,用生物农药及有机肥、农家肥,不用防虫农药,不用化肥;鸡、鸭、鹅、猪、羊全部用自产玉米及草料,不用市场含激素、抗生素及瘦肉精的混合饲料),其口感醇香、肉质鲜嫩,深受消费者青睐。

(资料来源:盐城58同城,2013-12-04)

任务描述

说出农产品分销渠道的类型及如何选择分销渠道。

相关知识

一、农产品分销渠道的类型

根据不同的标准,分销渠道可以划分为不同的类型。一般可划分为直接渠道和间接渠道、长渠道和短渠道、宽渠道和窄渠道三种基本类型。

(一)直接渠道和间接渠道

这是以生产者是否与消费者直接接触为依据来划分的。直接渠道是农产品生产者直接和消费者进行接触。间接渠道是指农产品生产者借助于中间商,把产品销售给消费者和用户。

1. 直接渠道的优点和缺点

直接渠道的形式主要有:定制、销售人员上门推销、网络营销、自设立门市部销售等。

直接渠道的优点:①厂商与消费者直接接触,能够迅速而具体地了解市场需求的变化以及用户的特殊要求,及时作出相应的经营决策,更好地满足顾客需要;②直接渠道没有任何中间经营环节,可以使产品迅速到达消费者手中,从而缩短流通时间,减少流通费用,降低产品价格,提高产品的利润;③可根据顾客的特殊需求,搞好产品的销售服务工作,指导消费,从而有利于促进产品销售。

直接渠道的缺点:①生产商要分出一定的人力、物力、财力,自设一套机构推销产品,从而分散生产管理的精力;②生产商要承担全部市场风险,增加产品的库存,影响企业资金的周转。

2. 间接渠道的优点和缺点

间接渠道的形式是通过一个或几个中间商环节来销售商品。

间接渠道的优点:①中间商具有庞大的销售网络,利用这样的网络能使生产商的产品具有最大的市场覆盖面;② 充分利用中间商的仓储、运输、保管作用,减少了资金占用和耗费,并可以利用中间商的销售经验,进一步扩大产品销售;③对生产者来说减少了花费在销售上的精力、人力、物力、财力。

间接渠道的缺点:①流通环节多,销售费用增多,也增加了流通时间;②生产者获得市场信息不及时、不直接;③中间商对消费者提供的售前售后服务,往往由于不掌握技术等原因而不能使消费者满意。

(二)长渠道和短渠道

分销渠道长度是指产品从生产者向消费者转移过程中所经过流通环节的多少。据此划分,可将分销渠道分为长渠道和短渠道。产品从生产者流向消费者或用户的过程中,每经过一个对产品拥有所有权或负有销售责任的机构,称为一个流通环节。环节越多,渠道越长;反之,环节越少,渠道越短。长渠道是指经过两个以上的流通环节,把产品销售给消费者或用户的渠道。短渠道是指没有或只经过一个中间流通环节,把产品销售给消费者或用户的渠道。

1. 长渠道的优点和缺点

长渠道的形式主要有了中间经过批发、零售两道环节,中间经过代理、零售两道环节,中间经过代理、批发、零售三道环节三种形式。

长渠道的优点:①流通领域的一切职能均由中间商承担,生产商可减少资金周转时间和节省流通费用;② 有利于调节产销之间在时间、地点上的矛盾,减轻生产商市场营销的风险负担。

长渠道的缺点:①由于环节多,不利于商品迅速占领市场,取得竞争的主动权,还增加商品发生霉烂、变质、磨损和毁坏的风险,从而影响商品的声誉;②销售费用会增加,导致商品价格提高,竞争力降低,而且生产商不容易掌握市场需求的第一手资料,不利于生产者及时获得市场情报。

2. 短渠道的优点和缺点

短渠道的形式主要有产需直接见面和中间经过零售商等两种形式。

短渠道的优点:①有利于加速商品流通,缩短产品的生产周期,增加产品竞争力;②有利于减少商品损耗,从总体上节省流通费用;③有利于开展售后服务,有利于生产者和中间商建立直接、密切的合作关系,维护生产者信誉。

短渠道的缺点:①减少中间环节,使商品直接到消费者手中,生产商需要大量的投入;②短渠道尽管减少了流通环节,可是却增加了直销费用,这些直销费用必然要加价到商品价格中,此时不仅没有降低产品价格,反而增加了价格,不利于生产企业大批量组织生产。

（三）宽渠道和窄渠道

分销渠道的宽度是指生产者在特定市场里直接利用中间商数量的多少。据此划分，可将分销渠道分为宽渠道和窄渠道。如果生产者在特定市场里直接利用两个或相对较多的中间商来经销其产品，则称之为宽渠道；如果生产者在特定市场里只直接利用一个中间商销售其产品，称之为窄渠道。

1. 宽渠道的优点和缺点

宽渠道的优点：①能使商品迅速转入流通领域和消费领域，使再生产得以顺利地、迅速地进行；②有利于中间商之间展开竞争，不断提高产品销售效率，使产品价值迅速实现，消费需求得到满足。

宽渠道的缺点：由于所选的中间商多，生产商与中间商之间的关系松散，不容易取得中间商的合作，生产商要花较多的精力和时间来处理与中间商的关系。

2. 窄渠道的优点和缺点

窄渠道的优点：产品生产者和中间商关系非常密切，相互之间有很强的依附关系，双方可在产品技术、给予资金、人力资源、市场信息等方面通力合作，提高销售竞争能力。

窄渠道的缺点：风险较大，双方都将自身命运与对方联系在一起，万一双方发生变化，就使自己受到其牵连。例如，对生产者来说，一旦中间商不再为自己销售产品，就可能会失去所占领的市场。

二、农产品分销渠道的选择

对生产者来讲，选择分销渠道是重要的决策之一。分销渠道选择恰当，会使产品更快地转入消费者手中；但如果选择不当，就难以尽快地拓展市场，产品就会较长时间停留在生产者手中，影响再生产的进行。

（一）确定渠道长度

确定渠道长度，就是要确定产品从生产者到达消费者或用户的转移过程中，要不要经过中间商，以及要经过几个中间环节的问题。最短的渠道是直接渠道，其次是只有一个中间商的短渠道，最长的渠道是经过多个中间商环节的渠道。在商品流通中，生产者是否选用中间商以及用多少个中间商环节，主要取决于下列因素：

1. 市场因素

（1）潜在顾客数量。如果潜在顾客的数量相对较少，则可选择短渠道或直接渠道，可以考虑使用推销人员直接推销。相反，一般农产品顾客数目多，就需要运用长渠道，就必须考虑使用中间商进行广泛的销售活动。

（2）市场分布状况。目标市场是集中还是分散，如果集中，则可选择短渠道或直接渠道，一般采用直接销售的方式。如果分散，则可选择长渠道。

（3）市场容量大小。对于一次性购买数量很大的用户，可直接供货；对于订单较小的用户，可以通过中间商进行销售。

2. 产品因素

（1）价格。一般来讲，产品单价越高，渠道越短；单价越低，渠道越长。因为价格高的产品，多一次中间渠道，就要加上一定的中间商利润，会影响销路，一些价格较高的产品，最好是用推销员直销。

（2）产品的体积、重量。体积大，重量也大的产品，宜短渠道销售，以减少流通费用。

（3）产品特征。易毁、易腐的产品，如水果、鲜蛋等，周转要快，渠道越短越好；而比较耐久的产品，则可以采用长渠道销售。

（4）产品技术性质。对通用性较大、技术服务要求低的产品，则可采用间接渠道；而对技术复杂程度高、售前售后服务要求较高的产品，应选择直接渠道。

3. 宏观环境因素

这是不可控因素，主要包括国家的政策法令和经济发展状况。如我国政府对农产品分配方式有许多规定，对一些关系国计民生的农产品，国家建有国有收贮渠道进行管理；有些产品实行国家专卖，如卷烟、食盐。这些规定必然影响经营者分销渠道的选择。

（二）确定渠道的宽度

确定渠道的宽度就是对宽、窄渠道的选择。主要有三种策略：

1. 综合性分销渠道策略

即生产者在一个销售地区直接运用尽可能多的中间商销售自己的产品，即通过批发商把产品分布到各零售点，销售面十分广泛，竞争性特别强。

2. 选择性分销渠道策略

即生产者在特定的市场内有选择地直接运用一部分中间商来销售产品。根据某些产品的特殊性，或者经营者能力限制和消费者的偏爱等，选择较为合理的、有效的分销渠道作为自己产品的销售渠道。

3. 独家分销渠道策略

即生产者在一定地区、一定时间只选择一家中间商销售自己的产品，一般情况下，这些经销或代理商不再经营其他同类产品。其特点主要有：①适用于消费品中的选购品，特别是一些名牌优质产品。如农业机械、特产等。②可使生产者与经销者联系密切，有助于提高产品形象，提高经营利润；有助于控制市场，排斥竞争，新产品上市较为方便，还可以节约经营费用。③独家经销商容易因推销力量不够而失去市场、风险大。④独家销售不利于开展市场竞争，也不利于消费者选择，应尽可能不采用此方式。

任务三　当前农产品销售渠道的基本模式

任务要求

掌握农产品销售渠道的基本模式。

任务引入

秋梅公司的渠道模式

浙江秋梅食品有限公司是浙江省农业科技企业、浙江省农产品加工示范企业。公司集科研、开发、生产、营销为一体，主要产品包括秋梅倒笃菜、严州干菜鸭、方腊酱等8大系列产品。秋梅公司通过打造农产品加工配送基地、高效的物流配送体系和规范的连锁经营体系，建立与实施具有扁平化、集中化、强控制、高效率特点的“生产者——加工配送中心——农产品销售集团连锁店——消费者”新型渠道模式，创立杭州第一家旅游土特产超市。公司先后在建德、杭州、横店影视城、上海等地区开设了连锁经营窗口，产品也从单一品种增加到8大系列1 700多个品种，并且成功打进全国1 536家超市。公司现与康师傅集团、上海太太乐、金华酥饼、姚生记、九佰碗老汤面等知名企业成为合作伙伴。

任务描述

说出农产品销售渠道的基本模式。

相关知识

生产者不光要从事生产，还要从事商品销售。当前我国农产品分销模式大约有四种类型：一是直接销售（简称直销）模式；二是间接销售（简称间销）模式；三是网络销售（简称网销）模式；四是其他销售模式。

一、农产品直接销售模式

（一）农产品直接销售的定义与特点

1. 农产品直接销售的定义

农产品直接销售是农产品生产者将生产的农产品直接销售给消费者，不经过任何中间环节，这时最传统、最简单的一种农产品销售模式。农产品采用直接销售的方式很多，较为突出的是鲜活农产品的销售,比如:蔬菜种植户把生产的新鲜蔬菜直接出售给客户,养殖户在农贸市场上出售自己养殖的鸡、鸡蛋以及猪肉等,都是采用直接销售形式;农产品加工企业,直接向生产者订购产品,一些用户直接到产地选购自己需要的农产品,有的人到田间地头采摘或向农民购买面粉、蔬菜等也是直接销售形式;生产者把农产品直接送到客户(旅馆、饭店)手中,或者农产品生产者利用计算机网络直接与客户达成交易等都是直接销售形式。这些形式多种多样,但共同点是产品的销售都不经过中间环节,因此从流通渠道划分,都应该属于直接销售模式。

2. 农产品直接销售的特点

(1) 零销售渠道,没有中间环节,起点是生产厂家,终点是用户,不用增加中间环节的销售费用。

(2) 消费商品所有权仅发生一次转移就完成流通,即商品从生产厂家直接转移到消费者或最终用户。

(3) 减少销售费用支出,厂家获得全部销售收入和利润,消费者获得的商品价值基本上来自生产厂家生产活动的生产成本,因而价格比较便宜。

(4) 把商品直接销售给用户的人员是生产厂家派出人员或厂家的销售代表,不仅销售的商品归生产厂家,而且这些人员本身也受雇于或隶属于生产厂家,便于管理。

(二) 选择采用直接销售模式的条件

直销具有内在的优势,是其他销售形式不可替代的。但并不是说,任何企业在任何条件下,采用直接销售方式都是最佳的选择。一般来说,企业考虑是否进行直接销售,取决于生产与消费在时间、空间、数量上矛盾的大小与企业解决上述矛盾的能力。如果产销矛盾不大,企业能够自行解决,或者自行解决上述矛盾所需花费的费用不太大,可考虑采用直接销售渠道来完成商品销售。但是,如果不是这样,采用直接销售则可能带来负面影响。因此,有必要具体分析一下农产品采用直销方式的条件。

1. 农产品的条件

(1) 农产品的体积和重量。体积大、笨重农产品,为减少装卸、运输和贮存费用及运输的麻烦,选择销售方式时,可以考虑采用直销。

(2) 农产品的易损性。农产品的特性是影响销售方式选择的重要因素。对于那些容易损坏或容易腐烂的鲜活农产品,为了避免或减少中转过程中的损失和耗费,应尽量采用直销的形式。如水果、蔬菜、畜产品等。

(3) 观光旅游农业的产品及服务是用直销形式提供给游客的。

2. 生产者条件

能否采用直销方式销售农产品,要认真地考虑生产者的条件,具体来说,可以作以下几方面的分析。

(1) 生产者是否具有将产品售予最终用户所需的人力、物力和财力,除了生产经营管理外,还要有相当的精力放在产品的销售上,而且有能力承担市场的风险才可选择直销。

(2) 直销较高的毛利率,是否能弥补因交易次数增多和成本增多带来的损失。产品直销比出售给中间商的价格要高，因此销售的毛利率较高，但直销中生产者也要增加许多支出，比如谈判交易费用、市场信息咨询费等，要做个比较，在所得大于支出时才能选择直销。

(3) 是否能有效覆盖目标市场。各种农产品的销售都有其不同的目标市场，选择销售方式时，要考虑这种方式是否能有效覆盖目标市场，因为只有占领了目标市场，并不断扩大产品的市场份额，才能以销促产。

3. 其他条件

在分析农产品本身的条件和生产者的具体条件的同时，还应分析其他方面的条件，以决定是否用直销方式出售农产品。其他方面的条件主要有：

(1) 竞争商品的销售渠道。一般来说，生产者采用与竞争产品同样的销售方式比较容易占领市场。因为一种商品的销售方式和渠道，往往是经过长期实践形成的。对顾客潜移默化的影响，使其形成了较固定的购买习惯或购买场所的偏好，因此选择是否用直销方式出售农产品时，应考虑竞争产品的销售渠道。

(2) 空间便利。有些农产品在产地可就近出售给消费者，或者在交通便利的地方如十字路口或附近的集贸市场，都可选择直销方式。许多菜农在就近的农贸市场出售蔬菜，就是利用了空间的便利条件选择的直销方式。

(3) 潜在购买者的性质。潜在购买者数量、地理分布、购买力水平等，也是在选择是否用直销方式时必须考虑的条件。一般来说，潜在购买者购买数量较大，地理分布又较集中或狭窄时，可采用直销方式。

(三) 农产品直销形式

1. 农产品订单直销

(1) 订单直销含义

订单直销是由农产品加工企业或最终用户与生产者在安排生产之前，直接签订购销合同的直销形式。许多农产品如粮食、蔬菜、畜产品生产由于市场变化大，行情不稳定，加上产销衔接不好，影响了生产效益和农民收入的提高，如果先进行市场调查，根据市场需求的订单安排生产，把农产品的销售逐步推上“订单”农业的轨道，不仅有利于农业结构的调整，加快农业产业化进程，而且解决了农产品的销售问题，为发展产销对接奠定了良好的基础。如水果订单直销，减少了流通环节和流通费用，搞活了流通，并促进了果农不断提高水果质量，发展优势水果品种，树立了品牌，开拓了国内外优质水果市场。但是“订单”农业不一定都是直销形式。如果生产者与农产品加工企业签订了购销订单，比如粮食加工企业与粮农签订订单，蔬菜加工企业与菜农签订订单等，都是直销形式。但是，如果是生产者与批发商或者中介商签订订单，就不是订单直销形式。

(2) 订单直销操作中注意的问题

由于市场变化大，行情不稳定，若产销衔接不好，必然影响生产效益和农民收入的提高。因此订单直销作为农产品直销的一种形式，在操作中要注意几方面的问题。

①政府要做好科学的调研和论证，为农民签订订单把好关。政府帮助农民签订订单，本意是想为农民提供服务，牵线搭桥，但由于对市场缺乏认真的调查研究，合同制定不规范，就

会使农产品无法销售。因此，政府要本着为农民增收的原则，对市场、对下单企业做好充分的调查研究，对本地农民的生产能力、生产水平做到心中有数，在此基础上鼓励农民与企业签单；政府要以订单为桥梁，积极协调好农企之间的关系，规范双方的经济行为；政府还要搞好技术、信息服务，帮助农民了解市场，开拓市场，并与厂商客户建立广泛的联系，为农民牵线搭桥，但尽量避免代农民签单的现象发生。

②合同要规范、具体，维护订单的严肃性。订单合同制定要规范，一定要考虑双方的利益和义务，使订单公正、合理，科学严谨，一定要把各项条款考虑周全，尤其是产品的收购标准、产品收购时间、技术保证单位、违约后的处罚等都要规定得详细具体，不给违约的下单企业或农户留下可乘之机。因此，订单有效履行是整个订单农业的关键环节。在订单签订后，要有执行约定的严肃性，为日后的合作奠定守信的基础，切不可为自己的私利，撕毁约定，损害了合作的基础。

③发展订单农业走科技发展道路，必须始终注重提高农产品质量。订单直销对农产品的质量有较高的要求，要走科技兴农的道路，在品种选择、栽培技术、管理措施、产品的包装等方面都有较高的科技含量。但目前生产者往往追求产量，精品的数量太少，有时质量达不到用户的要求；还有的生产者由于生产安排不太合理，受季节性的影响，在生产淡季满足不了订单的需求量；还有的生产者由于农产品包装、贮运的技术设备落后而影响了农产品的质量。这些因素都在不同程度上制约了订单农业的发展。订单农业对农产品质量提出了更高的要求。质量是订单农业的生命，科技是提高质量的根本，为提高产品质量，应不断强化广大农户的质量意识、商品意识和市场意识，以良好的信誉维护精品形象，多争取订单同时广泛运用先进技术，从各个环节提高农产品的营养品质、商品品质和食用品质，满足广大客户对不同品质、不同用途农产品的需求，以高科技含量、高附加值的农产品占领市场。

2. 农产品观光采摘直销

(1) 农产品观光采摘直销含义

观光采摘直销就是通过游客观光、采摘、垂钓等方式，直接推销自己农产品和服务的一种直销形式。观光采摘农产品价格可比上市的高 1 倍到几倍。如山东寿光采摘园蔬菜采摘价每斤 10 元。

观光农业是一种以农业和农村为载体的新型生态旅游业。观光农业以农业为基础，以旅游为手段，以城市为市场，以参与为特点，以文化为内涵。观光农业是把观光旅游与农业结合在一起的一种旅游活动，它的形式的类型很多，其中规模较大的主要有观光农园、农业公园、教育农园、森林公园和民俗观光村等五种。观光农园是在城市近郊或风景区开辟特色果园、菜园、茶园、花圃等，让游客入内摘果、拔菜、赏花、采茶，享受田园乐趣。农业公园是按照公园的经营思路，把农业生产场所、农产品消费场所和休闲旅游场所结合为一体。教育公园是兼顾农业生产与科普教育功能的经营形态。森林公园是以大面积人工林或天然林为主体而建设的公园。民俗观光村是到民俗村体验农村生活，感受农村气息。

(2) 农产品观光采摘直销操作中注意的问题

在观光采摘直销中，通过举办采摘活动或举行开节仪式，可吸引大批游客和多家宣传媒体的到来，从而提高本地区的知名度，对本地区农产品的销售及经济发展状况起广告宣传作用;通过观光、采摘等活动,可带动本地区其他产业的同步发展,促进其他农业产业结构的调整。但具体操作起来,有以下几方面的问题需要特别注意。

①观光农业项目开发要体现特色和创新,强化优质服务和新奇特的产品是扩大销售的重要因素。观光采摘销售对象是产品和服务。目前,大多数观光农业园项目停留在发展的初级阶段,观光果园、垂钓园、森林公园开发比较多,设计的旅游活动多数雷同,在经营上仅限于人们在生产性果园、温室、鱼塘内自行采摘、垂钓或单纯地为游客提供餐饮和住宿,活动形式简单,项目缺乏特色,有些项目单纯模仿,缺乏创新,再加上服务质量差,游客人数有限,更吸引不了多少回头客,给观光农业项目带来负面影响,直接影响了观光采摘直销的发展。因此,观光农业项目开发要体现特色和创新,强化优质服务和新奇特的产品是扩大销售的重要因素。比如,观光农业以发展养殖、种植园为主要的经营项目中,养殖项目开发人人喜爱的野生动物和特色品种;种植项目可引进速生、抗病、丰产、好吃、好看、外观奇特的产品,游客来园区观赏奇特物种和生态景色的同时,品尝珍奇水果、蔬菜及各种山珍野味。而优质的服务会使游客感到舒心,玩得开心,增强了再度前往观光的吸引力。

②观光农业要突破季节性的限制,提高观光农业经营效益。由于农业具有季节性,观光农业也存在同样的问题。一般夏、秋两季,农业生产内容丰富,可以吸引较多的游客,淡季时门庭冷落,造成资产的闲置和浪费。另外,游客的旅游时间多集中在周末,游时有限,还不均衡,给观光农业的发展造成一定的困难。因此,观光农业要针对季节性的不同,观光园做到一年四季有景看,有地方玩。如在大棚里引进电脑自动控制温度、湿度、施肥及无土栽培的新特农产品品种,发展农业科普旅游基地的模式,还可以利用淡季开发果品和饲养品的销售,将旅游和果业的双向开发结合起来,尽量在淡季利用好资源。有观光点就有游客,有游客就可以进行各种农产品的直销,提高提高观光农业经营效益。

③观光农业要合理规划与布局,提升观光农业经营档次。数量众多,布局随意,会造成项目客源市场范围小,项目之间的竞争加强。根据国外经验,农业旅游区在半径29.5千米的区域范围才能发挥最佳经济效益,而在北京,观光农业项目只有11.52平方千米的范围。因此,观光农业要合理规划与布局。同时,观光农业作为新的农业经营方式,其内涵包括“服务消费和经营管理”的理念,具有相当高的文化层次;其经营内容和管理方式也包括很高的科技含量,因此,需要有科学的经营手段和配备一定数量的专业人员,其财务管理、人力管理、导游管理都需要专门人员,经过多方培训,有效提高他们的经营能力,才能提高观光农业园区的经营档次,使观光农业向着高质、高效、规范、健康的方向发展。

④观光农业要有有力的政策手段,改善观光农业的外部环境。观光农业作为农业结构调整的出路之一,政府应为观光农业发展提供良好的政策环境,给予足够的重视和支持,出台具体的优惠政策。同时要改善观光农业的外部环境,一方面改善园区设施,改变园区“脏、乱、差”的现象;另一方面提高经营者的素质,建设一批精品项目及创新创特的项目,提高服务质量和管理水平,真正办成环境优美、项目独特、服务周全的观光、休闲、度假园区。

3. 农产品零售直销

(1) 农产品零售直销含义

农产品零售直销就是生产者将一些鲜活的农产品如蔬菜、水果、水产品等,在田间、地头、农贸市场直接把产品出售给消费者，或直接把农产品送到客户手中的销售形式。目前农产品零售直销通常有三种形式：①集贸市场上农民自己出售农产品。我们经常在各地的农贸市场上看到一些农民出售自己种的蔬菜、面粉和一些畜禽产品，生产者参与流通，获取部分商业利润，同时也能及时了解市场行情和顾客的要求。②农民把自己的农产品直接送到用户手中。生活消费上追求无公害、无掺假的市民，如今有了一种新的购买方式，就是等周边地区的农民将蔬菜、水果等农产品送到家门口，或者干脆去乡下购买。③邮售直销或网上零售直销。这种形式将在下面专门介绍。

(2) 农产品零售直销操作中注意的问题

在农产品直销中，产品的生产者直接销售产品，这些生产者在市场上推销产品就是直销商。直销商的商业素质直接影响产品销售的质与量。

①培训高素质的直销商，提高商业服务技能。在农产品零售直销中，推销产品成败的关键与直销商的素质有很大关系。培训高素质的直销商，是零售直销重要工作之一。

②质量是生命，信誉是效益。质量保证的产品才具有竞争力，才能顺利销售，才能更好地满足消费者的需要。在市场经济条件下，顾客欢迎的产品就是质量合格的产品，顾客的需要是产品质量开发的唯一目标。

③农贸市场的建设是发展农产品零售直销的基础。农贸市场是满足消费者生活必需的农产品交易的市场，各种粮食、蔬菜、水果、肉食、禽蛋、水产品等都在市场现场交易，有直销的农产品，也有的是中间商经销的产品，无论是哪种形式，都需要有个好的环境，有个交易的场所。市场位置的选择、市场布局以及市场公共设施的建设直接影响商品的交易，需认真对待。

④信息反馈及时是农产品零售直销的关键。及时了解市场行情和信息，反馈给生产者，以销定产才不会出现销售难的问题。

二、农产品间接销售模式

农产品由生产者转移到消费者的方式可以是直接实现的，也可以是间接实现。现如今，在市场经济的社会里，间接地将农产品所有权、经营权转换主体，最终到达消费者手中，已经成为普遍形式，在农产品销售中占有重要地位。

（一）农产品间接销售定义与特点

1. 农产品间接销售定义

农产品间接销售，指连接农产品生产者与消费者的中间商，包括取得产品所有权或帮助转移产品所有权的企业或个人。主要分类包括：根据分销渠道区分的代理商和分销商；或从是否具有经营权来区分的独立的中间经营供应商或代销商；或根据是消费市场还是产业市场区分为前者批发商、零售商，后者销售代理商或批发代理商。

2. 农产品间接销售的特点

(1) 高效性。一种产品的生产者如果直接找到消费者，需要在每一个时间或空间去寻找到消费对象,这样会非常困难,于是他必须借助于专门人员来完成工作。专业的中间商,具有与消费者联系的空间形式和特殊的方式,因此会更加节省时间和空间,效率更高。

(2) 灵活性。相对生产者来说,间接销售农产品有了更多的主动权,可以根据与市场直接联系的优势,要求生产者生产什么,不能再生产什么,生产多少,生产产品的档次,以及生产的数量、形式、规格等,可以掌握市场,也掌握生产者。

(3) 规模效益。中间商可以根据自己的实力或与他人合作,组成大规模的集团,进出大批量的多品种的农产品,获得规模效益。

(4) 专业化。中间商由于大批量的经营,必须具备专业素质,对经营的农产品有深入科学的了解和掌握相应的技术。如海产品的经营,必须掌握大批货物的贮藏、运输技术和操作要领;蔬菜水果的批量经营,必须掌握收获、包装、贮藏、运输等专业技术。

(二) 实现采用间接销售的条件

1. 规模化生产

农产品生产规模越大,越需要专门的中间商在最短的时间内、以最高的价格购买订单的所有产品,即使要将一部分利润转移到中间商手中也是值得的。总比自己再设部门或人员单独跑销售更合算。对于中间商来说,小批量的产品难统一规格、稳定货源、稳定进货时间、稳定价格。在生产者与中间商之间要有价格洽谈协商的过程,生产者越多,花费在谈判的时间越多,但进货很少,这对中间商来说,支出多,收益少,不合算,也不利于管理。

2. 生产科学化

农产品生产技术、管理方法手段越趋于科学,越有利于市场的管理,如产品规格统一。设想没有经过科学化、规范化生产的农产品,品种不定,大小不一,只能成批进货,无法挑选归类,就无法提高产品价格,产品也不容易分类和保存管理。通过科学生产,产品越标准化,越有利于进货时的识别、分类、定价,也越有利于贮藏管理、提高市场价格、获得更高的收益。

3. 必要的设备和技术手段

农产品不同于一般工业产品,由于其自身的特殊性,要求在包装、运输、入库、出库、摆放上市等各个环节都具有一定设备或技术手段。仅包装来说,蔬菜或水果收获后生物的过程还没有停止,还要继续呼吸,具有温度变化等特殊性,如果一味地堆积起来,不加以科学的管理,这些产品就会升温、霉变、腐烂。因此,实现农产品间接营销,必须首先创造管理、保护产品的条件。

4. 专业经营管理人才

实现独立的农产品营销过程是一门科学,必须由掌握一定农产品营销经验、知识的专业人才管理、经营。对人才的要求包括:较强的市场预测能力、科学的市场决策能力、较丰富的市场竞争经验和较多的农产品经营经验。

5. 建立运行良好的组织体系

中间商可以是个人也可以是组织,但是面对日益科学化的农业生产技术的普及,越来越多的产品趋向科学化、规范化,因此客观上建立运行良好的组织体系更适合农产品的市场销售与竞争。这个体系包括:企业经营策略、企业发展目标、企业经营手段、企业经营文化、经营管理技术措施、企业货源体系、销售体系等。

6. 建立规模化的市场法制体系

农产品离开产地进入流通领域，必须具有规范的市场体系。这为规范中间商的经营行为，保证消费者的利益创造了良好的条件。

（三）农产品间接销售的形式

1. 农产品代理商

广义的代理指代理人以自己或被代理人的名义，代理被代理人与第三人实施民事法律行为。其后果直接由被代理人承担。狭义的代理仅指直接代理。农产品代理商指只负责争取顾客或代表买卖方进行交易，但不拥有商品所有权的中间商。

代理商分为独家代理与多家代理。独家代理是指厂商或供应商在某一市场的独家权利，厂家的特定商品全部由该代理商销售。多家代理是指厂商不授予代理商在某一地区、产品上的独家代理权，代理商之间无区域的划分，都可以为厂家经营订单而厂家也可以在所在区域或各地直销或批发产品。这种代理商一般要靠产品品牌、声誉和市场的影响力使产品畅销，因此其代理商自身没有多大营销实力，而是靠产品的市场影响力。

代理商还可分为总代理与分代理。总代理首先具有独家代理的特点，同时有权指定分代理商，有权代表厂商处理其他事务。于是代理层次可能很多。总代理为一级代理，分代理为二级代理或三级代理。分代理受总代理商指挥、指定、选择，并报告厂商批准。这种代理体制的优点是总代理可以通过在各地区指定分代理商扩充市场，但是分代理多了，层次也多了，将给管理工作带来困难，造成混乱。

代理还可以分为佣金代理与买断代理。佣金代理指代理商的收入主要来自经销的佣金，代理商的价格决策受到一定限制，佣金代理又分为代理关系的佣金代理商、买卖关系的佣金代理商，承担经营风险相对较小；而买断代理则先向厂商进货，若收不到货款则损失，因此经营风险较大。

2. 农产品经销商

农产品经销商指生产者指定特定公司为其产品交易的中间商，双方签订合同，生产者提供产品由该中间商进行销售。这个合同就是经销合同。合同中明确了产品的销售权力，也明确了销售义务。因此，经销商与生产者的关系是法律上的买卖关系，经销商依据合同约定的权利进行营销活动，并以生产厂家的名义销售及服务，所以与生产者是法律上的买卖关系。对经销商的要求：应具备一定的资金，有分销机构和服务设备及贮存库房等并提供较全面的服务项目。在农产品的中间商中经销商，特别是独家经销商很少见。因此它更适合一些耐用消费品。

3. 农产品经纪人

农产品经纪人，是指活跃在农村经济领域，以收取佣金为目的，为促成他人交易而从事农产品产销中介服务的个人、法人和其他经济组织。农村经纪人一般采用“市场 + 经纪人 + 农户”的模式从事经纪活动，在这种模式下，一个经纪人联系着若干户农民，少则几户，多则上百户、上千户甚至上万户。

（四）农产品间接销售操作应注意的问题

1. 规范化

没有规范的间接销售，势必造成生产者与中间商、中间商与客户之间的矛盾，最终将造成中间销售的衰败。我国农产品中间销售形式多样，离开规范，会造成严重的后果。为此国家从2004年开始出台《农产品批发市场管理技术规范》等一系列的规范、规则来协调管理好中间交易市场。

2. 合作化

只有进行区域合作、共性产品合作，探索合作的方式和思路，才能将间接销售的组织做大做强，才能解决好间接营销中的货源问题，才能减少不必要的盲目的市场竞争，将风险降低。间接销售的农产品合作是我国农产品市场营销的主要发展方向。

三、农产品网络销售模式

（一）农产品网络销售定义与特点

1. 农产品网络销售定义

农产品网络销售，就是通过互联网对农产品进行销售。

2. 农产品网络销售的特点

（1）交易成本的节省性。交易成本的节省体现在企业和客户两个方面。对企业来说，尽管企业上网需要一定的投资，但与其他销售渠道相比，交易成本已经大大降低了，其交易成本的降低主要包括通信费用、促销成本和采购成本的降低。

（2）交易的特殊性。交易的特殊性包括交易主体和交易对象的特殊性。从交易主体来看，随着网民的增加和电子商务的发展，网上购物的人数在不断增加。但是网上购物者的主体依然是具有以下共同特征的顾客群体：年轻、比较富裕、比较有知识的人；个性化明显、需求广泛的人；知识广博、头脑冷静、擅长理智分析和理性化选择的人；求新颖、求方便、惜时如金的人。从销售对象的特征性来看，并不是所有的商品都适合在网上销售。

（二）农产品网络销售的条件

农产品网络销售是现代信息技术在商务活动中的应用，开展网络销售需要一定的支持条件，包括农户和企业的外部的基本环境和内部的基本条件。

农产品网络销售的外部环境包括网络销售基础平台以及相关的法律环境、政策环境，一定数量的上网企业和上网人口，必要的互联网信息资源，农产品品质分级标准化，包装规模化及产品编码化程度等。内部条件主要是指农户或企业开展农产品网络销售所应具备的接入互联网的基本条件。一般来说，开展农产品网络销售，需要有三方面的条件，即农产品特性、财务状况和人力资源。

1. 农产品特性

农产品网络销售是为顺应营销手段的发展而崛起的一种销售模式。如果一种农产品有现成的市场,有现成有效的营销方法,那么可以不必考虑网络销售。如果网络销售不能在短期内带来切实的收益,还是应该量力而行,根据农产品的特性慎重决定。网络销售适用于利润水平较高、不容易寻找消费者的农产品,如一些特色农产品、出口农产品等。

2. 财务状况

用于网络销售的支出不是消费,而是一项投资,并且是长期投资,有时还需要不断投入资金,网络销售不一定能取得立竿见影的成效。农户和企业等营销主体应该根据自身的财务状况制定适合自身的网络销售策略。在开展农产品网络销售之前,需要对支出进行统筹规划。

3. 人力资源

网络销售有其自身的特殊性,如互联网本身的互动性、信息发布的及时性以及网络销售的基本手段——网站建设与推广等,这就要求网络销售人员既有营销方面的知识,又有一定的互联网技术基础。要根据人才的状况确定网络销售的应用层次。

(三)农产品网络销售的形式

目前我国以农产品销售为目的的经营网站已经有相当的数量和规模。既有全国性的,又有省市地方性的;既有综合性的,也有专门针对某一类产品的特色贸易网站。选择合适的农产品网络销售的形式是开展网络销售的第一步。

1. 无站点的农产品网络销售

在营销主体的实力还不够强大,经营规模偏小的情况下,考虑到建立网站和维护网站所需的巨大投入,农户或农业企业可以不用自己投资兴建网站,而是优先选择在农业专业网站上发布供求信息(如农产品加工网、农产品市场信息网以及一些政府农业管理部门的官方网站)。这样既达到了发布信息的目的,又能够节约成本。实践证明,这种营销策略在当前农产品营销主体实力不强,而农业专业网站有一定发展时,不失为一种有用、有效、务实的选择。

在农产品销售中,了解市场价格、需求等市场信息是非常重要的环节,通过互联网可以方便地完成。互联网调查市场行情,可以通过网上搜索法(目前国内的主要的搜索引擎有百度 www.baidu.com,谷歌 www.gogle,搜狗 www.sogou.com)、登陆农业信息网站(中国农业信息网 http://www.moa.gov.cn)等。网上有很多的农产品信息网站,在这些网站上发布农产品信息一般是免费的。首先在相关网站上注册,登陆后可以根据产品的特性发布在相关类别的网站栏目上。这种简单的方法也能起到不错的效果。例如,中国农产品交易网(http://www.apte.cn)、中国农产品网(http://www.zgncpw.com)等。

2. 基于站点的农产品网络销售

当营销主体实力强大到一定程度时,为了企业的长远发展,可以建立宣传型的农产品网站或利用淘宝、阿里巴巴、天猫等第三方平台建立自己的农产品网上店铺。

网站的内容结构应包含农产品企业信息、农产品信息、顾客服务信息、促销信息、销售和售后服务信息、联络资料、线上采购页面、顾客交流平台等。网站的风格要与所经营的农产品相统一,在色彩搭配、网站布局等方面彰显自身特色。目前,农产品的网络营销仍以网上营销洽谈、网上网下成交支付为主要形式。因此,营销导向的企业网站建设和升级、网站优化与推广、搜索引擎营销、论坛营销、电子邮件营销、博客营销、网络广告等都可以吸引客户前来企业网站访问,促进农产品“订单农业”的实现。同时,企业可以通过网上店铺进行基于产品或服务的特色营销,这里的特色一方面是指特色产品,如地方土特产、高科技含量农产品等;另一方面是指特色服务,如团体购买服务等来满足消费者的个性需求。网站以及网上店铺的建立可以树立农产品经营企业的良好形象,通过网站和店铺发布商业广告、产品特色介绍,可以扩大企业的知名度,帮助企业打造自己的品牌。现在主要有三种类型:网上零售C2C,企业与企业的电子商务B2B以及建设政府农业网站开展B2G2C服务。

(1) 网上零售C2C。与专业发布农产品供求信息的农业网站及专业的农产品交易网站不同,淘宝网等网站作为国内领先的个人交易网上平台,与普通消费者亲密接触的机会更多,把农产品放到此类网站上进行销售更有助于农产品走进普通消费者的购买决策圈,使农产品可以不受地域的限制在更大范围内开拓市场,更为有力地推动农产品的零售批发。下面就以淘宝网为例,介绍如何进行网络零售。

目前淘宝网的首页上,在分类信息“食品”中有“菜场”这一栏目,里面包含“新鲜蔬菜和水果/五谷杂粮米面/食用油”,“新鲜肉类/干货土特产/速食/订餐/腌腊制品”,“海产干货/鲜活水产/鲜禽蛋/蜂蜜”,“生鲜/订餐同城配送”这类栏目,可以看出在网上零售农产品的种类较多。但是卖得好的产品,往往具有如下的特点:当地的特色产品、体积较小、保鲜时间较长、名牌产品,如阳澄湖大闸蟹等。

从农产品生产区域看,有新疆特产一级开心果、塞外特产蔚州特色农产品——糊糊面、浙江省绿色农产品山核桃等,集纳天下好味道。

此外,从店铺名称、产品介绍上可以看出其中有不少卖家就是农民自身,经营的都是自家出产的农产品。比如店名有:农产品自产自销专营店,主营苏州东山土特产;“瑶家土特产”农家自做的酸辣大头蒜;胶东特产——炒大花生,本店花生是自己地里种的,老妈在锅里烘炒出来的,用文火慢慢地烘,细细地翻,炒出农家人朴实!欢迎大家光临品尝等。

(2) 基于第三方交易平台的B2B农产品营销模式。第三方交易平台的发展激励了各行业参与电子商务的热情,一些个体农户和农业企业利用第三方平台供求信息服务出售农产品,拓宽了传统交易市场,降低部分产品大市场推广和销售沟通的成本。这些第三方交易平台既有专门服务于农产品交易的,如山东寿光农产品交易网,也有跨行业的第三方交易平台,如阿里巴巴。该模式的网络营销表现为一定的随机性,根据农产品产出和用户捕捉市场信息的能力选择信息服务平台,具有随季节和气候年份不同而产生的波动性。

(3) 建设政府农业网站开展B2G2C服务。省、市、县各级政府以当地农业部门为主体建立农业网站,开展B2G2C服务。该模式以政府部门为主导,帮助中小型农业企业参与面向批零市场的终端消费者提供农产品,其目的是保障当地农产品的流通,并通过发布信息和在线咨询引导企业或个体生产者生产符合终端市场的产品。

（四）农产品网络销售操作应注意的问题

1. 加强农产品网络营销基础设施建设

农产品网络营销的发展，要求有极快的网络传输速度和畅通的网络传输渠道，因此，农村网络基础设施与信息网络建设尤为重要，更要建设有特色的农产品网络营销站点，接入各地农业信息网发布农产品信息，为农产品买卖双方寻找合作伙伴提供方便、快捷的平台服务。

2. 实现农产品标准化

农产品标准化，主要包括产品品名和类别、质量等级、重量标准、包装规格、保鲜标准等，通过标准化这些信息，保证处于同一级别的产品具有相同或相似的特征，以利于买卖双方的沟通和接洽，保障双方的利益。

3. 防范信用风险

网络销售，买卖双方互不相识，道德风险和逆向选择在所难免，因此必须强化对用户的身份认证，一旦发生欺诈行为，保证对相关责任人的可追溯性。

四、农产品其他销售模式

现代农产品销售方式多种多样，除了直销、批发销售、网络销售等形式，随着农业产业化的发展，农工贸一体经营、农产品的拍卖交易、期货交易等形式在逐步发展。

（一）农产品农工贸一体化营销方式

1. 农产品农工贸一体化营销的含义

农工贸一体化营销是指企业在经营活动中，在一体化营销理论指导下，既搞生产，又搞流通的一种营销方式。

2. 农产品农工贸一体化营销的特点

（1）强调同一个企业工贸结合营销。在一个企业中既搞农产品的生产、加工，还要进入流通领域开展销售活动，才算得上农工贸一体化营销。如果一个企业把产品生产出来，提供给另一个企业，由这家企业再进入流通，销售给用户，则不能称为农工贸一体化营销方式。

（2）强调生产、加工、流通的统一。一些农产品生产企业生产出的产品可以通过各种方式直接进入流通领域，也可以把产品加工后再进入流通领域，这时要求企业把生产、加工和流通一起抓，这是与农业产业化经营相配套的营销形式。

（3）强调营销一体化。农工贸结合营销实质就是一体化营销。它是集原料供应、产品开发与生产、加工与销售为一体的经营战略。企业内要形成一个生产、加工、贮运包装和销售各个环节在内的有机整体，在这个整体内只有强调一体化经营，才能实现优势互补，提高资源配置效率，从而产生整合和协同效应。

（二）农工贸一体化营销的操作

农工贸一体化营销分很多种形式，比如，有的是生产企业发展农工贸一体化营销，这些企业在抓好生产创好产品品牌的同时，还要花大力气组建营销网络。要组织市场调研，明确自己的目标公众，规划自己的销售区域，形成四通八达的销售网络，使产品迅速进入广大顾客家；另一类型是流通企业发展农工贸一体化营销，这些企业关键要有个好产品。也就是说，流通企业在坚持搞好购销活动的同时，还要组织力量开发研究顾客需要的产品。不论哪种形式，在操作农工贸一体化营销时，必须妥善处理好以下几方面的问题：

1. 处理好生产者和加工企业与市场的关系

加工企业是农工贸一体化营销的中间环节，要处理好加工企业和生产者与市场的关系。从目前来看，加工企业与生产者的关系有多种形式可供参考。生产基地型是比较普遍的形式。生产基地是以环境和资源条件的趋同性，生产特点和发展方向的一致性，开发方式和生产手段的类似性为依据组建的，实质上是同一种专业生产的集合，在一定区域内形成商品的批量，这就是我们常说的专业村或专业镇。因为在一体化营销中，加工企业直接面对分散的农户，感到难以控制，组织成本也比较高；而分散农户直接面对加工企业，谈判中处于不利地位，也迫切需要提高组织化程度。基地就是这样一种满足加工企业和农户两方面需要的组织形式，是众多农户组成共同利益的有机体。我们常说的“公司 + 基地 + 农户”、“龙头企业 + 基地 + 农户”就是这种形式。还有一种出现比较多的形式是契约性的，加工企业与生产者签订农产品种植收购合同，双方有明确的权利和义务约束，这就是我们常说的“公司 + 农户”、“龙头企业 + 农户”的形式。加工企业和市场的关系则多数是通过自己的销售网络来实现的。这样企业可以有效地管理销售渠道，保证商品质量，及时掌握市场信息，树立企业的形象。也有的加工企业是通过中间商来完成产品的销售，或通过批发市场销售产品，不论用什么形式，都要处理好企业和市场关系。总之，企业要根据自身资源的特点和发展的需要，有效地选择能发挥自身优势的营销方式，这样才能通过加工企业这个中间环节，促进农工贸一体化营销方式健康发展。

2. 准确把握市场信息是农工贸一体化营销成败的关键

在现代市场经济活动中，信息是导向性的经济要素。对消费者的消费习惯、消费能力、消费心理、消费服务方式、产品需求方式的变化等信息都要及时掌握；要科学、准确地认识市场环境，寻找企业发展机会，创造性地开展营销活动，改变企业营销环境，谋求市场优势，充分利用对企业营销有利的市场条件，把握好市场环境；同时还要注意市场体系的建设。在市场经济条件下，发展农工贸一体化营销，所需要资金、劳动力、人才、技术、设备及土地资源等，只能通过市场机制配置和聚集，因此要建立完善的市场体系来保障。要建立健全资本市场、技术市场、信息市场、劳动力市场等各种要素市场，稳定、规范的市场会为农工贸一体化营销创造进一步发展的机会。

3. 处理好利益的分配是农工贸一体化营销的难点

如何处理好农、工、商各方面的利益分配，是农工贸一体化营销中比较困难的问题。各地在一体化营销中，利益的分配机制和分配方式呈现多样化的局面，但对农民利益有一定补偿是共同点。对农民利益补偿可以以合理价格收购农民产品，或通过为农民提供各种服务，把加工、销售环节的利润间接补偿给农民；要确保利益分配机制的正常运转，就要强化各方的法治意识，签订具有法律效力的合同，对利益的分配要有健全的监督体系，政府在宏观上给予指导。

（二）农产品期货交易形式

1. 农产品期货交易的定义

农产品期货是种植业产品期货的总称，主要包括谷物、肉类和热带作物等三大类初级产品期货合约。同其他期货合约一样，在农产品期货合约中也对买卖双方将来必须履行的权利和义务作出了明确规定，例如交易双方必须按预先给定的交割日期、产品质量标准、数量和交货地点进行农产品实货的交割。农产品期货是期货交易的起源性商品，它始终是商品期货的一个重要部分。目前，上市交易的农产品期货主要包括如下几个大类：谷物类，主要包括玉米、大豆、小麦、大麦、红小豆、油菜籽等；肉类，主要包括生猪、冷冻猪肉、活牛、小牛等；热带作物类，主要包括可可、咖啡、糖、棉花、橙汁、天然橡胶等。

农产品期货交易是指在农产品交易所进行的期货交易，实质上是一种买卖某种农产品标准化期货合约的交易。期货商品不同于现货商品，它从进入期货市场交易到最后实物交割，需要经过较长的时间和多次转手，而且在交易期间期货商品并不放置在现场供买卖双方当场查验，因此期货商品具备一般现货商品所不具备的特性。

2. 期货交易的特点

（1）风险性。商品期货的风险性主要表现为商品市场价格的频繁剧烈变动。能够进入期货市场交易的商品，是市场价格波动频繁、波动幅度较大、价格走势不易确定的商品。因此，那些价格风险小、价格走势易于确定的商品或金融工具，一般不适合作期货交易。

（2）竞争性。进入期货市场的商品必须拥有大量的买者和卖者，商品市场的价格必须通过充分的市场竞争而形成，不能出现买方垄断，也不能出现卖方垄断，因为垄断的出现将破坏期货交易中的公开、公正和公平原则，保证期货市场的竞争性是保证期货市场充分发挥其价格功能的必要条件。

（3）规模性。进入期货市场的商品，应当具有广泛的需求和用途，能够大量上市交易，有充足的市场供给和发达的现货市场基础，比如大宗农产品玉米、小麦、大豆和一些林产品等适合作期货商品。供求量小、用途单一、现代市场基础差的商品，不适合做期货交易。

3. 期货交易商品的特点

并不是所有的商品都适合期货交易，适合期货交易的商品应具有以下几方面的特点。

（1）期货交易的商品必须是拥有众多的买者和卖者的商品。比如米、小麦、大豆等用途多样、需求量很大，产地又相对集中。比如玉米，全世界有三大玉米产地，分布在美国、中国和欧洲的南部平原地带，交易量大，很适合做交易产品。

（2）期货商品必须是交易量大而且价格容易波动的商品。比如大豆就是一种价格剧烈波动的国际性商品，在国际市场上大豆价格在总体上升的同时，呈现出明显的周期性。大豆期货已成为主要的农作物期货商品。

（3）商品的质量、等级、规格容易划分确定。比如小麦商品率高，质量、规格简单，易于标准化，非常适合作期货交易。

（4）期货商品必须是能长时间贮藏也便于运输的商品。在期货交易中，从交易到交割往往需要经过相当长的一段时间,最长的期货交易时间可达两年,最短的交易时间也有一个月左右。因此,期货商品必须能够长期贮存,不易变质,同时还要便于运输。当然,有关商品贮运技术的革新,如冷冻、保鲜技术和新型运输设备的出现,许多以前不适合做期货的商品也开始成为期货商品,进入期货市场。

4. 农产品期货市场与农产品现货市场的区别

农产品期货市场是农产品现货市场发育到一定程度的产物,没有农产品生产和农产品商品交换的发展就不会有农产品期货市场的出现。但是,农产品期货市场发展到今天,已与农产品现货市场有了重大区别。

(1) 买卖对象不同:农产品现货市场交易的对象是实物,是商品和货币的交换;而农产品期货市场上买卖的对象是期货合约,并不是直接的商品与货币交换。

(2) 交易目的不同:农产品现货市场的参与者,其目的是进行实物交割,实现商品所有权的转移;而农产品期货市场上的参与者,其目的不是为了获得实物商品,而是希望通过期货交易转嫁与这种所有权有关的由于商品价格变动所带来的风险,或者凭对市场把握来获得风险投资利润。

(3) 交易方式不同:农产品现货市场上,交易一般是买卖双方直接见面,通过互相谈判约定交易条件;而在农产品期货市场上,所有交易都集中在交易所,以公开兑价的方式进行。

(4) 交易场所不同:农产品现货市场有集中交易,也有分散交易,而且一般分散交易多,没有固定的交易地点;而农产品期货市场则必须在农产品期货市场交易所内依照法规进行交易。

(5) 保障制度不同:农产品现货市场的交易有《合同法》等法律作为保障,合同不兑现是借助于法律来解决的;而农产品期货市场的交易也有法律保障,但更重要的是有保证金制度和每日结算来保证市场的正常运行。

5. 农产品期货市场的建设

我国自1990年以来,先后在郑州商品交易所(ZICE)、大连商品交易所(DCE)、上海期货交易所(SFE)、北京商品交易所(BCE)、海南中商期货交易所(CCFE)、苏州商品交易所(SUCE)、长春联合交易所(CCUE)、沈阳商品交易所(SCE)、成都联合期货交易所(CUFE)等开办了农产品期货交易。1998年国家将全国14个期货交易所撤并为上海、郑州、大连3家。目前上市交易的农产品期货品种有:小麦、绿豆(郑州商品交易所)、大豆、豆粕(大连商品交易所)。期货市场有价格发现和套期保值功能,是化解农业市场风险的有效途径之一。我国农产品期货市场经过20多年发展,期货市场上市了20个农产品期货品种,占已上市商品期货品种总数近一半,基本覆盖了粮、棉、油、糖等主要农产品,对稳定农产品市场价格起到了积极作用。

(三) 农产品拍卖交易

近年来,随着国务院及政府相关部门对农产品流通领域的日益重视、农业生产区域专业化及加入WTO后外向型农业发展,我国农产品区域流通将呈一定加速度方式增长。借鉴发达国家经验,在蔬菜、水果、花卉、茶叶、水产品、肉类等鲜活农产品批发市场推行拍卖交易将是大势所趋。农产品拍卖作为新兴领域逐渐崭露头角。云南的花卉、贵州的辣椒、寿光的蔬菜都在进行农产品拍卖。

1. 拍卖的定义

拍卖是以公开竞价的形式,将特定产品转给最高应价者的买卖方式。具体来说,它是由拍卖行接受委托人的委托,按照一定的规则,在事先公布的时间和地点,以公开叫价的形式,卖货于出价最高的买主。

2. 拍卖活动具备的条件

(1) 有被拍卖的对象。适合拍卖的商品很多,农产品拍卖活动主要是农产品展销会后,将一些展销的产品进行拍卖,还有就是农产品批发市场的拍卖活动,可以是不同品种的粮食、油料等产品,也可以是一些鲜活农产品等。例如,辽宁省阜新蒙古族自治县一位五十余岁的生物教师。他在自家的菜园里用了几年的时间培育出单个体重达五十公斤的巨型西瓜,同时还迎合中国人的习俗在瓜体上用遮盖的方式自然生成出“寿”、“喜”字样。号称“世纪瓜王”的两个超大西瓜,2002 年 8 月 8 日下午在天津国际拍卖公司以人民币 11 560 元被拍卖,创出中国农产品应季食品拍卖的历史纪录。

(2) 要有合格的组织者。要有从事拍卖活动的中介组织即拍卖行,还要有设备健全的拍卖市场。拍卖是一项公开竞价的买卖方式,有至少两人以上的竞买人才有可能形成价格竞争的局面。要遵循严格的拍卖规则。“公开、公正、公平”是拍卖的基本原则。如果买方私下串通压低价格,或拍卖方偏向某一方,或当事人反悔等都是违法行为。

3. 农产品拍卖的程序

(1) 要选好拍卖的农产品。委托拍卖行进行拍卖,向拍卖行提交有关的拍卖资料,并且与拍卖行签订《委托拍卖合同》,合同中要写明拍卖人、委托人的姓名、地址,拍卖的农产品的等级、数量,拍卖的方式是增价拍卖、减价拍卖还是密封拍卖等有关事项。

(2) 要出拍卖公告与展示。拍卖人应在拍卖的前 7 日发布拍卖公告,公告要写明拍卖的时间、地点,拍卖标的,竞买人的资格及条件,并在拍卖前展示拍卖标的和相关资料,比如,拍卖标的的资料,拍卖价款的支付方式和期限,拍卖方式和应纳税费等。

(3) 拍卖的实施。拍卖师在拍卖前宣布拍卖规则和注意事项,并按拍卖资料中所列的拍卖方式进行拍卖。拍卖师以落槌的方式确认拍卖成交,拍卖人与买受人签订《拍卖成交确认书》,内容包括拍卖人、买受人的姓名、地址、拍卖标的的价款、支付方式和期限,拍卖标的的交付时间、地点和方式,定金,佣金和支付方式,拍卖成交的时间、地点和方式,以及违约及争议的解决方式。若没有发生拍卖无效的情形,整个拍卖活动就顺利结束。

项目六 农产品促销策略

任务一 促销的含义与作用

任务要求

了解促销的含义与作用。

任务引入

褚橙促销策略

2013 年 11 月 16 日，韩寒发了一条微博："我觉得，送礼的时候不需要那么精准的……"附图是一个大纸箱，上面仅摆着一个橙子，箱子上印着一句话："在复杂的世界里，一个就够了。"有精明一点的围观群众看到箱子右上角的"本来生活"标志，马上开始意识到：这是本来生活在卖褚橙的广告吧。微博一发出，便引来众多粉丝围观，看官们的各种会意打趣，加上韩寒故作无奈的语气，引来 300 多万人次阅读，4 千多个转发评论。

橙子不是稀罕物，本不大好卖，而如今的褚橙走上了"互联网"的模式，利用网络推广促销，果树上的橙子还没落地就已经被预订一空。

任务描述

说出促销的含义与作用。

相关知识

一、促销的含义

促销就是营销者向消费者传递有关本企业及产品的各种信息，说服或吸引消费者购买其产品，以达到扩大销售量的目的。促销实质上是一种沟通活动，即营销者（信息提供者或发送者）发出作为刺激消费的各种信息，把信息传递到一个或更多的目标对象（即信息接受者，如听众、观众、读者、消费者或用户等），以影响其态度和行为。

每一个促销项目由三个要素构成：要素一是奖励。这是经销商在促销活动中为顾客提供的有价值东西。什么样的奖励可以按经销商的意志决定，但基本效果应该有：顾客节省金钱；给顾客提供一个免费试用你的出售物品的机会；顾客能够获得赠品；顾客获得某种体验。要素二是发送方法。这是经销者实现奖励的方法，它可以通过售价标签、赠券、打折、产品样品、奖品、竞赛等办法实现促销的目的。要素三是传播途径。顾客获得某种关于你的产品信息的载体，包括广告、产品包装、直接邮寄、人员推销等。

农产品促销是指农产品经营者需要根据产品的特点和营销目标，综合各种影响因素，对广告、人员推销、营业推广、公共关系等促销方式进行选择、统配和运用。

二、促销的作用

1. 沟通信息

这是促销最基本的作用。一方面，通过宣传将企业的形象，产品的性质、特点、作用等信息传递给消费者，调动其购买的积极性。另一方面，通过信息在销售渠道各个环节的层层传递，使渠道成员及时了解掌握反馈意见和要求，加强生产企业、分销商和消费者之间的关系。

2. 扩大销售

消费者需求具有可诱导性，特别是在介绍期，顾客对产品认知度低，企业可以通过开展促销将潜在的需求激发成为现实需求，从而扩大销售；当企业运用常规销售手段不能很好地实现预期效果或者遇到销售不利的局面时，也可以通过促销刺激市场需求，甚至创造需求，解决销售问题。

3. 强化定位

通过开展有效的促销活动，可以将企业和产品的市场定位更直接地宣传给顾客，突出自身的个性化特点，激发消费者的兴趣，进一步加强企业在市场中的竞争优势，巩固企业和产品的市场地位。

任务二　选择促销手段的技巧与策略

任务要求

掌握各种促销手段的技巧与策略。

任务引入

用人格的魅力吸引顾客

某食品研究所生产一种沙棘饮料，一名女大学生前往一家公司推销。她拿出两瓶样品怯生生地对这家公司经理说："这是我们刚研制的新产品，想请你们销售！"经理好奇地打量了一眼这个文绉绉的推销员，正要一口回绝，却被同事叫去听电话，就随口说了声"你稍等！"

打完了一个漫长的电话，经理早已忘了这件事。这样，这位推销员整整坐了几个小时的“冷板凳”。直到临下班时，经理才发现这位等回话的大学生，经常与吹得天花乱坠的推销员打交道的老资格经理，面对这个腼腆的姑娘，内心一下子感到很踏实，当场拍板进货。

（资料来源：市场营销学）

任务描述

一个合格的销售人员在与顾客交往的过程中，首先要用自己的人格的魅力吸引顾客。这是一种什么样的促销手段？你还知道哪些促销手段的技巧与策略？

相关知识

促销的方法有多种，如 人员推销、广告、营业推广、公共关系等，这些方法各有优点和缺点，对各种产品的销售所起作用也不尽相同。

一、人员推销

人员推销是指营销人员直接与顾客或潜在顾客接触，宣传介绍商品，以达到促进销售的目的。现代营销中的人员推销，是一个综合复杂的活动过程，它不仅要通过传递信息以招揽顾客、接收信息来发现顾客，接近、洽谈来达成交易，而且还必须通过反馈信息，提供后续服务，以进一步满足顾客需要，建立良好的信誉，促进再次购买。

（一）人员推销的特点

人员推销虽是一种古老的销售方法，但是在今天的农产品营销中仍然具有十分重要的地位。与其他推销手段相比，人员推销具有以下特点：

1. 直接性

人员推销直接与中间商或消费者接触，面对面地交流、洽谈，可以建立一种友好的关系。通过演示、讲解，顾客可以直接获得有关农产品及生产企业的信息，推销员也可以直接了解顾客态度，以便及时调整促销策略。

2. 针对性

人员推销能针对目标顾客的情况灵活地采取有效手段，有针对性地从某个侧面介绍农产品的特点及功能，抓住时机促成交易。我们常说的“到什么山头唱什么歌，见什么人说什么话”就能代表人员推销的针对性这一特点。

3. 服务性

推销人员可以兼做服务，即根据中间商或消费者需要，及时提供售前、售中、售后服务，包括交货服务、代客包装、托运、送货上门、换货服务等，并可以帮助中间商或消费者解决各种疑难问题，以保证他们满意。

4. 情谊性

人员推销带有很强的感情色彩，即推销人员经过多次与中间商或消费者交往，可以建立超越买卖关系的友情。

（二）农产品销售人员的招聘与选拔

农产品销售人员需要具备两种基本的素质：一是善于自觉地从买方角度考虑问题；二是具备不屈不挠的意志，有强烈的自我成就感。而其他方面的素质则可以在培训和销售实践中得以培养与提高。在挑选、聘用推销人员时，一般在经过本人申请、双方面谈、体格检查等过程后，还要做以下两种测验：一是能力测验，包括语言运用能力、归纳能力、观察能力、理解能力、控制能力、应变能力和解决难题的能力等。二是个性测验，包括态度测验、兴趣测验和性格测验等。

（三）农产品销售人员培训内容

挑选好适合的销售人员后，还需认真对其进行培训，然后才能让其担任实际推销工作。农产品销售人员培训内容主要有：

（1）了解企业的经营情况。包括企业的历史与现状、经营目标与经营宗旨、组织机构设置状况、主要负责人员、主要产品的生产与销售状况等，另外还要求明白企业的经营理念。

（2）了解企业产品情况。包括产品的特点、生产养护过程、产品的用途等。

（3）了解企业的顾客及竞争者的特点。特别要了解顾客的基本类型、购买习惯和竞争者的基本策略等。

（4）掌握表达方式。一般介绍与顾客交谈的基本诀窍，用案例说明推销过程的基本要点等。

（5）了解自己的工作程序与职责。介绍如何分配工作时间，如何写工作报告等。

（四）农产品销售人员促销技巧

1. 与客户见面的技巧

“好的开始是成功的一半”，与客户的第一次见面在一笔交易中显得尤为重要。农产品销售人员在与客户见面时必须注意以下几方面的技巧：

（1）见面前必须对顾客有一定的了解。了解顾客需求的特点，然后再针对农产品的某一具体功能向目标顾客推销，投其所好，便能够提高交易的可能性。

（2）预测谈话内容，并对相应语言进行组织，提高应变能力。同时掌握好对待形形色色买主的技巧。如遇到待人热情的买主，销售人员应尽早地进行全面的分析，掌握他对自己热情的真正目的，再采取相应的办法。要求销售人员头脑要清楚、观察要敏锐，应变要及时、准确。遇到不想会面的买主，关键是消除他们的不安感和不信任感。销售人员要采取比较温和及富有感情的推销方式，特别是要凭借优良的产品、周到的服务和坦诚的交往等获得买主对自己的信赖等。

（3）自我介绍的第一句话不能太长。农产品的品牌往往与产地或一些有名的农业企业联系在一起,因此销售人员在介绍时可以简洁说:“我是来自××地方的”,或者说“我是××企业的”,而不能用长句表达成“我是××地方××有限公司”之类的介绍。

(4) 学会假借引起指令或赞美来引起客户的注意。比如,可以说“是我们县农业协会派我来的”,“是××三家业务员说你生意做得好,我今天到此专门拜访您,取取经”。

2. 交换名片的技巧

交换名片不是单方面的给名片,而是双方之间的未来交流意愿。销售人员在见面时不要过早拿出自己的名片,在说明来意,自我介绍完成后,观察客户反应,再用出交换名片的决策。销售人员可以在拜访完成时,提出“××经理,与您交换一张名片,以后多联系”的建议。而不是应该向客户经理提出“可以给我一张您的名片吗?”的尴尬要求。

3. 交谈气氛融洽的技巧

缺乏想象力的销售人员在和顾客见面后,往往急于进入推销状态,会迫不及待向顾客介绍自己的产品。常见现象是,一见面就问:“要不要”、“买不买”,要知道大多数人对销售人员是反感的,所以不要让顾客一开始就把自己当作推销员。成功的推销员往往先谈顾客及顾客感兴趣的问题及嗜好,以便营造一种良好的交谈气氛。比如,可以询问对方有关农产品消费的习惯以及本地有关产品消费的习俗等,找到与产品有关的相关话题。

4. 产品介绍技巧

在推销过程中,产品介绍必须根据客户、用户的利益来确定产品介绍的特点。

(1) 向经销商介绍产品。经销商关心的是产品的赢利能力与水平,所以在向经销商介绍产品时,应先简单告诉产品是干什么用的,主要的用户或者消费群是什么。接着就要介绍这种产品在流通过程中可获得的利润水平怎么样,再接着围绕流通环节的价差展开说明。最后再来介绍一些售后服务、运输服务等方面的事项。由于经销商的主要目的是为赚钱,所以对经销商介绍产品主要围绕能获得多大的价差及多大的销量展开。

(2) 向消费者介绍产品。用户关心的是产品能给他带来什么好处,因此向消费者推销产品要设法识别客户的层次、素质、需求、喜好,并阐明本产品能够满足这些需求。向用户介绍产品的一般步骤是先介绍某类产品的功能,再介绍本产品的特点,接着将本产品特点与消费者关注的利益点联系起来,最后解答一些赠送、送货上门等增值问题。在向用户介绍产品时,最难的是判断用户的关注点或利益点。

5. 不让对方说“不”

有些新的销售人员常常不知道怎样开口说话,好不容易敲开顾客的门,却硬邦邦地说:“请问你对××产品感兴趣吗?”,“你买不买××商品?”等,得到的回答显然是一句很简短的“不”或“不要”,然后就搭不上腔了。因此,销售人员在推销农产品时也应该谈论一些商品以外的比如食用习惯等问题,谈得投机了,再进入正题,这样更让人容易接受。

(五) 农产品销售人员促销策略

1. 针对批发商的推销策略

农产品批发商是我国农产品流通组织的重要力量,普通推销员可以通过各个农产品批发市场方便地联系到这些批发商,一旦与批发商建立良好的合作关系,便可给农产品销售带来巨大利益。对批发商来说,差价与利润是他们主要关心的因素,因此推销的产品应该要能够满足其市场利润较高的要求。

2. 针对代理商、经纪商、佣金商的推销策略

对于一些品牌知名度较高的、销售前景较好的产品,可以通过销售人员与这些代理建立合作关系,促进产品的销售。对代理商来说,产品的市场前景是他们关心的问题,因此推销员应该重点介绍产品的功能、质量、品牌知名度等内容,以引起代理商的兴趣。

3. 对企业的推销策略

企业需求的是成本低、性能强的原料性农产品,因此推销员应该要能够掌握并阐述相关产品加工转化率的指标及其相对应的性价比。此外,企业往往非常关心农产品生产方对质量的控制能力。

4. 对机构团体的推销策略

大专院校、中小学、医院、旅馆、俱乐部、饭店以及其他实行集体膳食的机构,通常都由专掌服务的主管负责购买。这些机构团体需要的是足够安全的性能保证。所以推销员应该找负责人,并重点表达产品的安全、营养质量及质量控制能力。

5. 对超市、农产品连锁店的推销策略

由于这些顾客关心的往往是产品的质量、安全问题,以及相关的服务功能。因此,推销员也应该针对这些特点做好相应的准备,组织交谈的内容。

二、农产品广告

农产品广告就是农产品经营者借助各种广告媒体,将自己的产品信息传递给广大消费者,是经营者与市场沟通的桥梁,是扩大农产品销售的有效途径。

(一) 广告的作用

为使农产品在品种、花色、地点、时间等方面做到适销对路,必须通过商品广告沟通信息。广告是营销组合之一——促销的有机组成部分,所以广告必须建立在营销组合的基础上,才可以取得比较好的效果。其主要作用体现在以下几方面:

(1) 创造新的市场需求,使消费者更了解企业产品,促进购买。

(2) 能提高企业经营管理水平,增强企业的竞争力。通过广告宣传,不仅能促进产品名副其实,而且还有利于企业进一步加强自身经营管理质量,向规范化、标准化发展,从而增强竞争力。

(3) 能有效地提高企业的声誉。企业的公益广告能有效宣传企业的宗旨,传播企业文化,加强与消费者之间的沟通,从而使企业的美誉度、知名度和顾客忠诚度都得到加强。

(二) 广告媒体的种类

广告媒体的种类很多,主要包括报纸、电视、广播、杂志、邮寄广告、户外广告、网络广告等。各种媒体接触的听(观)众不同,影响力不同,广告效果也不同。为了实现广告的接触

度、频率和效果等目标,应了解各类媒体的主要优缺点,以选择适合的广告媒体。

1. 报纸

报纸是一种使用最为普遍的媒体。其优点是:灵活性高,迅速及时,成本低,区域选择性好,可信度高。主要局限是:保存性较差,内容庞杂,易分散读者的注意力,清晰度也较差。

2. 杂志

杂志是以刊登专业性文章、专门知识和学术论文为主的刊物,往往有固定的读者群。其优点是:阅读对象明确,收效好,保存率高,阅读率也较好,可采用套色印刷吸引读者注意。主要局限是:信息传递具有延迟性,读者范围受到一定的局限。

3. 广播

广播是一种诉诸人的听觉的信息载体和传播工具。其优点是:传播迅速及时,不受场所限制,成本较低。主要局限是:广播速度快、不易记忆,且无处查阅,不能对听众产生视觉上的刺激,不易加深其印象。

4. 电视

电视是一种通过文字、声音、图像、色彩、动作等视觉和听觉形象的结合,以电波传递信息的媒体。其优点是:能够把视觉、听觉与动作都调动起来,较好地吸引观众的注意力,在短时间内给人留下深刻的印象。主要局限是:成本高,时间短,对象缺乏选择性。

5. 户外广告

户外广告是一种在露天或公共场所,包括在移动车船身上通过商业广告形式向消费者进行诉求,以达到推销商品或服务项目的广告活动的总称。其优点是:醒目、简明、易记。主要局限是:易受空间限制,无法表达复杂的内容。

6. 邮寄广告

邮寄广告是广告主向消费者直接邮寄广告信息的一种特殊广告形式。其优点是:针对对象明确,选择性好,迅速及时。主要局限是:不易生动化、形象化,广告比较呆板,所涉及的范围也有限。

7. 网络广告

网络广告是广告主以付费的形式运用互联网媒体对公众进行劝说的一种信息传播活动。其优点是:覆盖面广、受众广泛,实时性、持久性强,自主性阅读、针对性强等。主要局限是:受上网用户规模的限制。

好的广告对打开农产品销路是很有用的。但目前我国农产品经营者的广告意识仍较淡薄,在农产品营销中应该制订广告促销方案,农产品广告应致力于农产品品牌宣传,强化品牌意识与广告意识并存;广告宣传内容要体现绿色、环保,这是开拓绿色农产品市场的重要手段。

(三)农产品广告促销策略

农产品营销广告策略主要有广告产品策略、广告市场策略和广告实施策略三个方面。

1. 广告产品策略

广告产品策略即为配合产品策略而采取的广告策略。主要包括产品定位策略和产品市场生命周期策略，另外还有新产品开发策略、产品包装策略和商标策略等。

产品定位策略，是在广告活动中通过突出商品符合消费者心理需求的鲜明特点，确立商品在竞争中的方位，促使消费者树立选购该商品的稳定印象。对农产品来说，产品定位策略的具体运用可分为实体定位策略和观念定位策略。

（1）产品实体定位策略，是指在广告宣传中突出商品的新价值，强调与同类商品的不同之处和所带来的更大利益。实体定位策略的具体运用可分为功效定位、品质定位、市场定位、价格定位。

功效定位就是在广告中突出商品的特异功效，使商品在同类产品中明显区别，以增强选择性需求，提高竞争力。比如，在广告中塑造农产品的保健、医疗功效特征，以增强产品的竞争力。

品质定位就是在广告中强调本产品的良好品质，对产品进行定位。哈尔滨哈慈集团的"七河源"大米以"绿色"品质为主题，通过大量电视广告，使"七河源"大米进入了北京、上海的一些大型超市、商场，并远销到日本、韩国等东南亚国家。

市场定位就是将产品定位在最有利的市场位置上。比如，可将绿色无公害农产品通过广告定位在对生活质量要求较高的中高层消费者，在广告中以幸福家庭为背景，塑造诸如"把绿色还给生活，完美新生活"的口号。

价格定位就是在广告中努力定位适当的产品性价比。比如高档的无公害、绿色或特色农产品。

（2）产品观念定位策略，是指在广告中突出产品的新意义，改变消费者消费习惯的购买心理，树立新的商品观念的广告策略。

2. 广告市场策略

广告市场策略主要包括广告目标市场策略与广告促销策略两个方面。

（1）广告目标市场策略，就是根据目标的特点，采取相应的宣传手段和方法。广告目标市场策略具体包括无差别市场广告策略、差别市场广告策略和集中市场广告策略。

无差别市场广告策略是在一定时间内，向同一个大的目标市场运用各种媒介搭配组合，做同一主题内容的广告宣传。这种策略一般应用在产品引入期与成长期初期，或产品供不应求、市场上没有竞争对手或竞争不激烈的时期，是一种经常采用的广告策略。它有利于运用各种媒介宣传统一的广告内容，迅速提高产品的知名度，以达到创牌目的。

差别广告市场策略则是企业在一定时期内，针对细分的目标市场，运用不同的媒介组合，做不同内容的广告宣传。这种策略能够较好地满足不同消费者的需求，有利于企业提高产品的知名度，突出产品的优异性能，增强消费者对企业的信任感，从而达到扩大销售的目的。这是在产品进入成长期后期和成熟期后常用的广告策略。这时，产品竞争激烈，市场需求分化较突出。由于市场分化，各目标市场各具不同的特点，所以广告设计、主题构思、媒介组合、广告发布等也都各不相同。

集中市场策略是企业把广告宣传的力量集中在已细分的市场中一个或几个目标市场的策略。此时，企业的目标并不是在较大的市场中占有小的份额，而是在较小的细分市场中占有较大的份额。因此，广告也只集中在一个或几个目标市场上。采取集中市场策略的企业，一般是本身资源有限的中小型企业,为了发挥优势,集中力量,只挑选对自己有利的、力所能及的较小市场作为目标市场。

这三种策略既可独立运用,也可综合利用,灵活掌握,主要要看企业的基本情况而定。

(2)广告促销策略,就是一种紧密结合市场营销而采取的广告策略。它不仅告知消费者购买商品的获益,以说服其购买,而且结合市场营销的其他手段,给予消费者更多的附加利益,以吸引消费者对广告的兴趣,在短期内收到即效性广告效果,有力地推动商品销售。广告促销策略,包括馈赠、文娱、服务、折价、公共关系等促销手段的运用。

3. 广告实施策略

广告实施策略就是按照竞争制胜的原则,科学合理地筹划广告,在时机上有序推进的策略,从而使广告策略克服种种因素的制约,发挥最佳效应。广告策略要实现由观念形态变为现实的行动,就必须有具体的实施策略。广告实施策略主要包括广告系列策略和广告时间策略。

(1)广告系列策略,是企业在广告计划期内连续地和有计划地发布有统一设计形式或内容的系列广告,不断加深广告印象、增强广告效果的手段。广告系列策略的运用,主要有形式系列策略、主题系列策略、功效系列策略和产品系列策略等。

广告形式系列策略,这是指在一定时期内有计划地发布一系列形式相同、但内容有所改变的广告策略。由于农产品供给具有较强的系列性,而农产品需求目标具有很强的统一性,因此运用广告系列策略,对同一品牌不同的产品进行宣传,能够取得较好的广告效果。

广告主题系列策略,这是指在发布广告时依据每一时期的广告目标市场的特点和市场营销策略的需要,不断变换广告主题,以适应不同广告对象的不同心理欲求的策略。目前,多数农业生产者没有对目标市场的变化作及时的调查和制定相应策略,因而农产品促销效果不大,这也是我国当前农业结构调整工作的一个难点。

广告功效系列策略,这是指通过一系列广告逐步强调商品功效的广告策略。多数农产品具有一定的营养、医疗、保健功效,然而这些功效实际上并不为大多数消费者所知,因此通过广告逐步宣传产品功效也是农产品广告实施策略的重要方式。

广告产品系列策略,这是指为了适应和配合企业系列产品的经营要求而实施的广告策略。这种策略适用于规模较大、产品较全的农业企业。运用广告产品系列策略不仅可以提高企业、产品的知名度,而且还可以提高消费者对该企业的依赖度。

(2)广告时间策略,是指广告发布的具体时间、信息量和频率的合理安排。农产品广告时间策略必须考虑农产品经营的众多影响因素,包括产品生产周期、产品保鲜期、产品生产季节性、目标市场的需求变化时间等。广告时间策略的具体运用包括集中时间策略、均衡时间策略、季节时间策略和节假日时间策略。

集中广告时间策略是指集中力量在短时期内,对目标市场进行密集性的广告攻势。集中广告策略目的在于集中优势,在短时间内迅速造成广告声势,扩大广告的影响,迅速地提高商品或企业的声誉。

均衡时间广告策略是指一种有计划、反复地对目标市场进行广告宣传的策略。目的是为了持续加深消费者对商品或企业的印象,保持消费者的记忆度,发掘潜在市场,扩大商品知名度。

季节时间广告策略是指农产品生产与消费都具有季节性特征，在销售季节到来之前，就要开展广告活动，为销售旺季的到来做好信息准备和心理准备。

节假日时间广告策略是指针对中国人的传统节日，在节日前针对与节令消费有关的农产品，宣传以节日为主题的广告便能够取得较好的广告效果。

三、营业推广

营业推广是指企业在一定的预算内，对某一目标市场所采取的能够迅速刺激购买欲望，用以达成交易的临时性促销措施。对于农产品来说，营业推广是促销中的一个重要手段。由于农产品与消费者的生活息息相关，因此农产品促销应将重点放在针对消费者的推广上，同时农产品经营企业还可以加大对农产品中间商的推广力度。

（一）营业推广的作用

1. 有利于新产品快速进入市场

新产品在投入市场时，市场对其还缺乏了解。营业推广可使潜在购买者很快知晓、认识和了解产品，使企业的产品在短期内占有一定的市场份额。如一些新产品刚进入市场，可以在一定时期内予以打折促销，以快速占领一定的市场。

2. 有利于诱导重复购买与增加购买

通过一定的物质刺激，有利于争取回头客，使暂时型顾客转为常客。不少企业通过“再购买优惠”形式吸引顾客，有利于使现有顾客增加购买量。如有的产品对购买两倍以上的消费者，销售价格打八五折。

3. 有利于应付竞争对手

企业可扬长避短，与对手进行营业推广竞争，把原本用于广告竞争的一部分预算转用于营业推广，所谓“把实惠留给顾客”，通过给购买者更多的优惠刺激其购买。

（二）营业推广的方式

因目标市场不同，营业推广的方式也不一样。有分别针对消费者进行的营业推广和针对中间商进行的营业推广。

1. 消费者进行的营业推广

可以采取免费赠送、折扣优惠等形式，通过向消费者赠送样品、附赠品，提供折价券，现场展示、试用、抽奖活动等，从而达到扩大销售、提高市场占有率的目的。

2. 中间商进行的营业推广

可以采取经销商竞赛等形式，通过有奖竞赛激发和强化经销商的合作意愿，拉近农产品经营企业与经销商的关系，从而达到扩大销售、提高市场占有率的目的。

四、公共关系

公共关系是指某一组织为改善与社会公众的关系，促进公众对组织的认识、理解及支持，达到树立良好组织形象、促进商品销售的目的的一系列公共活动。它本意是社会组织、集体或个人必须与其周围的各种内部、外部公众建立良好的关系。它是一种状态，任何一个企业或个人都处于某种公共关系状态之中。农产品经营企业生存于社会之中，必然要与方方面面发生关系。

（一）公共促销的作用

公共关系是创造"人和"的艺术，其目标是：创造成功的人际关系、和谐的人事环境、完美的社会舆论，以赢得社会公众的了解、好感、依赖、支持和合作。农产品经营者对待公共关系，不能是被动地去应付，而是要充分、主动地去利用，以为企业的营销活动服务。实际上，一个农产品经营者如果没有搞好公共关系，在公众中形象不佳，恐怕就难以再让顾客持久地接受其农产品，双汇集团"瘦肉精"事件等就给正在快速发展的农产品经营企业上了一堂深刻的公共关系课；反过来说，如果经营者通过公关活动让公众了解了企业，树立了经营者的良好形象，赢得公众的好感和信任，必然带来农产品的畅销。

（二）农产品的公共促销

农产品经营者要处理好以下五个方面的关系。

1. 农产品经营者与政府的公共关系

这是农产品经营者最难处理的关系。政府作为行政管理机构，在执行职权过程中，对政策实施、解释的态度，审批手续的简繁快慢，处理各种矛盾的宽严粗细等，均因农产品经营者形象的差异而不可避免地会有所不同，而且有些农产品经营者的最大客户可能就是政府，这就要求农产品经营者要与政府打好交道，妥善处理两者之间的关系。处理与政府的公共关系的有效途径是尊重政府工作人员，在关键时刻，急政府之所急，想政府之所想；当政府需要经营者承担一些社会责任时，农产品经营者要以大局为重，不过分计较一时得失。同时遵纪守法，照章纳税，这样才能赢得政府的信任和好感。当有机会时，政府也会乐意给这样的农产品经营者提供信息服务并为其营销活动提供支持。

2. 农产品经营者与社区的公共关系

社区居民是企业最稳定的顾客群，社区团体是农产品经营者最直接的合作伙伴，农产品经营者为保证营销活动的顺利进行，必须建立良好的社区关系，树立良好的社区形象。农产品经营者主要通过保护社区环境，防止空气、水、噪音污染，提供商业、娱乐活动，协助增进社会公共福利、维护社区安定、赞助公益事业和帮助社区经济繁荣等形式来搞好与社区的公共关系。

3. 农产品经营者与竞争者的公共关系

农产品经营者与竞争对手既是一种对立关系，又是一种合作伙伴关系。全面地看，明争暗斗最终会导致两败俱伤，甚至共同毁灭。如果相互尊重，共同维护生存环境，同舟共济，就会共存共荣，就能将农产品市场这块蛋糕做大。在竞争中，农产品经营者要尊重竞争对手，取长补短，千万不要故意刁难对手，更不要落井下石。

4. 农产品经营者与中间商的公共关系

中间商是联结农产品生产者与消费者之间的纽带，是企业经营行为的外部延伸，中间商能否尽力为农产品经营者推销商品，直接影响着生产者的营销绩效，因而与中间商建立良好的公共关系，对经营者来说至关重要。农产品经营者与中间商建立良好公共关系的指导思想是"如欲取之，必先予之"。农产品经营者与中间商虽然也存在着利益上的矛盾，但更多的是互利合作、共同发展的关系。因此首先要为中间商利益着想，才能实现自身的更大利益。农产品经营者与中间商合作的主要方式有：主动帮助中间商推销商品，协助与敦促中间商向顾客提供优质服务；免费培训中间商，使其掌握农产品使用和保养方法；主动为中间商提供竞争取胜的条件，提高中间商的信誉，增强其经营实力；主动与中间商保持联系，举办各种形式的联谊活动等。

5. 农产品经营者与顾客的公共关系

世界上最大的零售商沃尔玛在店内悬挂着这样的标语："1. 顾客永远是对的；2. 顾客如有错误，请参看第一条。"这是沃尔玛顾客至上原则的一个生动写照。要知道，一个顾客因不满意农产品经营者而向新闻媒体投诉，给农产品经营者带来的负面影响是立竿见影的，它会让农产品经营者以前所有的努力都付之东流，每年"3.15"消费者权益日，电视台、电台举办的各种保护消费者权益的活动，都让许多经营者"惊恐万状"，一定要从中吸取教训。因此，农产品经营者无论何时何地都要善待顾客，当顾客对农产品经营者的产品不满，或者不了解产品，或者因自己使用产品不当出现问题而向经营者抱怨时，农产品经营者要向顾客耐心解释，帮助他们解决问题。

（三）公共促销策略

公共关系不仅是企业、企业决策部门或职能管理部门处理各种问题和难题的重要手段，而且也是一种促销手段。其主要的活动形式有：

1. 内部刊物

这是企业内部公关的主要内容。企业的各种信息载体，是经营管理者和员工的舆论阵地，是沟通信息、凝聚人心的重要通道。

2. 制作各种宣传材料

由公关人员将企业的重大活动、重要决策以及各种新奇、创新的思路编写成新闻稿，借助媒体或其他宣传手段传播出去，有助于帮助企业树立形象。

3. 记者招待会

邀请新闻记者，通过召开新闻发布会、开展专题报道等方式宣传企业的活动和产品信息，传播广，信誉好，可引起公众的注意。

4. 各项有意义的活动

通过丰富多彩的活动，如举办产品和技术方面的展览会或研讨会、开幕式、纪念会等活动营造热烈、祥和的气氛，显现企业蒸蒸日上的风貌，借以树立公众对企业的信心和偏爱。

5. 各种社会公益活动

以绿色为促销主题，通过赞助体育赛事、扶助失学儿童、举办慈善活动、举办绿色食品论坛和赞助环保等一系列社会活动，努力展示企业关爱社会的责任感，树立企业美好的形象。

6. 新闻事件

适当制造新闻事件能产生轰动的效应，常常可以引起社会公众对企业的长期关注。

任务三　农产品促销策略的选择

任务要求

了解农产品促销策略类型；学会选择运用农产品促销策略。

任务引入

仲景香菇酱推广采用“三到”促销策略

仲景香菇酱之所以能走俏市场，是因为在好产品的基础上，在专业的品牌营销策划公司福来的策划下，产品推广采用了“三到”促销策略。河南市场是仲景香菇酱营销战的第一战场。在这里必须树立营销团队和消费者信心。针对香菇酱的特性，福来为仲景香菇酱量身打造“三到”产品推广模式。“三到”为看得到、尝得到、买得到。

看得到。做好品牌传播，最好能花最少的钱实现最佳的传播效果。因此，要聚焦资源，靶向投放。在电视广告投放上采取巧做传播，与河南卫视王牌栏目《梨园春》展开深度战略合作，通过赞助、贴片、植入等形式，用足用透这一河南收视制高点。还有，围绕重点终端和户外投放广告。采取“大卖场＋交通要道＋主要商业街＋批发市场”促销策略。在南阳和西峡，更是将户外广告牌做到政府门前，这样时刻提醒政府，这可是咱家乡特产。这一做法代价不大却收效颇多。网络推广主要通过置顶、加精把话题贴排到首页。《西安宝马女狂奔600里，只为小小一瓶酱》《哥找的不是香菇，是胃口！》《河南美食新三样，烩面、胡辣汤、香菇酱！》《一天一瓶酱 谁来帮我养女友》等话题吸引了很多网民关注。终端建设则实行重点商超媒体化。通过与重点终端进行战略性合作，将其打造成仲景香菇酱的品牌宣传阵地。物料方面能多上尽量多上，形成全方位立体环绕。小连锁、社区店单一物料规模化。春节前，投放10万小气球，一下子在人流攒动的大商场及户外形成一道香菇酱品牌风景线。这种聚焦资源，重点出击的方法很好地解决了看得到的问题。

尝得到。用产品卖产品，做体验营销。针对仲景香菇酱的良好的口感和质感，福来提出把试吃促销作为一种战略手段。通过在大卖场、社区、学校、写字楼（派发品尝装）的品尝活动，让更多的消费尝得到，吃起来。试吃在快消行业并不新鲜，但是仲景香菇酱却做得与众不同。试吃谁最容易接受？当然是不谙世事的孩子。因此，仲景香菇酱促销员抓住家长心里,从孩子入手,开展品尝活动,一则成功率特别高,再则当问起孩子好不好吃时,孩子往往都会说好吃。孩子喜欢吃,家长哪有不买的道理。一旦实现首次购买,凭借良好的产品力,不仅孩子,一家人都成为忠实的消费者,并且通过口碑传播,很快就流行起来。让人意想不到的是,当时为了品尝方便,企业在品尝现场用干豆片包香菇酱并用牙签食用的方式,竟然成为很多家庭餐桌的一道菜,这道菜与仲景香菇酱紧紧联系在一起。香菇酱的促销实践说明,体验营销在食品行业是一种非常重要的实效手段。

买得到。西峡香菇本身就是当地特产,香菇酱已经被当作礼品进行外送。因此在渠道选择上一方面在常规渠道铺货,比如大卖场、连锁超市、批市、便利店、热门旅游景点等进行全面铺货,同时企业高度重视网络销售渠道建设,构建了天猫旗舰店+网络渠道联盟+促销链接联盟的全网络渠道布局。仲景香菇酱还没有出门,已经香遍全国。

任务描述

仲景香菇酱采用"三到"促销策略,使之走俏市场,分析"三到"策略运用了什么样的农产品促销策略?

相关知识

一、促销策略类型

1. 推动策略

使用推动策略,主要是利用人员推销和其他营业扩大手段,把产品"推"向市场,使用这一策略,大多是经营者有雄厚的推销人员队伍,或产品声誉较高,或是采购者的目标比较集中。

2. 拉引策略

拉引策略是指利用广告和其他宣传措施,来引起消费者对产品或服务的兴趣。如果这些促销措施奏效,消费者就会自动到商店购买该种产品,也就是说将消费者"拉"到产品这边来了。实施拉引策略必须将大量促销费用用于广告及宣传以吸引顾客。它主要适用于产品的销售对象比较广泛,或是新产品初上市,需要扩大知名度。

3. 攻击策略

攻击策略是对竞争者采取主动出击的策略,想别人所未想,注意别人容易忽略的地方。

(1) 避实就虚策略。这是避市场饱和之"实"和竞争强手之"实",主攻产品供需脱节之"虚",善于利用供需之间的时间差,把自己的产品打入市场的一种促销策略。

(2) 引导销售策略。就是指营销人员主动出击,积极寻找顾客,介绍产品,发展生意。引导销售策略成功的关键,在于针对不同用户、不同需求和心理,采用不同方式推销产品。在这个过程中,需要有长远眼光,不能只求近利。

4. 形象策略

形象策略就是千方百计提高自己或者产品在顾客中的形象。经营者不但要在广告宣传中树立起自己形象,更重要的是研究用户心理,千方百计在用户的心目中树立起良好的产品形象。"经商信为本,诚招天下客",可以说是至理名言。实施形象策略,必须树立广告信誉、质量信誉、价格信誉、合同信誉、包装信誉、计量信誉、退换信誉、售后信誉,方可赢得顾客。

5. 系列销售策略

系列销售策略就是将若干种互有关联的产品配在一起进行销售,这样既扩大了销售,又赢得了用户的心。

6. 文化促销策略

文化促销就是"名推销文化,实推销产品"的策略,将文化与产品有机地结合起来,达到将企业形象及产品推向市场的目的。典型的形式是近几年逐渐兴起的各种文化节,如原阳大米节、新郑大枣节等。但主要有两个问题:一是要有档次;二是要有品位。

7. 感情促销策略

感情促销是对"市场没有感情"这一论点的挑战。感情是人类生活中最为重要但也最为复杂、最难解释的东西,在产品经营中注重人情,是经营者实现经济效益的重要途径。如情人节玫瑰花的销售量会大增;中秋节对中国食品生产商可能就是个好日子;一些中老年保健品生产企业,利用母亲节、父亲节、重阳节等节日大做文章,是提醒做子女的别忘了去看望操劳一生的年迈双亲,也不乏为良策。

8. 名人促销策略

借助名人的声调与地位来宣传企业及其产品或服务,是一条提高产品或服务销售量的捷径。名人效应对企业及其产品的影响不容忽视,如现代名人潘石屹代言并推广其老家甘肃天水苹果,使得网络直营店"潘苹果"一炮走红。

9. 好奇促销策略

好奇是人之天性,好奇心会驱使消费者接受产品信息,去认识产品、接近产品和消费产品。企业可抓住机会,投其所好,达到销售产品的目的。国外有一家啤酒店,在店外立了一个大酒桶,桶中间挖了一个小洞,桶上赫然写着"不许偷看"。这正好勾起了人们的好奇心,纷纷驻足从小洞往里看,原来里面写的是"我店生啤,与众不同,清醇芳香,一杯五元,敬请享用。"人们在大笑之余信步走入小店,饮上一杯啤酒。

10. 赞助促销策略

公益慈善活动本来是被认为只赔不赚的赔本生意,然而,随着人们对这些社会活动的关注与热心与日俱增,赞助公益慈善活动,进行公关促销也成了企业的生财之道。

11. 展览促销策略

展览会是公关促销中经常采用的形式,它以其"短平快"和集中影响的宣传促销效果吸引了众多的厂家、商家和广大消费者。

12. 教育促销策略

消费者是顾客,不是研究产品的专家。尤其是新产品,消费者并不知道它们的使用价值和使用方法,这就需要企业从产品的基础知识入手,对消费者或潜在消费者进行产品或服务有关的知识教育、技能教育和观念教育,使消费者接受企业的产品,引起其消费行为。

二、农产品促销策略的选择

(一)使用价格策略

参与市场竞争对于大多数农产品来说,价格竞争是最有力的竞争手段之一。特别是对于农产品的生产型消费者更是如此,他们的购买量大,很小的价格变动都会引起他们较大的成本波动。经营者在经营自己的产品时,要学会使用价格竞争。如为了刺激消费者大量购买,可以在基本价格的基础上做一定的调整,给消费者一定的好处,促进销售。对于不同的目标市场、产品形式、销售时间、销售地点实行有区别的价格,从而满足不同的市场需求,以扩大销售,提高经营者的经济效益。

(二)选择适宜的推销技巧

扩大销售水平讲究推销技巧,是指经营者在推销自己的产品时要根据消费者心理动态有针对性地采取推销策略。从消费者购买产品的过程来看,大致可以分成四个阶段,在每个阶段要使用不同的推销方法。

1. 寻找产品的阶段

消费者出于某种需求,希望寻找某种产品来满足需求。这时,经营者要积极介绍自己的产品,特别应针对消费者需求来介绍产品的特点,引起消费者的购买欲望。

2. 比较阶段

消费者可能要将同类产品做一个比较,其中,主要是比质量、比价格。这时经营者要强调自己产品具有优势,或者给予某种优惠,促成消费者下决心购买。

3. 购买阶段

要满足消费者在购买时的要求,并且要用热情的态度招呼消费者,希望再次购买。

4. 评价阶段

有的消费者购买产品后感觉比较满意,可能再次购买,成为“回头客”时经营者一方面要热情接待;另一方面可利用“回头客”的良好评价说服其他消费者购买。

总之,在推销农产品中,只要不断总结经验,提高自己的推销技能,就会产生良好的销售业绩。

(三)迎合消费者的购买心理

面对农产品品种繁多的市场,顾客是否购买某一农产品,是由其心理动机决定的。分析顾客的购买心理,对生产经营者发现市场机会,采取相应措施促成交易,有重要意义。顾客的购买心理有理智型、选价型、求新型、求名型、习惯型和不定型等六种,经营者在经营过程中要细心观察,针对不同的购物心理,采取不同的促销策略。

（四）分析消费者购物习惯

消费者购物习惯，主要指顾客何时购买、何处购买、如何购买。根据消费者购物习惯采取适合的营销策略。

1. 顾客何时购买

如每年哪些节假日对哪种产品需求量大、当地企事业单位每月哪天发工资、每周中星期几购买人数最多、每天中哪段时间顾客最多等。只有对顾客的消费习惯了解清楚，才能最大限度地满足顾客需求，增加农产品的销售数量。

2. 顾客何处购买

包括顾客在何处下决心购买和顾客在何处实际进行购买两个方面的问题。两者可能在同一地方，也可能在不同地方。有些产品经常在家里做出购买决定，然后再到市场选购。这些产品应通过广告媒介进行宣传，使消费者对产品的性能、特点、用法、价格、售后服务以及到何处购买等详细了解，让其家喻户晓，来影响消费者，吸引顾客来现场购买。也有一些产品，是顾客在购货现场临时决定购买的，对这类农产品，要搞好产品的包装、陈列及购货现场的宣传，以刺激消费者的购买欲望。

3. 顾客如何购买

购买方便，是顾客的普遍要求。购买方便的范围很广：产品品种、数量、规格多样化，如肉类食品应有鲜货、腌制、卤制等；产品供应在时间上随叫随到；在地点上尽可能就地就近购买；包装易于识别、携带；购买方式多种多样；付款方式上有分期付款、先购物后付款等。对顾客这些购买方便需求，经营者应尽其努力，以扩大自己产品在顾客中的影响。

（五）搞好售后服务

搞好售后服务，扩大经营者的影响，应做好以下几点：

1. 做好准备，以便及时、准确地处理好各种询问和意见。

2. 必须有实效地解决顾客所提出来的实际问题，这比笑脸相迎更为重要。

3. 提供给顾客多种可供选择的服务价格和服务合同。

4. 在保证服务质量的前提下，可把某些服务项目转包给有关服务行业厂家。

5. 不能怕顾客提意见，应把此看成改进自己的产品和服务，提高生产经营的重要信息来源。

（六）做好广告宣传

做好广告宣传，扩大产品知名度。广告通过各种方式将自己产品的性能、特点、使用方法等广泛地向消费者介绍，引起对自己产品的购买欲望。经营者要制定正确的广告计划，选择适当的广告策略，设计适宜的广告，并选择好广告媒体。

学习测试题

一、单选题

1. 农产品市场营销策略目的是(　　)顾客,获取和维持顾客。

A. 创造　　B. 吸引　　C. 发现　　D. 诱导

2. “市场上需要什么? 我们需要往哪个方向看?”这是(　　)解决的问题。

A. 决策　　B. 管理　　C. 战略　　D. 策略

3. “如何满足市场需求? 这些做法如何落地?”这是(　　)解决的问题。

A. 决策　　B. 管理　　C. 战略　　D. 策略

4. 市场营销4Ps理论是由美国市场营销学家(　　)于1960年提出。

A. 大卫·李嘉图　　B. 劳特月　　C. 杰罗姆·麦卡锡　　D. 泰勒

5. 市场营销4Ps理论是从(　　)决策的角度来研究市场营销问题。

A. 生产　　B. 经营　　C. 管理　　D. 控制

6. 市场营销4Ps理论就是对各种(　　)的归纳。

A. 宏观因素　　B. 企业不可控因素　　C. 微观因素　　D. 企业可控因素

7. 市场营销4Ps理论中,Product Strategy是(　　)策略。

A. 产品　　B. 定价　　C. 分销　　D. 促销

8. 市场营销4Ps理论中,Pricing Strategy是(　　)策略。

A. 产品　　B. 定价　　C. 分销　　D. 促销

9. 市场营销4Ps理论中,Placing Strategy是(　　)策略。

A. 产品　　B. 定价　　C. 分销　　D. 促销

10. 市场营销4Ps理论中,Promotioning Strategy是(　　)策略。

A. 产品　　B. 定价　　C. 分销　　D. 促销

11. 市场营销4Ps理论中,分销策略是一个(　　)的过程。

A. 创造价值　　B. 补偿价值　　C. 交付价值　　D. 沟通价值

12. 产品策略、定价策略、分销策略以及促销策略的组合,因其英语的第一个字母都为(　　),所以通常也称之为“4Ps”。

A. C　　B. R　　C. P　　D. S

13. 市场营销4Ps理论是指(　　)的营销策略的组合。

A. 产品策略、定价策略、分销策略以及促销策略

B. 顾客策略、成本策略、方便策略以及沟通策略

C. 关联策略、反应策略、关系策略以及报酬策略

D. 探查策略、细分策略、优先策略以及定位策略

14. 市场营销4C理论是指(　　)的营销策略的组合。

A. 产品策略、定价策略、分销策略以及促销策略

B. 顾客策略、成本策略、方便策略以及沟通策略

C. 关联策略、反应策略、关系策略以及报酬策略

D. 探查策略、细分策略、优先策略以及定位策略

15. 市场营销4R理论是指(　　)的营销策略的组合。

A. 产品策略、定价策略、分销策略以及促销策略

B. 顾客策略、成本策略、方便策略以及沟通策略

C. 关联策略、反应策略、关系策略以及报酬策略

D. 探查策略、细分策略、优先策略以及定位策略

16. 红枣有健脾益胃、补气养血之功能,它是指产品第(　　)层次的概念。

A. 一　　B. 二　　C. 三　　D. 四

17. 大型超市销售的一些农产品,上面贴有有机食品、无公害食品的标签,它是指产品第(　　)层次的概念。

A. 一　　B. 二　　C. 三　　D. 四

18. 实体产品是(　　)。

A. 基础　　B. 载体　　C. 延伸　　D. 创新

19. 形式产品是(　　)。

A. 基础　　B. 载体　　C. 延伸　　D. 创新

20. 附加产品是有形产品的(　　)。

A. 基础　　B. 载体　　C. 延伸　　D. 创新

21. "三品一标"中"一标"指的是(　　)。

A. 无公害食品　　B. 绿色食品　　C. 有机食品　　D. 地理标志产品

22. 番茄变圣女果、"迷你型"水果黄瓜、抱子甘蓝、袖珍西瓜、"娃娃"菜等属于农产品的(　　)创新。

A. 实体　　B. 形式　　C. 品牌　　D. 开发

23. 玉米乳熟期采摘的鲜玉米销售,这是农产品由(　　)转变的创新。

A. "未加工"向"深加工"　　B. "浅加工"向"深加工"

C. "深加工"向"浅加工"　　D. "深加工"向"未加工"

24. 品牌的背后是一群(　　)。

A. 生产的企业　　B. 产品的组合　　C. 特色的广告　　D. 忠诚的顾客

25. 品牌用作一个销售者或销售集团的标识,以便同(　　)竞争者的产品相区别。

A. 生产者　　B. 消费者　　C. 竞争者　　D. 同盟者

26. 品牌是一种(　　)无形资产。

A. 固定　　B. 有形　　C. 无形　　D. 期货

27. "西湖龙井"属于(　　)品牌。

A. 产地　　B. 品种　　C. 企业　　D. 产品

28. "水东鸡心芥菜"属于(　　)品牌。

A. 产地　　B. 品种　　C. 企业　　D. 产品

29. "中粮"和"首粮"属于(　　)品牌。

A. 产地　　B. 品种　　C. 企业　　D. 产品

30. 大连韩伟集团的“咯咯呼咯”鸡蛋属于(　　)品牌。

A. 产地　　B. 品种　　C. 企业　　D. 产品

31. 产品强制性的认证有(　　)认证。

A. 食品的QS(质量安全)　　B. 无公害农产品

C. 绿色食品　　D. 有机食品

32. “人靠衣装,佛靠金装”,说的就是(　　)的作用。

A. 品牌　　B. 广告　　C. 促销　　D. 包装

33. 在对农产品品牌塑造的研究中发现,一个产品价值的(　　)来自于包装。

A. 40%　　B. 50%　　C. 60%　　D. 70%

34. 用透明或开窗式包装的食品就可以方便消费者挑选,满足消费者(　　)心理。

A. 求便　　B. 求信　　C. 求美　　D. 求趣

35. 美国百威银冰啤酒包装上有一个企鹅和厂牌图案,当啤酒冷藏温度最适宜的时候,活泼的小企鹅就会显示出来,满足消费者(　　)心理。

A. 求便　　B. 求信　　C. 求美　　D. 求趣

36. 中国儿童食品“奇多”粟米脆在每包中都附有一个小圈,一定数量的小圈可以拼成玩具,小圈越多,拼的玩具就越漂亮,满足消费者(　　)心理。

A. 求便　　B. 求信　　C. 求美　　D. 求趣

37. “德芙”巧克力用心形包装盒,代表爱情和浪漫,属于(　B　)策略。

A. 时尚包装　　B. 文化包装策略　　C. 个性包装策略　　D. 艺术包装策略

38. “茅台”酒包装古香古色,木匣子、黄绸缎加上赠送古鼎,传递着中国酿酒业源远流长的历史和博大精深的文化,属于(　　)策略。

A. 时尚包装　　B. 文化包装策略　　C. 个性包装策略　　D. 艺术包装策略

39. 当企业处于激烈的市场竞争、顾客需求突然发生变化时,企业应采用(　　)为主要目标。

A. 维持生存　　B. 利润最大化

C. 稳定价格　　D. 销售增长率最大化

40. 无锡阳山水蜜桃平均零售价格在15元/公斤以上,是以(　　)为目标实施的定价。

A. 维持生存　　B. 利润最大化

C. 产品质量领先　　D. 销售增长率最大化

41. 必需粮油生活消费品需求收入弹性(　　)。

A. 大　　B. 小　　C. 为0　　D. 为负数

42. 顾客对价格变动有较高的敏感性,此时市场需求与价格成反比,属于(　　)弹性。

A. 完全无　　B. 完全有　　C. 缺乏　　D. 富有

43. 产品无替代品或企业无竞争者,属于(　　)弹性。

A. 完全无　　B. 完全有　　C. 缺乏　　D. 富有

44. 猪肉和牛肉的产品关系属(　　)产品。

A. 替代　　B. 互补　　C. 不相关　　D. 配套

45. 单位农产品售价 = 单位农产品成本 ×(1 + 加成率),属于(　　)定价法。

A. 成本加成　　B. 收支平衡　　C. 变动成本　　D. 需求导向

46. 保本价格 =(单位产品变动成本 + 固定成本)/销量,属于(　　)定价法。

A. 成本加成　　B. 收支平衡　　C. 变动成本　　D. 需求导向

47. 单位产品价格 = 单位产品变动成本 + 单位产品边际收益,属于(　　)定价法。

A. 成本加成　　B. 收支平衡　　C. 变动成本　　D. 需求导向

48. 心理定价策略这是根据顾客不同的购买心理而采用不同的定价技巧,通常为农产品(　　)所用。

A. 生产商　　B. 批发商　　C. 零售商　　D. 收购商

49. 产品定价给人一种"商品定价认真、货真价实"的心理感觉,属于(　　)定价策略。

A. 尾数　　B. 整数　　C. 意头　　D. 声望

50. 满足消费者"一分钱一分货"或"便宜无好货,好货不便宜"的心理,属于(　　)定价策略。

A. 尾数　　B. 整数　　C. 意头　　D. 习惯

51. 168、888 等在定价时也被采用,属于(　　)定价策略。

A. 尾数　　B. 整数　　C. 意头　　D. 声望

52. 北京华都将普通鸡细分成 200 种规格,各卖各的价,属于(　　)差别策略。

A. 农产品质量　　B. 农产品品种　　C. 农产品上市　　D. 农产品部位

53. 农产品分销渠道最短的渠道是(　　)渠道。

A. 直接　　B. 间接　　C. 长　　D. 宽

54. 水果、蔬菜、畜产品等销售,应尽量采用(　　)的形式。

A. 直销　　B. 间销　　C. 网销　　D. 其他

55. 一般来说,潜在购买者购买数量较大,地理分布又较集中,可采用(　　)方式。

A. 直销　　B. 间销　　C. 网销　　D. 其他

56. C2C 表示(　　)。

A. 网上零售　　B. 企业与企业的电子商务

C. 政府农业网站开展服务　　D. 线上与线下

57. B2B 表示(　　)。

A. 网上零售　　B. 企业与企业的电子商务

C. 政府农业网站开展服务　　D. 线上与线下

58. B2G2C 表示(　　)。

A. 网上零售　　B. 企业与企业的电子商务

C. 政府农业网站开展服务　　D. 线上与线下

59. O2O 表示(　　)。

A. 网上零售　　B. 企业与企业的电子商务

C. 政府农业网站开展服务　　D. 线上与线下

60. 消费者保障服务保证金最低是( )元。

A. 500　B. 1000　C. 1500　D. 2000

61. 拍卖是以( )的形式,将特定产品转给最高应价者的买卖方式。

A. 公开协价　B. 竞价　C. 投标价　D. 公开竞价

62. 促销实质上是一种( )活动。

A. 交流　B. 沟通　C. 协商　D. 说服

63. 营业推广是指企业在一定的预算内,对某一目标市场所采取的能够迅速刺激购买欲望,用以达成交易的( )促销措施。

A. 长期性　B. 短期性　C. 临时性　D. 即时性

64. “顾客永远是对的”是沃尔玛的顾客至上原则,这是处理农产品经营者与( )的公共关系。

A. 政府　B. 社区　C. 竞争者　D. 顾客

65. “如欲取之,必先予之”,这是处理农产品经营者与( )的公共关系。

A. 政府　B. 中间商　C. 竞争者　D. 顾客

66. 相互尊重,共同维护生存环境,同舟共济,就会共存共荣,农产品市场这块蛋糕做大,这是处理农产品经营者与( )的公共关系。

A. 政府　B. 中间商　C. 竞争者　D. 顾客

67. “急政府之所急,想政府之所想”;这是处理农产品经营者与( )的公共关系。

A. 政府　B. 社区　C. 竞争者　D. 顾客

68. “经商信为本,诚招天下客”,这是属于( )类型的促销策略。

A. 推动策略　B. 拉引策略　C. 攻击策略　D. 形象策略

69. 利用母亲节、父亲节、重阳节等节日提醒做子女的别忘了去看望操劳一生的年迈双亲,这是属于( )类型的促销策略。

A. 系列销售策略　B. 文化促销策略　C. 感情促销策略　D. 名人促销策略

70. 国外有一家啤酒店外立了一个大酒桶,桶中间挖了一个小洞,桶上赫然写着“不许偷看”,这是属于( )类型的促销策略。

A. 展览促销策略　B. 好奇促销策略　C. 赞助促销策略　D. 教育促销策略

二、判断题

1. 农产品市场营销宏观因素对于企业来说是可以控制和可以影响的。 ( )

2. 农产品市场营销策略与市场营销战略是一回事。 ( )

3. 农产品市场营销战略和策略是解决同一层面上的问题。 ( )

4. 产品不仅仅是个生产过程,更是一个经营过程。 ( )

5. 食品的营养价值本身与颜色无关,但据科学研究,一般深色食品具有良好的保健作用。 ( )

6. 农产品组合创新只能由“未加工”或“浅加工”向“深加工”转变的创新。 ( )

7. 品牌不仅仅是代表产品名称和标识,更是一种给予顾客的印象和承诺,是一种强大的影响力。 ( )

8. 品牌标志，是指品牌中可以被认知，能用语言称呼的部分。 ( )
9. 品牌名称，是指品牌中可以用语言称呼的部分。 ( )
10. 农产品品牌好不好，自己说好就好。 ( )
11. 名牌产品被认为质量安全的产品，是消费者信赖的产品。 ( )
12. 产品包装要符合生产者生产观念的变化。 ( )
13. 产品包装设计可更换外包装商标及图案，想换就换。 ( )
14. 包装图案的设计必须以吸引生产者注意力为中心，强调真实。 ( )
15. 价格是影响消费者购买行为最敏感的因素。 ( )
16. 农产品价值是农产品价格构成的基础。 ( )
17. 农业扩大再生产正常进行就必须是农产品价格应高于含税成本。 ( )
18. 企业判断定价是否合理的通俗说法："摆得住，卖得出"。 ( )
19. 企业给产品定价，成本决定了制定价格的上限，而市场需求却是制定价格的下限。 ( )
20. 企业给产品定价，成本决定了制定价格的下限，而市场需求却是制定价格的上限。 ( )
21. 市场价格以市场供给和需求的关系为转移，供求规律是一切商品经济的主观规律。 ( )
22. "买涨不买跌"这种心理行为使农产品价格处于平稳状态。 ( )
23. 任何农产品价格不能等于更不能小于变动成本。 ( )
24. 需求导向定价法的关键在于准确估计顾客对农产品的需求情况，最重要的是顾客对农产品的价值认知程度。 ( )
25. 满意定价策略所定的价格比撇脂价格高，而比渗透价格要低，是一种中间价格。 ( )
26. 互补产品定价通常采用将主要产品的价格定低，互补产品价格定高的做法。 ( )
27. 农产品在流通过程中，通常是商流、物流、现金流和信息流四流合一。 ( )
28. 间接渠道的形式主要通过一个或几个流通环节来销售商品。 ( )
29. 短渠道是指没有或只经过一个中间商环节，把产品销售给消费者或用户的渠道。 ( )
30. 一般来讲，产品单价越高，渠道越长；单价越低，渠道越短。 ( )
31. 农产品直接销售渠道，起点是生产厂家，终点是用户，没有中间环节。 ( )
32. 农产品直接销售模式，消费商品所有权仅发生一次转移就完成流通。 ( )
33. 生产者与批发商或者中介商签订订单，是订单直销形式。 ( )
34. 网络销售适用于利润水平较低、容易寻找消费者的农产品。 ( )
35. 农工贸结合营销实质就是一体化营销。 ( )
36. 准确把握市场信息是农工贸一体化营销成败的关键。 ( )
37. 处理好利益的分配是农工贸一体化营销的关键。 ( )
38. 期货商品必须是交易量小而且价格稳定的商品。 ( )

39. 期货商品必须是能长时间贮藏也便于运输的商品。（　　）

40. 农产品期货市场与农产品现货市场是没有区别的。（　　）

三、多选题

1. 影响市场营销策略的因素是(　　)。

A. 宏观因素　B. 微观因素　C. 政治因素　D. 企业家因素

2. 农产品市场营销的微观因素有(　　)。

A. 经济环境　B. 供应者　C. 竞争者　D. 企业自身

3. 农产品市场营销策略目的是(　　)顾客。

A. 创造　B. 吸引　C. 获取　D. 维持

4. 影响企业市场营销活动的各种因素归纳为(　　)两大类。

A. 宏观因素　B. 企业不可控因素　C. 微观因素　D. 企业可控因素

5. 市场营销 4Ps 理论是指(　　)的营销策略的组合。

A. 产品策略　B. 定价策略　C. 分销策略　D. 促销策略

6. "三品一标"中"三品"指的是(　　)。

A. 无公害食品　B. 绿色食品　C. 有机食品　D. 地理标志产品

7. 品牌通常由文字、(　　)等要素或这些要素的组合构成。

A. 标记　B. 符号　C. 图案　D. 颜色

8. 品牌的作用有(　　)。

A. 便于识别　B. 提高市场占有率　C. 促销作用　D. 提升价格作用

9. 农产品的认证可以分为(　　)两大类。

A. 产地认证　B. 产品认证　C. 企业认证　D. 体系认证

10. 属于产品自愿性的认证有(　　)认证。

A. 食品的 QS(质量安全)　B. 无公害农产品

C. 绿色食品　D. 有机食品

11. 农产品营销实施包装策略的意义在于(　　)。

A. 保护商品　B. 促进销售　C. 提升形象　D. 增加利润

12. 属于农产品包装策略的是(　　)。

A. 科技包装策略　B. 文化包装策略　C. 个性包装策略　D. 绿色包装策略

13. 根据商品流转环节的不同,农产品价格可以分为(　　)。

A. 农产品收购价格　B. 批发价格　C. 中介价格　D. 零售价格

14. 农产品批发价格和零售价格主要由市场机制作用形成,受(　　)等因素影响。

A. 生产经营成本　B. 国家护价格　C. 农产品质量　D. 市场供求

15. 农产品销售价格是以农产品收购价格为基础,加上(　　)等各种要素而确定的。

A. 合理流通费用　B. 加工费用　C. 合理利润　D. 税金

16. (　　)构成农产品的生产成本。

A. 物质费用　B. 加工费用　C. 人工费用　D. 期间费用

17. 农产品价值构成的内容有(　　)。

A. 生产资料的价值　　　　　　　　B. 劳动者为自己创造的价值
C. 劳动者创造的剩余价值　　　　　D. 生活资料的价值

18. 农产品经营者依据产品成本进行定价，属于成本导向定价法的有(　　)定价法。
A. 成本加成　　B. 收支平衡　　C. 变动成本　　D. 需求导向

19. 需求导向定价法综合考虑了(　　)等因素。
A. 价格政策　　B. 成本　　C. 市场购买力　　D. 顾客心理

20. 投标定价法在报价时需要考虑(　　)等因素。
A. 目标利润　　B. 中标概率　　C. 最高价　　D. 最低价

21. 折扣与折让策略主要是给买方以优惠，鼓励顾客购买，争取顾客，借以达到扩大销售目的，主要形式有(　　)。
A. 现金折扣　　B. 数量折扣　　C. 交易折扣　　D. 季节折扣

22. 农产品分销渠道成员主要包括(　　)，它们都是渠道成员之一。
A. 生产者　　B. 中间商　　C. 消费者　　D. 物流商

23. 选择正确的农产品分销渠道，主要包括(　　)等内容。
A. 确定消费者　　B. 确定渠道类型　　C. 确定渠道宽度　　D. 使用哪些中间商

24. 在商品流通中，生产者是否选用中间商以及用多少个中间商环节，主要取决于(　　)因素。
A. 市场　　B. 微观　　C. 产品　　D. 宏观环境

25. 农产品间销形式有(　　)。
A. 农产品代理商　　B. 农产品经销商　　C. 农产品经纪人　　D. 农产品生产商

26. 农产品间接销售操作应注意的问题有(　　)。
A. 规范化　　B. 高效性　　C. 合作化　　D. 灵活性

27. 农产品网络销售的特点有(　　)。
A. 高效性　　B. 交易成本的节省性 C. 灵活性　　D. 交易的特殊性

28. 农产品网络销售的条件有(　　)。
A. 规范化　　B. 农产品特性　　C. 财务状况　　D. 人力资源

29. C2C 网站需要的认证信息，一般可通过(　　)作为认证的信息。
A. 身份证　　B. 手机　　C. 住址　　D. QQ

30. 农产品期货交易的特点有(　　)。
A. 风险性　　B. 竞争性　　C. 少数性　　D. 规模性

31. 农产品期货市场与农产品现货市场的区别在：买卖对象和交易目的不同外还有(　　)不同。
A. 交易方式　　B. 交易场所　　C. 保障制度　　D. 交易程序

32. 促销的作用有(　　)。
A. 沟通信息　　B. 扩大销售　　C. 降低成本　　D. 强化定位

33. 促销的方法有多种，主要有(　　)等。
A. 人员推销　　B. 广告　　C. 营业推广　　D. 公共关系

34. 营业推广的方式有(　　)等。

A. 免费赠送　　B. 现场展示　　C. 有奖竞赛　　D. 记者招待会

四、名词解释

1. 农产品市场营销策略
2. 农产品需求的交叉弹性
3. 撇脂定价
4. 农产品分销渠道的概念
5. 农产品直接销售
6. 农产品期货交易
7. 农产品广告
8. 公共关系

五、填空题

1. 市场营销4Ps理论指的是四种营销策略的组合,包含有＿＿＿＿、＿＿＿＿、＿＿＿＿、＿＿＿＿。

2. 产品不仅仅是个＿＿＿＿过程,更是一个＿＿＿＿过程。

3. 产品整体概念通常包含＿＿＿＿、＿＿＿＿、＿＿＿＿、＿＿＿＿四个层次来表述。

4. “三品一标”中“三品”指的是＿＿＿＿、＿＿＿＿、＿＿＿＿与地理标志产品。

5. 农产品形式的创新的方法通常有农产品＿＿＿＿,＿＿＿＿、“土”、“洋”互变。

6. 品牌一般分为两个部分,一是品牌＿＿＿＿,二是品牌＿＿＿＿。

7. 品牌的作用有＿＿＿＿、＿＿＿＿、＿＿＿＿、＿＿＿＿。

8. 农产品一般来说有＿＿＿＿、＿＿＿＿、＿＿＿＿、＿＿＿＿四种品牌。

9. 农产品品牌内涵策划的步骤可以分为以下五步:＿＿＿＿、＿＿＿＿、＿＿＿＿、＿＿＿＿、修改定型。

10. 体系认证的目标是建立安全食品的生产管理体系,如HACCP＿＿＿＿认证、GMP＿＿＿＿认证等。

11. 产品包装满足消费者的心理变化,消费者的消费心理主要有＿＿＿＿、＿＿＿＿、＿＿＿＿、＿＿＿＿、求趣心理、求异心理。

12. 农产品收购价格主要由＿＿＿＿、＿＿＿＿、＿＿＿＿、＿＿＿＿四部分构成。

13. 农产品销售价格一般包括＿＿＿＿、＿＿＿＿、＿＿＿＿、＿＿＿＿四部分。

14. 农产品定价目标有维持物价目标、＿＿＿＿、＿＿＿＿、＿＿＿＿

________、____________、稳定物价目标。

15. 产品的需求弹性在理论上有____________、____________、____________、____________。

16. 竞争导向定价是以竞争者的同类产品价格为定价的基本依据。其具体的定价方法有:____________、____________、____________。

17. 地理定价策略的主要形式有____________、____________、____________、____________、运费减免定价策略。

18. 差别定价策略的主要形式有____________、____________、____________、____________。

19. 农产品分销渠道,生产者处于分销渠道的____________,最终消费者或用户处于分销渠道的____________,中间商则是生产者和消费者的____________。

20. 根据不同的标准,分销渠道可以划分为不同的类型。一般可划分为____________、____________、____________三种基本类型。

21. 直接渠道的形式主要有:____________、____________、____________、____________等。

22. 当前我国农产品分销模式大约有四种类型:一是____________模式;二是____________模式;三是____________模式;四是其他模式。

23. 农产品直销形式有____________、____________、____________。

24. 观光农业规模较大的主要有____________、____________、____________、森林公园和民俗观光村等五种。

25. 农产品间接销售的特点:____________、____________、____________、____________。

26. 农产品网络销售的形式主要有____________和____________。

27. 农产品其他销售模式,主要有____________、____________、____________等形式。

28. 农产品期货是种植业产品期货的总称,主要包括____________、____________、____________等三大类初级产品期货合约。

29. 促销项目由三个要素构成:要素一是____________;要素二是____________;要素三是____________。

30. 人员推销虽是一种古老的销售方法,具有以下特点:____________、____________、____________、____________。

31. 农产品营销广告策略主要有____________、____________、____________、____________四个方面。

32. 广告市场策略主要包括____________、____________两个方面。

33. 公共关系是创造“人和”的艺术,其目标是:创造成功的____________关系、和谐的____________环境、完美的____________舆论,以赢得社会公众的了解、好感、依赖、支持和合作。

六、综合题

1. 简述农产品市场的特点。
2. 简述农产品实体创新的内容。
3. 简述农产品品牌内涵策划的内容。
4. 简述农产品营销实施品牌策略的意义。
5. 简述产品包装设计的原则。
6. 简述农产品渗透定价策略。
7. 简述农产品分销渠道的作用。
8. 简述农产品观光采摘直销操作中注意的问题。
9. 简述农产品零售直销操作中注意的问题。
10. 简述采用直接销售的条件。
11. 简述农产品网络销售操作应注意的问题。
12. 简述农产品销售人员促销技巧。
13. 简述农产品销售人员促销策略。
14. 举例并简述农产品促销策略的选择。

学习情境七

创新农产品物流与配送

多年来,我们一直把千家万户的食品问题归结为"菜篮子"工程。"菜篮子"工程是一个概念,包括生产、流通、销售等所有的环节,都涵盖在内,其中农产品在进入市民菜篮子、饭桌之前,一个必要的环节就是物流环节。物流一头连着市场和消费者,一头连着生产者,是衔接生产和销售的重要纽带。

学习目标

了解农产品物流的基本概念;掌握农产品物流的关键环节(仓储、运输、配送);知晓农产品标准与分级。

项目一　农产品物流概述

任务一　农产品物流与相关概念

任务要求

了解物流概念的起源;掌握农产品物流的概念、特征。

任务引入

发展农产品营销一定要建立物流概念

中国的蔬菜运到日本,中国农民经过种植、车运、船运等很多环节,非常辛苦,却只赚很少一部分钱。而日本的物流业在日本港口码头附近就有工厂,拆开集装箱后,将蔬菜大包装迅速换成小包装,两根大葱一个塑料袋、两三个青椒一个小塑料盒,立刻送到超市,甚至送到居民家里,这样就赚了更多的钱。这是为什么呢?

任务描述

发展农产品营销，一定要建立物流概念，请你说出物流的概念并掌握农产品物流的基础内容。

相关知识

一、物流的概念

人们对物流的最早认识是从流通领域开始的，从经济运行的角度（生产、流通和消费的关系）来看物流的产生。经济运行由生产流通和消费组成，在生产和消费之间存在着社会间隔（生产者和消费者不同）、空间间隔（生产地和消费地不同）、时间间隔（生产间隔和消费时间不同），是流通将生产和消费之间的间隔联系起来。流通是以货币为媒介的商品交换行为，在具体的流通过程中，消费者用货币取得商品所有权的过程，即购销过程，称之为商流过程。而在买卖成交商流完成后，还需要把商品运送到消费者所在地，这个过程就是物流过程，即从包装开始，通过装卸、搬运、储存、运输和配送等环节将商品送达消费者的全过程。

国家质量技术监督局2001年4月17日批准颁布的中华人民共和国国家标准物流术语（GB/T 18354－2001）对物流的定义为："物品从供应地向接收地的实体流动过程。根据实际需要将运输、储存、装卸搬运、包装、流通加工、配送和信息处理等基本功能实施的有机结合。"对物流概念的标准化有利于人们正确理解物流，对我国的物流实践也有重要的指导意义。理解物流概念，应当注意以下几点。

（1）物流是物品物质实体的流动。任何一种物品都有二重性：①自然属性，即它有一个物质实体；②社会属性，即它具有一定的社会价值，包括它的稀缺性、所有权性质等。物品物质实体的流动是物流，物品社会实体的流动是商流。商流是通过交易实现物品所有权的转移，而物流是通过运输、储运等实现物品物质实体的转移。

（2）物流是物品由供应地流向接收地的流动，即它是一种满足社会需求的活动，是一种经济活动。不属于经济活动的物质实体流动也就不属于物流的范畴。

（3）物流包括运输、搬运、存储、保管、包装、装卸、流通加工和物流信息处理等基本功能。

（4）物流包括空间位置的移动、时间位置的移动以及形状性质的变动，因而通过物流活动，可以创造物品的空间效用、时间效用和形状性质的效用。

二、农产品物流的基础内容

（一） 农产品物流的定义

农产品物流是物流业的一个重要分支，指的是为满足消费者需求而进行的农产品物质实体及相关信息从生产者到消费者之间的物理性移动，包括农产品生产、收购、运输、储存、装卸、搬运、包装、配送、流通加工、分销、信息活动等一系列环节。

（二） 农产品物流与相关概念的比较

1. 农产品物流与农业物流

农业物流是包括与农业相关的各种生产资料的采购、农业生产的组织到农产品加工、贮运、分销等一系列活动的过程中所形成的物质流动。而农产品物流主要是特指农产品生产、收购、运输、贮存、配送、装卸搬运、包装、流通加工、信息处理活动。因此，农业物流包含了农产品物流，农产品物流是农业物流的重要组成部分。

2. 农产品物流与农产品流通

农产品物流和农产品流通都是为农产品营销服务，而且都包括"四流"——商流、物流、信息流和资金流。区别是农产品流通首先从商流开始，通过经营者与消费者之间农产品所有权的转移来实现价值效用。物流与资金流伴随商流而发生，物流完成农产品实体让渡过程中时间与空间的转移；资金流则完成付款、转账等形式的资金转移。因而，农产品流通是商流、物流、资金流和信息流的集合体，是一个综合性的系统，缺少其中任何一项都不能构成流通。而农产品物流包括运输、贮存、配送、包装、装卸搬运、流通加工及信息处理活动，更强调农产品实物的流动，在这基础上可能会伴随着商流、资金流、信息流的全部或部分发生。由此可见农产品物流显得更加的开放，而流通活动略显狭隘。

3. 农产品物流与农产品贮运

传统的贮存与运输是两个相互独立的环节，各自追求自身最优。而现代农产品物流是一个系统工程，经营运作的目标是系统最优，整个系统就像一个木桶，每一功能都是组成木桶的板块，木桶的容量代表系统的效益，所以，局部最优并不是系统的最大产出，重要的是通过协调提升短板。

虽然贮存和运输是物流的主要功能并占据大部分的成本比例，但我们不能简单地将农产品物流等同于农产品贮运，农产品贮运只是农产品物流系统中的重要部分。

（三） 农产品物流的特点

（1）农产品物流数量特别大，品种特别多；

（2）农产品物流的运作具有相对独立性且要求较高的技术水平；

（3）农产品在物流过程中能实现较大的增值；

（4）农产品物流具有较明显的季节性。

任务二 农产品物流的分类

任务要求

熟悉农产品物流的分类。

任务引入

日本全农果菜中心——高效农产品物流

以全球领先的物流系统集成商大福公司规划并建设的日本全农果菜中心下属的爱川物流中心为例,该物流中心在日本农产品物流领域颇具代表性,基本体现了当今日本的农产品物流水平。爱川物流中心的运营管理方式从一个侧面映射出日本农产品物流的突出特点。

1. 农产品标准化程度高

在日本市场流通的农产品,几乎都是经过加工后符合一定标准的农产品。在爱川物流中心,产品在从产地送达前,已经根据产品品质进行了初步的分拣和包装,产品入库后,还要按一定的标准进行严格的筛选和分级。蔬菜水果大多是以一定的数量作为计量单位,比如梨、苹果等多以个为计量单位。等级外的产品不能进入下一步物流环节,直接退货。

2. 鲜度管理严格

为了保障产品的新鲜度,爱川物流中心实行全程冷链。该中心的工作区分为两层。一层包括入货和出货区、带泥土(如土豆)的蔬菜加工区,周转冷藏箱存放区以及包装箱处理室;二层为不带泥土的蔬菜加工区和集货区等。中心内,除了入库区和泥土蔬菜加工区温度控制在20~22℃外,其他工作区温度都控制在15~17℃之间。

3. 产品损耗率低

生鲜农产品在物流过程中的损耗往往不可避免,但损耗率直接与成本挂钩,因此,损耗率直接体现出物流运作水平:据介绍,爱川物流中心的损耗率平均约在5%左右。夏季因为天气炎热,货物易腐易坏,损耗比较大,但仍可以控制在10%~15%内。在冬季,产品的损耗则很小。相比我国动辄20%~30%,甚至更高的损耗率,二者之间的差距是显而易见的。

4. 产品追溯功能全面

先进的信息中心配合高度自动化的物流设备,不但大大提高了爱川物流中心的效率,还实现了产品的主动追溯。据介绍,物流中心由于实现了全程信息化管理和自动化操作,在进行配送时,哪些货物在何时送到何地都可以通过条形码随时被企业掌控,因此不会等到出现问题时再被动地追溯产品。

此外,日本的农产品物流一般由高度组织化的农协负责。在日本的农产品物流运转过程中,全国农业合作联合会是最重要的角色。该联合会是根据1974年日本国会通过的《农业协同组织法》,由农户自愿联合组织起来的群众经济组织,是一个拥有强大经济力量的、遍及全国的“民办官助”农民经济团体。该协会为会员农户提供服务，比如农资购买、技术培训、销售推广等。可以说，该协会在农产品流通的各个环节，如组建批发市场和物流配送中心，组织物流、商流、信息流及协调结账等方面发挥了举足轻重的作用。

（资料来源：万联网）

任务描述

分析日本全农果菜中心是个什么样的物流公司。请说出农产品物流的类型。

相关知识

一、根据在供应链中的作用分类

根据在供应链中的作用分类，农产品物流分为农产品生产物流、农产品销售物流、农产品废弃物物流、回收物流。

1. 农产品生产物流

农产品生产物流是指从农作物耕作、田间管理到收获的过程中产生的物流活动，包括育苗、插秧、锄田、整枝、杀虫、施肥、灌溉、收割、晾晒、包装、入库等作业。与其他产业的生产物流相比，农产品生产物流受自然条件影响较大，并且受地理环境条件的限制，活动范围也较小。

2. 农产品销售物流

农产品销售物流是指为实现农产品所有权转换、价值增值而进行运输、贮存等一系物流活动。农产品销售物流是农产品从加工企业或销售中介，通过零售商到达消费者手中所产生的物流，与其他产品的销售物流相比，虽然最终到达的都是消费者，但农产品销售物流会有自身的特色，如先集中再分散、周期短、范围广、频率高等。

3. 农产品废弃物物流、回收物流

农产品废弃物物流是指在农产品生产、消费的过程中处理废弃物所产生的逆向物流。

据资料显示，蔬菜产品在销售过程中毛菜可以产生大约20%的废弃物，畜牧产品在生产阶段会产生大量的禽畜粪便。对已丧失再利用价值的废弃物进行掩埋或焚烧，称之为废弃物物流。对有价值的部分进行分拣、再加工，使其重新进入生产或者消费领域，称之为回收物流。农产品废弃物、回收物流的渠道较为复杂，管理难度较大，相较于其他产品的逆向物流，农产品逆向物流所能创造的货币收益也较小。

二、按照物流客体分类

按照物流客体分类，农产品物流可分为大宗农产品物流、生鲜类农产品物流、特色农产品物流。

1. 大宗农产品物流

大宗农产品物流，主要包括粮食作物、油料作物、经济作物的物流，指的是大宗农产品从各地收获后集中、再分散到再加工、再销售场所或消费者手中。大宗农产品关乎民生及国家安全，是人类生存的重要物质资源，包括水稻、小麦、玉米、高粱、大麦、大豆、花生和棉花等。大宗农产品物流是农产品物流的重要组成部分。大宗农产品物流的流量规模非常大，但频率较低，其完善与否也直接影响着国民经济的发展情况。

2. 生鲜类农产品物流

生鲜类农产品是我国消费者除粮食以外最主要的食物营养来源，它在日常生活消费中占有十分重要的地位。生鲜农产品居民消费的供给和需求一直受到政府和消费者的高度重视。生鲜类农产品主要包括人们日常生活所需的蔬菜、水果、花卉、肉类、禽蛋、奶产品、水产品、食用菌等。其含水量高，易腐烂。

由于我国农业生产分散，生鲜类农产品收获后，要在“行商”（走村串户的经纪人）、“坐商”（收购贩运商）、“批发商”（老板）、“零售商”（小贩）等诸多环节中辗转。生鲜类农产品长时间日晒雨淋、温度变化，导致生鲜类农产品在物流过程中损耗率约25%，高的甚至达到30%以上。这一损耗率比发达国家平均5%左右的损耗率，要高出很多。这种“吃三扔一”的现状对促进农民增收、土地增效提供了机会。其品质及价值的实现以及物流运作的效率，要做到快装快运、防热防冷，管理水平越高、速度越快，其价值与价格就越高。

3. 特色农产品物流

特色农产品不但向消费者提供特有的功能，还是礼尚往来的重要媒介。随着生活水平的不断提高、人际交往的更加频繁，特色农产品的需求愈发重要。特色农产品的种类繁多，但规模小，其对物流的需求具有多样性和高成本的特点。

三、按照运作条件不同分类

按照运作条件不同，农产品物流可分为常温链物流和冷链物流。

1. 常温链物流

常温链物流是指在通常的自然条件下对农产品进行的物流活动，大多数非鲜活类农产品可以在常温下完成物流过程，如大宗农产品的粮食作物、油料作物、纤维作物等。

2. 冷链物流

冷链物流泛指冷藏、冷冻类食品在生产、贮藏、运输、销售，到消费前的各个环节中始终处于规定的低温环境下，以保证食品质量，减少食品损耗的一项系统工程。冷链物流的适用范围包括生鲜类的蔬菜、水果、花卉、肉类、禽蛋、水产品、食用菌等农产品。

我国蔬菜、水果、肉类、禽蛋、水产品产量位居世界第一位，但大多数产品的分销渠道没有严格的冷链环境，80%的易腐食品在运输中没有温度监控，导致农副产品在最终消费前的损耗量也占世界首位。

随着我国农业发展和人民生活水平不断提高，对冷链系统的需求越来越多。生鲜类农产品的保鲜加工和贮运是农业生产的再继续，其冷链建设是农业产业化的重要组成部分，也是农产品标准化发展的必由之路。大力发展生鲜类农产品冷链设施和物流，可以减少从产到用的消耗，有利于保障食品质量安全，扩大生鲜类农产品供应，有助于降低销售价格并增加农民收入。

四、按照农产品物流特性分类

按照农产品物流特性分类，农产品物流可分为耐贮农产品物流、鲜活农产品物流、流体农产品物流和易串味农产品物流。

1. 耐贮农产品物流

耐贮农产品一般指粮食作物、油料作物、纤维作物等大宗农产品及畜牧产品皮毛、干菜、干果等，在农产品中占的比例大。耐贮农产品自然属性稳定、变化缓慢，对物流时间的要求不会太高，因此，物流作业的大部分精力会花在贮存的环节。

2. 鲜活农产品物流

鲜活农产品一般指果蔬、肉、蛋、奶等易变质的农产品。鲜活农产品含水分高、容易腐烂，受天气影响大，消费者对鲜活农产品新鲜度的要求在逐步提高。因此，鲜活农产品物流的各个环节都需要受重视，如选用冷链运输、装卸搬运中要轻拿轻放、快装快运。鲜活农产品要求高效率的物流，要尽可能减少渠道层级，缩短运作时间，减少过程损耗，只有这样经营者才能在交易中获得更大的收益。

3. 流体农产品物流

流体农产品是指自然属性为容易流失散落的液态的农产品，如牛奶、食用油等。流体农产品一般无固定形状，一旦包装破损，就容易流失洒落，因此，对流通的技术要求较高，包装材料需要达到一定强度，还需注意包装方法，并减少装卸搬运过程中的外力影响。流体农产品的流通批量较大，但是消费比较均衡。所以，贮存活动是必然会出现的，对流体农产品要特别注意贮藏要求。

4. 易串味农产品物流

易串味农产品一般指容易吸收异味和自身容易散发味道的农产品，如香烟、茶叶、药材等。容易吸收异味的农产品要严格控制环境的湿度，防止霉变和脆化。易串味农产品在物流过程中需要保持包装和承运工具的整洁，并保持通风，还要注意不可将容易吸收异味的产品与容易散发味道的产品邻近贮运。同时，也要注意防止同为容易散发味道的农产品临近贮运，这类产品其气味往往是验收和评价质量的重要指标。

五、按照农产品物流组织者不同分类

按照农产品物流组织者不同分类，农产品物流可分为自营农产品物流和第三方农产品物流。

1. 自营农产品物流

自营农产品物流是指农产品经营者借助自有资源组织物流活动的业务模式。自营物流的管理掌握于自己手中，可以有效、快速地传达指令，并得到信息反馈。但是会加大经营者的雇员、资金的压力，并且由于农产品供销季节性很强，物流设备总体利用率比较低。

2. 第三方农产品物流

第三方农产品物流是指独立于农产品经营者与消费者以外的专业物流企业，基于契约，为供需双方提供一系列物流服务的业务模式。这类专业物流企业通常可以提供个性化的物流服务，具有较高的现代信息技术，与双方形成长期的合作关系。这种物流业务外包的业务模式，有利于农产品经营者集中精力发展自己的核心竞争力，减少库存，节省物流费用，提高物流运作效率。

项目二　农产品仓储

任务一　仓储的概述

任务要求

了解农产品仓储的基本概念；懂得农产品仓储的意义。

任务引入

连云港外贸冷库

连云港外贸冷库于1973年由外经贸部投资兴建，是我国外贸系统的大型冷藏库之一，由12 000吨的低温库（－18℃）和5 000吨的保鲜库（0℃）组成，配备双回路电源。另有3 000平方米的普通仓库、100多运力的冷藏车队、年加工能力为1 500吨的冷冻加工厂。其经营范围为物资储存，商品储存、加工，食用油及制品、副食品、饲料、建筑材料、金属材料的销售、代购、代销，公路运输服务等。

冷库所处区位优越，在连云港港区内，门前公路东接港口，西接宁连、徐连、汾灌高速公路，距离连云港民航机场只有50千米，库内有铁路专用线与亚欧大陆桥新桥头堡相连，毗邻公路、铁路客运站，交通十分便捷。

设备完善的主库和从日本引进的组装式冷库构成了一流的冷冻冷藏条件，保鲜库为国内外客户储存苹果、蒜头、洋葱等果品、蔬菜类保鲜食品。冷接来品加工厂设备完善，质保体系严格，采用恒温避光作业，拥有蔬菜、水产品两条加工生产线，可常年同时加工鲜、冻农副产品及水产品，其仓库在存放商品方面条件优越。

任务描述

从连云港外贸冷库的经营内容，试述农产品仓储的基本概念和意义。

相关知识

一、农产品仓储的相关概念

1. 农产品仓储

“仓储”就是运用仓库寄存、贮存物品的行为。农产品仓储就是指通过仓库对农产品进行储存和保管的过程。

2. 农产品库存

库存指的是仓库中处于暂时停滞状态的物资农产品库存的位置，不是在生产基地里，也不是在加工车间里，更不是在非仓库中的任何位置，而是在仓库中。与其他大宗商品一样，大宗农产品库存的高低会对其现货价格和期货价格产生影响。

3. 农产品储备

储备是一种有目的的储存物资的行动，也是对这种有目的的行动和其对象总体的称谓。农产品储备是出于政治、军事的需要或为了防止各类自然灾害，对农产品进行有计划的战略性仓储。

4. 农产品储存

农产品在没有进入生产加工、消费、运输等活动之前，或在这些活动结束之后，要存放起来，这就是储存。

二、农产品仓储的意义

农产品仓储活动是农业再生产不可缺少的环节，是由农产品在生产与消费之间的客观矛盾决定的，由于这些矛盾的存在，农产品仓储和农业生产一样创造社会价值，农产品由生产地向消费地转移，是依靠仓储活动来实现的。农产品仓储在物流活动中发挥着不可替代的作用，是农产品物流三大支柱之一，其主要意义体现在：

1. 通过仓储克服农产品生产与消费地理上的分离

由于社会分工细化、生产规模化，产品的生产地较为集中，而消费地分散，因而在销售时对运输的需求大为增加。随着社会发展，自给自足的自然经济已经远离我们而去，农产品的生产者与消费者在空间上逐步分离，并呈现生产分散、消费地分散的格局，对于运输的需求更大。在农产品与消费者之间进行适度集中贮存，可以平衡运输的负荷。

2. 衔接农产品生产与消费时间上的差异

农产品的生产与消费之间有一定的时间间隔。时间较短的主要是常年生产、消费的产品，如蛋、奶等鲜活农产品；时间间隔较长的主要是季节性生产、常年消费的产品，如粮食、经济作物等。在这段时间间隔里，农产品流通会暂时停滞形成仓储。通过有效的仓储管理，可以调节生产与消费时间上的差异。

3. 调节农产品生产与消费方式上的差别

生产与消费的差别主要表现在品种与数量方面。随着专业化程度的提高，生产者生产产品品种趋向单一，但是数量却很大，而消费者在消费的时候会选择多样化但数量少的商品。通过集散，可以调节两者存在的差别。

4. 规避风险

市场经济条件下的农产品价格变化莫测，经常给农产品生产经营者带来价格风险。而大宗农产品的中远期交易市场正是提供给广大生产者、贸易商和原材料需求商规避库存带来的价格风险的场所。

5. 实现农产品增值

农产品仓储活动是农产品在社会再生产过程中必然出现的一种状态，农产品仓储是加快资金周转、节约流通费用、降低物流成本、提高经济效益的有效途径。

任务二　农产品仓储保管方法

任务要求

掌握农产品仓储的保管方法。

任务引入

我国的农产品深加工储藏技术

有资料显示，目前中国的粮食储藏和果蔬产后损耗率分别高达9%和25%，远高于发达国家水平，农产品产后产值与采收时自然产值之比仅为0.38∶1，产品粗加工多，精加工少；初级产品多，深加工产品少；中低档产品多，高档产品少，而且农产品的深加工技术和装备普遍落后于发达国家10～20年，各种高新加工技术的应用很不普遍。近几年来，各级政府对农产品的深加工储藏越来越重视，逐渐加大了投入，开始引进开发真空冷冻干燥技术与设备。目前中国自行开发制造的真空冷冻干燥设备整体性能已达发达国家20世纪90年代初同类产品的先进水平，并在蜂乳、蒜片、小葱、花卉及猪、牛肉干的干燥加工中获得实际应用。

1. 微波加热与杀菌技术

微波是一种频率在300～300 000MHz的电磁波，具有极强的穿透性，可使物料内外同时受热，从而使物料内外温度迅速上升，而且干燥后的物料能基本保持原有形状。因此，利用微波对农产品和食品进行加热加工，在世界许多国家已普遍采用。采用微波对蔬菜、粮食等农产品进行干燥加工是目前微波技术在农产品深加工中的主要应用。

另外，由于微生物蛋白是一种极性分子，极易被微波所极化，随着微波场的极性而发生热变性。因此，国外有许多关于用微波进行消杀粮食虫害、牛奶杀菌、果汁杀菌的研究报道。利用微波技术对肉制品进行杀菌加工，国内已在中式肉制品加工中推广使用，并取得了令人满意的效果。

2. 超高压加工技术

超高压是指压力在300MPa以上，最高可达700MPa的一种加工技术。超高压加工技术源于陶瓷加工业，1990年，日本科学家首先把它引用于食品的杀菌研究中，已对各种农产品如大豆、萝卜、苹果、牛肉、米及果汁、果酱、酱油等进行了实验研究。由于超高压杀菌避免了加热杀菌的缺点，可以保持食品固有的风味、色泽、质构和新鲜程度，提高了成品的品质，因此受到了人们普遍关注，发展速度很快。目前此项技术已应用于鳄梨、肉类、牡蛎的低温消毒，果酱、果汁等的杀菌，淀粉的糊化，肉类品质的改善，动物蛋白的变性处理等，并有商业化的加工设备在市场上销售。采用超高压技术加工的食品如果汁、果酱、奶制品、茶叶、咖啡、香料等原有的颜色、口味、风味、营养成分等均无损失，对于肉类制品加工可使其嫩度、风味、色泽及成熟度均得到改善，还可加快某些在常压下不能进行的反应，如生物大分子的酶水解、酶反应及有气体参加的反应等。

3. 低温粉碎技术

低温粉碎是近几年发展起来的一种先进粉碎技术。利用冷冻的方式，改变物料的机械特性，不仅可以提高物料的细度，而且可以使原来不易被机械粉碎的物料得以粉碎，其粉碎的细度能达350目以上。另外，由于物料在极低温度下加工，物料原有的色、香、味性能得以充分保留，因此这种先进的加工技术被广泛用于香辛料，如可可、杏仁、咖啡豆；调味品如芥子、胡椒；以及中草药、人参、龟鳖丸等高档热敏性农产品的粉碎加工。

4. 辐射加工技术

辐射技术就是用钴60、铯137所产生的γ-射线或电子加速器产生的能量在10meV以下的电子射线对物料进行加工处理。主要用于灭菌和杀虫，如可用于防止马铃薯、洋葱等的发芽，经照射可储存1年以上；可杀灭稻米和小麦等谷类及水果害虫、畜禽肉中的沙门氏菌、香辛料及干燥蔬菜中的细菌，可杀死食品中的微生物，可延缓香蕉、木瓜、芒果等热带果实的成熟度。辐射还可用于已包装好的状态下的照射，不会造成二次污染，照射过程中，食品只微量升温（2～3℃），所以生鲜果蔬及冷藏冷冻食品也可使用。据统计，目前全世界有37个国家批准一种或几种辐射技术用于农产品深加工和食品加工业中，其中商业化生产的有25种。

5. 微胶囊技术

微胶囊技术是用喷雾法、凝聚法、挤压法等方法将固、液、气体物质包埋在一微小封闭的胶囊内，从而有效地减少芯材与外界不良因素间的接触，减少芯材向环境的扩散与蒸发，掩蔽芯材的不良风味，控制芯材的释放，改变其物理及化学性质。近年来微胶囊技术在保健食品、药品等生物活性物质的处理方面得到了广泛应用，如微胶囊化香料、酸味剂、营养素、防腐剂、脂及脂溶性物质等。随着新壁材的不断开发，微胶囊的功能将会更加健全，这项技术也将得到更快的发展。

任务描述

你还知晓哪些农产品仓储的保管方法？

相关知识

一、简易贮存

简易储存的特点是简便易行，利用现有设施，针对不同农产品的特点采取因地制宜的贮存方式。可分为库藏、堆藏、沟藏等。这类贮存方式设施投资较少，结构简单，适宜含水分较少的干性、耐储、大宗、廉价的农产品。

二、窑窖贮存

窑窖贮存的贮存方式在全国各地都有，形式多样，如井窖、棚窑、冰窖、土窑洞等。这类贮存方式的环境中氧气稀薄、二氧化碳浓度高，可以相对抑制农产品的呼吸作用。同时，还可抑制微生物和害虫的活动与繁殖，温湿度稳定，比较适宜对植物类鲜活农产品如大白菜、萝卜、马铃薯、红薯等进行较长时间的储存。

三、通风库贮存

通风库是果蔬等农产品贮存的传统设施。利用对流原理，引入外界冷空气起到降温作用，再配合强制通风，其保鲜效果几乎可以达到普通商业冷库的效果。与普通冷库相比，其硬件投入可节省60%以上，运作以后的能耗可节省90%左右。

四、冷藏库贮存

冷藏库贮存是在具有较好隔热性能的库房中，安装制冷设备，根据农产品贮藏要求，自主调节库内的温度和湿度。其特点是效果好，但造价与运行费用高。比较适合肉类、家禽和新鲜果蔬的储藏。

五、气调保鲜贮存

气调保鲜贮存是指调整贮存环境的气体成分的冷藏方法，综合了冷藏、降氧增炭（二氧化碳）、减压等（贮存方法）。可以最大限度抑制果蔬产品在贮存过程中的呼吸作用，延缓氧化衰老，同时通过减压起到抑菌、灭菌、消除气味干扰的作用，最终延长果蔬产品的贮藏期。

六、干燥储存

干燥储存是通过降低储存环境和农产品本身的湿度，以消除微生物生长繁殖的条件，防止农产品发霉变质。凡干燥后不影响使用价值的农产品，如茶叶、干菜、香菇等一般都适宜采用这种方式方法保存储藏。干燥储存主要有自然干燥和人工干燥两种。

七、放射线处理储存

放射线处理储存是利用放射线辐射方法消灭依附在农产品身上的各种微生物和病虫害，以延长储存时间，是一种有效保证农产品质量的“冷态杀菌”处理方法。

农产品仓储保管不仅是技术问题，也存在管理问题。保证农产品的质量、数量、包装的完好，不仅需要技术措施的保证，也有赖于管理水平的高低。制定必要的管理制度和操作规程并严格执行是各项管理工作的基础。“以防为主，以治为辅，防治结合”是农产品保管工作的方针。

项目三　农产品运输

任务一　农产品运输的类型

任务要求

了解农产品运输的概念及农产品运输的类型。

任务引入

铁路新技术助推农产品运输市场发展壮大

为解决铁路果蔬食品冷藏运输问题，中铁铁龙（大连）供应链管理公司研制成功 45 英尺铁路冷藏集装箱,并完成台农一号、贵妃芒等优质芒果装箱作业。

我国是农业生产和农产品消费大国,近年来,我国生鲜农产品产量快速增加,每年约有4亿吨生鲜农产品进入流通领域,冷链物流比例逐步提高,而当前我国的农产品冷链物流配送远远跟不上需求。据国家农产品保鲜工程技术研究中心研究发现,我国每年生产的水果蔬菜流通损耗率达到25%—30%,发达国家的损耗率普遍低于5%,如美国仅有1%—2%。据介绍,仅果蔬一类,我国每年损耗金额就达1 000亿元以上。中国食品工业协会的一项调查也显示,每年我国仅果品一项腐烂就达1 200万吨之多,蔬菜腐坏更是达到1.3亿吨。由于流通成本高,以至于部分农产品价格居高不下。造成此问题的主要原因是由于从事商品流通环节的企业及人员对冷冻保鲜物流的重要性认识不足,导致技术手段落后。

我国地域辽阔,农产品种类繁多,形状各异,生活消费的农产品主要以鲜货鲜销形式为主,"鲜活"是农产品的生命和价值所在,因此在运输过程中对运输设备的要求很高。铁路虽然在农产品运输中占有较大的比例,但由于部分冷藏车运输设备技术落后,使用效率低,对农产品的专用运输车辆不多,已明显不能适应农产品的发展需要,在一定程度上阻碍了冷藏业的发展。

铁路总公司改革的节奏越来越快,对市场的需求也越来越敏感,此次中铁铁龙(大连)供应链管理公司研制成功的45英尺铁路冷藏集装箱,在技术、温控、物流模式等方面取得多项突破性成果,最大限度解决了果蔬长距离运输温控的难题,还能有效应用于从产地到销售的全程冷链运输,适于铁路、公路等不同模式的运输。

生鲜农产品冷链运输还涉及到资源配置、仓储保管、信息平台、三方物流等多方面的问题,需要政府、企业、果农等多方协调运作,以减少过程损耗,压缩流通成本,助推农产品运输市场发展壮大,降低价格,还实惠于人民。

任务描述

说出农产品运输的概念、类型及特点。

相关知识

随着人类社会的发展,生产力在急速提高,农产品在被生产者消耗之后还有大量剩余,生产者会将这部分剩余拿到市场上去交易,而农产品运输正是源于农产品的生产、加工和消费在空间上的背离,是农产品营销不可缺少的过程。伴随农产品交易规模的扩大、交易范围的全球化,社会对农产品运输的需求也愈加迫切。

一、农产品运输的概念

农产品运输是指借助于运输工具,通过各种运输方式,实现农产品在空间上的位置转移。与工业运输相比,农产品运输的时效性更强,运输质量要求更高。因而农产品运输设计的好坏,实质是花费在运输上时间的长短和消耗社会劳动量的多少,这将直接影响到农产品流通速度的快慢,最大限度地节省人力、物力和财力的消耗,完成产品的运输任务,取得较好的经济效益。

二、农产品运输的类型及特点

1. 根据运输方式分类

按照运输方式、装载形式和运输路径的不同,农产品运输的方式主要分为公路运输、铁路运输、水路运输、航空运输四种。不同的运输方式具有各自鲜明的特点。

(1) 公路运输。公路运输成本较高、运载量小、耗能大、运输效率低,有较强的灵活性和适应性,不需改换包装即可直接送往销售地,实现"门对门"的 运输,还可深入到非铁路沿线的偏远地区,扩展运输辐射半径,这是其他运输方式所不具备的优势,这对农产品运输尤为重要。但公路运输能力低,变动成本高,劳动生产率低,运输大宗农产品成本高,长距离运输费用更高,而且道路不平时振动大,产品易损伤,因而其适合生鲜类农产品的快速运输。

(2) 水路运输。水路运输包括河运和海运,其成本低、较平稳、运载量大,但因受自然条件的限制,其连续性差、速度慢,联运要中转、装卸,也会增加损耗。除此而外,水路运输受自然条件与天气的影响较大,特别是远洋运输,海洋环境复杂、气象多变,遭遇不可抗自然灾害袭击的可能性大,而且除自然风险外,还存在战争、海盗、禁运等社会风险。因此,水路运输不适合远距离、大范围内的农产品运输,而更适合近距离直线式的农产品运输。

(3) 航空运输。航空运输速度快、保质好、受损小、机动性大、安全性高、准确性高,但费用高、运量少、受天气影响较大、不适宜短途运输。航空运输特别适合于新鲜柔嫩、易受机械损伤而变质的高档农产品,有时也可为特需供应作特运,如鲜活易腐的农产品的中长途运输。

(4) 铁路运输。铁路运输受天气影响小、安全、中长距离货运价廉、运输批量大、速度快、节能,但途中作业时间长,运费没有伸缩性、不能进行门对门运输、车站固定、货物滞留时间长,不宜紧急运输,对于鲜活易腐的农产品必须要有较好的冷冻冷藏车厢否则不可长途铁路运输。

2. 根据农产品装载形式分类

农产品的运输根据装载形式可以分为散装运输、包装运输和集装箱运输。

(1) 散装运输。散装运输是指农产品不加以包装,直接以散状形装入运输工具内进行输送的运输形式。散装运输有利于提高装卸和运载效率;降低工人劳动强度,改善工人劳动条件;节省包装物料和器材;改进经营管理,节省费用开支;提高运输效率,加速车船周转;防止农产品污染,并为实现整个系统的机械化、自动化创造条件。目前,中国国家储备系统已在全国范围内实现了粮食的散装、散运、散卸、散存,即"四散"化,进一步改善了国储粮的调运环境。

(2) 包装运输。包装运输是把农产品包装以后再装入运输工具进行运输的一种形式。这种送输方式在装卸中会起到保护农产品安全、防止抛散损失、避免污染;便于农产品出、入，装、卸、搬运和中转作业；定量包装，可以减少发、收双方在交接过程进行检验作业的工作量，方便交接等作用。受当前运输条件所限，我国农产品运输长期以来一直以包装运输为主要形式。

（3）集装箱运输。集装箱是交通运输部门根据其运输工具的特点和要求，特制的装商品的货箱。集装箱运输可实现整件吊装，机械化程度高，不但提高了装卸效率，还便于不同运输方式之间的联运。集装箱运输方式为发展我国内外贸易运销和国际联运创造了条件，显示了明显的优越性和经济效益，发展前景看好。

任务二 农产品合理运输

任务要求

知道农产品不合理运输的主要现象；掌握农产品合理运输的意义、原则及措施。

任务引入

兰州铁路局为鲜活农产品开辟“直通车”

为确保鲜活农产品及时运送，兰州铁路局于2012年9月成立了鲜活农产品运输领导小组，启动了《鲜活货物运输应急预案》，主动与当地村委会、业主、经销商联系，调查了解农作物的种植情况，优化运输组织，合理配置农产品流向，均衡安排运力。在部分鲜活农产品运输装车站定期组织开行“粮龙”直达、土豆专列，确保鲜活农产品及时运出。

同时，在各鲜活货物承运站开辟“绿色通道”，实行24小时计划受理，做到随到随办。合理安排装卸人员和劳力，预留鲜活农产品汽车进出通道、停车位置，实行“点对点”装车，减少运输中间环节，压缩运输时间，最大限度满足货主需要。截至2012年10月16日，兰州铁路局运输河西走廊洋葱、番茄酱2 300吨，土豆960吨，粮食、玉米种子18 480吨。

任务描述

分析兰州铁路局为什么为鲜活农产品开辟“直通车”？说出农产品运输存在的不合理现象，掌握农产品合理运输的途径。

相关知识

农产品运输的问题主要体现在农产品的不合理运输。所谓农产品不合理运输是指在农产品的运输过程中违反了客观经济规律，没有按照商品合理流向组织调运，从而浪费了运力和运费,使得在运输中所消耗的劳动力没有取得最大经济效益。农产品不合理运输,必将造成农产品在途时间长、产品和资金周转慢、环节多、损耗大、费用高,影响农产品生产的发展和消费者市场的需求。

一、农产品运输过程中出现的不合理现象

农产品运输过程中的不合理现象主要有以下几种:

1. 空驶

空车无载货行驶,是最严重的不合理运输。造成空驶的原因大致如下:社会运输体系不完善,依靠自备车辆进行运输,造成单程空驶;由于计划不周,造成信息失准,车辆空去空回、双程空驶;车辆过分专用,无法搭载回程货品,造成单程空驶。

2. 对流运输

又称相向运输,指同一种货品在同一线路上做相对方向的运输。如:甲乙双方互相向对方的方向运输,与对方发生运程上对流;另外,货品也可以是互相替代却不影响使用与效率的相似货品。

3. 迂回运输

迂回运输是指货物本来可以选取较短距离进行作业,但是,却选择了较长路程的线路进行运输,就是我们平时讲的“绕远路”,比如:农产品从甲地到乙地之间,有两条或两条以上的运输路线时,没有选择一条最短的路线,而是选择了绕道而行的远路。但如果是为避免交通堵塞、道路情况不好、特殊限制而发生的迂回,就不能归为不合理迂回运输。

4. 倒流运输

倒流运输是指货物从起运地送出又回流至起运地的现象,其位移近似于零,往返两趟都是不必要的。

5. 重复运输

重复运输是指本来可以直达的货运,在中途停滞并重复装卸再送达目的地的不合理运输形式。虽然这样没有增加运输里程,但是,增加了不必要的装卸环节,延缓了速度,增加了费用。比如,农产品本来可以从起运地直接通往目的地,但因物流中心设置不当,计划不全或商品分配不合理等原因,在中途把产品卸下来,经过一次转运后再运往目的地。

6. 托运方式选择不当

这是指本可以选择最好的托运方式而未选择,造成运力浪费及费用加大的不合理运输形式。如本应选择整车托运的,却最终决定进行零担托运。

7. 运力选择不当

运力选择不当是指未利用各种工具的优势而选择不正确的工具进行运输的不合理现象。如弃水路、铁路、大型船舶的过近运输等。

8. 超限运输

超过规定的长度、宽度、高度和重量进行运输,容易引起货损、车辆损坏及公路路面及公路设施的损坏,还会造成严重的事故。

因此，在考虑农产品运输时，一定要全盘考虑，以减少甚至杜绝不合理的运输现象。

二、农产品合理运输的含义、原则及措施

1. 农产品合理运输的含义

农产品合理运输是指以最快的速度，走最短的里程。农产品是易腐、易耗产品，农产品合理运输至关重要。合理运输，就是按照客观规律，用最小的消耗，组织农产品的调运，达到最大的效果。简单而言是以最快的速度，走最短的里程，经最少的环节，用最省的费用，及时安全地将农产品从产地运往销地。对农产品来说，就是根据“及时、准确、安全、经济”的原则，制定合理流向规划，选择最优运输方式和路线，开展农产品直达、直线和“四就”直拨运输，促进轻泡农产品“三化”（即打包机械化、包装规格化、装裁定型化）等，从而做到多快好省地完成农产品的运输任务。因为资源和消费地两头分散，农产品保质时间短，影响因素很多，因此组织农产品的合理运输工作，主要要考虑以下五个因素：运输时间、运输距离、运输环节、运输方式和运输费用。

（1）“快”速运输。尽快地组织农产品调运，以尽量减少农产品在运输途中的损耗，及时满足市场需要。

（2）“近”距离运输。尽可能地组织农产品就近运输，使农产品走最短的里程运达目的地，以达到保质保鲜，节省费用的目的。

（3）“少”环节运输。尽量减少不必要的中间环节，包括在选择运输工具、运输方式和包装方式上，改进轻泡农产品包装，提高车船装载量，力争用最小的运力，达到装运量更多。

（4）“省”费用运输。努力减少各项费用开支，降低速输成本，节省农产品运输费用。

2. 农产品合理运输的组织原则

（1）及时省时原则。一般农产品在使用价值上具有一定的时效性，特别是鲜活商品易于腐败变质，要求及时运输，以节省运输时间，减少在途中贮存和转折，达到保质保量的目的。

（2）安全原则。运输过程中，对于产品的分类包装、装卸和运输，要有防止损失的安全措施，对鲜活商品的运输，更应有特殊的运输工具和设施，尽可能减少损耗。

（3）经济原则。从产区运送到销区，尽可能缩短运输里程，特别是在长途运输中，经常出现水、陆转运的情况，特别要做好中间贮存和转送的衔接，充分发挥各种运输工具的效能，如大中城市的猪肉、鲜蛋、酱菜、豆制品等也适合采取直拨运输、以利于减少运输损耗和损失，节省运输费用，提高运输的经济效果。

3. 农产品合理运输组织的措施

（1）按经济区域组织农产品流通。所谓农产品流通的经济区域，是指由自然地理位置、交通运输条件、生产力布局状况和产供销关系等各种因素决定，自然形成的科学合理地组织商品流通的地域范围。按经济区域组织农产品流通有利于消除农产品运输中对流、倒流、重复、迂回、过远等不合理现象。

（2）合理选择农产品运输方式、运输路线和运输工具，另外，可实行公铁分流，发挥各自优势。在我国的陆路运输中，200 公里以内公路运输的费用要低于铁路运输。对于果蔬类

易腐烂农产品，运距在450公里以内时，公路运输比铁路运输更适宜。

(3) 实行分区产销平衡，确定农产品合理流向。所谓实行分区产销平衡，确定农产品合理流向，就是根据农产品的产销分布情况和交通运输条件，在产销平衡的基础上，按照近产近销的原则，规划农产品合理流向图，并用这种方法把产供销和合理运输路线相对固定下来，使农产品运输制度化、合理化。这对于加强产、供、运、销之间的相互衔接及其计划性，消除过远、迂回、倒流等不合理运输很有好处。这一措施适用于产地集中、销地分散，或产地分散、销地集中的品种单一、规格少、运量大的农产品。

(4) 建立农产品运输的“绿色通道”。在农产品运输之前把所有手续办理完毕，省略中途的各种检查、缴费手续，减少农产品的在途时间。

(5) 大力开展联运。联运是指运用两种以上的运输工具的换装衔接联合完成农产品从发运地到收货地的运输过程。开展联运，既适应我国交通运输条件和运输能力，也适应农产品产销遍布全国点多面广的特点，只要联运衔接合理，就可以缩短待运时间，加速运输过程。

(6) 大力发展集装箱运输。集装箱运输过程机械自动化操作程度高，是现代高效运输形式。适应农产品易腐易变的特点和运输要求，应大力发展这种运输形式。

(7) 提高运输工具的使用效率和装载技术。运输工具的使用效率是指实际所装运重量与表记载重量的比率。提高运输工具的使用效率就是既要装足吨位，又要装满容积，这就必然要求提高装载技术。适宜的装载技术可以挖掘运输工具潜力，运送更多的农产品，降低运输成本，节约运费开支。

(8) 推广“冷藏链”运输。“冷藏链”运输是指对鲜活的农产品从始发地运送到接受地，每个环节的转运或换装都保持在规定的低温条件下进行的运输方式。“冷藏链”运输能抑制微生物的繁殖和酶的活动，防止农产品变质和减少途中的损耗，值得大力推广。

项目四 农产品配送与配送中心

任务一 农产品配送概念

任务要求

了解物流配送的基本概念；掌握农产品配送的概念；理解农产品配送的好处。

任务引入

雨润公司联手农产品交易集团将实现农产品直达小区

2015年7月9日，辽宁农产品交易集团与沈阳雨润菜篮子农业发展有限公司正式签订战略合作协议，未来将联手打造东北区域一级的现代农产品“城市综合管控体系”。

雨润公司将与辽宁农产品交易集团产业融合和互动，实现在“资源互补+互惠互利”的对接基点上，带动“果品、肉类、蔬菜等农产品收储、深度加工及城市配送”三大板块的模式构建和可持续发展，提升雨润菜篮子项目在“农产品购销+净菜加工+城市配送”方面的综合能力，共同促进辽宁省农产品全产业链升级改造。通过缩短流通环节，辽宁省几万家生产合作社和生产基地的农产品直接由沈阳雨润配送中心运送到小区直营店或消费者手中，大大降低中间环节费用，惠农利民。

雨润公司将与辽宁农产品交易集团产业融合和互动为农产品配送提供了很好的借鉴。配送作为农业产业化链条中至关重要的一环，直接影响到产出的农产品是否能快捷地送到百姓餐桌上，关系到农产品的最终定价、关系到消费者的满意度、最终涉及到的将是农民的利益和市民的舌尖。

（资料来源：华商晨报，2015-07-09）

任务描述

农产品配送的内涵和外延是什么？

相关知识

一、配送的概念

配送是指在经济合理区域范围内，根据客户要求，对物品进行拣选、加工、包装、分割、组配等作业，并按时送达指定地点的物流活动。配送是物流中一种特殊的、综合的活动形式，是商流与物流的紧密结合，包含了商流活动和物流活动，也包含了物流中若干功能要素的一种形式。用最通俗的话说就是既配又送，“配”包括了货物的分拣和配货活动；而“送”则包括了各种运输送货方式和送货行为。由于配送直接面对消费者，最直接地反映了供应链的服务水平，所以，配送“在恰当的时间、地点、将恰当的商品提供给恰当的消费者”的同时，也应将优质的服务传递给客户，配送作为供应链的末端环节和商场营销的辅助手段，日益受到重视。

二、农产品配送的概念

农产品物流配送的内涵是指按照农产品消费者的需求，在农产品配送中心、农产品批发市场、连锁超市或其他农产品集散地进行加工、整理、分类、配货、配装和末端运输等一系列活动最后将农产品交给消费者的过程；其外延主要包括农产品供应商配送和超市连锁配送两方面。其中，前者主要包括农产品配送企业、农产品批发市场、农产品生产者的专业协会等配送主体向超市、学校、宾馆和社区家庭等消费终端配送农产品的过程，而后者主要是经营农产品的超市由总部配送中心向各连锁分店和其他组织配送农产品的过程。农产品配送是指由专业的餐饮或送菜公司采用专业、先进的物流基础设施和大规模的统一采购、源头采购形成品种、价格、数量、质量上的突出优势，为各企业单位、学校、工厂和自营餐厅的客户或其他餐饮服务企业配送所需的肉类、蔬菜、豆制品、主副食品及调味料等。

三、农产品配送的好处

1. 发展现代农产品物流配送，合理组织农产品物流配送，提高配送效率，可提高农民的组织化程度和农产品的市场竞争力，使农产品在流通过程中实现增值，有利于保障农民的根本利益，稳定增加农民收入，推动农业的现代化、产业化进程，提高农业生产的整体效益；对开拓农村市场、有效解决“三农”问题、建设社会主义新农村具有重要现实意义。

2. 发展现代农产品物流配送是提高农产品物流效率的驱动力，推进农业现代化、产业化进程，提高产品竞争力的重要措施。

3. 发展农产品物流配送是降低和分散农业经营风险，促进农民增收的有效手段，是农村城镇化建设的迫切需要。

任务二　农产品配送特点

任务要求

理解农产品配送的特点。

任务引入

24 小时内完成“线上采购＋线下配送”

“西蜀粮仓·崇州味道”崇州农产品 O2O 销售平台是崇州市通过线上自建平台，并与京东、淘宝特色中国成都馆、天虎云商等第三方电商平台合作，以农特馆形式搭建起的优质农产品销售平台，现已在天虎云商平台上开设并开通，千年枇杷茶、宝石梨等 12 种农产品全部实现上线销售，成都地区的配送基本都能保证 24 小时内完成。

据崇州市相关负责人介绍，“西蜀粮仓·崇州味道”崇州农产品 O2O 销售平台开通的最大优势在于实现传统农产品销售方式向“线上采购＋线下配送”新模式的转变。线上，依托“西蜀粮仓·崇州味道”崇州农产品 O2O 销售平台，线下，以该市蜀禾农产品专业合作联合社为主体的 40 余家会员单位保证优质农产品供给。

此外，这一平台，还将成为农业成果、终端农产品宣传与推广的窗口和市内外知名与生态安全农产品交易和信息交流的平台。线上采购的农产品，都将通过专业快递公司完成配送，极大缩短了配送时间和配送成本，且可以保证质量安全和价格等信息公开化。

同时，崇州市还与淘宝特色中国成都馆等单位签订了《崇州市农村电子商务打造框架协议》，淘宝特色中国成都馆等将携手该市各种农业经营主体，全方位、立体化营销特色优质农产品，并将帮助培养农业电商人才。

（摘自《成都日报》）

任务描述

分析24小时内完成“线上采购＋线下配送”是如何完成的？

相关知识

结合农产品的相关属性及市场分布情况，农产品配送呈现出以下特征：

一、农产品配送网点分布众多

由于农业生产点多面广，消费农产品的地点也很分散。因此，农产品运输和装卸比多数工业品要复杂得多，单位产品运输的社会劳动消耗大。由于城市交通的限制及为了及时满足用户的需求，农业企业不得不在距离用户较近的居民区设置大量的配送点。

二、农产品流通配送的区域性

由于农产品生产具有区域性，而人们的需求是多样性的，因而需要不同区域间进行流通交易。但是由于农产品的鲜活易腐性，即便采取了保鲜等措施，仍会有一定比例的损耗，而且这个比例会随时间和距离加大而迅速增加，使流通成本上升，这限制了农产品的流通半径，这一点显然区别于常温物流配送运作方式。

三、农产品物流配送相对风险较大

农产品物流配送风险主要来自三个方面：一是农产品生产和消费的分散性，使得经营者难以取得垄断地位，再加上市场信息极为分散，人们难以全面把握市场供求信息及竞争者、合作者的信息；二是农业生产的季节性强，生鲜农产品上市时如果在短时间内难以调节，会使市场价格波动较大，并且在中国农产品流通市场上经常出现；三是鲜活形式为主的农产品，多数易损易腐，因此必须根据它们的物理化学性质安排合适的运输工具。因此，对于某些农产品，如奶制品、生鲜农产品的配送，要科学规划配送方式和配送工具，满足用户需求，提高效率。

任务三　农产品配送与农产品运输的关系

任务要求

理解农产品配送与农产品运输的互补关系；掌握农产品配送与农产品运输的区别。

任务引入

“本来生活”深耕冷链物流的最后一公里

在电商大批量崛起的过程中，本来生活注意到，冷链物流最后一公里的资源配置是一个市场空缺，这对生鲜电商而言，是一个品牌塑造的现实机遇，更是决定本来生活的“生”与主打“鲜”存亡的挑战。

“生鲜的操作难度，主要表现在三个方面。一是供应链导致的高损耗，二是冷链物流导致的高物流成本，三是非标准化导致的高操作难度。例如冷链的问题，源自没有第三方最后一公里冷链物流体系。对于储存和运输标准要求高的生鲜而言，只有在本地建立匹配的冷链物流站点和配送，保障配送最后一个环节。”戴山辉如是说。

冷链最后一公里的商业模式，是一个勇于探索的过程。除了映射出本来人尖锐的经营之道，还淋漓尽致展现出创业团队耕耘事业的高度。据调查，本来生活在每个季度的选品工作中，其物流测试也是工作任务的重点。

戴山辉介绍说：“时令水果的自身特性决定了它在运输过程中的难度。像水蜜桃这种质地鲜嫩果皮纤薄的果实，任何轻微摩擦都能导致表皮破裂影响观瞻，从而极大降低客户期望值，使得产品的购买体验大打折扣。这是物流运输的硬伤，为了规避这种伤害可能性，我们先从产品的包装下手，依托柔和性材质的介入降低接触的程度，然后是物流配送的测试，根据时节的差异与外界不稳定因素的客观存在（气候）有别，测试也没有固定的次数。”

有过购物体验的朋友都知道，货物到家待你打开本来生活的物流包装箱，就会发现里面有精心内置的冰袋。从最后一公里，本来生活植入的中转箱加蓄冷材料的保鲜防护措施，可见本来人的服务情怀。

你还会发现我们平日在商超购物，回到家发现青菜蔫了，果实裂了，从来不会认为这是一件严重到影响心情的事情，更别说铭记于心了。但是，我们在网上购物，货到家中如若发现上述情况，却一贯保持零容忍的态度。这不是谁的问题，而是整个生鲜市场的大背景下，谁处于主动地位，谁立足被动位置的哲学命题。

戴山辉指出：“在物流运输的过程中，一旦有意外情况发生，待我们在对其进行简单的确认后，便会立即做出退款或是重复发货的补救措施，消费者的权益务必保证，这也是提升用户体验以及引导优劣转化的有效途径。”

有人说：不要因为走的太过匆忙，甚至忘记了为何出发。当我们习惯只追求结果，而忽略关注过程的时候，往往衍生出因相互不解而表露无遗的浅薄。当你的桌上摆放着本来生活紫水晶般的蓝莓，汁水醉人的哈密瓜，你能看到的，除了具体的实物，还有企业背后的坚守。那是一种至高无上的荣耀，不在光芒里肆意，却在暗夜中芳华。

（本案例摘自“速途网”）

任务描述

如何解决农产品配送的最后一公里？思考农产品配送与农产品运输的关系。

相关知识

一、农产品运输与农产品配送的互补关系

农产品运输与农产品配送虽然同属于线路活动，但是由于功能上的不同，使他们不能互相代替，而要相辅相成，互相依存，互相补充。物流系统创造物品空间效用的功能主要是使生产企业制造出来的产品最后到达用户手中或进入消费，否则产品的目的就无法达到。从运输、配送概念可看出，仅有运输或仅有配送是不可能达到上述要求的，因为根据运输原理和距离原理，大批量、远距离的运输才是合理的，但不能满足分散消费的要求；配送虽具有小批量、多批次的特点，但不适合远距离运送。因此必须由两者互相配合，取长补短，方能达到理想的目标。一般来说，在运输和配送同时并存的物流系统中，运输处于配送的前面，先通过运输实现物品的长距离位置转移，然后由配送来完成短距离的运送。

二、农产品运输与配送的区别

从上述互补性分析中我们可以知道，农产品运输和配送归根到底都是线路运动，但两者在诸多方面还存在差异，具体有：

1. 活动范围与空间不同

农产品运输的活动空间比较大，它可以在不同地区、不同城市甚至不同国家之间进行，既有短距离又有长距离的运送；而农产品配送通常在同一地区或同一城市间进行，运送的距离比较短。

2. 运送对象与功能不同

农产品运输多为运送大批量、远距离的物品，并且途中兼有储存的功能；而农产品配送包括拣选、加工、包装、组配、运输等多个环节，通常是小批量、多品类的产品运送，通过物品地理位置的移动，满足不同用户的多种要求。

3. 承载主体的责任与主动程度不同

农产品运输仅仅按照用户的要求被动提供服务，只要把农产品保质、保量、按时送到用

户手中即可；农产品配送要为顾客提供积极、主动的服务，涉及多个服务环节，是“配”与“送”的有机结合。

4. 农产品运输工具与农产品运输方式不同

农产品运输根据运送货物的形状特点、到货时间、到货地点的不同要求，采用多种运输工具，采用不同的运送路线，既适合产品的特性又满足经济效益的实现；相对而言，配送在运输工具和运输方式上则受到限制，因为配送的产品一般花色品种比较丰富且多为小批量、多频次的运送，所以一般采用装载量不大的短途运输工具。

5. 对承载主体技术要求不同

在配送过程中，客户对配送中心的作业技术和作业水平往往会提出更高的要求，这就要求配送中心最大限度地利用信息技术、网络技术，通过网络的作用把分销、运输、仓储、包装、运送等环节紧密地连接在一起，实现物流、资金流、信息流融为一体。

任务四　农产品配送的业务模式

任务要求

了解农产品配送业务模式的产生；理解农产品配送业务具体模式。

任务引入

“农超对接”让农民种地无忧

“自从实行‘农超对接’以来，超市天天上门来收菜，我们再也不用赶着毛驴车去城里卖菜了，不再担心销路问题。”一大早，围场满族蒙古族自治县腰站镇边墙山村村民李海才将刚采摘的芹菜和西葫芦装车，喜悦地和我聊着天。

近年来，该县充分依托资源优势，以市场为导向，以合同服务为抓手，积极采取“公司+基地+合作社+农户”模式，大力发展订单农业。以保护价或高于市场价收购农户的产品，把千家万户的小生产与大市场联结起来，实施规模化、标准化生产，有效促进了企业增效、农民增收。这种订单农业产业化经营模式有利于促进区域化布局、专业化生产、规模化建设、企业化管理，形成种养加、产供销、贸工农、农工商、农科教一体化的经营体系。合作社将土地集中起来开展规模化经营，不仅可以降低生产管理成本，还能够有效抵御市场风险。

（资料来源：光明经济网，2015-07-06）

任务描述

分析“农超对接”是一个什么样的配送模式？农产品配送业务具体模式有哪些？

相关知识

一、农产品配送的业务模式的产生

在整条农产品供应链上,分为供应地、中转商和销地三个大节点,各个节点又可分为几个小节点。货源供应商主要包括农产品产地批发市场、农产品销地批发市场、贩销大户、农产品协会、农产品合作社、农产品生产基地、农产品种植大户、单个农户等;中转商主要包括运销商、第三方物流企业、农产品配送中心等;销地主要包括超市、批发市场、餐饮企业、机关单位的食堂、生鲜超市、社区蔬菜销售点、特色农产品专卖店等。以上的三大节点在农产品的配送中都会起到作用,也由此产生了农产品配送的业务模式。

二、农产品配送的业务模式的分类

1. 按配送者类型来分

第一,以农户为主体。这种配送方式属于第一方配送,是指生产商,即农户或农产品基地负责将农产品配送到批发市场或客户手中,是传统农产品配送主要形式之一。这种物流配送较为初级,主要以满足货运的送达为目的。目前北京的农产品主要以这种模式为主。

第二,是以公司作为配送主体。公司包括与农户或农产品合作社有采购关系的分销商、批发市场、配送中心、企事业单位,分销型的特色农产品配送中心或大型连锁超市的配送中心、加工企业等。这种模式适用于实力雄厚、规模较大的农产品经营企业。可以实时对农产品的物流、商流、信息流进行控制和管理,从而实现农产品物流配送的自我经营。

2. 按供应链参与类型来分

第一,以农产品批发市场为核心的配送模式具体有:模式A:农户/农业合作社→批发市场→零售商;模式B:农户/农业合作社←批发市场→零售商;模式C:农户/农业合作社→批发市场←零售商。

第二,无批发市场参与的配送模式。这种模式以大型超市配送中心为配送主体的模式,亦可以称为农超对接模式。这种模式的主导者为大型超市配送中心,整条配送链为:农户/农产品基地→超市配送中心→超市。这种模式中,超市基本不会与农户直接对接,而是通过农业合作社,再由农业合作社或超市自建配送中心配送到超市。目前北京市京客隆超市的所有农产品由其自己的配送中心配送,华联、物美由配送中心配送的农产品比例达到其销售量的一半以上。

除了上述主要的配送模式以外,目前很多一线城市的生鲜农产品的流通模式还包括第三方配送和城市共同配送。

第三方配送即农产品企业将自己需要完成的配送业务委托给第三方的专业配送企业来完成的配送运作模式。这种模式可以得到专业化的物流服务,还可以节约资金和管理费用,从而有利于企业集中精力做好自己的核心业务。目前,北京市第三方农产品物流企业比较少,典型代表是京东大运河农产品基地加配送中心的模式。

共同配送是追求配送合理化,并经长期发展和探索优化出的一种配送形式,也是未来现代运输企业采用较广泛、影响较大的一种配送方式。由多家农户、农产品基地、农产品批发市场或蔬菜配送中心组成共同配送新公司,或以现有配送中心为核心,从不同的地方分散集货,统一对多家用户进行配送,也可以仅在送货环节上将多家用户待运送的货物混载于同一辆车上,按照用户的要求分别将货物运送到各个接货点。在我国,共同配送体系还不完善,但却是我国农产品物流发展的一个方向。

任务五　农产品配送合理化

任务要求

了解农产品配送合理化的概念;理解农产品配送合理化的目标;掌握农产品配送合理化的措施。

任务引入

"产销直达"的武汉家事易生鲜速递

武汉家事易农业科技有限公司是弘博集团和中南民大工商学院斥资5 000万元成立的现代农业科技公司,是立足于家庭生鲜农产品供应,以现代化的农产品流通供应链,为城市居民提供"净菜配送"服务的专业型企业。

"家事易生鲜速递服务平台"始建于2010年12月,专业经营"三品一标"(无公害农产品、绿色食品、有机食品、地理标志农产品)的生鲜产品,通过自有农产品基地和对接农产品基地专供方式,形成集农产品种植与采摘、分拣和加工、仓储和配送于一体的产业链,去除繁琐的流通环节,有效降低供应成本,采用全程冷链系统,确保生鲜的纯正品质,实现农产品质量从农田到餐桌的全过程控制,打造安全食品和名品生鲜第一品牌。

家事易以实惠的价格、快捷的方式、优质的服务,用信息化技术构建便捷、省心的家庭生活即时通道,为追求健康、品质生活的家庭提供优质生鲜配送服务和专业饮食导购服务,实现"导购增营养、品质保健康,冷链保新鲜、每日送到家"的全新生鲜购买体验,形成高价值服务链,为中国城市化进程中的市民提升生活品质,创造"鲜滋味、鲜营养、鲜生活"的家庭生鲜消费"三重鲜"体验,将繁琐的家务时光变成家庭的享乐时光。

2011年6月,家事易凭借自身的优势,在湖北省内消费市场中脱颖而出,入围武汉市"净菜上市工程"单位,以推进"两型"农业建设,构建农产品从生产、贮存、运输到销售的冷链直供体系,让市民吃上绿色、营养的"菜篮子"产品为己任。家事易积极响应构建"智慧城市"的发展战略,即利用物联网、电子商务等智慧技术,切实提升市民的生活质量。

任务描述

武汉家事易生鲜速递建立的“产销直达”、“零距离”农产品 B2C 电子商务物流模式，做到了农产品配送合理化。请说说农产品配送合理化的目标是什么？农产品配送合理化的措施有哪些？

相关知识

一、农产品配送合理化的概念

农产品配送合理化是指在经济合理区域范围内，根据客户要求，用最经济的手段和方法对农产品进行拣选、加工、包装、分割、组配、运输等作业，并按时送达指定地点。

二、农产品配送合理化的目标

1. 距离短

物流是物质资料的物理性移动。这种移动，即运输、保管、包装、装卸搬运、流通加工、配送等活动，最理想的目标是“零”。因为凡是“移动”都要产生距离，距离移动得越长，费用越大，距离移动得越短，费用越小，所以物流合理化的目标，首先是距离短。拿运输来说，如果产品在产地消费，能大大节省运输成本，减少能源消耗；采取直达运输，尽量不中转，避免或减少交叉运输、空车返回，也能做到运距短；大、中城市间采取大批量运输方式，在城市外围建配送中心，由配送中心向各类用户进行配送，就能杜绝重复运输、缩短运距。现在一些发达国家进行“门到门”、“线到线”、“点到点”的送货，进一步缩小了运输距离，大幅度减少了运输上的浪费。距离短还包括装卸搬运距离短。货架、传送带和分拣机械等都是缩短装卸搬运距离的工具。

2. 时间少

这里主要指的是产品从离开生产线算起至到达最终用户的时间，包括从原材料生产线到制造、加工生产线这段时间，也就是物品在途时间少。比如：运输时间少、保管时间少、装卸搬运时间少和包装时间少等。如果能尽量压缩保管时间，就能减少库存费用和占压资金，节约生产总成本；在装卸、搬运时，可以选择叉车作业、传送带作业、托盘化作业、自动分类机、自动化仓库等。装卸搬运实现机械化、自动化作业后，不仅大大缩短时间、节约费用、提高效率，而且通过装卸、搬运环节的有效连接，还可激活整体物流过程。在包装环节，使用打包机作业比人工作业不知要快多少倍。现代物流手段之一的模块化包装和模拟仿真等，都为物流流程的效率化提供了有力条件。所以说，尽量减少物流时间，是物流合理化的重要目标之一。

3. 整合好

物流是一个整体性概念,是运输、保管、包装、装卸搬运、流通加工、配送以及信息的统一体,是这几个功能的有机组合。物流是一个系统,强调的是综合性、整合性。只有这样,才能发挥物流的作用,降低成本、提高效益,单一发展、一枝独秀并不可取。

4. 质量高

质量高是物流合理化目标的核心。物流质量高的内容有:运输、保管、包装、装卸搬运、配送和信息各环节本身的质量要高;为客户服务的质量要高;物流管理的质量要高等。就运输和保管质量来说,送货的数量不能有差错、地址不能有差错,中途不能出交通事故、不能走错路,保证按时到达。在库存保管方面,要及时入库、上架、登记,做到库存物品数量准确、货位确切,还应将库存各种数据及时传递给各有关部门,作为生产和销售的依据。库存数据和信息的质量要求也必须高标准。物流合理化目标的归结点就是为客户服务,客户是物流的服务对象,物流企业要按照用户要求的数量、时间、品种,安全、准确地将货物送到指定的地点。这是物流合理化的主体和实质。物流质量高的另一个方面是物流管理质量。没有高水平的物流管理就没有高水平的物流,物流合理化的目标也就变成一句空话。

5. 费用省

物流合理化目标中,既要求距离短、时间少、质量高,又要求费用省,这似乎不好理解,很可能有人认为,物流质量高了,为用户服务周到了,肯定要增加成本,反而又同时要求节约物流费用,不是相互矛盾吗?实际上如果真正实现了物流合理化,物流费用照样能省。比如,减少交叉运输和空车行驶会节约运输费用;利用计算机进行库存管理,充分发挥信息的功能,可以大幅度降低库存,加快仓库周转,避免货物积压,也会大大节省费用;采取机械化、自动化装卸搬运作业,既能大幅度削减作业人员,又能降低人工费用。这笔开支在国外企业中所占的比例很高,我国也将逐渐上升,这方面的费用节省的潜力很大。

6. 安全、准确、环保

物流活动必须保证安全,物流过程中货物不能被盗、被抢、被冻、被晒、被雨淋,不能发生交通事故,要确保货物准时、准地点、原封不动地送达,同时,诸如装卸、搬运、运输、保管、包装、流通加工等各环节作业,不能给周围带来影响,尽量减少废气、噪音、震动等公害,符合环境保护要求。

三、农产品配送合理化的措施

1. 联合配送

几个企业联合起来,共同制定计划,共同对某一地区用户进行共同配送可以以最近的路程、最低的配送成本完成配送,从而实现配送合理化。

2. 推行即时配送

即时配送是最终解决用户企业担心断供之忧,大幅度提高供应保证能力的重要手段。即时配送是配送企业快速反应能力的具体化,是配送企业能力的体现。

3. 推行一定综合程度的专业化配送

通过采用专业设备、设施及操作程序，取得较好的配送效果并降低配送过分综合化的复杂程度及难度，从而实现配送合理化。

4. 推行加工配送

通过加工和配送结合，充分利用本来应有的这次中转，而不增加新的中转求得配送合理化。同时，加工借助于配送，加工目的更明确和用户联系更紧密，更避免了盲目性。这两者有机结合，投入不增加太多却可追求两个优势、两个效益，是配送合理化的重要经验。

5. 推行准时配送系统

准时配送是配送合理化重要内容。配送做到了准时，用户才有资源把握，可以放心地实施低库存或零库存，可以有效地安排接货的人力、物力，以追求最高效率的工作。另外，保证供应能力，也取决于准时供应。从国外的经验看，准时供应配送系统是现在许多配送企业实现配送合理化的重要手段。

6. 实行送取结合

配送企业与用户建立稳定、密切的协作关系。配送企业不仅成了用户的供应代理人，而且承担用户储存据点，甚至成为产品代销人，在配送时，将用户所需的物资送到，再将该用户生产的产品用同一车运回，这种产品也成了配送中心的配送产品之一，或者作为代存代储，免去了生产企业库存包袱。这种送取结合，使运力充分利用，也使配送企业功能有更大的发挥，从而实现配送合理化。

7. 进行商流、物流的合理化分离

根据商品周转、销售对象的不同，将保管场所和配送方式差别化；对作业、订货标准化以及物流计划化等方式，都是同一种合理化物流的具体模式。采用这种方法最重要的是必须用帕雷特方法进行顾客服务调查，区别不同的顾客提供适当的物流政策。

8. 采用先进的技术设备进行管理

例如仓库管理采用ERP技术，可以提高仓库利用率，使得配送更加合理。

任务六　农产品配送中心

任务要求

了解农产品配送中心的概念；掌握农产品配送中心的功能；知晓农产品配送中心作业流程。

任务引入

米东区农产品配送中心

乌鲁木齐市米东区农产品配送中心于2015年5月22日在长山子镇正式启动。今后，米东区居民可在辖区各蔬菜直销点，购买到价格低廉、无公害的新鲜蔬菜。

在启动仪式上，农户们将采摘的芹菜、黄瓜、葫芦瓜、大白菜等新鲜蔬菜进行挑选、包装，然后由专车配送到米东区各蔬菜直销点、大中型企业、学校、超市等地，减少了农产品流通环节，提高了配送效率。

当天，正在包装蔬菜的长山子镇万家梁村村民李玉成说："今后只管种好菜，卖菜交给配送中心，省事了，价格还比以前卖得高。""配送中心的运行，不仅解决了合作社卖菜难的问题，还降低了成本，让消费者得到实惠。"市蔬冉园种植业农民专业合作社理事长艾树民说，以前农民给商贩批发蔬菜时，价格被压得很低，流通环节也多，销售到市民手中时，价格自然就高了。

据了解，该配送中心是米东区供销社和蔬冉园种植业农民专业合作社联合社共同出资组建的，采取"公司＋合作社＋基地＋农户"、合作式、订单式服务，以及"保险储藏、定点运销、电商平台建设"相结合的市场经营模式。农产品统一标准、统一标价、统一管理、统一品牌，线上电子平台交易、线下实体店运作，统一配送到客户终端。

米东区今后，将以此配送中心为突破口，将米东区的大米、肉、蛋、奶、食用菌等特色农产品采用现代营销方式，配送到各个消费终端，真正解决消费者买菜难、菜价高、食品安全不容乐观等问题。

（资料来源："乌鲁木齐之窗"网站）

任务描述

说出农产品配送中心的概念和农产品配送的好处。

相关知识

一、农产品配送中心的概念

农产品配送中心是专门从事货物配送活动的经济组织。换个角度说，它又是集加工、理货、送货等多种职能于一体的物流据点。农产品配送中心的功能与流程与传统的仓库、运输是不一样的，一般的仓库只重视商品的储存保管，一般传统的运输只是提供商品运输配送而已，而农产品配送中心重视商品流通的全方位功能，它应符合下列要求：①主要为特定的用户服务；②配送功能健全；③完善的信息网络；④辐射范围小；⑤多品种、小批量；⑥以配送为主、贮存为辅。

二、农产品配送中心的功能

1. 流通行销的功能

流通行销是配送中心的一个重要功能，尤其是现代化的工业时代，各项信息媒体发达，再加上商品品质的稳定及信用，因此有许多的直销业者利用配送中心，通过有线电视或互联网等配合进行商品行销。

2. 仓储保管功能

商品的交易买卖达成之后，除了采行直配直送的批发商之外，均将商品经实际入库、保管、流通加工、包装而后出库，因此配送中心具有储存保管的功能。

3. 分拣配送功能

配送中心另一个重要功能就是分拣配送。因为配送中心就是为了满足多品种小批量的客户需求而发展起来的，因此配送中心必须根据客户的要求进行分拣配货作业，并以最快的速度送达客户手中或者是指定时间内配送到客户。

4. 流通加工功能

配送中心的流通加工作业包含分类、磅秤、大包装拆箱改包装、产品组合包装、商标、标签粘贴作业等。这些作业是提升配送中心服务品质的重要手段。

5. 信息提供功能

配送中心除了具有行销、配送、流通加工、储存保管等功能外，更能为配送中心本身及上下游企业提供各式各样的信息情报，以供配送中心营运管理政策制定、商品路线开发、商品销售推广政策制定作参考。

三、农产品配送中心作业流程

农产品配送中心作业流程如图 7-1 所示：

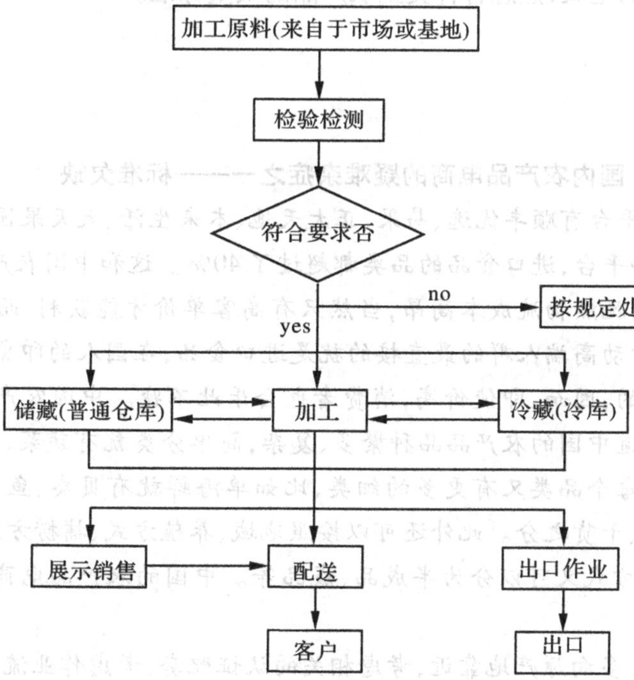

图 7-1　农产品配送中心作业流程图

(1) 农产品物流配送中心的原材料,从农副产品批发市场中心就地取材或者来自于批发市场的生产基地;

(2) 农产品原材料首先送到检测部门进行有害物资残留检测,不合格的按照规定处理或就地销毁;

(3) 检测合格的进入流通加工程序,加工成老百姓喜好的各种成品、半成品进行配送或者分类后分别暂时存放到普通仓库、冷藏库或冷冻库,以调剂余缺、存储保值等。加工好的成品、半成品,若不能马上进入销售渠道,也要暂时存放到仓库中。

(4) 加工的成品、半成品,除了少部分用于销售展示外,绝大部分由配送中心自己或外包给第三方物流公司,配送到终端客户如大卖场、连锁超市、学校和企事业单位的食堂等。若渠道畅通、质量过硬,甚至可以出口到海外市场。

项目五 农产品标准与分级

任务一 农产品标准

任务要求

了解农产品标准的定义;熟悉各种类型农产品的质量标准。

任务引入

国内农产品电商的疑难杂症之一——标准欠缺

目前生鲜电商的平台有顺丰优选、易果、正大天地、本来生活、天天果园等。但有意思的是可以发现,所有这些平台,进口食品的品类都超过了40%。这和中国农产品的非标准化是息息相关的。很显然,既然物流成本高昂,当然只有高客单价才能获利,而高客单价意味着要吸引高端人群,而打动高端人群的最直接的就是进口食品,在国人的印象中欧美国家对食品的标准是相当严格的,因而,即使价高,消费者也会乐此不疲。中国农产品如何才能更好地标准化呢?我们知道中国的农产品品种繁多、复杂,简单分类就有蔬菜、水果、海鲜、河鲜、禽肉、蛋奶、五谷等。每个品类又有更多的细类,比如单海鲜就有贝类、鱼类、蟹类、虾类等,又有冻品、活鲜、冰鲜、干货之分。此外还可以按照地域、养殖方式、捕捞方式(野生、圈养、放养等)划分,根据处理方式又可以分为半成品、成品等。中国的农产品电商销售至少要考虑三个方面的标准化:

A. 品质标准化。多向原产地靠近,考虑相关的认证配套,考虑作业流程标准化,用综合的方式及数据指标来固化产品质量。

B. 工艺标准化。比如把鱼剁碎了卖或还是切片卖,肥瘦搭配适宜。

C. 规格标准化。比如重量有300g和500g又或1000g之分,外包装有简易装或礼品盒之分,这些需要根据自己定位作调整。

实际上目前市场上缺少农产品的标准,这个问题也不是短期能解决的。

任务描述

说出各种类型农产品的质量标准。

相关知识

一、农产品标准

农产品标准是对农产品的质量、规格以及与质量有关的各个方面所作的技术规定、准则。在农产品收购、调拨、储运以及销售的整个商品化过程中,应当严格执行国家对农产品制定的质量、规格标准。农产品标准除了质量标准、环境标准、卫生标准、包装标准、贮藏运输标准、生产技术标准外,还包括添加剂的使用标准、农产品中黄曲霉毒素的允许量标准和农药残留量标准等。农产品标准将随着科技的进步和市场需求的变化不断增删,不断完善。

二、农产品质量标准分类

我国将农产品大致分为普通农产品、绿色农产品、有机农产品和无公害农产品,不同农产品的生产标准各不相同。

(一) 普通农产品的质量标准

1. 农产品的质量

质量是农产品优劣的尺度。品质优良的农产品应该具有良好的食用品质和商品价值,作为加工原料的农产品还有一些另外的质量要求。

农产品是人们生活中不可缺少的事物,因此它的食用品质应该放在质量标准的首位。农产品的食用品质一般包括它的新鲜度、成熟度、色泽、芳香、风味、质地以及内含营养成分等指标。农产品的商品价值除了它食用品质的高低外,为了获得更好的经济效益和满足人们生活的各种需要,还应包括它的商品化处理水平,在贮藏、运输、销售过程中的抗逆性和耐贮性,商品的货架寿命等指标。农产品不仅直接能提供食物,而且还可以作为原料,经过加工后供食用或做他用。作为加工原料的农产品,其质量要求除了上述有关指标外还有一些其他要求,如:含水量、含杂量、加工适应性强、有效成分含量等。

2. 普通农产品标准的一般内容

(1) 说明标准所使用的对象。这是指首先要说明该标准应属于什么农产品,采用的是什么工艺以及分类或等级,有的还要指出这种农产品的用途或使用范围。

(2) 规定农产品商品的质量指标及各种具体质量要求。这是农产品标准的中心内容,包括技术要求、感官指标、理化指标等方面的规定。感官指标是指以人的口、鼻、目、手等感官鉴定的质量指标。理化指标包括农产品的化学成分、化学性质、物理性质等质量指标。许多农产品还规定了微生物学指标及无毒害性指标。

(3) 规定抽样和检验的方法。抽样方法的内容包括每批农产品应抽检的百分率、抽样方法和数量、规定抽样的工具等;检验方法是针对具体的指标,规定检验的仪器及规格、试剂种类及量和规格、配制方法、检验的操作程序、结果的计算等。

(4) 规定农产品的包装、标志以及保管、运输、交接验收条件、有效期等。值得特别指出的是,大多数农产品是人们日常生活必不可少的主要食品,为了保障人民群众的身体健康,必须坚决贯彻执行国家《食品卫生法》的规定。规定明确指出,要禁止生产经营腐败变质、油脂酸败、霉变、生虫、污秽不洁、混有异物或者其他感官性状异常对人体健康有害的食品。禁止生产经营含有有毒有害物质或者被有毒有害物质污染而可能对人体健康有害的食品。在制定和推行农产品标准中应当把国家制定的食品卫生标准作为重点,以确保农产品安全服务。

(二) 绿色农产品的标准

绿色农产品是遵循可持续发展原则、按照特定生产方式、经专门机构认定、许可使用绿色农产品食品标志的无污染的农产品。可持续发展原则要求生产的投入量和产出量保持平衡,既要满足当代人的需要,又要满足后代人同等发展的需要。绿色农产品在生产方式上对农业以外的能源采取适当的限制,以更多地发挥生态功能的作用。

(1) 绿色农产品标准的概念。绿色农产品标准是应用科学技术原理、结合绿色食品实践、借鉴国内外相关标准所制定的,在绿色农产品生产中必须遵守、在绿色农产品食品质量认证时必须依据的技术性文件。它既是绿色农产品生产者的生产技术规范,也是绿色农产品食品认证的基础和质量保证的前提。绿色农产品标准是国家行业标准,对经认证的绿色农产品生产企业来说,是强制性标准,必须严格执行。

(2) 绿色农产品标准的构成。绿色农产品标准主要包括绿色食品产地环境质量标准,绿色农产品生产技术标准,绿色农产品产品标准,绿色农产品包装标准,绿色农产品贮藏运输标准等。

以上标准对绿色农产品产前、产中、产后全程质量控制技术和指标作了明确规定,既保证了绿色农产品无污染、安全、优质、营养的品质,又保护了产地环境,并使资源得到合理利用,以实现绿色农产品的可持续生产,从而构成了一个完整的、科学的标准体系。

(3) 绿色农产品标准的作用。绿色农产品标准是绿色农产品质量认证和质量体系认证的基础;绿色农产品标准是开展绿色农产品生产活动的技术、行为规范;绿色农产品标准是推广先进生产技术,提高绿色农产品生产水平的指导性技术文件;绿色农产品标准是维护绿色农产品生产者和消费者利益的技术和法律依据;绿色农产品标准是提高我国农产品质量,增强我国农产品在国际市场的竞争力,促进农产品出口创汇的技术目标依据。

因此,绿色农产品标准既是开发、管理绿色农产品的前提和基础,也是生产企业是否能够生产出高质量的农产品,赢得国际市场,获得经济效益的技术尺度。

(三) 有机农产品的标准

有机农产品(Organic Agriculture Products)是根据有机农业原则和有机农产品生产方式及标准生产、加工出来的,并通过有机食品认证机构认证的农产品。它的原则是,在农业能量的封闭循环状态下生产,全部过程都利用农业资源,而不是利用农业以外的能源(化肥、农药、生产调节剂和添加剂等)影响和改变农业的能量循环。有机农业生产方式是利用动物、植物、微生物和土壤四种生产因素的有效循环,不打破生物循环链的生产方式,生产纯天然、无污染、安全营养的“生态食品”。

有机农产品执行的是国际有机农业运动联盟(IFOAM)的“有机农业和产品加工基本标准”。有机农产品在我国尚未形成消费群体,产品主要用于出口。虽然我国也发布了一些有机农产品的行业标准,但我国的有机农产品执行的标准主要是出口国要求的标准。目前,欧盟、美国、日本、澳大利亚、加拿大、墨西哥、阿根廷、韩国等都已制定了有机农业及产品生产、加工准则性的标准。有机农产品的标准集中在生产加工和贮运技术条件方面,无环境和产品质量标准。

(四) 无公害农产品的标准

无公害农产品是产地环境、生产过程和产品质量均符合国家有关标准和规范的要求,经认证合格获得认证证书并允许使用无公害农产品标志的未经加工或者初加工的农产品。

无公害农产品执行的是国家质检总局发布的强制性标准及农业部发布的行业标准。产品标准、环境标准和生产资料使用准则为强制性国家或行业标准,生产操作规程为推荐性行业标准。目前,国家质检总局和国家标准委已发布了四类无公害农产品的八个强制性国家标准,农业部发布了200余项行业标准。

任务二 农产品分级

任务要求

了解农产品分级的定义;理解农产品分级的目的和意义;掌握农产品分级种类。

任务引入

阳泉市实行农产品质量安全诚信评价分级管理

本地农产品质量咋样，能否放心食用，这是大家都十分关心的问题。近日，阳泉市农委公布的《阳泉市2014年农产品质量安全诚信体系建设考核结果》，将参加考核的农业企业和农民专业合作社按照考核综合得分划分为A、B、C、D四类企业。市民看企业分类就可以知道农产品质量优劣，监管部门则按照企业分类进行分级管理。

近年来，阳泉市积极引导农产品生产经营者树立质量安全诚信意识，不断规范农产品生产经营者行为，落实农产品生产企业和农产品经销企业主体责任，改善农产品质量安全诚信环境，提高农产品质量安全水平。特别是2014年，阳泉市开展了创建农产品质量安全诚信体系活动，将规模农产品生产企业、农民专业合作社、农资经销企业纳入诚信体系建设范畴，进一步完善农产品质量安全诚信管理系统，实行农产品质量安全诚信评价分级管理制度。

按照诚信奖励和失信惩戒的原则，被评定为A级的企业和农民专业合作社获得"阳泉市农产品质量安全诚信企业"称号，A、B级企业和农民专业合作社将优先得到政策扶持。C级企业和合作社将给予警告并限期整改。农产品质量安全诚信体系实行动态管理，企业对照建设标准自查合格后随时可以申报更高级别档次，市、县农业部门要及时进行初验、考核，对考核达标的进行再定级。本轮考核成绩好，但如果出现管理松懈或有其他违法违规事件，一经查实将被摘掉"阳泉市农产品质量安全诚信企业"称号。

任务描述

农产品分级的目的和意义是什么？

相关知识

一、农产品分级定义

农产品分级(Classification of Agriculture Products)，是指按农产品商品质量的高低划分商品等级。它是生产者能否将产品投入市场的重要依据，也是经营者便于质量比较和定价的基础。分级应根据事先制定出的质量标准进行。

二、家产品分级的目的和意义

农产品收获以后要经过一系列商品化处理，再进入流通环节。分级的主要目的是使农产品商品化。通过分级可区分产品的质量，为其使用性和价值提供参数、等级标准，在销售中可作为一个重要的工具，给生产者、收购者和流通渠道各个环节提供贸易语言。等级标准是评定产品质量的技术准则和客观依据。分级有助于生产者和经营者在产品上市前的准备工作和标价。等级标准还能够为优质优价提供依据，能够以同一标准对不同市场上销售产品的质量进行比较，有利于引导市场价格及提供信息，有助于解决买方和卖方赔偿损失的要求和争论。

分级不仅可以贯彻优质优价的政策，还可以促进农产品管理技术的改进，推动农产品生产向良性化发展。通过分级，剔除伤、病虫害农产品，不仅可以减少贮运中的损失，还可以减轻一些病虫害的侵染传播。总之，分级是农产品生产、销售及消费之间互相促进、互相监督的纽带，是农产品商品化的必要环节，是提高农产品质量及经济效益的重要措施。

三、农产品分级的种类

1. 粮食的分级

粮食的原始品质主要决定于粮食品种、完善粒状态、杂质和水分。不同的品种，由于其成分不同，其耐储性能及加工出的产品质量也不同。因此，为了保障加工产品质量的一致性，为了更好地进行粮食营销，有必要对收购的粮食进行分级，分别管理。不同粮食品种分级的依据不同。

2. 果蔬的分级

果蔬分级方法有人工分级和机械分级两种。目前我国普遍采用的分级方法是人工分级。

（1）人工分级。人工分级有两种：一是单凭人的视觉判断，按果蔬的颜色、大小将产品分为若干级。用这种方法分级的产品，容易受心理因素的影响，往往偏差较大。二是用选果板分级，选果板上有一系列直径大小不同的孔，根据果实横径和着色面积的不同进行分级。这种方法分级的产品，同一级别果实的大小基本一致，偏差较小。人工分级能最大限度地减轻果蔬的机械损伤，但工作效率低，级别标准有时不严格。

（2）机械分级。采用机械分级，不仅能够消除人为的心理因素的影响，更重要的是显著提高工作效率。各种选果机械都是根据果实直径大小进行形状选果，或者根据果蔬的不同质量进行的质量上的选果，或是按颜色分选而设计制造的。

我国目前果蔬的商品化处理与发达国家相比差距甚远，只在少数外销商品基地才有选果设备，绝大部分地区使用简单的工具，按大小或质量人工分级，逐个挑选、包装，工作效率低。而有些内销的产品不进行分级。

水果分级标准因种类、品种而异。我国目前的做法是在果形、新鲜度、颜色、品质、病虫害和机械伤等方面已符合要求的基础上再按大小进行手工分级，即根据果实横径的最大部分直径，分为若干个等级。如我国出口的红星苹果，直径从65－90毫米，每相差5毫米为一个等级，共分为五个等级。河南省的分级标准为从60－85毫米的苹果，每相差5毫米为一个等级。葡萄分级主要以果穗为单位，同时也考虑果粒的大小。根据果穗紧实度、成熟度、有无病虫害和机械伤,能否表现出本品种固有颜色和风味进行分级。一般可分为三级,一级果穗大小适中,穗形美观完整,果粒的大小均匀,充分成熟,能呈现出本品种固有色泽,全穗没有破损粒和小青粒,无病虫害;二级果穗大小形状要求不严格但要充分成熟,无破损粒和病虫害;三级果穗即为一二级淘汰下来的果穗,一般用做加工或就地销售,不宜贮藏。

蔬菜由于食用部分不同,成熟标准不一致,所以很难有一个固定统一的分级标准,只能按照对各种蔬菜品质的要求制定个别的标准。蔬菜分级通常根据坚实度、清洁度、大小、质量、颜色、形状、鲜嫩度以及病虫感染和机械伤等分级,一般分为三个等级,即特级、一级、二级。特级品质最好,具有本品种的典型形状和色泽,不存在影响组织和风味的内部缺点,大小一致,产品在包装内排列整齐,在数量或质量上允许有5%的误差;一级产品与特级产品有同样的品质,允许在色泽上和形状上稍有缺点,外表稍有斑点,但不影响外观和品质,可允许10%的误差;二级产品可以呈现某些内部和外部缺点,价格低廉,采后适合于就地销售或短距离运输。经分级后的果蔬商品,大小一致、规格统一、优劣分开,从而提高了商品价值,降低了贮藏与运输过程中的损耗。

3. 绿色农产品的分级

我国的绿色农产品分为A级和AA级两种。其中A级绿色农产品生产中允许限量使用化学合成生产资料,AA级绿色农产品则较为严格地要求在生产过程中不使用化学合成的肥料、农药、兽药,AA级绿色农产品等同于有机农产品。

学习测试题

一、单选题

1. 任何一种物品都有二重性,即自然属性和(　　)。

A. 品质　　B. 重量　　C. 功能　　D. 社会属性

2. 农产品流通首先从(　　)开始,通过经营者与消费者之间农产品所有权的转移来实现价值效用。

A. 物流　　B. 信息流　　C. 商流　　D. 资金流

3. 按照物流(　　)分类,农产品物流可分为大宗农产品物流、生鲜类农产品物流、特色农产品物流。

A. 根据在供应链中的作用分类　　B. 按照运作条件不同分类

C. 按照农产品物流特性分类　　D. 按照区域范围分类

4. (　　)是在具有较好隔热性能的库房中,安装制冷设备,根据农产品要贮藏要求,自主调节库内的温度和湿度。

A. 简易贮存　　B. 窖窖贮存　　C. 通风库贮存　　D. 冷藏库贮存

5. (　　)在农产品运输之前把所有手续办理完毕,省略中途的各种检查、数费手续,减少农产品的在途时间。

A. 农产品"绿色通道"　　B. 农产品"便利通道"

C. 农产品"通行证"　　D. 农产品"一站通"

6. 由于运输所需要的环境条件是与储藏条件基本相同的，因此，(　　)又称为动态储藏。

A. 运输　　B. 配送　　C. 流动加工　　D. 包装

7. 以下配送模式中，能体现出"农超对接"的是(　　)。

A. 农户/农业合作社→批发市场→零售商；

B. 农户/农业合作社←批发市场→零售商；

C. 农户/农业合作社→批发市场←零售商

D. 产品基地→超市配送中心→超市。

8. (　　)是农产品优劣的尺度。

A．色泽　　B. 品质　　C. 新鲜度　　D. 营养价值

9. (　　)在农产品检验中使用十分广泛，其优点是快速简便，有一定准确性，无需专门仪器设备。

A．设备检验　　B. 感官检验　　C. 目测检验　　D. 理化检验

10. (　　)绿色农产品较为严格地要求在生产过程中不使用化学合成的肥料、农药、兽药。

A. A 级　　B. AA 级　　C. AAA 级　　D. AAAA 级

二、判断题

1. 农产品储备是农产品在没有进入生产加工、消费、运输等活动之前，或在这些活动结束之后，总是要存放起来。(　　)

2. 通风库贮存目的是为了降低储存环境和农产品本身的湿度，以消除微生物生长繁殖的条件，防止农产品发霉变质。凡干燥后不影响使用价值的农产品，如茶叶、干菜、香菇等一般都适宜采用这种方式保存储藏。(　　)

3. 农产品运输包括拣选、加工、包装、组配、运输等多个环节，通常是小批量、多品类的产品运送，通过物品地理位置的移动，满足不同用户的多种要求。(　　)

4. 农产品流通加工中心是专门从事货物配送活动的经济组织。换个角度说，它又是集加工、理货、送货等多种职能于一体的物流据点。(　　)

5. 水果分级标准因种类、品种而异。我国目前的做法是在果形、新鲜度、颜色、品质、病虫害和机械伤等方面已符合要求的基础上再按大小进行手工分级，即根据果实横径的最大部分直径，分为若干个等级。(　　)

6. 采用机械分级，不仅能够消除人为的心理因素的影响，更重要的是显著提高工作效率。(　　)

7. 水路运输受天气影响小、安全、中长距离货运价廉、运输批量大、速度快、节能，但途中作业时间长，运费没有伸缩性，不能进行门对门运输。(　　)

8. 迂回运输是指货物本来可以选取较短距离进行作业，但是，却选择了较长路程的线路进行运输，就是我们平时讲的"绕远路"。

9. "冷藏链"运输是指对鲜活的农产品从始发地运送到接受地，每个环节的转运或换装都保持在规定的低温条件下进行的运输方式。(　　)

10. 组织农产品的合理运输工作，主要要考虑以下五个因素：运输时间、运输距离、运输

环节、运输方式和运输费用。

三、多选题

1. 公路运输(　　),有较强的灵活性和适应性,不需改换包装即可直接送往销售地,实现“门对门”的运输等特点。

A. 成本较高　　B. 运载量小　　C. 耗能大　　D. 运输效率高

2. 因为资源和消费地两头分散,农产品保质时间短,影响因素很多,组织农产品的合理运输工作,主要要考虑运输时间、(　　)等因素。

A. 运输距离　　B. 运输环节　　C. 运输方式　　D. 运输费用

3. 农产品标准主要包括绿色农产食品产地的环境标准,即《绿色食品产地环境质量标准》,(　　),绿色农产品贮藏运输标准等。

A. 绿色农产品生产技术标准　　B. 绿色农产品产品标准

C. 绿色农产品包装标准　　D. 绿色农产品配送标准

4. 果蔬分级方法有(　　)两种。

A. 人工操作　　B. 机械操作　　C. 传统操作　　D. 自动化操作

5. 农产品配送中心是专门从事货物配送活动的经济组织。换个角度说,它又是集(　　)等多种职能于一体的物流据点。

A. 加工　　B. 理货　　C. 送货　　D. 贮存

四、名词解释

1. 农产品物流

2. 农产品冷链物流

3. 农产品标准

五、填空题

1. 物流包括________、________、________、________、________、________和物流信息处理等基本功能活动。

2. 农产品物流按照农产品物流特性分类可分为________、________、________、________。

3. 农产品仓储就是指通过仓库对农产品进行________和________的过程。

4. 农产品仓储的保管方法有简易贮存________、________、________、________、气调保鲜贮存等。

5. 农产品的运输根据装载形式可以分为________、________、________、________。

六、综合题

1. 农超对接属于哪种农产品配送?有什么意义?

2. 农产品运输与农产品配送的关系是什么?

3. 绿色农产品、有机农产品以及无公害农产品的标准是什么?

学习情境八

建立农产品营销模式

当前，我国农业已进入新的发展阶段，我国农产品需求结构发生了重大变化，人们对农产品的要求越来越高。随着我国对农产品市场的逐步放开，我国农产品在国内市场和国际市场上的竞争将越发激烈，然而我国农业市场化的程度还较低，使得其面临更加严峻的挑战。因此，我国农产品要加强在国内国际市场上的竞争力，就要对农产品市场营销模式进行研究。

学习目标

了解大宗农产品营销、生鲜类农产品营销、特色农产品营销的模式。

项目一　大宗农产品营销模式

任务一　大宗农产品营销的内涵

任务要求

了解大宗农产品粮食的生活和消费、油料的生产和消费、棉花的生产和消费。

任务引入

非洲印度粮食消费市场潜力巨大

1798 年，英国经济学家托马斯·马尔萨斯在其《人口论》一书中提到：人类的人口增长将最终超过食品供应，进而导致大规模饥荒。他认为，人口增长的力量是被压制的，实际的人口数量终将通过穷困和饥饿回归正常。值得庆幸的是，马尔萨斯的理论最终被证明是错误的。但同时也应该意识到我们将不得不继续增加世界粮食供应。未来 25 年，全球人口预计将增加17亿，增加幅度达到23%。因此，世界上有很多地区，尤其是非洲和印度的部分地区，将是一个巨大的、潜在的粮食消费增长市场。

非洲：潜力巨大，挑战也大。虽然非洲国家是多样化的，但有一件事是明确的：这块大陆养育了非常多的年轻人口。如果非洲人口从目前的11.5亿增长到25年后的19.1亿，它需要种植或进口大量额外的粮食。这将不是一件容易的事，非洲需要克服三大挑战：农业生产增长的困难、发展农业的资金困难、政治上的分裂格局。与美国、欧洲、中国、印度不同，非洲没有大量的耕地，这使得增加农业生产是一个挑战。非洲虽然有巨大的潜力来提高作物产量，但在接下来的25年里要多养活增加的人口，将不得不进口一部分粮食。这是一个对欧洲和美国粮食种植者以及全球农业的巨大商业机会。非洲的经济增长和繁荣将使很多农业机构和个人受益，但在某种程度上也可以促进非洲粮食生产和消费的持续发展。大部分的非洲国家没有资金来进口粮食产品，而且运输问题也制约了其粮食进口。非洲有3条主要河流，即刚果河、尼日尔河和尼罗河，但没有充分通航。刚果河主要流经丛林，丛林限制了农业生产力，附近的金沙萨、布拉柴维尔河流和海洋之间的急流限制了国际贸易的潜力。虽然非洲有一些深水港口，但港口数量较少。如果非洲要开发其粮食进口潜力，需要改善基础设施，例如建造运河绕过急流、疏浚河流提高通航、改善港口设施或投资于铁路运输。此外，非洲国家之间经常发生冲突，政策协调和基础设施发展困难。即便如此，非洲年轻的人口结构也将使其成为最有前途的农产品出口市场。

印度：需求暴涨，潜力次之。除了非洲，下一个最有前途的潜在出口市场是印度。从人口增长规模来看，从1961年的4.5亿人口到今天的11亿人口，印度绿色革命使其国内生产可以满足人口的主要需求。从现在到2040年，印度人口预计将增长30%左右。此外，印度可能会触及国内粮食生产潜在增长的极限。印度人口密度高，耕地已经大量使用，因此，印度会进口越来越多的粮食，这对欧洲和美洲的种植者来说是潜在市场。印度相对较低的人均卡路里摄入量也很有增长前途，这意味着人口增长会增加粮食消费。如同非洲，印度可能会有一场粮食需求的暴涨。与世界上大多数国家相比，印度有一个不寻常的饮食结构：印度人几乎不吃肉。印度人均肉类消费自1991年以来只增了约21%，低于人均消费农产品74%的增长率和奶制品及鸡蛋50%的增长率，也低于植物油32%的增长率。印度饮食的另一个不同寻常的特点是它的粮食品种。印度消耗大量的大米和小麦，但几乎没有玉米。随着国家变得富裕，人均粮食消费往往停滞不前，但在接下来的25年里，如果人口增长符合预期，印度粮食消费总量预期将增长30%。大米和小麦已经无法跟上人口增长的步伐，这使玉米如同大米和小麦一样补充印度国内粮食需求。然而，最大的增长机会可能是棕榈油和豆油等植物油的消费。另外，印度对豆类如豌豆、鹰嘴豆、扁豆的需求也将逐渐增长。

（资料来源：粮油市场报，2016－01－29 玉米论坛）

任务描述

非洲印度粮食消费市场潜力巨大，粮食是主要的大宗农产品，如何认识大宗农产品营销？

相关知识

大宗农产品是指在商品农业经济结构中占有较大权重，生产量、消费量、贸易量、运输量等较大的农产品。包括粮食作物、油料作物、棉花等。

一、粮食的生产和消费

我国的粮食生产曾经历过国有制经济时期的供不应求阶段，以解决温饱为主；后来又经历了多种所有制经济时期的供求平衡阶段，以保障小康为主；现在，粮食供应略大于需求，进入了富裕生活服务的新阶段。2014 年我国粮食产量达 60 710 万吨，增产 0.9%，2015 年实现了“十二连增”，粮食产量达到 62143.5 万吨，增产 2.4%。从绝对数量上来讲，我国的粮食生产实现了大幅度增长。

粮食作为中国人的传统主食，在我国膳食中占有绝对重要的地位，是我国最重要的农产品。粮食主要包括小麦、玉米、水稻、高粱、荞麦等。由于小麦、玉米和水稻占到粮食总产量的 95% 以上。因此，仅以小麦、玉米和水稻为例介绍粮食生产和消费的特点。

1. 粮食的生产

(1) 小麦。小麦是我国北方地区第一主粮，小麦按播种季节可分为冬小麦和春小麦两种，由于小麦是谷类作物中抗寒能力最强的越冬作物，还具有一定的耐旱力和耐盐碱能力，因此，适应性极广，产区遍及全国各地，也是我国越冬种植的第一大作物。冬小麦种植面积占到我国小麦总播种面积的 85% 以上，主产区集中在华北平原、黄淮海和长江流域；春小麦种植面积占全国小麦总面积的 15%，主产区有黑龙江、新疆、内蒙古、青海、宁夏等 6 个省区。我国小麦年均总产量达到 1.2 亿吨以上。

(2) 水稻。水稻是我国南方地区的第一主粮，水稻生产遍及全国各地，其中华中双季稻稻作区是我国最大的稻作区，占全国水稻面积的 68%，水稻播种面积和总产量均居世界第一。栽培的稻可分为籼稻和粳稻两个亚种。根据其生长期长短的不同，又可分为早稻、中稻和晚稻三类。由于水稻的杂交种利用的好，使我国水稻产量明显高于世界平均水平。我国水稻年均总产量在 2 亿吨以上。

(3) 玉米。玉米已经是我国第一大粮食作物，种植面积和总产量仅次于水稻和小麦，占到我国粮食总产量的 1/3 以上。我国玉米生产主要分布在从东北平原起，经黄淮海平原、黄土高原东部地区、两湖西部山地丘陵，直至西南地区的狭长地带上。由于玉米杂交种利用得非常好，杂交种普及率达到 99% 以上。尤其是随着我国人民饮食结构的变化，饲养业的高速发展，玉米也成了饲料第一作物，同时，也是重要的工业原料。我国玉米年均总产量已经达到 2.2 亿吨。

2. 粮食的消费

我国粮食消费主要包括口粮消费、饲料消费、工业消费和种用消费。随着我国人民饮食结构的改变，粮食消费结构呈现口粮比重下降，饲料比重和工业消费增加的趋势。此外，虽然种用消费量很低，但是，种子是粮食再生产的基础，在粮食消费中占有不可忽视的地位。

(1) 小麦的消费需求。小麦作为主要的粮食产品，其需求受人口数量、经济发展、收入水平以及消费习惯、饮食偏好等多方面因素的影响。小麦的消费结构由以下几部分构成。

① 口粮消费需求。目前，用于口粮消费的小麦数量占总消费量的85%以上。

② 工业用小麦。小麦工业消费量(主要用于生产方便食品、面包、饼干等食品)虽然占小麦总消费量的比重较小，但近几年增长速度很快。

③ 种子消费需求。由于小麦目前杂种优势利用水平在三大粮食中最低，因此，用种量也最高，种用小麦是小麦消费需求的主要组成部分，占小麦消费总量的3%左右。随着播种技术的提高，近几年来小麦种子用量有所减少。

(2) 水稻的消费需求。我国水稻的消费量一直保持着较快的增长速度。水稻的需求结构由以下几部分构成。

① 口粮消费需求。目前，用作主食消费的水稻量占到了水稻消费总量的85%左右。

② 饲用消费。用作饲料的水稻量是除用于口粮外的第二大消费量，目前，用作饲料的水稻消费量正呈上升趋势。

③ 工业消费。水稻的工业消费用量近年也呈上升趋势，方便的雪米饼等逐渐成为日常食品。

④ 种用消费。水稻的种用消费是水稻需求的一个重要组成部分，其消费量由水稻的单位面积播种量和播种面积两方面的因素决定，占水稻消费总量的0.1%左右。

(3) 玉米的消费需求。玉米是一种重要的粮、饲、经兼用产品，在玉米消费中，饲料消费、口粮消费和工业消费占有突出地位。我国玉米的需求结构由以下几部分构成。

① 口粮消费。玉米长期以来被视作粗粮。20世纪80年代以前，玉米是我国东北、华北和西南地区居民，尤其是农村的主要口粮。随着城乡粮食供给水平的不断提高和畜牧业的不断发展，玉米的口粮消费快速下降。

② 饲料消费。目前，玉米主要用作饲料消费，我国玉米消费的80%左右用在饲料上，饲料消费仍在快速增长。饲料玉米可分为两部分：动物性产品生产所用的饲料和役畜用饲料玉米。

③ 工业消费。工业消费玉米量大约占国内玉米消费总量的10%左右。利用玉米做原料可以加工出淀粉、酒等，还可以经过二次加工和进一步提炼生产出结晶葡萄糖、氨基酸等许多产品。随着我国玉米加工工业能力的提高，玉米工业用量逐年增长。

④ 种用消费。玉米使用的种子几乎全是杂交种，杂交种的生产投入较高，需要专业种植，每年需求量的种用消费，需求量约占玉米消费总量的0.2%。

二、油料的生产和消费

我国油料产品的消费主要分为食品类、油脂类和饼粕三大类。花生、芝麻、向日葵和大豆都是食品类加工的重要原料，直接作为食品或加工类食品的比重较大。油脂加工是油料消费的大头，随着我国人民生活水平的提高、餐饮业的兴旺和食品加工业的发展，人们对植物油的需求也不断增加,会导致油料加工规模扩大,原料需求更加旺盛。油籽饼粕是重要的蛋白饲料原料,作为替代肉骨粉等动物类蛋白饲料的需求量会急剧增加。油料主要包括大花生、芝麻、向日葵和大豆、油菜等。由于大豆、花生、油菜占到油料总产量的90%以上。因此,仅以大豆、花生和油菜为例介绍油料生产和消费特点。

1. 油料的生产

(1) 大豆。大豆生产主要集中在黑龙江等东北地区。然而,近些年来大豆种植面积及总产量快速降低。2012年,总产量降低到不足1 800万吨,而进口量达到5 800多万吨,2013年,进口量达到6 338万吨。目前,我国大豆需求的80%依靠从巴西和美国进口,大豆自给能力严重不足。

(2) 花生。花生生产主要集中在河南、山东、河北等华北地区。近些年,我国花生种类面积及总产量逐渐提高。2012年,总产量接近1 700万吨。

(3) 油菜。油菜生产主要在湖北、四川、安徽、江苏等省份。近些年,我国油菜种植面积及总产量也在逐渐提高。2012年,总产量突破1 400万吨。

随着我国经济的发展,居民家庭消费的增加、餐饮业的发展、食品加工业的进步,对食用油的需求不断增加。我国油料生产的缺口还在进一步扩大。

2. 油料的消费

我国油料的消费主要包括:烹饪消费、豆制品消费、休闲食品消费。随着我国居民饮食结构的改变,健康意识的增强,植物油尤其是花生油的需求比重呈上升趋势。

我国是植物油脂加工大国,油料加工规模大,产能已严重过剩,对油料生产需求强劲。

油饼(粕)是重用的蛋白饲料,随着我国养殖业的发展,蛋白饲料需求与日俱增。

三、棉花的生产和消费

我国经过多年发展,棉花生产已形成三大产棉区域,即西北内陆棉区、黄淮流域棉区和长江流域棉区。西北内陆棉区包括新疆维吾尔自治区和甘肃河西走廊地区的55个县(市)、团场,以新疆棉区为主。新疆棉花区域日照充足,光热资源丰富,昼夜温差大,空气湿度小,特别有利于棉花生产。新疆区域生产的棉花品级高,内在质量好,但是存在含糖量较高的问题,通过改良品种,近两年含糖问题有所减轻。新疆棉区是我国唯一的海岛棉(长绒棉)产区,也是中国重要的出口棉基地。长江流域棉区是中国传统棉区之一,该区域包括江汉平原、洞庭湖、鄱阳湖、南襄盆地、四川盆地和江苏、安徽沿江棉区共73县(市)。该区域水资源丰富,无霜期长,有利于棉花生长。由于雨水偏多,日照不足,棉花品级不高,但内在质量较好。黄淮流域棉区原为我国最大的产棉区,该区域包括冀东、冀中、冀南、鲁西南、鲁北、豫南、豫东、豫北、苏北和皖北共151个县(市)。该区域土地平坦,灌溉条件较好,日照充足,光热资源适中,土壤肥沃,是我国重要的商品棉基地。棉花品级高,高棉品质主要指标比较协调。下面介绍一下我国棉花生产和消费的特点。

1. 棉花的生产

我国有着悠久的棉花种植历史。棉花是我国最大的经济作物,年种植棉花面积曾突破1

亿亩。种植区域从以往的黄河流域和长江流域，逐渐转移到西北内陆棉区。目前，棉花种植面积约6 000万亩，年产皮棉约600万吨。

伴随着种植区域的改变，以往以家庭为单位的分散式种植方式，逐渐发展成以农场、建设兵团的规模化、机械化生产方式。

2. 棉花的消费

棉花的用途较为简单，棉纤维主要是供应棉纺企业生产纺织品，纺织品主要包括服装、家纺、医用纱布、空气过滤装置等。此外，棉花还用于化工及国防。

棉籽多用于工业用油，棉籽粕多用于食用菌基质的配料。

任务二　影响大宗农产品的销售因素

任务要求

了解影响大宗农产品的销售因素。

任务引入

我国粮食总产迎来“十二连增”

2015年12月8日，国家统计局发布2015年全国粮食总产量数据，我国粮食总产迎来“十二连增”。

国家统计局数据显示，2015年，全国粮食总产量62143.5万吨（12428.7亿斤），比2014年增加1440.8万吨（288.2亿斤），增长2.4%，迎来了粮食的“十二连增”。

在国内经济下行压力较大、国际粮价可能反弹等背景下，2015年我国粮食再获丰收，对经济社会的平稳运行，意义重大。

但丰收背后掩盖的问题，也须引起关注。伴随着产量连增，我国粮库患上了严重的“臃肿病”，国家粮食局之前曾用两个“前所未有”来形容当前的粮食库存新高。储粮一旦超过安全系数，不仅会给国家财政带来很大的负担，还会出现“谷贱伤农”的现象。

与粮食连增、库存激增形成反差的是，我国三大主粮已连续5年净进口。数据显示，去年我国粮食进口首次超过1亿吨。水稻、小麦、玉米三大谷物品种已连续5年出现净进口，而玉米的替代品高粱、DDGS（玉米酒糟蛋白）的进口近年来亦出现大幅度增长。

一边是“十二连丰”下的“国产粮满仓”，一边是再破亿吨的低价进口粮，国内外价格倒挂凸显中国农业竞争力落后的境况，更绷紧了粮食政策调整的神经。

粮食改革只有从需求侧向供给侧转型，才能适应我国粮食生产的新常态。2015年11月3日，《中共中央关于制定国民经济和社会发展第十三个五年规划的建议》发布，首次建议在部分地区实施耕地轮作休耕制度，以缓解水源严重透支及土地资源面临的压力。开展土地轮作休耕试点，使辛劳了数千年的土地得以休息，对于恢复地力、调节粮食供求平衡、确保粮食安全等具有十分重要的作用。同时，也是“藏粮于地、藏粮于技”得以实施的前提和保证。

（资料来源：农博网，2016－01－05）

任务描述

说出影响大宗农产品销售的因素。

相关知识

一、国家粮食政策

“民以食为天，国以民为本”。大宗农产品既是关系国计民生和国家经济安全的重要战略物资，也是人民群众最基本的生活资料。大宗农产品的供给与社会和谐、政治稳定、经济的持续发展息息相关。确保大宗农产品市场供应，最大限度地减少紧急状态时期的大宗农产品安全风险，是政府职责所在。粮食、油料和棉花的消费需求的重要性不言而喻，因此大宗农产品的销售应受到政府的强力调控。大宗农产品的生产安全是政府最重要的责任。因此，国家的粮食政策对大宗农产品的销售有重要影响。

二、自然界的影响

大宗农产品生产受到了耕地、水、天气、病虫害等众多因素的综合影响。尤其是天气、病虫害等的不可预测性的因素影响了大宗农产品的供应情况，导致了大宗农产品销量的不确定。

三、大宗农产品生产收益的影响

大宗农产品生产是典型的“经营者无定价权”的模式。这种模式导致了大宗农产品生产的高成本、低收益的现状，严重损害了经营者的利益并引发从事农业生产的劳动力锐减。

任务三　大宗农产品的主要营销渠道

任务要求

掌握大宗农产品的主要营销渠道。

任务引入

金秋会借助“互联网+”促进黑龙江省粮食销售

为贯彻落实国家和黑龙江省实施“互联网+”行动战略部署，顺应“互联网+农业”融合发展趋势，2015黑龙江金秋粮食交易合作洽谈会“借助互联网+，促进龙江粮食销售”作为会议主题。组织企业现场进行互联网营销展示，既有互联网+优质粮食生产、储存、加工、销售等全产业链监控平台，也有大宗粮食品种的网上交易，呈现出黑龙江省粮食销售方式的多元化。

据悉，从2004年开始举办的黑龙江金秋粮食交易合作洽谈会，至今已经举办了12届，前11届洽谈会达成购销协议及合同的粮食数量共计约1873.7亿斤，合同履约率在60%以上，合作项目逐步扩大，合作区域不断拓宽，合作方式更加多样，成交量逐年增多。

2015黑龙江金秋粮食交易合作洽谈会作为黑龙江省政府“绿博会”重要组成部分，以“借助互联网+，促进黑龙江粮食销售”为主题，由黑龙江省粮食局、黑龙江省农垦总局与京、津、沪、苏、浙、闽、滇、川8省市粮食局共同主办，参会人数达到2000人以上。

9月17日组织的集中签约仪式上，黑龙江省粮食局分别与甘肃、青海、北京等三省市粮食局签订省际间粮食产销合作协议；组织省内外64家企业(32组)集中进行现场签约，签订粮食购销意向性协议110多万吨，为2015年黑龙江省生产的新粮提前找到了婆家。

据悉，从9月17日开始至21日，在哈尔滨国际会展体育中心C厅绿色食品展区集中展示优质精品粮油，展区占地面积1512平方米，设立各具特色、新颖别致的展示区，参展企业及展品均具备“三品一标”(无公害农产品、绿色食品、有机农产品和农产品地理标志)和产品检验合格证，原粮封袋展示，突出绿色安全特色，具有不可替代性。

在“名优特”产品展区集中黑龙江省16家业内知名企业参展，均为国家或省里命名的中国驰名商标、中国名牌、黑龙江省著名商标等企业，主要展示黑龙江知名品牌和具有地域优势及特色的粮油产品，展品涵盖精品粮油、有机粮油、豆制品等产品，体现了黑龙江省粮油绿色健康、产品丰富等特点。

(资料来源：人民网，2015-09-18)

任务描述

说出大宗农产品的主要营销渠道。

相关知识

一、收购渠道

1. 保护价收购范围的粮食

所谓粮食保护价收购是指以保障工业用粮、饲料用粮以及粮食储备为目的，国有粮食企业按照国家当年制定的粮食保护价向粮食生产者无限制地常年敞开收购粮食的制度。因此，在粮食主产区国有粮食企业仍然是粮食市场的主要经营渠道。对于列入保护价收购范围的粮食，除国有粮食企业外，经省级工商管理部门审核批准的用粮企业、粮食经营企业，可以按照国家有关粮食收购政策直接到粮食生产区收购粮食。另外，经省级政府认定，对于交通不便的边远地区，允许经地(市)或县级工商行政管理部门审核批准的粮食经营企业到粮食生产区收购粮食。

2. 非保护价收购范围的粮食

对于已退出保护价收购范围的粮食，经过地(市)或县级工商行政管理部门审核批准的各类粮食经营企业、用粮企业，都可以到粮食生产区收购粮食。

二、销售渠道

1. 按照保护价收购的粮食

国有粮食企业以保护价收购的粮食可直接通过县级批发市场出售，或可由粮食公司或经由批发市场，由零售环节销售给消费者，或通过进出口企业出口到其他国家。国家储备库的粮食，经过本省或外省的省级批发市场，由粮食公司、零售商销售给消费者或出口。

2. 农村集市贸易市场和批发市场

经县级以上工商行政管理部门批准的各类经营企业和粮商都可以到农村集市贸易和粮食批发市场购买和销售粮食，农民也可以直接通过集市贸易市场出售自产的粮食，并且不受数量限制。批发市场是我国省际间商品粮食流通的主要渠道，也是各类粮食企业经营的主要渠道。

3. 销售给终端消费者

大宗农产品经营者通过农贸市场或批发市场或农超对接平台等，将自己生产的农产品直接销售给终端消费者，由于减少了中间交易的环节，粮食经营者和消费者均可以获得满意的交易结果。

任务四 大宗农产品市场的主要商务模式

任务要求

了解大宗农产品市场的商务模式。

任务引入

通过大宗商品现货交易平台 改变农产品销售模式

种得好未必卖得好。曾经菜价大跌,菜农唯有黯然神伤。茄子跌到一角一斤,青菜、萝卜跌到只有几分钱一斤,菜价远低于菜农的种植成本,有的地方甚至出现推土机推烂整片菜地的事,看了让人伤心。

农产品生产抗风险能力脆弱,受市场供求等因素影响较大,经常会出现"多了砍少了赶"现象。如何让农产品跳出"多了多了,少了少了"的周期律?近年来,浙江省一些农产品尝试通过农产品大宗商品现货交易平台,改变了传统的销售模式,让农产品传统供求关系发生了质的变化。山茶油产业就是最早受益的产业之一。自2014年10月底,山茶油浙江舟山大宗商品交易所成功挂牌上市以来,现货交易额已经接近800亿元,实际交收近200万元。

如何让优质的山茶油走出"战国时代"?浙江舟山大宗商品交易所相关负责人介绍说,在大宗商品交易平台上市的农产品都必须实行统一标准,比如山茶油,交易所就在合约中明确规定,山茶油质量标准应符合国标GB11765－2003规定的压榨一级山茶油,交收的质量应符合商品即期交易参数提要的规定。交易所还对产品包装、计量等都明确规定。

有了统一标准、统一计量和包装之后,对于进入交易平台上市的所有农产品,交易所还要委托第三方机构,进行质量检测,只有检测合格的产品才能进入指定交割仓库。

"只要通过平台销售出去的产品,交易所和上市企业要确保其质量安全性。"章敏说,这样就避免了传统购物方式中,消费者需要货比三家,买到不好的产品时,检测成本高、维权难等问题,大大降低了交易费用。不仅如此,大宗交易平台还计划对一些上市交易品种进行投保,或者实行先行赔付制度。

农产品价格波动同样牵动终端购买者的心。通过大宗商品交易平台购买者也可以提前锁定价格,减少价格风险,购买到更加物美价廉的产品。

此外,对于普通购买者来说,参与大宗商品现货交易平台还具备了传统贸易没有的投融资功能。凭借该电商平台,购买者可以开设买单和卖单,让现钱变成现货,让现货变成现钱。买方还可以通过网络订单融资,买卖双方在线生成订单后,买方冻结部分保证金,卖方交货,银行按一定比例放款,并支付卖方货款。

(资料来源:浙江日报,2015－06－10)

任务描述

说出大宗农产品市场营销的商务模式。

相关知识

以上海大宗农产品市场的五大商务模式为例。上海大宗农产品市场(CCBOT),其前身为上海大宗农产品电子商务有限公司,该公司是在原化工部上海中昊化工网上交易中心油籽交易市场的基础上,经上海市工商行政管理局及国家信息产业部批准登记注册成立的大宗农产品专业化电子商务公司。公司以油籽系列大宗商品为主进行标准合约中远期交易,同时结合招投标交易和现货专场交易等多种现货交易形式实现农产品网上贸易,目前已建立了规范完善的交易、结算体系和配套的仓储物流交割体系,是商务部归口管理下的全国唯一的综合大宗农产品中远期电子交易市场。

一、农产品信息平台模式

建立在强大的农产品交易功能基础上的农产品信息平台,由区域网站、商品频道网站从纵横两个方面建设,实行资源共享,信息互用,所有成员只要通过互联网就可以享受其提供的免费与增值服务。

二、网上"农产品商店"模式

CCBOT 为农产品生产经营商提供长期免费的网上商店,智能化配货系统自动将网店发布的信息配送到关联的交易双方货架上互换信息,并且通过注册的电子邮箱、短信平台、QQ等各种方式及时通知对方,潜在交易对象就能够轻松相互找到,展开贸易合作。这是农产品贸易的标准电子商务模式,其核心是提供农经企业、农业合作社、农产品流通经纪人在CCBOT 平台自助建设网上农产品贸易公司,并且与 CCBOT 交易平台对接,自动融入 CCBOT高级的挂牌上市、专场交易(创业板)和中远期交易(主板),形成完整的市场交易体系。

三、农产品挂牌上市(招标,拍卖)模式

农产品经营达到一定的规模,就可以选择在 CCBOT 挂牌采购和销售交易,采用定点、定时、公开交易,使农产品在全国乃至全球获得最合理的价格,实现批量价值最优化。

四、农产品现货专场交易(创业板)上市模式

CCBOT 选择全国各地具有特色的农产品(地理标志保护农产品,有规范的标准,列入政府地方农业产业化发展支柱项目)利用 CCBOT 平台上市,是特色农产品在全国乃至全球上市的标准化快捷通道。农产品专场交易采用由地方农业产业化龙头企业、专业合作社、协会设立上市产品标准合约(包括品种代码、品种名称、商品属性、交货周期、交货地等),地方政府推荐,CCBOT 原则审批上市。创业板成功的农产品在达到既定规模的基础上将自动升级进入 CCBOT 主板交易市场,创业板的品种自动成为主板的指定交割品种(品牌),主持交易商自动升级成为"坐市商"。农产品现货专场交易具有以下三大特征、四种特性、五个要点。

1. 农产品现货专场交易三个特征

(1) 合约的标准化。合约的所有条款除价格外,其他条款都是预先规定好的,包括商品品种、数量、质量、等级、交货时间、交货地点等条款,是标准化的,唯一的变量是价格。合约交割日期满足生产周期的需要。上市交易的标准化合同由取得 CCBOT 主持交易商资格的农产品经营企业或经济组织,按照规定程序报请 CCBOT 批准设立,合同格式按照统一的格式确定,内容包含品种代码、品种名称、商品属性、交货周期、交货地等。

(2) 保证金制度。参与交易的交易商只需要提交交易合约价值一定比例的保证金(目前规定的保证金不得低于 20%),就可以实现买卖。

(3) 每日,隔日或者一段时期无负债结算制度。每日,隔日或者一段时期对交易商交易账户的实际交易按照市场规定的结算价格进行清算,同时进行资金的划拨,保证双方 100% 的履约,有效控制市场风险。

2. 农产品现货专场交易四种特性

(1) 集中电子撮合交易。所有交易商通过互联网参与集中撮合交易,交易中心按照时间优先、价格优先的原则,通过计算机给予买卖双方匹配成交。

(2) 交易方向。交易采用电子撮合与实行一对多的交易方式进行,就是主持交易商一方与众交易商对手交易;只有产品上市的主持交易商独家可以发出原始的卖出交易指令,其余所有参与交易的只能够先买入再交易。

(3) 涨跌停板制度。每个合约的交易价格在上一个交易日结算价格的基础上涨跌不得超过 10% 作为最大涨跌幅度,超出涨跌幅度的报价无效。

(4) T+0 交易机制。当日买入的合约可以在当日卖出平仓。

3. 农产品现货专场交易五个要点

第一要点:实行交易商准入制度,只有符合法定规定的企业或经济组织以及特别行业群体(如:农产品流通经纪人)经过市场审核才能够准予参与交易。

第二要点:保证金比例不得低于 20%;

第三要点:订货总量与流通量完全由主持交易商自主控制,主持交易商根据生产经营计划决定抛售的总量,也可以根据生产落实的量决定流通量,其余锁定交割;

第四要点:实行第三方指定仓库实物交割制度;

第五要点：进入交割周期内，所有成交合约一经成交，持有电子合同即可以发出交割锁定，成为不可转让、不可撤销合同，直接进入实物交割。

五、农产品中远期交易（主板）上市模式

大宗农产品中远期交易是在指定的交易场所，采用公认的格式合约，通过交纳支付保证金，参与集中公开竞价交易，取得在未来某个时期交收的商品所有权的行为。根据《大宗商品中远期交易市场管理（暂行）办法》（草案）规定："买卖双方交纳保证金为入市交易条件，采用集中撮合交易方式进行大宗商品标准化合约交易，在合约有效期内根据浮动盈亏实行当日无负债结算、隔日无负债结算或者其他提前结算制度。"

大宗农产品中远期交易具有"三个特征"、"四个特性"、"五个要点"，和"发现价格，规避风险（套期保值），资源配置，行业融资"四大基本功能。

农产品中远期交易三个特征：（1）标准化合约（除价格以外，其他都是标准化标格式固定的）；（2）保证金交易（20%以上）；（3）无负债结算制度（每日，隔日或一段时间内）。

农产品中远期交易四个特性：（1）集中撮合交易（价格优先/时间优先）；（2）涨跌停板制度（10%以内）；（3）卖空买空（预先卖出与买入交易）；（4）T+0（当日成交的可以平仓）。

农产品中远期交易五个要点：（1）实行交易商准入制度，只有符合法定规定的企业或经济组织以及特别行业群体（如：农产品流通经纪人）经过市场审核才能够准予参与交易；（2）保证金不低于20%；（3）订货总量控制上限（总的不得高于社会当期可供总量，每个交易商实行定货量限制）；（4）实行第三方指定仓库实物交割制度，与交易第三方资金托管制度；（5）任何交易商不得从事交易代理。

项目二　生鲜类农产品的营销模式

任务一　生鲜类农产品的生产和消费模式

任务要求

了解主要生鲜类农产品生产和消费。

任务引入

2013五大生鲜电商营销案例揭秘

淘宝旗下的聚划算作为电商渠道拥有巨大的流量优势，农产品及生鲜农产品在2012年

成为增长最快的品类，聚划算也在2012年开始推出本地生鲜频道，2013年逐渐成型，开始成为聚划算生活中的重要品类。目前聚划算生鲜品类以水果、海鲜、肉类为主，模式基本上是预售，即订单农业。

以下五个案例产品涉及肉类、海鲜、水果三个品类，模式涉及农户+电商、经纪人+电商、农企+电商、渠道商+电商四种模式。

案例一：遂昌猪

2013年3月份千头死猪漂流黄浦江，聚划算随即在4月份推出浙江遂昌深山散养生态土猪的预售，并且紧扣这次新闻，投入巨大的宣传资源，这也是聚划算首次大型生鲜猪肉的团购活动。这次活动由当地农户、地方政府、当地电商以及聚划算四方面共同操作，农户提供散养猪，地方政府给以信誉背书和行政支持，当地电商负责运营，聚划算负责整合宣传资源。活动首发当日售出6 093斤猪肉，营业额为18.46万元。这个战绩放在服装和3C类产品只能说一般，但作为生鲜农产品，已经相当不错了。

但是这个看似很成功的经典案例经不起时间的考验，4月初开始的预售4月底完成发货，等客户都收到货后，差评、退款、退货等纷至沓来，活动操盘的店铺好评由原来的4.8一下子落到了4.4－4.6。客户评论中感觉好的60%，感觉一般的占20－30%，感觉差的10－20%左右，如今这个店铺已经找不到了。

【启示】1.零散农户货源很难控制产品品质；2.多方参与但衔接不足；3.宣传把产品夸得太好，消费者真实消费后落差太大给差评。

案例二：四大鲜果

四大鲜果是2013年5月份推出的鲜果预售活动，活动选了四种颇具代表性的水果：山东烟台大樱桃、山东胶南蓝莓、广东茂名红荔枝、浙江仙居杨梅。活动重点推的是山东烟台大樱桃，操盘樱桃是一家新开的叫“中国地标馆”的淘宝C店。运作模式上，樱桃采用农产品经纪人＋电商操盘手；蓝莓是品牌企业——“佳沃蓝莓”＋合作淘宝电商。樱桃销量最好，共卖出2万多箱，两百万左右的销售额，紧随其后的蓝莓售出2 000多份，荔枝杨梅都是几百份。

樱桃虽然战绩骄人，但同样在发货后遭遇噩运，店铺好评率从开店的5.0一下子降到4.1，目前店铺依然存在，评分已在4.0以下，有大约20%的客户给了不满意的评价。差评中，除生鲜农产品在物流配送上不利外，产品的口感跟一般水果店买到的差不多也导致很多客户不爽。

这次活动的店铺是从当地农产品经纪人那里拿货，而当地的樱桃也通过很多渠道到达各个水果摊点，价格不见得比网上贵。相比于樱桃，蓝莓在完成发货后，店铺评分变化不大，客服反馈也不错，主要是因为佳沃蓝莓是多年企业化经营，品质稳定，同时蓝莓在一般超市和水果摊较少见。

【启示】1.农产品经纪人＋电商操盘手模式合作关系不紧密，容易一锤子买卖；2.产品选择要做好跟线下产品的对比。

案例三：巴美淖尔羊肉

巴美淖尔羊肉是来自内蒙古巴彦淖尔的肉羊企业巴美肉羊公司，这是当地的一家龙头养殖企业。该企业在天猫开设旗舰店，属于农业企业自建电商零售渠道的模式，由浙江的一家电商公司运营。活动时间是2013年10月中下旬，正值秋冬，适合吃羊肉补身体的季节。预售取得了170多万的销售额，11月开始陆续发货，11月底基本完成发货，在用户评论中虽然也有一些差评，主要集中在快递服务上，以及没有宣传的那么好，但最后的店铺评分为4.7左右，表现不错。目前，该店铺已经形成了持续销售，主打产品保持着每月200－500件的销量。

【启示】1. 多年经营的龙头农企品质稳定；2. 农企自建电商渠道保证了店铺的长久性以及更多的责任感。

案例四：双11聚海鲜

这是2013年双11聚划算在生鲜方面最大的动作：阿拉斯加海鲜预售。活动更是拉来了美国农贸部为其吆喝，主打产品是阿拉斯加鳕鱼和帝王蟹，由阿拉斯加老美渔民为您捕捞。产品有噱头，品质有保障，政府有支持，为这次活动夯实了基础。活动的运营由两家经营海鲜的天猫店铺负责，他们是有多年水产海鲜经营经验的进口商和渠道商。

这次活动取得了不俗的战绩，销售鳕鱼的店家创造了270万的销售额，而且在完成发货后，店铺的评分依然保持4.8的高分，这对于生鲜电商实属不易。

【启示】1. 高端进口海产品品质稳定，而且该类产品线下渠道并不多见；2. 传统生鲜渠道商转型电商，行业经验丰富且对自己本身品牌负责。

案例五：褚橙柳桃

褚橙指的是昔日烟草大王褚时健75岁再创业在云南种的橙子，柳桃是柳传志联想旗下佳沃农业投资的一个猕猴桃果园。活动的操盘手是生鲜电商新贵“本来生活”。本来生活2012年就成功运作了“褚橙进京”，2013年加上柳桃助阵，自然得心应手。

这次活动紧随双11之后，2013年11月14日开始发售，三天取得了500多万的销售额。11月底开始陆续发货，12月中完成发货。消费者到货后的点评比较正面，但也不乏一定比例的差评。目前店铺评分4.5－4.7，可谓有喜有悲。

【启示】1. 媒体电商本来生活转战聚划算，一个擅营销一个有流量，给活动带来了巨大的销售额；2. 不足之处：过度营销给消费者造成过高的心理预期，完成销售环节后评分下降。

总结：

聚划算可以为生鲜电商带来巨大的流量，做好产品的描述和宣传可以提高转换率，将流量变成销量。但最终目的是要得到消费者认可，并形成持续销售。因此，必须做好以下几点：

1. 选择优质且品质稳定的源头产品，并且比线下渠道有一定优势；

2. 电商操盘手必须要和源头农企农户形成强有力的合作，是一家最好，不是一家的必须要有有效的手段捆绑利益；

3. 如实宣传，适度夸大，做好宣传的同时做好服务，不要活动搞完了，店铺也砸了。

（资料来源：荆楚网，2014－01－09）

任务描述

认识生鲜类农产品的营销。

相关知识

生鲜类农产品是指由农产品经营者没有或经过少许加工的，在常温下不能长期保存的初级食品，一般包括蔬菜、水果、花卉、肉类、水产品、食用菌等农畜产品。鲜活程度是决定这些生鲜农产品价值的重要指标。

生鲜农产品是我国消费者除粮食以外最主要的食物营养来源，它在日常生活消费中占有十分重要的地位。生鲜农产品居民消费的供给和需求一直受到政府和消费者的高度重视。改革开放后，随着“菜篮子工程”建设的推进，各地发展生鲜农产品生产的积极性大大提高，全国生鲜生产发生了显著的变化。从绝对数来看，2013 年，蔬菜、水果种植面积达到 3 亿亩，水果年产量达到 2.4 亿吨，猪牛羊肉达到 6 400 多万吨，水产品达到近 6 000 万吨，禽蛋达到 2 800 万吨，牛奶达到 3 700 多万吨。

一、蔬菜类的生产和消费

蔬菜种类繁多，主要包括：白菜类、甘蓝类、芥菜类、根菜类、绿叶菜类、葱蒜类、茄果类、瓜类、豆类、薯芋类、水生蔬菜类、多年生蔬菜类、食用菌类等。

蔬菜具有生产季节性、消费必需性、品种多样性、鲜嫩易腐性、容易替代性等显著的产品特征。

蔬菜消费具有选价性、便利性、习俗性、偏好性、从众性、时尚性、猎奇性等消费心理特征。

二、水果类的生产和消费

水果同样有非常繁多的种类，如苹果、桃、梨、柑橘、香蕉、荔枝等水果；核桃、松子、红枣、板栗等干果；山楂、石榴、杏、李、橄榄等杂果；还有西瓜、甜瓜、哈密瓜等瓜果类。

水果具有高附加值、市场容量大、区域性强、季节性明显的生产特征。

水果的消费具有需求的多样性、消费的层次性、采购的季节性、需求的易变性、包装的多样性等消费特征。

三、花卉的生产和消费

花卉种类繁多。如作为欣赏花的有月季、牡丹、水仙等，作为欣赏果的有金橘、五色椒等，作为欣赏叶的有苏铁、富贵竹、铁树等，作为欣赏茎的有仙人掌、光棍树等，作为闻香有茉莉花、栀子花等。品种极为丰富，新品种不断呈现。

花卉具有极强的季节性、节日性、区域性、技术性和集约性。

花卉的消费方式可分为规模消费和个人消费。规模消费主要用于生态保护、公共绿化、大型庆典美化等，改善人居环境，烘托氛围。个人消费主要用于住宅、办公场所及庆典、婚庆、殡仪等，装点环境、表达情感。

花卉消费具有显著的地域性、礼品性、节日性、偏好性、艺术性等。

四、肉类的生产和消费

肉类产品可分为畜肉、禽肉和特种禽肉。其中，猪肉、牛肉和羊肉占到了肉类消费量的70%以上。禽肉主要包括鸡肉、鸭肉、鹅肉和其他珍禽肉。其中，鸡肉占绝对优势。

肉类可分为生肉、熟肉和肉制品几大类。

肉类的消费在饮食需求中的比重有所下降，尤其是猪肉的消费比重下降得较快。禽肉的人均消费量较低，但消费需求增长较快，且存在显著性的区域性差异，而鸡肉在禽肉中的比重过高。

五、禽蛋的生产和消费

禽蛋产品主要包括鲜蛋和蛋制品。鲜蛋以鸡蛋为主外，还有少量的鸭蛋、鹅蛋、鹌鹑蛋、鸽蛋等。我国禽蛋年产量在2 800多万吨。蛋制品主要有松花蛋、咸蛋、熟蛋等。

禽蛋在我国的消费量逐渐递增，但结构单一，以鲜鸡蛋为主，占到了85%以上。且禽蛋消费存在明显的城乡差异。城市居民的人均消费量远大于农村居民。

六、奶产品的生产和消费

奶产品主要是牛奶，牛奶占到奶产品的96%以上的比重。当前，我国奶产品的产量达到近4 000万吨。

奶产品的消费品种单一且消费总体水平很低，但呈现出明显的改善趋势。奶产品的消费群体存在显著的区域性、人群性和城乡差异。

七、水产品的生产和消费

水产品主要包括海水产品和淡水产品，两者的产量旗鼓相当。水产品是以水和水生物为依托的产业，包括了鱼类、虾类、蟹类、贝类、水生物类等。当前，我国水产品年总产量约6 000万吨。

水产品大致可以分为鲜活、冷冻和加工产品三大类。

水产品生产和消费存在地区的严重不均衡,90%以上的水产品集中在中东部地区,西部基本上没有水产品生产。城乡之间水产品的消费同样存在严重的不均衡,城镇居民人均水产品消费量是农村居民的数倍。养殖的水产品存在较严重的安全问题导致野生水产品的价格直线上升。

八、食用菌生产和消费

食用菌生产是解决人类吃得“健康”的问题。作物生产解决了人类吃得“饱”问题,畜禽生产解决了人类吃得“好”的问题。食用菌是以可供人类食用的大型真菌,如香菇、草菇、木耳、银耳、猴头、竹荪、松茸、口蘑、红菇和牛肝菌等。当前,中国食用菌的年总产量达2 000多万吨,占世界70%的份额。

食用菌的生产方式多种多样,有自然环境下自然生长的食用菌,有人工栽培条件下生长的食用菌,还有工厂化生产的食用菌。

食用菌主要有段木栽培和袋料栽培两种栽培方式,以袋料栽培为主。

食用菌的消费呈现快速增长性,需求品种多样性,需求时间周年性的特点。

任务二　影响生鲜农产品销售的因素

任务要求

了解影响生鲜农产品销售的因素。

任务引入

消费者网购生鲜农产品影响因素的问卷调查

您好!非常感谢您能在百忙之中抽空填写这份答卷,我是一名农产品市场营销专业的学生,正在进行一项关于消费者网购生鲜农产品影响因素的问卷调查,此次调查的目的旨在发现消费者在网上购买生鲜农产品的影响因素及其相关性,并得出相关结论,所获信息仅供学习讨论之用,不作任何商业用途,对您的个人信息我们会严格保密。您的宝贵意见将对学习讨论提供极大的帮助,衷心感谢您的合作与协助。

第一部分　个人信息

1. 您的性别(　　)。

A. 男　　B. 女

2. 您的年龄(　　)。

A. 25岁以下　　B. 26~35　　C. 36~45　　D. 46岁以上

3. 您的学历(　　)。

A. 初中以下　B. 高中　C. 大学　D. 大学以上

4. 您的家庭月收入(　　)。

A. 3 000 以下　B. 3 000 ~4 000　C. 4 000 ~5 000　D. 5 000 以上

5. 您愿意尝试在网上购买生鲜农产品吗?(　　)

A. 愿意　B. 不愿意

第二部分　网购生鲜农产品影响因素

1. 网上购买能够让我买到更新鲜的生鲜农产品。(　　)

A. 非常符合　B. 比较符合　C. 一般符合　D. 比较不符合　E. 非常不符合

2. 网购生鲜农产品的新鲜度难以保证。(　　)

A. 非常符合　B. 比较符合　C. 一般符合　D. 比较不符合　E. 非常不符合

3. 买到的生鲜农产品不如网站宣传的新鲜度会让您失望。(　　)

A. 非常符合　B. 比较符合　C. 一般符合　D. 比较不符合　E. 非常不符合

4. 对于网购生鲜农产品的新鲜度您可以接受的程度是。(　　)

A. 比传统方式购买的新鲜度高

B. 与比传统方式购买的新鲜度一样

C. 比传统方式购买的新鲜度低0% ~10%

D. 比传统方式购买的新鲜度低10% ~20%

5. 我认为网购生鲜农产品比网购其他产品的配送时间要求更高。(　　)

A. 非常符合　B. 比较符合　C. 一般符合　D. 比较不符合　E. 非常不符合

6. 我对网购农产品的配送时间要求比较高。(　　)

A. 非常符合　B. 比较符合　C. 一般符合　D. 比较不符合　E. 非常不符合

7. 对于配送时间您可以接受的最大限度是。(　　)

A. 当天下午订货当天下班时送到

B. 当天上午订货当天下班时送到

C. 当天订货24 小时送到

D. 当天订货48 小时送到

8. 如果配送时间超过2 天我便不会购买。(　　)

A. 非常符合　B. 比较符合　C. 一般符合　D. 比较不符合　E. 非常不符合

9. 生鲜农产品的配送时间很长会降低购买的满意度。(　　)

A. 非常符合　B. 比较符合　C. 一般符合　D. 比较不符合　E. 非常不符合

10. 网购生鲜农产品的价格比合理。(　　)

A. 非常符合　B. 比较符合　C. 一般符合　D. 比较不符合　E. 非常不符合

11. 网购生鲜农产品的价格比传统购买方式更便宜。(　　)

A. 非常符合　B. 比较符合　C. 一般符合　D. 比较不符合　E. 非常不符合

12. 网购生鲜农产品的价格比传统方式购买的价格高我便不会选择在网上购买。(　　)

A. 非常符合　B. 比较符合　C. 一般符合　D. 比较不符合　E. 非常不符合

13. 对于网购生鲜农产品的价格你可以接受的最大限度是。(　　)

A. 比传统方式购买的价格低
B. 跟用传统方式购买的价格一样
C. 比传统方式购买的价格高 0% ~10%
D. 比用传统方式购买的价格高 10% ~20%

14. 网购生鲜农产品的口味更好。( )

A. 非常符合　B. 比较符合　C. 一般符合　D. 比较不符合　E. 非常不符合

15. 网购生鲜农产品的口味难以保证。( )

A. 非常符合　B. 比较符合　C. 一般符合　D. 比较不符合　E. 非常不符合

16. 对于网购生鲜农产品的口味您可以接受的最大限度是。( )

A. 比用传统方式购买的口味好
B. 与用传统方式购买的口味一样
C. 比用传统方式购买的口味差 0% ~10%
D. 比用传统方式购买的口味差 10% ~20%

任务描述

说说影响生鲜农产品销售的因素有哪些?

相关知识

2014 年我国生鲜电商交易规模为 289.8 亿元,较上年同期增长 122.6%,预计到 2017 年其规模将突破 1 400 亿元。虽然如此,长期以来各大电商的“烧钱”模式仍是目前生鲜电商业发展中最令人无奈的事实。据不完全统计,2014 年全国 4 000 多家生鲜电商,其中 90% 以上处于亏损阶段,仅有 1% 能够盈利,一小部分能够勉强实现收支平衡。中投顾问高级研究员郑宇洁认为,生鲜电商企业亏损主要是因为当前冷链物流体系的限制,配送成本居高不下,且正常损耗率高。据易观国际调查数据显示,生鲜食品的冷链物流成本要比普通产品高出一倍,中国生鲜品的损腐率高达 10%—25%,发达国家的生鲜品损耗率维持在 5% 左右,普通电商商品损耗率则低于 1%。

一、生鲜农产品的保鲜条件及技术

由于生鲜农产品的含水量较大,不易贮存,影响了生鲜农产品的产品价值。提高生鲜农产品的产品价值,必须依靠保鲜条件和技术。如绿叶蔬菜需要冷藏,而肉类及水产品需要冷冻贮存。只有开发科学的保鲜技术,建造完善的保鲜设施,才能实现生鲜农产品的价值。

二、生鲜农产品的生产季节性与需求的周年化

生鲜农产品的生产多数都有季节性，生鲜农产品的消费呈现周年化，且消费者对生鲜的消费越来越重视新鲜、多样。需要跨区域、合理安排生产，才能实现均衡的供应。

三、生鲜农产品生产的区域性与消费者需求的多样化

生鲜农产品生产有明显的区域性，而消费者分布广、需求多。需要对生鲜农产品进行长距离的快速配送，才能满足更多消费者的需求。

任务三　生鲜农产品的主要营销渠道

任务要求

了解生鲜农产品电商的发展历程；掌握生鲜农产品的主要营销渠道。

任务引入

农民超市——十亩菜园店

山东济南市历城区董家镇三官苗村，有一位农户在济南市开了一家菜店，并起了响当当的名字“农民超市——十亩菜园店”。他自己的几亩菜园加上他帮着卖菜的姐姐等人的田正好十亩。开店后，他费了不少心思，最后他模仿超市的交易方式，把自产的二三十种菜一溜摆开，让顾客随意挑选。一段时间后，每天能够卖出四五百公斤的蔬菜。

这种销售方式属于直销的一种，尤其是针对一些鲜活的农产品如蔬菜、瓜果、水产品等，减少中间流通环节，不仅有利于农产品生产者和消费者，更是一种保证农产品鲜活性，降低损耗的一种有效方式。现在比较流行的农超对接模式，其特征是十亩菜园店的升级版。

任务描述

说出生鲜农产品的主要营销渠道有哪些？

相关知识

一、自产自销

自产自销顾名思义是企业自己销售自己公司生产的产品给客户。通常企业都有独立的经营权,自销不违法。但是在中国,某些特殊的行业,特殊的产品或地域,自销会有限制,需通过第三方或特许批准后才能自行销售。如黄金销售,保税区销售等。对于生产规模较小的生鲜农产品经营者来说,自产自销也是一条不错的选择。自产自销可以直接感受到消费者对产品效果的反馈,能够及时调整生产,达到稳定生产、稳定发展的目的。

二、农贸市场

农贸市场,又称农贸自由市场或自由市场,是在城乡设立的可以进行自由买卖蔬菜、瓜果、水产品、禽蛋、肉类及其制品、粮油及其制品、豆制品、熟食、调味品、土特产等各类农副产品的市场。农贸市场易于生鲜农产品快速进入市场。农贸市场的优点是简化了农产品进入市场的管理成本。缺点是对农产品的质量监督不到位。

三、连锁店

连锁店是指众多小规模的、分散的、经营同类商品和服务的同一品牌的零售店,在总部的组织领导下,采取共同的经营方针、一致的营销行动,实行集中采购和分散销售的有机结合,通过规范化经营实现规模经济效益的联合。对于生产规模较大,管理能力强的经营者来讲,进入连锁店,不仅有利于解决销售问题,而且有利于订单生产。

连锁店具有经营理念、企业识别系统及经营商标、商品和服务、经营管理四个方面的一致性,在此前提下形成专业管理及集中规划的经营组织网络,利用协同效应的原理,使企业资金周转加快、议价能力加强、物流综合配套,从而取得规模效益,形成较强的市场竞争能力,促进企业的快速发展。未来零售业不论走向何方,都将迈向连锁经营。

加盟特许连锁体系的最大的好处是自己可以做老板,又可以减少自己开办企业的风险。美国商务部的统计资料表明,独立开办企业的业主,成功率不到20%,而加入连锁体系开办的企业,成功率高于90%,如此高的成功率,使“加盟创业”成为人们经商降低投资风险的最佳选择。

四、超市

超市即超级市场,是指以顾客自选方式经营食品、家庭日用品、食物为主的大型综合性零售商场。它出现于20世纪30年代。首先从食品店开始,将各类食品分门别类地标明在货架上,任顾客自行挑选,然后出门一次付款。超级市场,又称自选商场,是许多国家特别是经济发达国家的主要商业零售组织形式。这便是现代超级市场的雏形。

通过"农超对接"实现农产品经营者将新鲜的农产品直接供应到超市,方便消费者直接选购。农超对接是利用现代物流方式,将新鲜优质的农产品快速送到消费者手中,实现农产品经营者和消费者共赢。农超对接为优质农产品销售提供了渠道。超市为农产品销售搭建了平台,并有监控或监管农产品质量的责任。

五、专业经营者

对于缺乏经营能力的生产者来说,将产品直接销售给相关的专业经营者,是认同并接受合理社会分工,发挥自身生产优势的不二选择。

任务四　生鲜农产品电商营销模式

任务要求

了解生鲜农产品电商的发展历程;掌握生鲜农产品电商营销模式。

任务引入

生鲜农产品电商探索新模式

近日,位于上海浦东新区的上海农产品中心批发市场生鲜电商孵化基地开园,农产品生鲜电商将借助传统农产品批发市场实现"线下落地"。而传统批发市场也通过与新兴业态对接,由"受冲击"转向线上与线下共赢。

据了解,首批11家生鲜电商已进入该批发市场的孵化基地,开始运营。此外,预登记的电商还有20多家。总面积超过3 000平方米的线下基地,配备仓储、冷链、物流等功能。与此同时,传统批发市场多年积累起来的采购商资源,也将与进入基地的电商进行对接。

业内专家认为,电商作为一种新兴业态,正与消费者新的消费习惯形成互动,有较强的生命力。在其崛起过程中,传统的批发市场、超市等业态不同程度地受到冲击。在受冲击的转型压力下,传统业态往往有一种"妄自菲薄"的过度反应,认为"一无是处"。其实,电商有"空中优势",但一定会"落地"。传统业态的"地面优势"完全可以与电商的"空中优势"对接,形成线上线下的互动。

线上线下打通,将重塑农产品的产销流通格局。上海农产品中心批发市场相关人士表示,传统农产品批发市场完全可以把轻资产的生鲜电商"迎进来",为入驻电商提供冷库、理货间、交割间、展示厅等"重装备"。同时,双向开放市场,批发市场具备价格和质量优势的果品、海鲜、进口肉类等品种可以向电商敞开供应，电商现有的优势产品也可以在市场内设点、对接，丰富市场供应。

（资料来源：国际商报，2015－03－05）

任务描述

分析什么是生鲜农产品电商？说出生鲜农产品电商营销模式有哪些？

相关知识

一、生鲜农产品电商

生鲜农产品电商，又称生鲜农产品电子商务，简称生鲜电商，指用电子商务的手段在互联网上直接销售生鲜类农产品，如新鲜果蔬、生鲜肉类等。生鲜电商随着电子商务的发展大趋势而发展。2012 年被视为我国生鲜电商发展的元年。

二、生鲜农产品电商的发展历程

1. 第一阶段，2005 年—2012 年

2005 年，易果网成立，2008 年，出现了专注做有机食品的和乐康及沱沱工社，这几个企业开始都是做小众市场。在这期间，国内频发食品安全事件，导致很多消费者产生了对品质高、安全性高食材的需求，很多企业看到了这个巨大市场，在 2009 年－2012 年之间，涌现了一大批生鲜电商。过多的商家进入这个行业，也导致了行业泡沫的产生，当时的市场需求并没有那么大，而生鲜电商的模式也是原封不动地 Copy 了普通电商的模式，最终很多企业倒闭。

这个阶段的结束，以 2013 年初的北京“优菜网”寻求转让及上海“天鲜配”被转卖为标志，需要说明的是这两家都是做有机和绿色蔬菜的电商，要知道在国内找这样的食品在之前有多难。

2. 第二阶段，2012 年—2013 年

生鲜电商的转折，也是从 2012 年底开始。当时刚成立一年的生鲜电商“本来生活”凭“褚橙进京”的事件营销一炮走红，随后又在 2013 年春挑起了“京城荔枝大战”，此时开始生鲜电商再度引起人们热议。这期间，社会化媒体及移动互联网的发展也让生鲜电商们有了更多模式的探索，第二阶段明显比第一阶段更有生命力。

3. 第三阶段，2013 年—至今

在第二阶段创业的生鲜电商中，以顺丰优选、一号生鲜、本来生活、沱沱公社、美味七七、甫田、菜管家、15 分等为代表的商家都获得了强大的资金注入，而且每个企业都有各自的行

业资源优势，进而上演了一场生鲜电商备战大赛。在这期间，B2C、C2C、O2O 等各种模式都被演绎得淋漓尽致，越来越强劲的移动互联网工具也为各商家提供更多的选择。

这个阶段，最显著的特点是生鲜电商们从开始的小而美转变为如今的大而全，几乎所有生鲜品类都有所涉及，人们的生鲜消费理念也在慢慢向电商模式转变。巨大的商机不得不让互联网巨头们觊觎，2013 年底 2014 年初，天猫和京东也加入了这个阵营，如其他行业一样，只要有巨头参与就会有整合与并购的产生，生鲜电商今后将进入资源整合与格局更变的阶段。

从生鲜农产品电商的发展历程来看，生鲜电商曾是不被电商看好的领域，但自 2012 年下半年开始，越来越多的企业投入做生鲜电商。中国传统食品行业一再出现的食品安全危机，让大家开始关注另外一个事实：美国、日本乃至台湾，在 20 世纪已经完成了一次食品安全升级，而中国的食品安全似乎已经到了这一“升级”档口。不少人认为，生鲜类食品，特别是能令人信服的生鲜食品供应机构，将可能是未来三到五年左右下一个热门的品类。于是，越来越多的电商企业或传统企业投入做生鲜电商。

三、生鲜农产品电商营销七种模式

互联网时代，生鲜农产品电商在不断摸索新的营销方式，但是营销不能只靠模仿，因为能被模仿的只是皮毛。只有用心对待目标客户群，寻找他们的需求点，挖掘其深层次的需要，才能让你的营销更具独特意义。正如齐白石所言：“学我者生，似我者死。”目前来讲，生鲜农产品电商营销主要有七种模式。

（一）综合电商平台模式

说到电商，我们不得不提阿里、京东等电商巨头。如今，国内的天猫、京东、苏宁易购、一号店、亚马逊等综合电商平台都已经开始涉足生鲜电商。那么相比其他生鲜电商，综合电商平台具有几大明显的优势。

其一，综合电商平台最大的优势是入口上的优势，尤其是天猫、淘宝，占据着整个中国超过 80% 的市场份额，这种强大的流量优势是其他生鲜电商平台短期内难以企及的。

其二，综合电商平台早就培养了用户良好的购物习惯，这更是一种天然的优势。很多用户到天猫、淘宝、苏宁易购等平台上购物的同时看到了生鲜电商类的产品也就相应地会去选择购买。

其三，对于网购的用户来说，信任是非常关键的一项因素。很多人选择网购更愿意选择天猫、京东等具备足够诚信力的平台去购买，而很多刚刚起步的生鲜电商却很难在一开始做到这一点。

其四，对于生鲜电商这样的网购平台来说，完善的支付系统也是相当有必要的。而这一点上，恐怕对于其他生鲜电商平台来说，是很难像淘宝、天猫那样再打造出一个强大的支付宝出来。

其五，天猫、京东等综合电商平台具有强大的品牌优势，拥有众多忠诚的用户，这也是其他生鲜电商所不具备的。

既然综合电商平台具有如此众多的优势,那么是不是就说他们在生鲜电商领域就完美无瑕了呢?当然不是。他们的不足之处主要有:

第一,他们面临着商品标准不统一的问题。对于综合电商平台来说,他们主要做的都是平台,大部分生鲜电商是通过平台上的商家来销售。可是不同的商家他们销售的生鲜农产品在质量、价格等方面都没有一个统一的标准,这对消费者来说就需要大量的对比才能选择出更物廉价美的生鲜农产品。

第二,由于综合电商平台做的是平台模式,商家销售的生鲜农产品质量无法把控。可是生鲜农产品不同于其他产品,一旦出现食品安全问题那对整个平台来说是毁灭性的灾难。

第三,对于综合电商平台来说,商品损耗是一个非常普遍且严重的问题。很多商家在邮寄商品的时候没有特别注明或者选择了一些服务不太好的快递,商品损耗就避免不了。

第四,很多商家选择的送货物流在送货时间上没有保证,这对于生鲜农产品的保鲜来说也是个非常严峻的问题。

第五,同样还是物流上的问题,由于生鲜农产品对于物流的要求比较高,所以它的运送单价自然也就贵。本来就没有什么价格优势的生鲜电商还需要客户付出昂贵的物流费用,这自然是客户难以接受的。

(二)物流电商模式

说到生鲜电商模式,依托快递起家的顺丰优选是我们不得不提的一种模式。农业是电子商务唯一一个没有完全电商化的行业,顺丰 CEO 王卫选择从快递跨界到生鲜电商也是雄心不小。在他看来,顺丰快递选择做生鲜电商有着其他任何平台所不具备的优势。

优势一:顺丰拥有国内最庞大的快递大军,而顺丰的快递服务在国内所有的快递公司当中也是最受用户认可的。生鲜电商是一个对快递要求非常高的领域,而这个恰恰是顺丰的优势所在。

优势二:生鲜电商对于仓储的要求也十分高,顺丰物流在全国各地拥有大量的仓储中心,而这个也是顺丰相较于其他平台不小的优势。

优势三:顺丰快递能够与顺丰嘿店很好地结合起来,如今顺丰在全国 70 个城市拥有超过 500 家顺丰嘿店,这个对于顺丰优选做社区 O2O 来说也是个明显的优势。

当然,顺丰打造一个全新的生鲜电商平台也面临着不小的挑战。

挑战一:顺丰优选在前期的推广成本会非常高,这也是为何目前顺丰优选虽然在生鲜电商的市场份额最高却仍然不能盈利的原因所在。

挑战二:顺丰优选做生鲜电商自营,在供应链管理方面面临的挑战非常之高。如何保证平台能够实时供应新鲜、上好的生鲜农产品需要与全国各地很多农场、水果蔬菜批发市场达成紧密的合作。

(三)食品供应商模式

中粮我买网和光明菜管家是传统食品公司进军生鲜电商的两位典型代表,我买网是中粮一手打造的,而菜管家则是光明食品集团后来收购的。食品公司直接做生鲜电商,自然也是有着不小的优势。

首先,我买网和菜管家在食品供应链上是其他生鲜平台难以 PK 的。很多生鲜电商之所以会难以运转下去,很大一部分原因就是食品的供应链出了问题。

其次,中粮和光明食品集团在食品仓储上能力也是相当强大的,这一点也是很多生鲜电商平台难以企及的。

其三,中粮和光明的食品在安全上很容易获得用户的信赖。食品安全对于一个生鲜电商平台来说是用户决定购买的第一步。

最后,中粮和光明在生鲜食品上有着明显的价格优势,很多食品的价格都掌握在他们手中,所以打价格战的话他们会很有优势。

同时,对于我买网和菜管家来说,物流也是他们面临的一大困难。物流跟不上,就意味着生鲜农产品送到用户手中很难继续保持新鲜,同时损耗率也会比较高。

此外,相较于淘宝、京东等电商平台,我买网、菜管家在前期运营上需要更多的人力、财力。

(四)垂直电商模式

莆田网、优菜网、本来生活网等垂直生鲜电商可谓是生鲜电商的发起者。正是因为他们的崛起,才让其他的电商平台开始觉醒。

由于垂直电商比别人更关注细分领域,所以也就比其他平台更懂用户。不过垂直电商也有诸多劣势。

劣势一:对于垂直电商来说,他们在食品的供应商方面没有前期的积累,这就导致他们在供应链上很容易出现问题。尤其是一些刚创业的垂直电商,由于实力比较弱小,也就没有食品供应商愿意与其合作。

劣势二:生鲜电商对于物流配送来说,要求十分高。如果采用物流外包,商品损耗的可能性会比较高。而如果采用员工配送,这就需要大量的人力,并且在一定程度上限制了公司的扩张速度。

劣势三:由于缺乏品牌知名度,前期要获取用户的信赖并到平台上直接消费购买生鲜农产品的难度非常大、成本非常高。

劣势四:食品冷仓储也是垂直电商的一大劣势。规模庞大的冷仓储需要投入大量的资金,这对于实力并不雄厚的垂直电商来说自然也是困难重重。

(五)农场直销模式

农场直销模式的代表有多利农庄、沱沱公社,依托自己的农场打造生鲜电商,他们也有着不少的过人之处。

第一个优势也是最大的优势,因为是自己的农场,所以在食品安全问题上他们有绝对的信心,而且生态果蔬也是消费者最喜欢也最愿意购买的。

第二个优势则是他们在供应链上的优势,由于是自产自销,所以他们完全不用担心产品的供应会突然出现问题。

第三个优势则是在近距离上的优势。由于都是刚采摘的新鲜果蔬,近距离配送的话对于农场直销来说能够保证果蔬的新鲜度。

既然近距离是优势,那么远距离配送自然就成了农场直销模式的劣势。因为对于农场直销平台来说,由于农场的距离比较偏远,快递上门取货送货都是一个比较麻烦和耗费时间的过程。

再者,农场直销平台由于是自产自销,在产品的广度上自然也就无法满足具有多样化需求的用户。

此外,农场直销平台也需要承担一定的风险。自产的果蔬有可能会因为季节、雨水、技术等原因会导致收成不好,这就会在一定程度上影响自己的供货量。

(六)线下超市模式

从华润万家、永辉超市到麦德龙等生鲜平台的相继关闭,可以看出线下超市涉足生鲜电商并非易事。

虽然在商品的近距离配送、冷仓储、供应链管理等方面都有着较为明显的优势,但是由于搭建生鲜电商平台之后的入不敷出,这就导致了线下超市涉足生鲜电商纷纷关门大吉。

一方面,他们多了一项没必要的配送人工成本(本来客户都是直接到超市购物,如今却需要给他们配送,如果是远距离同样也多了一份快递成本,且需要专人来打包发货);另一方面,他们还需要为此付出更多的网上运营成本,这个本来就不是线下超市的强项,不懂互联网的他们自然需要为此付出更多。

(七)社区O2O模式

其实说到社区生鲜O2O,不管是淘宝、京东,还是顺风优选、垂直电商等都有在涉及,他们都在试图以此作为生鲜电商的突破口。不过,最具代表的还是要数微商,通过借助微信公众号,大量的创业者做起了社区生鲜配送。

社区O2O模式的优点在于:

其一,社区O2O送货上门十分方便,并且能够保证菜品的新鲜,减少损耗率。

其二,在支付环节上,社区O2O也能够通过线下货到付款的方式,这样对消费者来说更有保障。

其三,对于很多购买生鲜电商的用户来说,他们讲究的是一个速度,因为家里没菜了需要买菜,但是又不想去菜市场,而这个时候只需要通过微信公众号或者手机app就可以直接购买。社区O2O模式能够保证送货时间很短。

其四,社区O2O商家只是送货到附近的小区,不需要大量的冷仓储,他们只需要采购少量的新鲜蔬菜就行,同时还能保证果蔬及时卖掉,这就减少了浪费、节省了成本。

当然,对于社区生鲜微商来说,他们前期也需要在推广上下一番苦功夫。尤其是在规模扩张上,需要更多的成本,同时扩张速度也会相当缓慢。

大家都知道,手机淘宝、手机天猫同样具有定位的特性,而这就解决了淘宝做生鲜O2O

的困境，淘宝推淘点点成功杀入餐饮 O2O 就是一个很好的例子。相比微商而言，淘宝、天猫在生鲜电商的商品标准统一上更容易实现。此外，阿里菜鸟物流正在为生鲜电商的远程配送保驾护航。

总体来看，在这七种模式当中，生鲜电商会形成以淘宝为主、微商为辅的格局。垂直生鲜电商、顺丰优选、我买网、菜管家等最终在规模上很难跟淘宝相比，而线下超市、农场直销等最后可能都会跑到淘宝上去开店，并且借助微信公众号来为其推广、服务。

项目三　特色农产品营销模式

任务一　特色农产品营销

任务要求

了解主要特色农产品的生产和消费。

任务引入

丽江雪桃千元一个

2010 年 10 月 3 日，在云南省丽江市玉龙纳西族自治县，李勇把果农最高只能卖到 30 元一个雪桃卖到了 1 000 元。这位李勇到底什么来路，他凭什么能把桃卖出天价？

李勇在涉及雪桃产业之前，他曾是北门书店的一名学徒工，靠着借来的 13 000 元，在昆明租下一间 30 平米的店铺，开始做图书生意，经过 20 年的努力，他拥有 43 个大型连锁图书城，年销售额超过 5 亿元，坐上了全国民营书店的头把交椅。

2002 年，李勇陪朋友到丽江旅游，行进到丽江古城附近时，和朋友买了 6 个桃，用路边的清泉洗了边走边吃，这一吃，李通觉得这个桃非同小可，让李勇震惊的是它个儿大又红且凉脆，李通赶紧追上小贩，得知手里的桃来自丽江的玉龙县，叫雪桃，是一种晚熟品种。这雪桃就是仙桃，《西游记》里边的仙桃只是吹出来的，这是真实的仙桃。

2003 年，李勇认为雪桃无论从哪方面来说都非常有价值，准备将雪桃移植到昆明，却意外发现雪桃的不可替代性，离开丽江就结不了果实。

2004 年李勇下决心投资雪桃产业，把雪桃打造为高端水果品牌。在他的 400 亩有机雪桃基地里，采用科学种植，绿色种植，桃的外边都套了一层泡沫套，防撞或磨擦，防桃蹭桃，每摘一个桃他都小心翼翼，生怕细菌带到桃面上，生怕桃面被树枝刮伤，把桃摘下来更是精心保管。

2005 年国庆期间，李勇把收上来的雪桃进行逐个筛选，根据雪桃的大小，将其价格定在

40～150元不等，并制成精品礼盒。

2007年10月，一场投资300万元，有10万人参加的雪桃盛会在丽江古城开幕。在这次盛会上，有一种雪桃竟然标价1 000元！一时间雪桃成了人们议论的焦点。

2008年，雪桃通过有机食品转换认证，来自全国各地的订单络绎不绝，最大最好的尚品雪桃竟卖出了1 000块一个的天价，而且还供不应求。特别是在2009年国宴后，丽江雪桃开始被越来越多的人所熟知。在2010年国庆节期间，丽江雪桃再次走进人民大会堂国宴席，连续第二年成为“国宴用桃”。

李勇之所以敢将雪桃定为千元一个，是因为他觉得农产品礼品化符合高端消费者的心理。

任务描述

根据案例说出特色农产品的内涵。

相关知识

特色农产品是指具有一定地域特色的农业产品。它主要包括：一是产品特色。由于天然的地理气候条件生产出其他地区同类产品所不具有的特点。二是工艺特色。引进先进的生产技术和工艺生产出其他产品所不具有的特点。三是营销特色。可以是已有的销售方法或是创新，要在产品营销中体现其特色。四是售后特色。产品销售后，对产品的品质和质量做到有保证，使产品在人们心中留下独特的印象。

特色农产品还是有如下的特点：品种繁多、数量庞大；地域性强，各个地区都有自己的代表特色农产品；对销售渠道功能要求高；生产的地域性与消费的普遍性的矛盾，使其销售渠道更加复杂；受自然条件的制约和影响，产量不稳定，不是丰收便是歉收，有供给与需求之间的矛盾等这些特点。

特色农产品主要包括杂粮、特产、新奇农产品等。

一、杂粮的生产和消费

1. 杂粮的生产

杂粮通常是指水稻、小麦、玉米、大豆和薯类五大作物以外的粮豆作物。主要有：高粱、谷子、荞麦、燕麦、大麦、糜子、黍子、薏仁、籽粒苋以及菜豆、绿豆、小豆、蚕豆、豌豆、豇豆、小扁豆、黑豆等。

其特点是生长期短、种植面积少、种植地区特殊、产量较低，一般都含有丰富的营养成分。如绿豆，具有清热解毒、消暑除烦、止渴健胃等养生保健的功效，绿豆清热之功在皮，解毒之功在肉。绿豆生长期很短，一般只有60－70天，亩产量仅50公斤。但绿豆富含蛋白质、脂肪、碳水化合物，维生素 B_1、维生素 B_2、胡萝卜素、菸碱酸、叶酸、矿物质钙、磷、铁。尤其是所含的蛋白质主要为球蛋白，其成份中富含赖氨酸、亮氨酸、苏氨酸。

2. 杂粮的消费

杂粮自古以来一直是百姓餐桌上的主食部分之一，随着改革开放后经济条件好转，餐桌上的主食才被精加工后的大米、白面所占据。但是，只食用大米白面这一类精加工的粮食，无法获得全面的营养，会导致营养失衡，出现各类疾病。随着养生保健知识的普及，销量一直走低的杂粮开始有抬头之势，杂粮所富含的营养重新被更多的人所发掘。

杂粮逐渐成为注重保健人士的必备品。送礼送健康，物美价廉的杂粮已成为时尚的礼品。

二、特产的生产和消费

1. 特产的生产

特产指某地特有的或特别著名的产品，有文化内涵或历史，亦指只有在某地才生产的一种产品。一般而言，特产是指来源于特定区域、品质优异的农林产品或加工产品，特产可以是直接采收的原料，也可以是经特殊工艺加工的制品。但是，必须具备两个特点：一是地域性特点，这是形成特产的一个先决条件，其次是品质，无论是原料还是制品，其品质与同类产品相比，应该是特优的或是有特色的。

特产的"特"字，应包含如下 5 层意思：特殊的生态环境、特优的品质、特殊的种养方式或特殊的加工方式、特殊的功用价值、特高的经济效益。如怀地黄，种植在古怀庆府今温县和武陟县一带，品种仅限怀地黄。地黄可分为生地和熟地两种，加工工艺是焙干的生地和雄黄熏干炮制的熟地，生地具有凉性，熟地具有热性。加工工艺不同，药效截然相反。《本草纲目》载：地黄生则大寒，而凉血，血热者需用之；熟则微温，而补肾，血衰者需用之。男子多阴虚，宜用熟地黄；女子多血热，宜用生地黄。尤其是熟地，药用填骨髓，长肌肉。生精血，补五脏，利耳目、黑须发、通血脉，确系祛病延年之佳品。市场上，怀地黄的价格往往高于其他地方地黄的数倍。

2. 特产的消费

特产已经成为交往的必备品，尤其是在物流高度发达的今天，工业化的产品随处可见，难以成为称心的礼物。选择具有显著地方特点的，生产数量有限的特产，是馈赠亲朋好友的首选。

由于生产区域的限制和供应的稀缺，特产成了高价农产品，因而，也成为高收入人群的消费品。

三、新奇农产品的生产和消费

1. 新奇农产品的生产

新奇农产品是指少见的不同于一般的具有独特的口味，或颜色，或功能，或形态的新品种。如紫色花生、黑色牡丹、黄色番茄等。

新奇农产品的生产具有小规模、易垄断、易鉴别的特点。

2. 新奇农产品的消费

新奇农产品的消费主要是满足人的猎奇心理,吸引人的眼球,产生影响。

任务二　影响特色农产品销售的因素

任务要求

了解影响特色农产品销售的因素。

任务引入

特色农产品:小众化 大市场

"前几年外地朋友来安徽,他们经常问,除了茶叶之外,还能带点什么回去。我告诉他,买点'霍山石斛'和富硒米什么的,好友问哪里能买到,说句老实话,我还真不清楚。可如果现在你问我同样的问题,我会如数家珍般报上特产名来,并明确指给你购买地点。"安徽大学的刘小玲说,前几年,由于人们对当地土特产缺乏足够了解,在省城合肥市内,也只有寥寥几家土特产专卖店,品种也就十几种,像本土红府超市这样的大型超市也没有设置土特产销售区。而现在,像家乐福这样的跨国零售商也开辟了本地土特产专区。

红府超市合肥红星路店燕子坊五谷禅食加工师小邢告诉记者,前些年,购买小米、大枣等土特产和加工禅食的,一般都是老年人或对饮食有特殊要求的市民,在旅游旺季或者中秋、春节期间,购买的人会多一点,主要用于馈赠亲友,现在,一般市民已成为消费主角。

全国皆如此。从以前灰头土脸不招人待见,到如今走进大超市货架集体露脸,从专卖店本地开花到远销海外,尽管存在着缺乏品牌、企业规模小、深加工能力不足等因素,但随着政策引导扶持、人们崇尚绿色健康消费观念的深入,特色农产品产业出现了难得一遇的发展契机。

"前几年,我们的特色农产品是一流产品、三流包装,样子很土,现在包装档次明显提升。以灵丘的苦荞健茶为例,分豪华装、经济装、方便装好几种,盒子有圆的有方的,有纸筒有铁桶,很精美。"山西省农委系统参展人员刘小平说,以前农业只重视生产,不重视包装和销售,农委系统充当的是"种植委"的角色,现在不光重视生产,同时重视包装和销售,好产品再加上好的包装,走亲访友能拿得出手,人们愿意买,这市场就慢慢大了、火了。

但是,由于缺乏品牌、企业规模小、深加工能力不足、信贷支持不够等因素制约,不仅在安徽,全国很多地区特色农产品面临着成长的烦恼。"一村一品"发展路径的选择、人们消费观念的改变,使得特色农产品受到越来越多的关注,从三农和市场的角度看,产销良性互动的条件已具备,做强做大面临着难得一遇的发展契机。但这些特色农产品要打品牌、上规模、注入科技做深做细，需要吸纳资金支持，做到更好，才能走得更远。

（资料来源：中国经济时报，2014－09－11）

任务描述

阅读上述资料，分析影响特色农产品销售的因素。

相关知识

特色农产品，关键在于一个“特”字，因为“特”别，所以一般情况下，消费群体也“特别”。那么影响特色农产品销售的因素主要有哪些呢？

一、受节日的影响

礼品是节日人际交往的必备品，尤其在我国传统节日春节、端午节、中秋节，亲朋交往频繁，礼品需求量巨大，市场供应量集中。然而，礼品的需求确实是不断发生变化的，这往往导致一些杂粮、特产、新奇类农产品脱销，也常出现某些杂粮、特产、新奇类农产品的滞销。

二、受消费者收入水平的影响

高品质、高价格的产品往往是收入比较高的人才会消费，因此，消费者的高收入水平及人群规模决定了该类产品的销售状况。没有购买实力或缺少目标客户，再好的产品也会无人问津。

三、受包装形象的影响

杂粮、特产、新奇类农产品的经营者多是从事农业生产者，在设计产品形象时，缺乏专业性，设计的外观包装难以满足礼品的特征，导致认可度不高，影响对该产品的消费。

四、受稀缺性的影响

随处可买的礼品往往价格透明，缺少珍稀性，表达心意不足。因此，稀缺性是影响该类产品的重要因素。

五、受知名度的影响

特产知名度高低，也是影响消费者选购的重要因素。高知名度的农产品也是促进消费者购买的重要因素。比如温县的铁棍山药、新郑的“好想你”大枣，都是因为知名度高，能够代表当地的特产或特色产品，而被消费者争相选购。

六、受食用便利性的影响

食用是农产品的核心功能，便捷的食用，往往也是影响选购的重要因素，仍然以温县的铁棍山药和新郑“好想你”大枣为例，铁棍山药需要加工（煮粥，或蒸，或炖）才能食用。而大枣开袋即食，且老少皆宜，其市场普及了，销量就高于铁棍山药。

七、受品质不稳定的影响

由于农业生产受不确定因素影响多，导致产品的品质不稳定，再加上管理不善，要求不严，导致每批产品、甚至同批产品出现显著差异。送礼的目的本来是为了取悦对方，或表达善意、敬意，不稳定的质量让消费者担心“送礼不讨好”。

任务三　特色农产品营销的主要渠道

任务要求

了解特色农产品销售的主要渠道。

任务引入

如皋特色农产品下江南 打长寿品牌建销售渠道

近日，在外打拼多年的如皋人高建怀找到市供销合作总社，询问开设“苏皋”长寿农产品直营店事宜。他说，这几年如皋特色长寿农产品名声越来越响，他想在昆山设个直营店。

近年来，如皋市不断扩大特色农业种植面积，各种果品、蔬菜、家禽产量大幅提升。为了让特色农产品“走出去”，市委、市政府没少花心思，他们将如皋籍在沪经营农产品销售及配送的企业主集中起来，成立了农产品沪皋流通销售商会。

商会先后十多次组织成员单位与如皋本地园区、农业龙头企业对接，达成长期购销合同，商会成员单位已在上海开设5家如皋特色农产品直营店。

货好还需勤吆喝。如皋市组织本地农业龙头企业、大型种植园区、专业合作社参加海峡两岸特色农产品展示展销会、省名特优农产品（上海）展销会，举办中国首届长寿农产品博览会，邀请全国30多个“长寿之乡”组团前来参展，共同打造农产品“长寿”品牌。

为了解决产销信息不对称的问题，如皋市相关部门收集产销信息，建立生产销售数据库。目前，部分购销信息数据已下发到全市200多家农业龙头企业、大型种养殖园区、专业合作社和上海等地100多家农产品销售企业。如皋市中萃米业、上海天发食品有限公司等10家企业签订了长期购销合同，金额达1.2亿元。

（资料来源：南通日报，2015－11－23）

任务描述

阅读上述资料，分析特色农产品营销有哪些主要渠道？

相关知识

特色农产品营销的主要渠道有：

一、超市

超市是特色农产品销售的重要渠道之一。由于超市客流量巨大，无论价格实惠的散装的杂粮、特产、新奇类农产品还是包装精美的礼品装，都可以销售。

二、粮店

粮店是杂粮销售的重要场所，尤其是为了满足自己需求的消费者，往往到粮店选购价格实惠的杂粮。但是，粮店很难成为特产和新奇类农产品的销售场所。

三、商店和专卖店

特色农产品的礼品包装，放到土特产专卖店，是一个不错的选择，然而，专卖店的销售存在较大的不确定性，有时长期无人问津，有时急需大量。货物配送存在较大难度。

四、网店

网上销售是一种新的销售渠道，对于特色农产品销售，往往因为无法确定生产标准、难以达到网站要求，或因体积庞大、物流成本高，或因易变质、不易长时间贮藏运输导致网络销售并不理想。

五、农产品贸易公司

农产品贸易公司，往往是专业经商人士进行管理和运作的，将特色农产品通过农产品贸易公司推广销售，往往会大幅度提高销售量，可能获得更高的利润。

任务四　特色农产品市场营销的扩张模式

任务要求

了解特色农产品市场营销的扩张模式。

任务引入

打造“世界苦荞之都”“大凉山”苦荞产业发展之路

《神农书》载:苦荞“乃五谷杂粮之王也”。现代医学营养保健学证明:在所有粮食中杂粮最好,在所有杂粮中荞麦最好,在所有荞麦中苦荞最好。“世界苦荞在中国,中国苦荞在凉山,凉山苦荞看环太”。

潜藏于横断山脉叠皱中的大凉山是世界范围内苦荞种类最多样、种植最广泛、品质最优良、分布最集中、产量最领先的区域。大凉山是名副其实的“世界苦荞之都”。

环太(集团)二十年余来,与全国燕麦荞麦岗位首席科学家赵钢教授及其科研团队和西昌农科所建立了长期伙伴关系,依赖于国家杂粮加工技术研发中心的科技支撑,得益于地方政府及其农业主管部门的呵护,环太(集团)坚持以纯净天然的大凉山苦荞为原料做专做精、做大做强;坚持锐意创新的发展精神;坚持“靠标准提高质量,靠质量缔造品牌,靠品牌拓展市场、靠市场促进发展”的经营理念,现已发展成为国内加工规模最大、开发程度最高、系列产品最全、产业链条最长、销售范围最广、竞争能力最强的苦荞产业化公司。

作为中国苦荞产业领军品牌,环太(集团)始终秉承“品质铸就信誉,品牌造就未来”的现代经营理念,内强员工素质,外树公司形象,全力打造中国苦荞产业领导品牌形象。环太(集团)先后荣获四川省著名商标、AAA 级信用等级单位、中国著名品牌、四川省农业产业化重点龙头企业等,把苦荞这个大凉山的特色农产品做到了全国。其步骤如下:

第一,请宋祖英做形象代言人。公司不但借用宋祖英的名气打开了全国市场的大门,而且通过民歌天后宋祖英的文化属性跟四川大凉山彝族这个区域特色的关联性,老百姓很容易从宋祖英的个人特性联想到苦荞的产品属性。

第二、进行品牌建设。除在中央电视台第三频道出品牌形象广告外,公司的苦荞品牌还获得“中国驰名商标”、“中央电视台推荐品牌”和“苦荞茶领导品牌”等荣誉称号。

第三、扩张现代化渠道。苦荞茶及系列产品的渠道扩张从特产店、专卖店与连锁店等方式进入餐饮酒店、商超卖场等现代化渠道,销售额也上了一个新台阶。

近年来,全国苦荞市场发展迅猛,对苦荞产品的需求量每年成倍增长,供不应求。欧美、日韩等地区每年从中国进口大量荞麦,特别是日本每年销售量 11 万吨以上,而国内自产荞麦仅 2 万吨左右,中国荞麦在日本市场占有绝对的优势。在日本荞麦食品被视为高级食品,一袋 400 克荞麦粉售价合人民币 50 多元。但中国出口的多为荞麦原料,只有少量初级加工品，附加值和经济效益不高。凉山的苦荞产品行销内地和港澳市场，并出口日本、韩国、新加坡、俄罗斯、加拿大及欧盟，年销售额超过5亿元。

任务描述

阅读上述资料，分析苦荞从大凉山走向全国的扩张模式。

相关知识

一、特色农产品从区域走向全国的步骤

特色农产品的特色在于它的不可复制，因此，特色农产品的区域扩张有着明显的节奏和步骤。特色农产品从区域走向全国的步骤有：

第一步，在根据地市场，占有足够大的份额。

第二步，沿着线形或板块的模式进行扩张。

第三步，进行样板市场和重点市场的培育。

第四步，进行样板市场的全面复制。

只有先把根据地以及周边的区域做好，最后才能进行样板市场的全面复制。

二、特色农产品从区域走向全国的产品结构

在自己的根据地市场，特色农产品企业在消费者已经认同这个产品之后，进行产品的纵向延伸，开发以这个产品为原料深加工的各种大众化产品，例如饮料、果汁和酒等大众化产品。特色农产品深加工的结构简单地说就是：特色农产品+其他原料。

特色农产品在从区域走向全国的过程中，需要非常突出的拳头型单品，一般是深加工程度低的特色农产品本身。因为，对特色农产品来说，加工程度越低，代表的特色越强，加工程度越高，反而特色减弱。一个完全对特色农产品本身没有认知的市场，需要的是特色强的产品，特色农产品本身能以最低的成本获得消费者的认知。而且这个拳头型单品包装材质和风格一定要有强烈的区域特色，这样才能因特色优势占领外地市场。

三、特色农产品从区域走向全国的品牌内涵

特色农产品品牌要想实现全国化，一定要充分思考自己的核心竞争力是什么，从而表现在品牌诉求的内涵上。企业要在区域产地品牌、企业品牌和产品品牌之间找好对应的关系，同一个品类有很多家企业在运作，其他企业有做得好的，可以借鉴，但不要跟风，一定要思考自己的品牌内涵和核心资产是什么，哪些是同类企业做不到的。

依托特色文化,特别是区域特色、文化特色,形成自身的差异化特征,这是特色农产品品牌全国化的加速器。越是民族的越是世界的,越是特色的也越是大众喜欢的,保持特色与实现大众化并不矛盾。用特色,特别是文化特色让消费者有体验的冲动,利于消费者接受新产品,促进品牌的推广。

四、特色农产品从区域走向全国的扩张模式

第一,集中开拓与管理几个重点样板市场。样板市场可以选择特色农产品企业所在的地级市,然后选择几个其他类似的重点市场运作,对所在地区的省会城市也一定要重点运作。同时,不放弃每一个可能有机会的长尾市场,最后实现全国市场“样板 + 长尾”结合的模式。

第二,要规划好市场开发路线图。是从根据地到周边再到全国,还是从大南方到大北方?是从沿海发达城市到内陆,还是农村包围城市?在明确市场进军路线后,还要确定多个重点战略省份,做好针对性的开发策略。

第三,精耕某一市场。特色农产品从区域到全国一定要有重点的精耕市场,要站稳一个市场,然后向周边辐射,形成涟漪效应。由于消费者购买农产品的随机性强,品牌意识较弱,所以企业只要农产品品质好,有特色就比较容易成功。当然这意味着竞争对手多,因此要稳扎稳打,步步为营。

学习测试题

一、单选题

1. 大宗农产品是指在商品农业经济结构中占有(　　),生产量、消费量、贸易量、运输量等较大的农产品。

A. 较大权重　　B. 较大数量　　C. 较小权重　　D. 较小数量

2. 小麦是我国(　　)地区的第一主粮。

A. 南方　　B. 北方　　C. 沿海　　D. 内地

3. 水稻是我国(　　)地区的第一主粮。

A. 南方　　B. 北方　　C. 沿海　　D. 内地

4. 大豆生产主要集中在(　　)地区。

A. 河南等华北　　B. 湖北等华中地区

C. 江苏等长江中下游地区　　D. 黑龙江等东北

5. (　　)是我国唯一的海岛棉(长绒棉)产区,也是中国重要的出口棉基地。

A. 长江中下游流域棉区　　B. 黄淮流域棉区

C. 新疆棉区　　D. 西北内陆棉区

6. 大宗农产品市场营销的商务模式比较典型的是以(　　)大宗农产品市场的五大商务模式。

A. 北京　　B. 上海　　C. 天津　　D. 重庆

7. 农产品现货专场交易实行(　　)交易机制。

A. T+0　　B. T+1　　C. T+2　　D. T+3

8. (　　)是决定生鲜农产品价值的重要指标。

A. 价格　　B. 保装　　C. 鲜活成度　　D. 价值

9. 食用菌生产是解决人类吃得"(　　)"的问题。

A. 饱　　B. 好　　C. 实在　　D. 健康

10. 生鲜农产品电商的发展经历了(　　)个历程。

A. 一　　B. 二　　C. 三　　D. 四

11. 社区生鲜 O2O,最具代表的还是要数(　　)。

A. 淘宝　　B. 京东　　C. 顺风优选　　D. 微商

12. 生鲜电商会形成以(　　)的格局。

A. 淘宝为主、微商为辅　　B. 微商为主、淘宝为辅

C. 垂直生鲜电商为主、顺丰优选为辅　　D. 顺丰优选为主、垂直生鲜电商为辅

13. 形成特产的一个先决条件是(　　)。

A. 售后特色　　B. 品质特色　　C. 工艺特色　　D. 地域性特点

二、判断题

1. 现在,粮食供应略大于需求,进入了富裕生活服务的新阶段。(　　)

2. 种用消费在粮食消费中占的比例较小,因此种子在粮食再生产的地位可忽略。(　　)

3. 大宗农产品的销售受到政府的强力调控,因此,国家的政策决定了大宗农产品的销售基本面。(　　)

4. 大宗农产品生产是典型的"经营者无定价权"的模式。(　　)

5. 农产品现货专场交易,每个合约的交易价格在上一个交易日结算价格的基础上涨跌不得超过10%作为最大涨跌幅度,超出涨跌幅度的报价无效。(　　)

6. 农产品现货专场交易中所有交易商通过互联网参与集中撮合交易,交易中心按照时间优先,价格优先的原则,通过计算机给予买卖双方匹配成交。(　　)

7. 我国水产品生产和消费存在地区的均衡性。(　　)

8. 食用菌的消费呈现快速增长性,需求品种多样性,需求时间周期性的特点。(　　)

9. 提高生鲜农产品的产品性,必须依靠传统条件和技术。(　　)

10. 特产成为低收入人群的消费品。(　　)

三、多选题

1. 以下属于大宗农产品的有(　　)。

A. 粮食作物　　B. 油料作物　　C. 水产品　　D. 棉花

2. 大宗农产品是指在商品农业经济结构中占有较大权重,(　　)等较大的农产品。

A. 生产量　　B. 消费量　　C. 贸易量　　D. 运输量

3. 粮食主要包括(　　)等。

A. 水稻　　B. 杂粮　　C. 高粱　　D. 荞麦

4. 我国油料的消费主要包括(　　)。

A. 饲料消费　　B. 烹饪消费　　C. 豆制品消费　　D. 休闲食品消费

5. 大宗农产品的主要收购渠道有(　　)。

A. 保护价收购　　B. 自由贸易　　C. 非保护价收购　　D. 统一收购

6. 农产品现货专场交易具有(　　)三大特征。

A. 合约的标准化　　B. 保证金制度

C. T 制度　　D. 每日,隔日或者一段时期无负债结算制度

7. 蔬菜具有生产季节性、(　　)等显著的产品特征。

A. 品种多样性　　B. 消费必需性　　C. 鲜嫩易腐性　　D. 容易替代性

8. 水果具有高附加值、(　　)的生产特征。

A. 市场容量大　　B. 价格便宜　　C. 区域性强　　D. 季节性明显

9. 花卉消费具有显著的地域性、(　　)等。

A. 礼品性　　B. 节日性　　C. 偏好性　　D. 艺术性

10. 生鲜农产品电商营销发展的难题是(　　)。

A. 冷链物流　　B. 客单价　　C. 订单频率　　D. 退单频率

11. 特色农产品是指具有一定地域特色的农业产品,它主要包括(　　)。

A. 售后特色　　B. 产品特色　　C. 工艺特色　　D. 营销特色

四、名词解释

1. 大宗农产品

2. 生鲜农产品电商

3. 特色农产品

五、填空题

1. 我国粮食消费主要包括__________、__________、__________。

2. 我国油料产品的消费主要分为__________、__________、__________三大类。

3. 我国经过多年发展,棉花生产已形成__________、__________、__________三大产棉区域。

4. 影响大宗农产品的销售因素是__________、__________、__________。

5. 上海大宗农产品市场的五大商务模式:__________、__________、__________、__________、__________。

6. 生鲜农产品的主要营销渠道__________、__________、__________、__________、专业经营者。

7. 特产的"特"字,应包含如下 5 层意思:__________、__________、__________、__________、特高的经济效益。

六、综合题

1. 简述生鲜农产品电商营销七种模式的优劣势。
2. 简述影响特色农产品销售的因素。
3. 简述特色农产品市场营销的扩张模式。

学习情境九

了解农产品国际市场营销

世界农产品市场最为明显的特点是:各国市场竞争剧烈,各国农产品出口的政策性补贴增加,进口的非关税壁垒重重,价格波动较大。自从我国加入WTO以来,农产品的营销市场已经被纳入全球经济的轨道,农产品的产量、科技含量、品种、规格、市场、价格、批量等,都被纳入国际运行的范畴。国际市场营销是我国农产品进入国际市场、提高竞争力的终端环节。但是我国农产品营销组织、营销技能、营销管理等都还很落后,整体素质不高,专业人员匮乏,因此,我们要充分运用WTO《农业协定》"绿箱"政策中关于农产品营销与促销服务的有关条款的规定,做好我国农产品的国际市场营销。

学习目标

认识农产品国际市场营销环境、国际市场开发和国际市场营销组织。

项目一　农产品国际市场营销环境

任务一　农产品国际市场营销的内涵

任务要求

了解农产品国际市场营销的概念与特点。

任务引入

信丰农民按国际市场标准种果蔬

信丰是个农业大县,脐橙、草菇、红瓜子、萝卜等多项传统优质农产品享誉已久。但因为长期以来都是采用多施化肥、农药、产品粗包装的生产方式,降低了产品的品质,缩小了国内外销售空间。1997 年,信丰按协议将 5 吨脐橙运抵广州,准备出口东南亚,却因检测时发现农药残留超标而被退回。这个教训逼得信丰人学着用国际化的眼光重新审视本县农业的发展。

信丰县先从脐橙产业入手,帮农民转变生产经营方式,按国际市场标准组织生产。有关国际市场上对脐橙品种、品质、安全性、包装、保鲜、运输等方面的技术指标,被技术人员一次次带进果园和种植大户,对果农们进行一场场培训。无公害脐橙生产、生物防治、套袋保果、戴手套摘果等技术,在与中科院、省农业院等单位合作下,得到大面积推广。2000 年,全县有 3 万亩脐橙按国际市场的标准组织生产,果品被前来参观考察的国内外专家、客商看好,早在下树前就有很大一部分以高价被订购。

按国际市场标准组织生产脐橙的方式,还辐射到了信丰草菇、红瓜子、萝卜等产业。昔日信丰农民销售这些农产品,只会草捆筐装,如今由于品种增多,安全性、包装水平都大大提高,出口销售量比往年增加了 5 倍。按国际市场标准种地,不仅使信丰农民的收益成倍增长,无形中还促进了当地农业结构的调优、调精。

（资料来源:百度百科）

任务描述

说出农产品国际市场营销的概念与特点。

相关知识

一、农产品国际市场营销的含义

农产品国际市场营销是超越本国国界的农产品市场营销活动。世界上任何一个国家或地区的农产品市场,都可以看做是世界农产品市场的一个组成部分。农产品国际市场是各国开展农产品贸易的空间平台。

农产品国际市场营销的本质是在不同制度、文化、民族的区域之间运作市场、开辟市场,推动商品流、资金流、信息流的转移,在满足不同区域、国度消费的需求的同时提高经济效益。

农产品国际市场营销在内容上与国内市场营销一样,同样需要经营者文化整合,市场调研、市场分析、市场细分、市场营销组合、实行目标营销等一系列营销过程的战略确定及战术实施。农产品国际市场营销与国内市场营销定义的区别从表面上看,它是跨越了国与国之间的地域界限,跨越了空间局限与约束。而实际上,开展农产品国际市场营销活动的难度远远大于国内营销,主要表现在国际市场营销活动的环境具有很大的差异性、复杂性和风险性等。

二、农产品国际市场营销的特点

由于农产品国际市场营销是在世界经济贸易总体形势的背景下进行的，同时又受到国际政治、经济、文化、法律、科学技术等环境因素的影响，使得国际市场营销与国内市场营销有很大的区别，主要表现出如下特点：

1. 市场更复杂，进入难度大

目前，世界上参加国际市场经济活动的国家和地区有130多家。这些国家和地区各有不同的社会制度、政策法律、文化教育、地理位置、风俗习惯、宗教信仰、经济水平和消费结构等，反映在贸易往来上就有不同的要求，从而形成了不同的特色。因此，农产品营销进入国际市场的障碍要比国内市场更多一些。进入国际市场的障碍主要有政策障碍、沟通障碍、空间障碍等，这些障碍使得农产品国际市场营销更具复杂性。

2. 信息管理难度大，成本高

农产品国际市场营销的机遇与挑战关键在于对农产品国际市场信息的管理，由于参加国际市场经济活动的国家和地区存在文化上的巨大差异，思维模式的区别，语言交流的不畅，东道国的政治倾向以及国际关系与国际利益的影响使得企业市场调查难以有效开展，所获得的信息有效性不高，即使对同一符号信息进行去伪存真难度也较大，同时获取的信息付出的成本高；另外，在企业产品信息的传递上，营销广告信息不容易得到及时、准确与完整高效的传播，大大降低了企业的营销竞争力。

3. 竞争激烈，风险增大

国际市场营销竞争具有强烈的对抗性。在国内市场营销过程中，政府一般提倡和鼓励公平的市场竞争，而在国际市场营销过程中，由于各国纷纷推行经济开放政策，国家之间的贸易战、市场争夺战和关税战也在进一步激化，对抗不断升级，从事国际营销的企业不仅面临其他国家同类企业的竞争挑战，而且还会遇到国际企业和其他国际组织的激烈抗衡。由于国际市场进入困难、壁垒重重和市场营销复杂性的客观存在，以及信息管理难度大，这就更加大了国际经营中的不确定性，决定了国际市场营销风险性大。国际市场营销存在着资信风险、商业风险、价格风险、汇率风险、运输风险、政治风险等。如我国加入世贸组织后，一些国家担心会受到中国农产品大量进口的冲击，为保护本国农业，纷纷提高了商品检测标准和卫生检疫的技术标准等，使我国农产品的出口频频受阻。

4. 国际市场营销活动机构具有特殊性

企业从事国际市场营销活动，一般要设立专门机构，如出口部、国际分部或跨国公司，这些机构的形式和性质与国内营销机构有所区别。

任务二 农产品国际市场营销环境分析

任务要求

了解农产品国际市场营销环境。

任务引入

欧洲食品抢滩中国:丹麦食品部长逛中国猪肉摊点

2015年11月13日上午11点,滕明(化名)刚将柜台后的半只猪挂上钩子准备分割,就看到了菜场那头走来的一队金发碧眼、身材高大而西装革履的人们。为首的女士走过来和他交谈。“她说自己是丹麦环境与食品部部长,想要把丹麦香肠出口到中国来。”他也曾卖过丹麦的猪蹄和下水。和国内猪蹄18元每斤的价格相比,进口猪蹄15元一斤的价格更加好卖。这已非丹麦王国环境与食品部部长伊娃·汉森第一次来中国。几天前,她刚带领15家丹麦企业出席了在上海召开的国际食品展销会,并做了开幕演讲。

持续低迷的经济,正让欧洲人纷至沓来。2015年,德国农业部部长、副部长前后三次访问中国;波兰、德国肉类和食品相关协会相继在2012年、2013年设立中国代表处;今年,丹麦大使馆设立了一个新的部门,专门负责在食品进出口方面进行政府与政府之间的对接……“对我们来说,出口食品到中国是优先事项。”

中国和欧洲在肉类中的饮食差异提供了巨大的合作可能。下水、血液、四肢这些中国人喜爱的部位,在欧洲大多无人过问。

2015年,一些欧盟的大企业每个月都有近一千个集装箱的冷冻猪肉上船,被运往中国,按照平均一个集装箱24吨计算,每个月欧洲进入中国的猪肉及副产品都有数十万吨之多:“这些肉类副产品如果不被卖到中国,在德国国内处理花的钱更多,甚至需要厂家倒贴。”

“欧洲人喜欢吃鸡胸,但中国人喜欢吃鸡翅、鸡爪,我们为什么不能合作起来,一起把整只鸡都吃掉?”丹麦环境与农业部部长问南方周末记者。

(资料来源:南方周末,2015-12-22)

任务描述

说出影响农产品营销的国际市场环境因素。

相关知识

要做好农产品国际市场营销，首先要了解农产品营销的国际环境。

一、文化环境

世界各国社会文化的差异，决定了各国消费者的购买方式、消费偏好、需求指向具有较大差别。在一个国家行之有效的营销策略，在另一个国家未必可行。要注意了解各国的文化背景。

1. 语言

语言是反映社会文化的一面镜子，为了在目标市场国有效开展市场营销，打开产品销路，就必须要了解当地语言，熟悉其文化背景。

2. 传统消费习惯

由于各国不同的文化风俗，人们的消费习惯差异很大。比如，东方人以米饭为主食，西方以面包为主食；在中国不登大雅之堂的泡菜，在韩国却是餐餐必备的佳品；日本人对鱼的偏好也会使其他国家的人吃惊。要做好国际市场营销，必须要了解和适应目标市场国的习俗。

3. 价值观和态度

人类的大多数行为都是由价值观和态度决定的，人们的价值观和态度令人能判定哪些是正确的和错误的，哪些是理想的和重要的。消费行为和商业行为都是与价值观有直接联系的。

此外，对待时间的态度也是很具有文化特色的，在不同文化之间，甚至同一文化内部也互相不同。时间观念不同，会使同类产品在不同市场有不同的命运。例如，快餐速溶营养食品在一些时间观念很强的国家很受欢迎，而在一些不重视时间的国家，这些产品就不那么畅销。

二、国际经济环境

1. 各国的经济发展水平

一国的经济发展水平对农产品营销有很大的影响。比如，经济发展水平高的国家和地区的居民进行农产品消费时注重产品质量、营养安全，且讲究品牌、包装的精美，对绿色食品和快餐食品有较大的需求，对广告与营业推广手段运用较高，品质竞争多于价格竞争。经济不发达的国家和地区则偏重于消费品的实用性，产品以人际传播居多，消费者对价格敏感。一般情况下，食物支出会随收入的增加而增长，收入水平提高后，消费者对食品的购买量虽然不会随收入而增长，但是对食品的质量要求会越来越高，消费的档次也越来越高。

2. 各国的农业发展水平

各国的农业发展水平在一定程度上也会影响农产品营销。对于农业发达的国家，如美国，传统农产品可能很难进入，只有品质好的有机食品及土特产品才可能进入。

3. 各国的经济状况

一个国家的国际贸易状况、外汇兑换率的变动、税率制度、消费者信贷等在国际营销中也是不容忽视的因素。

三、国际政治环境

国际市场营销中的政治环境，主要是指目标市场国和地区那些对企业的国际营销有直接影响的政治因素。

1. 政治的稳定性

稳定的政治制度，会使企业制定的业务计划更有确定性。如果政治不稳定，企业就会产生经营的政治风险、政治困扰。所有东道国都会在其国内控制外商的利润和借贷，控制外商对本国公司的冲击，控制外资对本国国内企业的投资。因此，国际市场营销人员必须密切注意东道国的政局，以便及时调利避害。

2. 政治风险

政治风险是指企业在目标市场国和地区从事营销活动时，因该国政府的各种政治行动而使公司的收入下降甚至全部或部分资产所有权丧失。企业在国外的资产所有权可能遭受没收、征用、国有化、本国化等损失。此外，政治阻力、关税壁垒、非关税壁垒及外汇管制等都会对外资企业的利益造成一些或大或小的损害。

四、国际法律环境

如果企业要进入国际市场，必然会受到国内法律和国际法律环境的约束，包括本国法律、国际法、介入国法律。不同国家的法规不同，企业只有熟悉和遵守该国法律，才能进入该国市场。

1. 关税壁垒

关税壁垒是指通过提高关税的办法，以阻止、限制外国商品进口，削减其竞争力，从而保护国内市场。

2. 非关税壁垒

非关税壁垒就是在法律上和行政上采取限制进口的各种措施。如进口许可证制度，进口配额，复杂的海关手续，过严的卫生、安全、质量标准等。

3. 外汇管制

外汇管制就是一些国家由于国际收支逆差严重，外汇、黄金储备短缺，政府就采取实行外汇管制的方式限制进口。

4. 经济立法

经济立法就是为了保护竞争,保护社会利益或者保护消费者利益而制定的法律法规。比如商标法、广告法、投资法、专利法、竞争法、反倾销法、商品检验法、环境保护法、海关税收法等。

五、国际竞争环境

现代市场竞争日趋激烈,各国力量的消长使竞争日趋加剧,新产品、新技术作为国际竞争的物质基础和手段不断涌现。一般情况下,当一个国家在一个产品质量、成本和生产要素等方面具有较大优势时,该国将成为这一产品市场的主要生产国,其产品也会很快进入其他国家市场。国际市场竞争主要包括以下三种类型:

(1) 成本型。即主要依靠降低成本来进行竞争。

(2) 品种型。即主要依靠提高产品的质量,增加品种,翻新花样,改进服务进行竞争。

(3) 专业型。即着重于市场上某一类产品的开发和大规模的专业化生产进行竞争。

项目二　农产品国际市场的开发

任务一　农产品国际市场细分

任务要求

了解农产品国际市场细分的概念;知晓选择农产品国际目标市场的标准。

任务引入

美国苹果:改变消费习惯

美国苹果的销售量能够在日本市场取得较大的突破,改变当地的消费习惯,有几处比较值得借鉴的地方。一是对当地消费者市场做了较为深入的了解,而非贸然行事,事前充分的准备总能让事情更好地进行;二是巧妙地利用日本消费者崇美的心理大做公关活动,使产品容易被接受。而这同样依赖之前的充分调查。

经过长达24年的协调和谈判,日本政府终于准许美国苹果于1995年1月开始在日本销售,为了成功地打入日本市场,美国苹果种植主协会仔细分析日本苹果市场的竞争因素,深入研究日本人的苹果消费习惯，制定出一套有效的销售计划，结果一炮打响。

美国苹果进入日本市场面临着两个挑战，日本苹果种植主的抵制和日本消费者的接受。市场研究发现日本人吃苹果的方式和美国人大不一样，大多数美国人把苹果当作午餐或者零食，咬着不削皮，然而在日本，苹果大多用作饭后甜食，削了皮切成小块再吃。此外，日本苹果一般要比美国苹果个大得多。针对这些市场特点，美国苹果种植主协会为苹果的定位是“有益于健康的方便零食”。很明显，美国苹果在日本的定位，目的在于创造新的市场需求，避免与现在日本苹果市场的直接竞争，从而消除日本苹果种植主的抵制。更为重要的是，因为日本苹果市场是个成熟而饱和的市场，如果美国苹果与日本苹果直接竞争，很难在短期内占领一定市场。然而，如果能够创造出一种新的市场需求，美国苹果在日本的销售潜力将大得多。

改变消费习惯，创造市场需求，谈何容易。针对这个问题，美国苹果种植主协会在日本开展了一系列旨在改变日本消费者食用苹果习惯与观念的促销活动，其中精彩的一项是“咬苹果大赛”。美国苹果在日本上市的第一天，美国苹果种植主协会在东京闹市区搭起高台，人们自愿登台参赛，能一口咬下最大块苹果者，获得一件印有美国图案的运动衫，旁观者每人赠送三个美国红元帅苹果，这项有趣的活动获得了日本大多数媒体的充分报道。日本消费者在一笑之中了解到美国人吃苹果的方式并留下了深刻的印象。

促销活动的另一特点是，充分利用美国在日本的形象。大多数日本人，特别是年轻人对美国和美国产品的印象比较好，美国苹果种植主协会希望这种一般印象有助于日本消费者接受美国苹果，美国苹果在日本上市的前一天，美国当时的总统克林顿在美日贸易会谈结束仪式上，把一篮子美国红元帅苹果赠给日本首相，对此美国和日本的电视台都给予了报道，日本两家大报《朝日新闻》和《读卖新闻》也刊登了新闻照片。为了直接影响日本消费者，销售美国苹果的商店还都插上美国国旗。与这些公共关系活动相配合的是美国苹果的定价策略。日本苹果的价钱，每个从1.5美元到50美分不等。然而，美国苹果在日本售价仅为每个75美分。这个价钱很合理，而且与美国苹果为方便零食的定位也是一致的。尽管美国苹果的定价偏低，多数吃过美国苹果的日本消费者并不认为美国苹果是劣质的。有趣的是这个价钱仍然高于美国国内的苹果价格，美国苹果价格在日本市场大约为美国市场的4倍。

（资料来源：百度文库）

任务描述

说出农产品国际市场细分的概念及选择农产品国际目标市场的标准。

相关知识

农业企业要进入国际市场，首先必须进行国际营销调研。所谓国际营销调研，就是以国外市场为对象，用科学的方法，系统地、客观地收集、分析和整理有关市场营销的信息和资料，用以帮助管理人员制定有效的营销决策。进行国际营销调研，不仅有助于企业分析已占有市场的需求量，实行按需生产，选择何种方式进入国际市场，对产品设计与品牌应做怎样的修改等，还能帮助企业发现新的商机，发掘新的市场，对国际市场进行细分。

一、农产品国际市场细分

国际市场是一个庞大的、多变的市场，其环境又各具特色，为了辨别哪些属于本企业的市场，进而更好地开拓国际市场，就必须对国际市场进行细分。农产品国际市场细分具有两个层次的含义：

(1) 对世界所有众多的国家进行宏观细分，即根据某种标准(如经济、文化、地理等)把整个世界市场分为若干子市场，并从中选择目标市场或目标地区。

(2) 企业考虑进入某一国外市场后，对该国顾客进行细分。

二、选择农产品国际目标市场的标准

当一个农业企业在选择国际目标市场时，可以参照下列标准：

1. 竞争的相对优势

在目前中国农业资源禀赋条件下，土地密集型的小麦、棉花、大豆等产品明显缺乏比较优势，不具备参与国际商业竞争的基本条件。与此相反，中国在劳动密集型产品和土特产品，如畜产品、园艺产品和绿色食品具有较强的出口潜力。我国农业企业国际营销人员可在充分的国际市场调研基础上发掘我国农产品与目标国的比较优势或潜在优势。

2. 地理位置

农业区位论认为，农业土地利用类型和农业土地经营集约化程度，不仅取决于土地的天然特性，而且更重要的是依赖于当时的经济状况和生产力发展水平，其中尤其是农业生产地到农产品消费地(市场)的距离。因此地理位置在国际贸易中具有举足轻重的作用，随着距离和交通困难的增加，国际贸易的费用和风险增大，往往使交易难以达成。在农产品贸易中，地理位置的选择至少涉及贸易费用、偏好相似性和产品保鲜度三个问题。因此，我国农产品贸易与日本及一些东南亚国家达成的交易较多。

3. 市场规模

规模经济贸易理论认为，规模收益递增为国际贸易直接提供了基础，当某一产品的生产发生规模收益递增时，随着生产规模的扩大，单位产品成本递减而取得成本优势，由此导致专业化生产并出口这一产品。规模经济的发展需要有市场规模，没有规模的市场，就不存在规模经济；没有市场规模，市场的发展就会非常有限。考察市场规模，主要看它的人口和收入水平。人口众多的且收入水平高的国家其农产品需求量必然很大，往往有很大的市场规模。因此，厂商一旦成为出口型企业，将面对远大于国内市场的国际市场，因而能够进一步拓展生产规模，获得更多的规模经济效益。

4. 风险程度

在国际贸易中存在着自然风险、资信风险、商业风险、价格风险、汇率风险、运输风险、政治风险等。此外，农产品出口最易遭受反倾销指控的危险和遭受政局的影响。所以，我国农业企业国际营销人员还要密切关注国际关系，预测其走势，以决定是否进入及何时进入该国市场。

任务二　农业企业进入国际市场的方式

任务要求

了解农业企业进入国际市场的方式。

任务引入

永良甘薯闯迪拜，跨出国门挣外汇

2013 年 1 月 18 日，阿联酋迪拜首派代表团来到郑州，举行庆祝与河南省缔结国际友好城市五周年活动。活动中，永良甘薯合作社的各种薯类引起了代表团极大的兴趣，他们当场邀请合作社理事长宋新凯到西亚进行示范种植和指导技术，并相约 4 个月后的中博会再见。2013 年 8 月 14 日，永良甘薯合作社将要出口第一批 28 吨甘薯运放阿拉伯迪拜。这是河南甘薯出口阿拉伯的第一单，也是河南红薯进军西亚，走向世界的第一步，更是河南人民值得骄傲的一件事。

（资料来源：河南科技报，2013 - 08 - 19）

任务描述

说出农业企业进入国际市场的方式。

相关知识

农业企业进入国际市场的方式主要是通过出口，出口即产品在国内生产，而后通过适当的渠道销往国际市场，这是一种传统的进入市场的方式。出口分为两种，一种是间接出口，另一种是直接出口。

一、间接出口

1. 间接出口的概念

间接出口是指企业将农产品生产出来之后卖给中间商，如外贸公司，然后再由中间商销售到国外。间接出口是企业开始走向国际市场最常见的方法。

2. 间接出口的优点与不足

其优点在于:投资少,不必建立自己的海外推销队伍和外销机构;承担的成本风险较小,由具有丰富经验和专门知识的中间商负责市场营销活动,企业可避免犯大错误;企业可集中精力生产,不必为外销担心。间接出口的不足:不能直接了解国际市场动态,因而难以围绕最终消费者开展营销活动;对外销失控,严重依赖国内中间商。

3. 间接出口的途径

间接出口比较适用于小企业或经营国际市场价格波动较大的农产品企业。出口公司可以委托的国内中间商有四种:

(1) 国内的出口商:这种出口商购买产品后自行销售。

(2) 国内的出口代理商:出口代理商负责寻找国外的销售机会,并代表厂商与进口商洽谈交易,收取佣金。

(3) 合作机构:这种合作机构代表数家厂商并部分地接受其管理和控制,经营出口业务。许多初级农产品的出口都是采用此方式。

(4) 出口经营公司:这种中间商只负责经营一个公司的出口业务,收取佣金。

二、直接出口

1. 直接出口的概念

直接出口就是指企业生产出产品后,不经过中间商,直接卖给国外的客户。

2. 直接出口的优点与不足

其优点在于:可以使企业及时了解国际市场动态,及时调节生产,控制外销。直接出口的不足:需要付出大量的初期投资和持续的间接费用,需专业人才在海外建立自己的销售网络。

3. 直接出口的途径

直接出口比较适用于那些出口额大,又有能力直接接受外国买主的企业。企业直接出口可采取下列方法:

(1) 国内的出口部或事业部:由一名销售经理和几名工作人员组成,随着业务的发展,可能逐步发展成为一个自营出口部门。

(2) 海外销售分支机构:海外分支机构不仅经营该企业的产品分销,而且还举行各种促销活动。

(3) 巡回旅行的出口销售代表:企业派遣国内的销售代表,在选定的时候到国外推销产品。

(4) 外国的经销商或代理商:外国的经销商购买产品并拥有产品,而代理商则代表企业销售商品。

随着农业高科技龙头企业的兴起,农产品进入国际市场的方式也变得多样化,如补偿贸易和加工贸易。补偿贸易是指买方以贷款的形式购进机器设备、技术和专利等进行生产,其贷款可以不用现汇支付给对方,而是等项目的产品投产后,以项目的产品或其他产品清偿贷款。加工贸易包括进料加工、来料加工和来样定制,是国际经济合作的重要方式。

任务三　农产品国际市场营销策略

任务要求

了解农产品国际市场营销策略和农产品国际营销的步骤。

任务引入

小荸荠"闯"出大市场

庐江县白湖镇杨柳圩,从20世纪90年代初起,村里开始大面积种植荸荠。荸荠既可以当蔬菜,又可以当水果,在当地具有悠久的种植历史,明清时期曾为贡品而名扬海外。如今,"柳风"荸荠获得"安徽省名牌农产品"称号。为把"柳风"荸荠品牌打入国际市场,白湖镇内建市场、外设窗口,在北京、上海、广州等30多个大中城市设立直销窗口,在深圳和乌鲁木齐设立了外贸出口窗口,每年向东南亚和东欧等国家和地区出口荸荠500多吨。各出口消费国罐藏荸荠的零售价格一般都是中国国内鲜荸荠售价的15~20倍。"创一个品牌,兴一方产业,富一方经济。小荸荠,也能'闯'出大市场!"

(资料来源:安徽日报,2015-03-04)

任务描述

说出农产品国际市场营销策略和步骤。

相关知识

一、农产品国际市场营销策略

农产品国际营销与国内营销一样,也必须制定适应特定市场营销环境的产品策略、渠道策略、价格策略和促销策略。但由于国际市场营销环境有自身的特点,因此,国际市场营销策略的具体内容又不同于国内市场营销。

（一）农产品国际营销产品策略

1. 产品差异化策略

农产品差异化策略是指向国际市场提供不同于其他国家和地区的差异产品，以适应不同国家或地区市场的特殊需求，并获得相应区域的市场优势。产品差异化策略的优点是：能更好地满足消费者的个性需求，赢得国际消费者的喜爱；有利于开拓国际市场，增加产品销售量，也有利于树立产品良好的国际形象。集中精力发展特色农业，培育具有国际比较优势的农产品是农产品差异化策略的主要运用方式。

（1）结合资源条件，发展精细农业。

在参与市场竞争中，一定要充分发挥各地的特色优势，寻求各地的最大比较优势，定位农产品的最佳发展品种，把资源优势变为市场优势。

（2）大力发展劳动密集型的特色种养业。

我国的优势农产品目前主要是劳动密集型的农产品，如蔬菜、水果、花卉和畜产品等，这些农产品在出口方面具有明显的价格优势，特别是畜产品出口占农产品出口总量的40%，具有明显的优势，种粮食的农民可以部分地转入畜产品的生产。发展劳动密集型农业要突出重点，要注重培育具有明显竞争优势的名优茶、瘦肉型猪、蔬菜、花卉、畜禽、淡水产品等劳动密集型的特色种养业。

（3）开发同一产品的不同用途，满足差异化的需求。

目前我国的粮食生产（如玉米、小麦等）各具优势，要针对各种用途而生产不同的农产品，经合理调配就可拥有广阔的市场，比如不同的玉米品种，有的只能作饲料，有的则可以提取生物保健品。合理开发同一产品的不同用途，既可以相对分流一般品种，缓解品种单一的压力，又可以更好地满足国际市场的差异化需求。

2. 产品结构优化策略

农产品从育种到加工的过程应该实现多层次、多样化、专用化。在国际竞争日趋激烈的形势下，调整产品结构，提高农产品的专用性，实现农产品竞争的多层次性和多样性，是提高农产品国际竞争优势的关键。

3. 市场结构优化策略

随着经济发展和科学技术水平的提高，主要农产品的专用性逐步增强，加工农产品消费占全部农产品消费的比重不断上升，初级农产品消费占全部农产品消费比重呈下降趋势，产品的同质化倾向逐渐减弱，异质化却不断增强，这使得农产品国际市场细分在农产品市场实现和海外输出中的地位越来越重要。从国际市场看，我国粮食和粮食产品出口的目标国家和地区主要位于东亚、东南亚、南亚等我国周边地区，其主要消费者的收入水平和生活水平与我国相当，我国的粮食等农产品加工品出口的目标国家及地区与初级农产品出口的目标国家及地区基本相同。由于地缘和运输成本等因素的影响，这部分农产品的出口市场份额比较稳定，消费群体已经接受了包括我国饮食文化在内的产品特性。

4. 品牌营销策略

品牌代表着销售者交付给购买者的产品特征、利益和服务的一贯性的承诺，久负盛名的品牌就是质量的保证。品牌有助于促进产品销售，树立产品形象；有利于保护品牌所有者的合法权益；有利于督促经营者着眼于自身长远利益、消费者利益和社会利益，规范自己的营销行为；有利于带动新产品的销售，扩大产品组合。

（二）农产品国际营销定价策略

1. 分级分等，差别定价

我国许多农产品缺乏细分，结果导致好坏一个价，不利于产品价值的实现。对同类产品实行分级分等，按照不同等级分别定价，能使消费者产生货真价实、按质论价的感觉，比较容易为消费者所接受，从而有利于扩大产品的销量。在对产品分级分等时，除考虑产品的内在品质即提供给消费者的基本效用外，还应考虑产品的包装、装饰、附加服务等能给消费者带来的延伸效用的因素。许多国际农产品经销商注重产品延伸效用的创造，为购买者提供比同类产品更多的购买利益，从产品高定价中获取更高的附加收益。如美国水果在中国市场备受青睐，价格比国内产品高得多，其产品的内在品质与国内产品差异并不大，主要是美国经营者注重在产品色泽、包装和品牌上创造价值，使消费者获得更多的延伸利益。

2. 国际市场细分，区域差别定价

农产品国际营销者应对全球市场进行细分，根据不同国家和地区的消费者的收入水平、消费习惯、消费心理等因素，实行区域差别定价。例如，西欧的消费者购买力强，消费心理特点是喜新厌旧、追求时髦，他们对食品饮料的消费心理可以概括为营养化和方便化，要求消费品种类多、有营养，能开胃、健脾、强身，又不会使人发胖，同时要求食用方便节省时间。所以，在西欧市场，高热量产品和普通蔬菜的消费比重下降，而新鲜水果、肉、蛋、水产品、奶制品、植物油等产品则相对上升，方便食品、小包装产品和饮料、具有异国风味的菜肴和调味品颇受欢迎。根据这些特点，销往西欧的农产品就应采用高品质配以高价格的策略，相反，销往南亚、东欧等地的产品则只能采取适当的低价策略。

（三）农产品国际营销分销策略

1. 联合分销策略

要迅速打开国际市场，一个重要的办法是与国际农产品经营企业开展联合分销，外联国际市场，内联国内生产基地，努力参与国际市场经营。跨国公司已成为推动全球经济增长的一种动力，它们都在努力寻找合作伙伴。例如沃尔玛、家乐福等跨国企业，通过采购、联销等手段，把我国大批农产品推向国际市场。

2. 代理分销策略

利用经纪人和代理商也是开拓国际农产品市场的有效途径。以赚取佣金作为报酬的国际农产品经纪人和代理商主要分为产品经纪人、销售代理商、佣金商、拍卖行等。

（四）农产品国际营销促销策略

1. 传统促销方式

传统的国际营销促销方式有人员推销、广告、公共关系和营业推广。在农产品的国际营销中,促销策略的重点应放在国际公共关系和广告宣传上。在国际公共关系方面,应充分利用WTO规则提供的有利条件,积极寻求与主要农产品进口国签订贸易协定,为农产品稳定地进入国际市场铺平道路。在广告宣传上,要突出宣传中国产品的特点,同时配合宣传中国的民族文化和风俗习惯,激发消费者的购买欲望。由于我国农产品主要以农户经营为主,很难独立进行促销宣传,这就需要政府扶持,由农户间的组织以官方或半官方的方式发起,由农产品经销商组团,向各国的政府官员、工商界和消费者宣传中国的改革开放,宣传中国的农产品及营销政策,扩大影响。

2. 现代促销方式

在信息技术快速发展的条件下,贸易全球化将会大大扩展消费者的选择空间,这就要求营销者要及时运用现代信息技术将自己的产品信息传送给消费者,而网络促销就是最典型的现代促销方式。营销者可以用多种方式通过网络向国际消费者提供农产品信息和服务:

第一,发布电子广告。营销者通过网络将农产品信息和服务的方式提供给客户,顾客要了解更详细的信息可以访问公司页面。

第二,建立信息反馈中心。网络促销的一个重要作用是能为企业收集到广泛的信息。它可以通过在网络上发布的调查表来询问经销商或消费者对本(企业)产品的意见,然后进行针对性的改进,从而保证本(企业)产品在市场中的竞争地位。

第三,开展网络服务。网络服务的内容主要是进行顾客管理,包括顾客存货水平的管理,如:什么时候需要补充产品,销售情况如何,等等。

二、农产品国际营销的步骤

对于农产品的国际营销,有如下的“四步曲”:

1. 根据市场需求组织生产

目前,国际市场上粮食等大宗农产品市场基本上被发达国家占据,而需要大量劳动力的农产品还有很大的市场空间。国内市场上,低质、大众化、无特色的农产品已经饱和,经常出现卖难现象。因此,农产品生产应该向劳动力密集型农业靠拢,即花卉、蔬菜、水产品、水果、畜产品等。法国是西欧最大的农产品生产国,农产品出口居世界前列,在世界农业中具有举足轻重的作用,同时法国也是我国在欧盟最重要的农产品贸易市场之一,进入法国市场在一定程度上意味着打开了进入欧盟国家的绿色通道。日、韩两国产品质量标准要求高,进入该市场的产品质量一定要符合要求。

2. 依靠科技提高农产品质量

农产品国内、国际两大市场是朝品质好、无污染、富营养的趋势发展。所以要研究了解发达国家农产品质量标准,对主要贸易伙伴的技术法规、标准以及实施办法和操作程序进行详细的研究,并有针对性地控制中国出口农产品的卫生及质量,提升现有农产品的质量标准,与国际接轨,减少农产品的出口损失。农产品出口企业还应了解进口国有关技术法规、标准、贸易壁垒、动植物检疫措施等。

3. 通过规模生产降低成本

加入WTO后，相对发达国家而言，我国农产品成本普遍偏高。因此，有必要扩大产品知名度，更大规模地参加各类农产品国际展览，让更多农产品出口企业尽快熟悉和了解国际市场，同时也可邀请国外的进口商来我国参加各类农产品贸易活动，让他们了解我国的农产品质量和标准。鼓励企业通过进口国产品认证和在海外注册商标，引导企业直接赴境外设立销售窗口，重点开拓相关国际市场。同时扩大生产规模或组织产业化经营降低生产经营成本，使产品在国际市场上具备一定的竞争力。

4. 借助龙头企业快速销售产品

单个的农户在市场上没有谈判力，而且单个的农业生产者及时掌握市场信息、精通市场营销的能力有限。专门从事农产品贸易的龙头企业熟悉市场，资金雄厚，懂营销、善管理，这些龙头企业既可以提高产品销售的速度，又可以指导农户生产。所以，中小企业要积极向龙头企业靠拢，加盟龙头企业可以双赢。

知识链接

WTO与国际农产品营销

1. 什么是WTO

WTO是世界贸易组织的简称，WTO即World Trade Organization的缩写。世界贸易组织是一个独立于联合国的永久性国际组织。1995年开始运作，负责管理世界经济和贸易秩序，在调解成员争端方面具有很高的权威性。WTO与世界货币基金组织、世界银行被称为三大全球性国际经济组织，WTO有"经济联合国"之称。2001年12月11日，中国正式加入世界贸易组织，成为其第143个成员。加入WTO，将使我国在国际经济舞台上拥有更大的发言权，可以为建立公平合理的国际经济新秩序、维护包括我国在内的发展中国家的利益作出更大的贡献。

WTO规则是一把双刃剑。加入WTO有利于减少对我国农产品出口的不公平待遇，赋予我国参与制定国际贸易等规则的主动权，与其他国家建立广泛、稳定的农产品贸易关系。但同时也要求我国敞开大门，特别是中美农业合作协议规定，对于美国的初级产品平均关税下降到14.5%，而我国的农业属于弱势产业，而且我国大宗农产品在国际市场上也不具有竞争优势，这给我国农产品国际营销带来很多困难。

2. WTO关于农产品贸易的有关规定

加入世界贸易组织后，我国农产品国际贸易和营销机制受到WTO的规则制约，最主要的是乌拉圭回合农业多边贸易谈判签署的《乌拉圭回合农业协议》和《中美农业合作协议》。接下来我们主要了解一下《乌拉圭回合农业协议》（以下简称《农业协议》）的主要内容。

《农业协议》的主要内容是为推进全球农产品贸易自由化进程，要求减少并规范农业的国内生产支持、削减对出口的直接补贴、提高市场准入程度、对发展中国家的差别待遇和建立农产品贸易以单一关税制作为调节的约束机制。该协议共有21项条款和5个附件，主要包括：

（1）减少成员方的国内农业生产支持。各国为了保护和支持本国农业生产，采取了各种支持政策，这无疑是十分必要的。但是过多的支持会扭曲真实的生产成本和贸易成本，从而造成农产品贸易商的不公平竞争。在《农业协议》里将各成员方政府对农产品的各项价格支持和其他补贴制定了规则，目的在于减少成员方的国内农业生产支持。

（2）逐步削减对农产品的出口补贴。

（3）降低关税水平，提高市场准入程度。以往由于许多国家用高关税和名目繁多的非关税壁垒来限制他国农产品进入本国市场，影响了农产品贸易自由化和公平竞争。为此，《农业协议》通过采取非关税壁垒关税化、关税削减和规定最低市场准入量等三项措施来提高市场准入程度。

（4）对发展中国家的优惠和差别待遇。《农业协议》最大限度改善对发展中国家有特殊利益的农产品市场准入条件，特别是茶叶、咖啡、可可、黄麻、棉花、水果等热带农产品。同时，允许发展中国家在市场准入、国内支持和出口竞争等领域享有较低减让的灵活性。

（5）重视环境与动植物卫生保护。各成员方应以现行的国际标准、准则为依据，有权采取保护人类、动植物生命或健康所必需的措施，但同时应防止以此为借口而成为歧视性或变相限制国际贸易的壁垒。

3.《农业协议》对我国农产品国际营销的影响

在我国农产品中，粮食类属于土地密集型产品，不具有出口比较优势，专家预测入世后我国粮食进口将会逐渐增加。而畜产品以及水果、蔬菜、花卉等农产品属于劳动密集型产品，是我国最具有出口比较优势的农产品，这类产品的出口保持了快速增长的势头。但是，入世后我国农产品的出口并不是一帆风顺的，一些进口国担心本国产业受到冲击，纷纷实施贸易保护主义，对我国的农产品实行限制措施，贸易争端接连发生。已经发生过日本、韩国限制我国大葱、大蒜等农产品大量进口而导致两国贸易争端的事件，欧盟和美国也在技术标准和卫生标准上做文章，禁止或限制我国农产品的进入。

由于WTO成员方中发达国家的科学技术和生活水平较高，对农产品质量和卫生安全感的要求也相应较高，我国的农产品常常很难达到他们的要求。因此，在WTO农业协议框架下，一方面，我国政府和出口企业要尽快建立起与国际接轨的农产品质量标准体系，完善动植物疫病防治、检测和卫生质量标准系统，减少农产品中化学农药残留，大力发展可持续农业和绿色农业，提高我国农产品的质量；另一方面，作为世贸成员国，我国要加强对其他成员国动植物检验检疫标准、程序的研究，探讨对策，在碰到问题时充分运用争端解决机制，对一些国家以不合理的标准限制我国农产品的行为给予坚决反击。

"绿箱"措施、"黄箱"措施与"蓝箱"措施

1."绿箱"措施

乌拉圭回合农产品贸易谈判中产生的农业一揽子方案改变了1947年《关贸总协定》中在国内支持方面有利于生产者待遇的方式。其主要目标是为了实施规定时减少各国的国内保护措施而制定的。主要考虑两种情况的国内支持：一种是不引起贸易扭曲的政策，称"绿箱"政策，可免予减让承诺。这些政策对贸易只产生极小的影响。包括的政策如：科研、技术推广、食品安全储备、自然灾害救济、环境保护和结构调整计划。

2."黄箱"措施

另一种是容易产生贸易扭曲的政策,叫"黄箱"政策。主要包括政府对农产品的直接价格干预和补贴,种子、肥料、灌溉等农业投入品补贴、农产品营销贷款补贴、休耕补贴等。协定要求各方用综合持量(AMS)来计算其措施的货币价值。并以此为尺度逐步予以削减。在农业协议下,所有有利于农业生产国的国内支持均受规则的约束。

3."蓝箱"措施

"蓝箱"措施,即为得到付款需要有生产,但实际付款并不直接与该生产的当前数量产生关联。生产限制计划项下直接支付(通常称为"蓝箱"措施)不受承诺的约束,如果这种付款是根据固定领域和产出或者固定数量的牲畜而作出的支出。这种付款还适合该种类型,如果在确定的基期是生产数量的85%或者低于生产数量的85%。"绿箱"包括脱钩的付款,而"蓝箱"措施则可视为部分的脱钩。

项目三　农产品国际营销组织

任务要求

了解农产品国际营销组织的概念、主要形式。

任务引入

"新奇士"其实是个合作社

新奇士始于种植者自发组织起来的合作社,1840年,第一粒柑橘种子在加州生根,由于柑橘对坏血病有强大的治疗效果,柑橘种植成为了加州的支柱产业,1893年种植面积已达到40 000公顷(约1.6亿平方米)。1880－1920年间,在地方、州以及联邦机构联合努力之下,控制了危害严重的虫害,并发展了水果标准法案,柑橘产业在1920年繁荣了起来。此外国家的关税法规抑制了柑橘从欧洲和其他国家的进口,美国很快成为纯粹的柑橘出口商。柑橘种植者曾经高度依赖中间商、分销商,无论丰收还是减产,价格都会被需求方把控,连寄送成本也要由种植者承担。后来柑橘种植者联合起来形成各个协会,统一进行水果打包和运输。1893年8月29日,几家协会达成共识,联合所有柑橘种植者组成一个大的合作社,命名为南加州水果农业合作社(cooperative Southern California Fruit Growers Exchange),并开始启用"新奇士"的名字,1909年注册了"新奇士"商标。到了20世纪20年代末,加州75%的柑橘、13000名果农都通过合作社销售。合作社在某种程度上保障了价格稳定和信息共享。更重要的是,这个组织为顾客提供了高品质、创新的产品。为了与新奇士产品更加匹配,1952年合作社更名为"新奇士种植者股份有限公司"(Sunkist Growers,InC.),到了20世纪70年代,新奇士产品开始全部使用"新奇士"商标。除了大名鼎鼎的新奇士橙,新奇士品牌产品还包括柠檬、橘、柑、橘柚、葡萄柚。橙的比重最大(66%),其他依次为葡萄柚(16%)、柠檬(14%)、橘(4%)。此外还有果汁、果汁饮料、碳酸饮料、果干、浓缩汁、维他命、冷冻水果、果冻、冲饮果汁粉等深加工产品。橙占了柑橘所有产地面积的八成,80%以上的新奇士橙卖给了鲜食市场,其他用作深加工。新奇士橙的鲜食和深加工市场份额占据了美国所有柑橘市场的46%(2006),新奇士柠檬则占据了全美70%的市场份额。相比之下新奇士葡萄柚、橘等产品的市场小得多。美国是世界上最大的葡萄柚生产国,葡萄柚主要产自佛罗里达、亚利桑那、加州和德克萨斯。

新奇士种植者股份有限公司(Sunkist Growers,InC.)是世界最大的柑橘合作社、著名的品牌农产品、成功的饮料生产商和全球公认的柑橘供应商,拥有600余种商品,远销45个国家,在全球脐橙市场的占有率、卖价都高居榜首。新奇士商标已成为新鲜、健康、品质的代名词,这些成就不是一蹴而就的。

(资料来源:吾谷网,2013-06-17)

任务描述

说出农产品国际营销组织的主要形式。

相关知识

进入国际市场开展营销活动,离不开健全的国际营销组织。发现市场机会,评价市场选择方案,制定市场开发,组织和管理营销活动是国际营销组织的具体工作。

一、农产品国际营销组织的概念

农产品国际市场营销组织是组织中的一种具体形式,是指按照一定的宗旨和系统建立起来的从事农产品国际市场营销活动的集合体。它生要包括组织形式和组织内部关系,以及组织的运行机制等内容。农产品国际营销组织工作的根本目的就是为了实现营销组织的市场需求快速反馈、营销效率最大化、消费者利益最大化的目标,有一个不断发展、不断完善的过程,至今仍在不断优化和发展。

二、农产品国际营销组织的主要形式

总体来说,农业企业通用的国际营销组织形式主要有出口部、国际事业部、全球性区域结构、全球性产品结构、全球性职能结构。

1. 出口部

企业为了处理产品的出口业务,都会建立一个出口部,由销售经理和几名工作人员组

成。出口部通常承担出口销售任务,负责出口部各项管理工作,监控出口部工作流程;统筹出口部全盘业务开展及谈判工作,负责签订出口合同、处理出口文件、安排商品运输、联系出口代理商等工作。出口部一般适用于产品出口比重较小的企业,因此,出口部不会主动地开展国际业务。但是,随着企业出口业务的加大,在国外建立合资企业或直接投资建厂,以及进行技术转让,出口部就不能充分胜任了,就必须单独设立一个部门来管理,即以国际事业部取代出口部。

2. 国际事业部制

事业部制最早是由美国通用汽车公司总裁斯隆于1924年提出的,故有"斯隆模型"之称,也叫"联邦分权化",是一种高度(层)集权下的分权管理体制。它适用于规模庞大,品种繁多,技术复杂的大型企业,是国外较大的联合公司所采用的一种组织形式,近几年我国一些大型农业企业集团或公司也引进了这种组织结构形式。国际事业部的主要职责是:制定跨国经营的政策和负责出口、技术转让与国外直接投资业务,并负责协调各经营实体的跨国经营活动,还可以利用各种金融方式为子公司筹措资金,提供信息服务,利用转移价格减轻子公司的税负。

3. 全球性区域结构

全球性区域结构就是以公司在世界各地生产经营活动的区域分布为基础,设立若干区域部,每个区域部负责管理该区域范围内的全部经营活动与业务,每个区域部通常由一名副总裁挂帅,领导该区域部工作,并直接向总裁报告的组织结构。

全球区域结构的优点是把地区分部作为利润中心,有利于地区内部各国子公司间的协调;有利于提高管理效率;公司可以针对地区性经营环境的变化,改进产品的生产和销售方式。但是缺点也是明显的,各区域之间横向联系,不利于生产要素在区域间的流动,还有可能从本部门利益出发,影响企业整体目标的实现;同时,地区分部结构易造成企业内部在人员和机构上的重叠,增加企业管理成本。

4. 全球性产品结构

全球性产品结构是以公司主要产品的种类及相关服务的特点为基础,设立若干产品部。每个产品部都是一个利润中心,拥有一套完整的职能组织机构和职员,由公司任命一名副总裁挂帅,负责该产品或产品线在全球范围内的生产、营销、开发和计划等全部职能活动,并直接向公司总经理报告。

全球性产品结构的优点是:具有较大灵活性,当企业涉足新的产品领域时,只要在组织结构上增加一个新的产品系列部就行了;有助企业对各个产品系列给予足够的重视,由于每种产品都有相对应的产品经理负责,所以即使是名气再小的品牌也不会被忽略。而且体现了分权化的经营思路,有利于调动产品部经理的积极性,产品经理对于市场上出现的情况反应比专家委员会更快,可以为某一产品设计具有成本效益的营销组合。这种组织形式着重对国内和国际业务进行统筹安排,产品经理关心的是整个部门的总利润,而不论利润来自国内还是国外,使企业各部门的注意力集中与产品技术和产品市场上,促进了新产品的研发和国际市场的开拓。但是该种模式也有缺点:若缺乏整体观念,各产品部之间会发生协调问题,会为保持各自产品的利益而发生磨擦;这种组织形式意味着企业随产品种类的不同而在任何一个特定的地区建立多个机构，导致机构设置重叠和管理人员的浪费，导致产品知识分散化；产品经理们需要协调和各个部门的关系，否则有碍他们有效地履行职责。

5. 全球性职能结构

全球性职能结构是按照职能划分的全球性组织结构。这种营销机构由各种营销职能专家组成，他们分别对应营销副总经理负责，营销副总经理负责协调他们的活动，任何职能部门的一切业务活动围绕企业主要职能展开。

职能型组织结构的优点是：有利于减少管理层次，避免机构和人员重叠，可以使企业把管理侧重点放在内部功能上，每个职能区域都能取得规模效益；有利于提高职能部门工作的专业化水平；有利于增强公司在世界范围内的竞争力；有利于加强公司的统一成本核算和利润考核。这种组织结构的局限性是：需要重复安排地区专家，容易导致资源重复浪费；不利于企业开展多种经营；不利于企业经营活动的地区扩张，而且各职能部门间缺乏横向联系和协调，容易决策失误。

学习测试题

一、单选题

1. 大宗农产品是指在商品农业经济结构中占有(　　)，生产量、消费量、贸易量、运输量等较大的农产品。

A. 较大权重　B. 较大数量　C. 较小权重　D. 较小数量

2. (　　)具有较强的出口潜力。

A. 小麦　B. 棉花　C. 大豆　D. 畜产品

3. 农业区位论认为，(　　)在国际贸易中具有举足轻重的作用。

A. 市场规模　B. 地理位置　C. 竞争的相对优势　D. 农产品质量

4. 农业企业进入国际市场的方式主要是通过(　　)。

A. 国内生产　B. 国外生产　C. 出口　D. 进口

5. (　　)促销就是最典型的现代促销方式。

A. 网络　B. 人员推销　C. 广告　D. 公共关系

6. WTO 是(　　)的简称。

A.《乌拉圭回合农业协议》　B.《农业协议》

C.《中美农业合作协议》　D. 世界贸易组织

7. 中国是(　　)年 12 月 11 日，正式加入世界贸易组织，成为其第 143 个成员。

A. 2000　B. 2001　C. 2010　D. 2011

8. 乌拉圭回合农产品贸易谈判中不引起贸易扭曲的政策是(　　)措施。

A.“红箱”　B.“黄箱”　C.“蓝箱”　D.“绿箱”

9. 乌拉圭回合农产品贸易谈判中引起贸易扭曲的政策是(　　)措施。

A.“红箱”　B.“黄箱”　C.“蓝箱”　D.“绿箱”

10. 乌拉圭回合农产品贸易谈判中，(　　)措施，即为得到付款需要有生产，但实际付款并不直接与该生产的当前数量产生关联。

A.“红箱”　B.“黄箱”　C.“蓝箱”　D.“绿箱”

二、判断题

1. 农产品国际市场营销在内容上与国内市场营销不一样。（　）
2. 企业从事国际市场营销活动，一般不需要设立专门机构。（　）
3. 快餐速溶营养食品在不重视时间国家很畅销。（　）
4. 规模经济贸易理论认为，当某一产品的生产发生规模收益递增时，随着生产规模的扩大，单位产品成本递减而取得成本优势。（　）
5. 农产品出口最易遭受反倾销指控的危险和遭受政局的影响。（　）
6. 集中精力发展特色农业，培育具有国际比较优势的农产品是农产品差异化策略的主要运用方式。（　）
7. 我国的优势农产品目前主要是技术密集型的农产品。（　）
8. 加入世界贸易组织后，我国农产品国际贸易和营销机制不受 WTO 的规则制约。（　）

三、多选题

1. 农产品国际市场营销的本质是在不同（　）等区域之间如何运作市场、开辟市场，在满足不同区域、国度消费的需求的同时提高经济效益。

A. 国家　B. 制度　C. 文化　D. 民族

2. 农产品营销进入国际市场的障碍主要有（　），这些障碍使得农产品国际市场营销更具复杂性。

A. 政策障碍　B. 沟通障碍　C. 运输障碍　D. 空间障碍

3. 国际法律环境主要有（　）。

A. 关税壁垒　B. 非关税壁垒　C. 外汇管制　D. 经济立法

4. 国际市场竞争类型主要包括（　）。

A. 成本型　B. 价格型　C. 品种型　D. 专业型

5. 一个农业企业在选择国际目标市场时的标准是（　）。

A. 竞争的相对优势　B. 地理位置　C. 市场规模　D. 风险程度

6.（　）具有较强的出口潜力。

A. 小麦　B. 园艺产品　C. 大豆　D. 畜产品

7. 农产品国际营销产品策略有（　）。

A. 产品差异化策略　B. 产品结构优化策略
C. 市场结构优化策略　D. 品牌营销策略

8. 农产品国际营销定价策略有（　）。

A. 分级分等，差别定价　B. 产品结构优化，成本价格策略
C. 市场结构优化，同等价格策略　D. 国际市场细分，区域差别定价

9. 农产品国际营销组织工作的根本目的就是为了实现（　）的目标。

A. 市场需求快速反馈　B. 营销效率最大化

C. 消费者利益最大化　　　　　　　　D. 营销组织全球化

10. 农民专业合作组织的基本特征是从事专业生产的(　　)、合作经营的经济组织。

A. 农民自愿入社,退社自由　　　　　B. 平等持股

C. 自我服务　　　　　　　　　　　　D. 民主管理

四、名词解释

1. 农产品国际市场细分

2. 农产品国际市场营销组织

五、填空题

1. 农产品国际市场营销的特点主要包括__________、__________、__________、__________。

2. 国际市场营销存在着__________、__________、__________、__________、运输风险、政治风险等。

3. 农产品国际市场营销环境有__________、__________、__________、__________、国际竞争环境。

4. 农业企业通用的国际营销组织形式主要有__________、__________、__________、__________、全球性职能结构。

六、综合题

1. 简述农产品国际市场营销策略。

2. 简述农产品国际营销的四个步骤。

学习情境十

控制农产品营销风险

近几年,我国农产品价格上涨催生出许多网络新词,并成为社会普通关注的焦点。如"蒜你狠"、"豆你玩"、"姜你军"、"花你钱"、"玉米疯"、"辣翻天"、"糖高宗"、"火箭蛋"等,农产品价格上涨,使得多数经销商和农民受益。但是随后,这些农产品价格便出现"过山车",这种现象所带来的农产品市场营销风险日益显现。熟知农产品营销风险,做好预案设置,提前做好心理准备和采取相应预防措施,对最终实现农产品企业的营销目标有重要的现实意义。

学习目标

了解农产品市场营销风险控制;掌握农产品营销合同的签订技巧。

项目一　农产品市场营销风险控制

任务一　农产品市场营销风险的内涵

任务要求

了解农产品市场营销风险的概念;知晓农产品营销风险的类型。

任务引入

经销草鸡蛋暗藏风险

草鸡蛋在一二线城市的市场一度出现供不应求的状态,但是经销草鸡蛋也暗藏着巨大的市场风险。这些风险主要表现在以下几点:

(1) 产品真假难辨。纯谷物喂养的土鸡成长速度慢,产蛋数量少,运输收购困难,所以大规模养殖不可能，只能从一些散户收购，收购商一天最多也就收几十斤。因此，目前在市场上很少有真正的草鸡蛋，一些收购商就“滥竽充数”，将普通鸡蛋(洋鸡蛋)混入草鸡蛋，一起卖给销售商。

(2) 刚进入市场，顾客不信任。正是因为市场上的草鸡蛋有很多是“滥竽充数”的，对于一些刚刚入行的小投资者来说，根本不知道这其中的潜规则，也无法用肉眼分辨出假的草鸡蛋，只能吃哑巴亏，从而导致消费者对商家的信任度越来越低。很多消费者都是选择在一些熟悉的专卖店或摊位进行购买，而刚刚进入市场的销售商，则很难吸引顾客前来购买。

任务描述

说出农产品市场营销风险的内涵。

相关知识

一、农产品市场营销风险的概念

营销风险，就是指企业营销过程中，由于各种事先无法预料的不确定因素带来的影响，使企业营销的实际收益与预期收益发生一定的误差，从而有蒙受损失和获得额外收益的机会或可能性。

农产品市场营销风险是指农产品经营企业在开展营销活动过程中由于出现不利因素而导致市场营销活动受损，甚至失败的状态。

二、农产品营销风险的类型

按风险的成因，农产品营销风险主要有以下几方面：

1. 环境风险

环境风险是指政治、经济、社会、技术等变化给企业带来的风险。农业是弱质性产业，对环境具有较高依赖性。因此，农业是各国政府干预最多的一个经济部门，无论在发展中国家还是在市场经济高度发达的工业化国家都是如此。农产品营销必须顺应所处的环境变化，否则任何一个方面的变化都可能会给营销带来不小的风险。

2. 市场需求风险

农产品市场需求总是在不断变化着，消费者行为习惯的变化、市场流行趋势变化等都会影响企业的经营，从而带来一定的风险。农产品营销必须时刻保持灵敏的嗅觉，洞察市场的变化，有针对性地改变农产品营销策略以及产品、服务，才不会被市场淘汰。

3. 信息风险

农产品市场存在信息不对称，蛛网效应明显。在完全竞争的市场结构中，价格完全发挥着对农产品生产活动的调节作用，农产品的供求很难实现真正的平衡，价格总是在上涨和下跌中波动，经济学上将这种现象称为蛛网效应。因此，农产品交易中各企业的信息不对称会给企业的经营带来不小的风险，进而给企业带来损失。信息风险容易造成决策的失误，增加经营风险。

4. 信用风险

信用风险又称违约风险，是指交易对手未能履行约定契约中的义务而造成经济损失的风险，比较常见的有合同违约、拖欠应付账款等。农产品经营企业在选择交易合作的伙伴时就应对合作伙伴进行信用考评，选择那些信用度良好的企业，以降低企业的渠道风险。同时，在与其他成员的合作过程中，也应注意相互关系的提升，并采取有效的法律武器维护自己的利益，以降低已有合作伙伴间的信用风险。

5. 产品风险

产品风险是指农产品在市场上处于不适销对路时的状态。如农产品品种选择不妥，消费者的需求发生改变；种养中病虫害给农产品带来的风险；产品质量不稳定或较差，引起消费者拒绝购买；品牌商标被侵权或被抢注的风险，品牌形成后疏于维护或维护不当而使信誉受损。

6. 定价风险

定价风险是因经营者为农产品制定的价格不当，导致市场竞争加剧，或消费者利益受损，或企业利润下降的状况。如低价导致消费者对产品质量的怀疑，也缩小了企业营销活动的降价空间；高价减少了消费者的数量，长期顾客的利益受损。如不了解自己的产品销售给什么类型的消费者，尤其是对消费者需求能力的估计错误，或者不顾及消费者对价格的认知，不了解自己将面临什么样的竞争对手，不顾及竞争对手对定价的反应，由此确定的价格，不管是高价还是低价都有可能会遭受消费者的拒绝。

7. 分销渠道风险

分销渠道风险是指企业所选择的分销渠道不能履行分销责任和不能满足分销目标及由此造成的一系列不良后果。如分销商的实力不适应农产品的销售条件，所处地理位置不好或分销商违反合同条款；分销商由于产品在储运、运输过程中导致的产品数量、质量或供应时间上的损失形成的风险；分销商的恶意拖欠和侵占货款，或无力还款造成的货款回收风险。

8. 促销风险

促销风险是指农产品经营者在开展促销过程中，由于促销行为不当或干扰促销活动的不利因素出现，而导致企业促销活动受阻、受损，甚至失败的状态。如广告投放没有达到预期的促销效果；按销售业绩给人员销售计酬出现的乱报、多报销售量，造成企业决策失误的风险；公共关系处理不当，给经营企业带来长期的、难以消除的负面影响等。

任务二 农产品市场营销风险识别与控制的方法

任务要求

了解农产品市场营销风险识别的含义；掌握营销风险的控制方法。

任务引入

圣女果变成“剩”女果

2013年6月3日盐阜大众报报道：东台果农陆月平去年年前种下的圣女果（樱桃小番茄），由于没打催熟剂，一直给圣果女施农家肥、鸡粪，搞有机食品打开销路，生产的圣果女口感非常清甜、鲜润。但上市比别人家迟了一个月，一个月前还很抢手的圣女果遇上了大量上市的西瓜、甜瓜，一下子没了市场。

任务描述

请你为东台果农陆月平出招如何防范圣女果营销风险？

相关知识

一、农产品营销风险识别的含义

农产品营销风险的识别，是指在发生风险事故之前，运用一系列科学性、连续性的方法认识存在于企业运营管理中的各项风险，并分析风险产生的根本原因。风险识别是为了让企业明晰自己所面临的风险。

识别农产品营销风险过程主要分为三个步骤：一是感知风险；二是分析风险；三是复核风险。

1. 感知风险

感知风险即明确风险识别的对象。在农产品营销风险中，风险识别的对象主要就是农产品营销管理的各个方面和环节，包括企业战略管理业务、市场分析和企业营销战略所涵盖的所有内容。感知风险就是对所有营销的流程进行排查和分析，以找出存在潜在风险的流程，从而进行进一步的风险分析。感知风险是识别风险的基础，只有通过感知风险，才能进一步在此基础上进行分析，寻找导致风险事故发生的条件、因素，为拟订风险处理方案，进行风险管理决策服务。

2. 分析风险

分析风险是分析可能导致风险后果的因素和风险的根本来源，同时分析风险的危害程度及可能性。所以，分析风险是识别风险的关键。风险可能来自于外界，即外部风险，也可能是企业内部原因造成的，即内部风险。分析风险后应列出一张风险清单，以进行下一步的风险复核。

3. 复核风险

复核风险是指对清单上所列举的风险进行确认。主要确认清单中以下问题：所收集信息的可靠程度如何、如何确信所列示的风险的完整性、是否还有未考虑到的风险、所确定的目标和范围是否充分，风险识别的对象是否都包含在风险识别的程度中。不是所有的风险都能被识别出来，企业也不需要把所有的风险全部都罗列出来，但不能遗漏关键风险。

二、营销风险的控制方法

在风险控制正式实施前，应先选择渠道风险的控制方法。营销渠道的风险控制方法一般有风险规避、风险转移、风险减轻和风险自留。

1. 风险规避

风险规避，是指回避、停止或退出蕴含风险的渠道活动，避免承担风险所产生的后果。风险规避相对其他方法来说比较保守、比较消极。因为人们常说“风险越大，收益越大”，不担风险，虽然避免了损失，也失去了收益。比如，在渠道管理中，某一中间商信用不佳，企业因不愿承担对方拖欠货款的风险而拒绝与该中间商发生商业往来。

这种方法一般用于发生概率非常大或者会引起严重后果的风险。企业在进行渠道风险管理的过程中，必须进行科学、系统的风险评估，在此基础上，对于那些重大风险应当采取规避的态度，不能“明知山有虎，偏向虎山行”。

2. 风险转移

风险转移，是指企业将风险转移给第三方，从而不再对风险事件负有责任。常见的风险转移形式有保险和非保险转移。保险，即农产品经营企业与保险公司签订合同，缴纳保险费，由保险公司为将来可能发生的损失支付补偿，以转移风险。非保险转移，则是通过合同或契约将渠道风险转移给非保险机构，其主要是责任的转移，而不是营销活动本身风险的转移。在进行营销风险管理时，通常采用的转移的具体方法有购买业务保险和担保。

3. 风险减轻

风险减轻，是一种比较积极的风险控制方法，即企业接受风险，通过控制风险事件发生的动因、环境、条件等来达到降低风险事件发生的概率或减轻风险事件发生的损失。风险减轻的对象一般是可控风险，如多数运营风险。风险减轻，是建立在已经识别清楚风险的危害程度，并找出导致风险存在的因素，对那些主要的风险因素进行改变，以达到控制风险的目的。但必须考虑风险的变动性，认清一个因素的改变是否会导致另一些因素的产生。

4. 风险自留

风险自留，是指为了能够获得尽量高的收益，企业需要承担在可承担的范围内的一定的风险。风险自留本身也带有巨大的风险，但如果营销风险未造成损失，风险自留是最节约成本的一种方式，也经常给企业带来收益。对那些损失和概率都较低的风险，可以采取风险自留或风险减轻，这样不用投入太多成本和资源。

三、农产品营销风险的控制

农产品市场营销风险客观存在，要求农产品经营企业做好及时控制。

1. 提高营销风险管理意识

风险无处不在、无时不有。风险既然是一种不确定性，就会经常受到人们的忽略。所以，在农产品经营企业内部建立明确清晰的风险管理观是十分必要的，即把风险意识灌输给全体企业员工，让风险管理意识深入全体企业员工，而不仅仅是企业高层才关注。当全体企业员工都能积极主动地参与到企业的风险管理活动中，那么企业的风险管理就成功一半了。

2. 加强农产品市场调研

企业要牢固树立现代市场营销观，加强对农产品市场环境的调查研究，及时掌握消费者需求信息、竞争者信息、国家政策、监督生产和销售部门等的相关信息，及时判断营销活动的风险性。

3. 设立专门的风险机构

建立农产品营销风险防范与处理机构来进行内部规章制度的建设和执行、风险处理预演，提高对风险处理的应付能力，强化员工的风险意识，出现营销风险后诚实地面对社会和消费者，尽量减少对社会、消费者及企业的损害，尽快采取措施制止风险的扩大和扩散，不能出现企图回避、推托，甚至辩解，导致风险扩大、损害增加的现象。

4. 提高农产品经营企业员工素质

企业营销活动中的一些风险是由企业员工素质不高等其他主观因素造成的。如有些企业销售人员因不熟悉所推销农产品的相关知识而发生销售阻碍，或责任心不强而导致货款不能及时回收等，都属于员工素质问题而产生的营销风险。因此，加强企业员工素质的培训与提高，是控制农产品经营企业市场营销风险的重要措施之一。对员工强化风险培训和责任心与有关风险防范的考核显得尤为迫切和重要。

项目二　农产品营销合同签订

任务要求

掌握农产品营销合同的内涵。

任务引入

农产品营销合同

甲方：
地址：
传真号码：
乙方：
地址：
联系电话：
传真号码：

甲乙双方本着共同发展，诚实守信，互惠互利的原则，为了明确甲乙双方的责任和义务，经甲乙双方共同协商，达成协议如下：

一、代销农产品

规格与价格等乙方提供指定农产品，乙方按照甲方要求配送货物。本协议签订之前，乙方将货物样品（每款一斤）保存在甲方，乙方送货时应严格按照该样品的质量、规格、包装等要求配送货物。

农产品名称	净重	乙方供货价	甲方售价	备注

产品价格应包含内外包装、标贴等相关包装费用（不含增值税发票）。

二、协议范围

1. 甲方提供贴牌，委托乙方贴牌生产“×××”牌农产品，采用甲方的公司名称、地址、品牌标识；乙方应按照甲方的要求进行农产品的贴牌生产，并确保这些产品是不侵犯任何第三方知识产权和合法权益的合格产品。

2. 甲方利用自身的营销网络开发市场、销售贴牌产品；乙方利用其技术、设备、人力等资源生产制造符合甲方要求并经甲方认可的贴牌产品。

3. 贴牌产品由甲方销售，乙方不负责销售，非经甲方书面同意，乙方不得将甲方委托生产的贴牌产品转卖给任何第三方。

4. 双方合作期满后或终止合作后，乙方不得再以任何形式生产或销售有甲方品牌标识的产品，乙方若违反规定，甲方有权要求乙方按销售所得进行赔偿。

5. 甲方有权派员监督、见证贴牌产品的原料、生产、配送整个过程，乙方应予以全力配合与协助。

三、交(提)货地点、方式及费用

乙方直接送货到甲方指定地点或双方协定的交货点，单价含运费；乙方严格按订单中规定的数量和日期准时交货。

四、提出交货、质量异常及期限

提出交货、交货数量和时间以订单为准；乙方接到订单后若有异议，应在接到订单24小时内以书面形式通知甲方，否则视为乙方接受订单；对于不能及时供货，造成甲方损失的，应按订单总额的____%支付给甲方违约金。

五、价格与结算方式

产品价格按甲乙双方确认的价格为准，若价格有变动须经双方协商同意，并确定新的价格及执行日期；双方确定货款结算方式为月结，例：2015年7月1日至2015年7月31日的货款，甲方在8月月底前结清。

六、质量要求

乙方应保证其所提供的产品各项指标符合国家标准并应适时满足国家标准的有关最新要求；乙方应保证其所提供的产品符合相关环保要求。甲方帮助乙方建立产品质量追溯体系。

七、品牌管理

甲方提供的商标(包括包装设计、图形、汉字、英文及其组合等)所有权归甲方所有，乙方只能在甲方授权许可的范围内使用，不得私自转让或扩大其使用范围；双方合作期满后，乙方即无权以任何方式使用任何带有甲方标识的产品。

八、其他约定

1. 本合同一式两份，甲乙双方各执一份，经双方签字盖章后生效；合同有效期为壹年，从____年____月____日到____年____月____日；合同到期后，双方均无意见则自动续约一年。

2. 合同执行期内，甲乙双方均不得随意变更或解除合同；本合同如有未尽事宜，经双方共同协商作出补充协议，与本合同具同等效力。

3. 甲乙双方在履行本协议时发生的一切争议均应通过双方友好协商解决，协商不成，可向甲方所在地人民法院诉讼解决。

4. 若履行协议过程中涉及函件送达的，联系方式以本协议所列的为准；若一方存在变更，需提前30日书面通知对方，否则应承担送达不能的所有责任。

甲方(签章)：　　　　乙方(签章)：

法定代表人/委托代表人：　　　　法定代表人/委托代表人：

年　月　日　　　　年　月　日

任务描述

说出农产品营销合同的概念及主要条款。

相关知识

一、农产品营销合同的概念

农产品营销合同是平等主体的自然人、法人、其他组织之间设立、变更、终止民事权利义务关系的协议。

签订农产品营销合同是营销员在营销活动中常见的一项法律活动。一份农产品营销合同签订得好坏，不仅关系到营销员的个人经济利益同时牵连到企业的经济效益。所以，合同的签订一定要慎之又慎。

二、签订农产品营销合同的原则

1. 遵守国家的法律和政策

签订农产品营销合同是一种法律行为，合同的内容、形式、程序及手续都必须合法。这里说的“合法”是指农产品营销合同的订立必须符合国家法律和政策的要求。只有遵循合法原则，订立的农产品营销合同才能得到国家的认可和具有法律效力。当事人的权益才能受到保护，并达到订立农产品营销合同的预期目的。

2. 遵守平等互利、协商一致、等价有偿的原则

这一原则在农产品营销合同关系中的具体体现是：双方当事人在法律地位上是平等的，所享有的经济权利和承担的义务是对等的。双方的意思表示必须真实一致，任何一方不得把自己的意志强加于对方，不允许一方以势压人、以强凌弱或利用本身经济实力雄厚、技术设备先进等优势条件，签订“霸王合同”、“不平等条约”，也不允许任何单位和个人进行非法干预。

3. 遵守诚实信用原则

农产品营销合同的双方当事人，应诚实遵守合同的规定，积极履行合同，稳定地开展工作，为提高自己的信誉而努力。

三、农产品营销合同的签订程序

农产品营销合同的签订是一件非常重要的事情,合同签订的好坏,关系到企业的兴衰,这种事例屡见不鲜。所以营销员在签订合同的时候,要同客户就合同的内容反复协商,达成一致,并签订书面合同。做到彼此满意,形成双赢。农产品营销合同的签订程序具体可概括为两个阶段:要约和承诺。

1. 要约

这是当事人一方向另一方提出订立农产品营销合同的建议和要求。提出要约的一方称为要约人,对方称为受约人。要约人在要约中要向对方表达订立农产品营销合同的愿望,并明确提出农产品营销合同的主要条款,以及要求对方做出答复的期限等。要约人在自己规定的期限内,要受到要约的法律约束;如果对方接受自己的要约,就有义务同对方签订农产品营销合同;就特定物而言,不能向第三者发出同样的要约或签订同样内容的农产品营销合同。否则承担由此给对方造成的损失。

2. 承诺

这是受约人对要约人提出的建议和要求表示完全同意。要约一经承诺,即表明双方就合同主要条款达成协议,合同即告成立,所以承诺对合同的成立起着决定性作用。承诺应在要约规定的期限内做出,要约中没有规定期限的,应按其合理期限考虑,即双方函电的正常往返时间加上必要的考虑时间。承诺的内容必须与要约的内容完全一致,承诺必须是无条件地完全接受要约的全部条款。如果受约人在答复中,对要约内容、条件作了变更或只部分同意要约内容,或附条件地接受要约的,就应视为对要约的拒绝,而向原要约人提出新的要约,叫反要约。

在实际的操作中,一份农产品营销合同的订立往往要经过要约、反要约、再反要约,一直到承诺这样一个复杂的谈判过程。一个农产品营销合同能否有效成立,主要看其是否经历了要约和承诺两个阶段。

四、农产品营销合同的签订应具备的主要条款

农产品营销合同的主要条款是销售合同的重心,它决定了合同签订双方的义务和权利,决定了农产品营销合同是否有效和是否合法,是当事人履行合同的主要依据。这是一份合同的重中之重,营销员在签订合同的过程中,一定要对合同所具备的主要条款逐一审明,详尽规定,使之清楚、明确。

1. 标的

标的是农产品营销合同当事人双方权利和义务所共同指向的对象,农产品营销合同中的标的主要表现为推销的商品或劳务。标的,是订立农产品营销合同的目的和前提,没有标的或标的不明确的合同是无法履行的,也是不能成立的。

2. 数量和质量

这里是指农产品营销合同标的的数量和质量。它们是确定农产品营销合同标的特征的最重要因素,也是衡量农产品营销合同是否被履行的主要尺度。确定标的数量,应明确计量单位和计量方法。

3. 价款或酬金

价款或酬金是取得合同标的一方向对方支付的以货币数量表示的代价,体现了经济合同所遵循的等价有偿的原则。在合同中,营销人员应明确规定定价或酬金的数额,并说明它们的计算标准、结算方式和程序等。

4. 履行期限、地点、方式

履行期限是合同当事人双方实现权利和履行义务的时间,它是确认农产品营销合同是否按时履行或延期履行的时间标准。双方当事人在签订合同时,必须明确规定具体的履行期限,如按年、季度或月、日履行的起止期限,切忌使用“可能完成”、“一定完成”、“要年内完成”等模棱两可、含糊不清的措辞。履行地点是一方当事人履行义务,另一方当事人接受义务的地方,直接关系到履行的费用和履行期限。确定时应冠以省、市名称,避免因重名而履行发生错误。履行方式是指合同当事人履行义务的具体方法于合同的内容和性质来决定。如交付货物,是一次履行还是分期分批履行,是提货还是代办托运等。

5. 违约责任

违约责任是指农产品营销合同当事人违反农产品营销合同约定的条款时应承担的法律责任。

此外,农产品营销合同的内容还包括:根据法律规定或农产品营销合同性质必须具备的条款,以及当事人一方要求必须规定的条款,这些也是农产品营销合同的主要条款。

五、签订农产品营销合同注意事项

签订农产品营销合同是经营活动中常见的一项法律活动。一份销售合同签订的好坏牵连到企业的经济效益。所以,合同的签订一定要慎之又慎。

(一)注意对货物的信息进行明确约定

在农产品营销合同中,作为供方,应注意对供货的基本信息进行准确、详细约定:

(1) 名称(品名)、型号、品种等表述应完整规范,不要用简称。

(2) 规格应明确相应的技术指标,如成分、含量、纯度、大小、长度、粗细。

(3) 花色,如红、黄、白要表述清楚。

(4) 供货的数量要清楚、准确;计量单位应当规范,一般采用公制计量。

(二)应注意对货物质量标准进行明确约定

作为销售方,企业应根据自身情况及货物特性将质量标准与需方约定明确:

(1) 如参照国家、行业相关标准等应在合同中明确约定标准的名称。

(2) 如果是参照企业标准,应注意该企业标准应为已依法备案。

(3) 凭样品买卖的,双方应对样品进行封存,并可以对样品的质量予以说明。

(4) 双方对货物质量有特殊要求的,也应在合同中予以明确。

(三) 应注意对货款的支付方式进行明确约定

作为供方,应特别注意在农产品营销合同中对需方货款支付时间、金额(应明确是否为含税价)进行明确约定。建议在合同中约定要求需方支付一定金额预付款或定金(不能超过合同总金额的20%),供方才予以发货,或者在合同中约定供方收到需方支付的货款全款后发货。

(四) 应注意对质量检验时限进行明确约定

为保障供方的合理利益,一般应在农产品营销合同中对需方进行产品检验的时间进行限制规定,即在限定时间内如需方未提出质量问题,则视为检验合格。同时,在机械设备的销售中,同时建议约定需方在质量检验(验收)合格之前,不得使用产品,否则,视为验收合格,供方对此后的质量问题不再承担责任。

(五) 应注意对违约责任进行明确约定

(1) 延期付款责任。作为供方,应在合同中明确需方延期付款的违约责任,同时还应根据供货情况对需方货款的支付进程、期限等进行必要的控制,如发生需方货款迟延支付、差额支付等情况,应视情况追究其违约责任,减低风险。

(2) 违约金的数额不应过高亦不宜过低,过高可能会有被仲裁机构或法院变更的风险,过低则不利于约束买受人。

(六) 其他事项

企业可以根据货物实际情况对产品包装要求、包装物回收、运输方式及费用承担、装卸货责任、商业秘密保守、诉讼管辖地等约定清楚,以降低合同履行风险,并尽可能保障作为销售方的合法、合理利益。

学习测试题

一、单选题

1. (　　)是指政治、经济、社会、技术等变化给企业带来的风险。

A. 环境风险　　B. 市场需求风险　　C. 信息风险　　D. 信用风险

2. (　　)容易造成决策的失误,增加经营风险。

A. 环境风险　　B. 市场需求风险　　C. 信息风险　　D. 信用风险

3. (　　)是指交易对手未能履行约定契约中的义务而造成经济损失的风险,比较常见的有合同违约、拖欠应付账款等。

A. 环境风险 B. 市场需求风险 C. 信息风险 D. 信用风险

4. ( )是指农产品在市场上处于不适销对路时的状态。

A. 定价风险 B. 产品风险 C. 信息风险 D. 信用风险

5. 种养中病虫害给农产品带来的风险是( )。

A. 定价风险 B. 产品风险 C. 信息风险 D. 信用风险

6. 分销商的恶意拖欠和侵占货款,或无力还款造成的货款回收风险是( )。

A. 分销渠道风险 B. 产品风险 C. 信息风险 D. 信用风险

7. 按销售业绩给人员销售计酬出现的乱报、多报销售量,造成企业决策失误的风险是( )。

A. 分销渠道风险 B. 产品风险 C. 信息风险 D. 促销风险

8. 风险识别是为了让企业( )自己所面临的风险。

A. 明确 B. 明晰 C. 清楚 D. 感知

9. 识别农产品营销风险过程主要分为三个步骤,三个步骤的顺序是( )。

A. 感知风险—分析风险—复核风险 B. 分析风险—复核风险—感知风险

C. 复核风险—感知风险—分析风险 D. 感知风险—分析风险—识别风险

二、判断题

1. 农产品国际市场营销在内容上与国内市场营销不一样。 ( )

2. 分析风险是识别风险的关键。 ( )

3. 一份农产品营销合同的订立往往经过要约、承诺这样一次谈判过程。 ( )

三、多选题

1. 营销渠道的风险控制方法一般有( )。

A. 风险规避 B. 风险转移 C. 风险减轻 D. 风险自留

2. 风险规避,是指( )蕴含风险的渠道活动,避免承担风险所产生的后果。

A. 回避 B. 停止 C. 退出 D. 保持

3. 风险转移,是指企业将风险转移给第三方,常见的风险转移形式有( )。

A. 保险转移 B. 财政转移 C. 非保险转移 D. 非财政转移

4. 面对那些损失和概率都较低的风险,可以采取( ),这样不用投入太多成本和资源。

A. 风险自留 B. 风险规避 C. 风险转移 D. 风险减轻

5. 签定农产品营销全同,应遵守( )的原则。

A. 平等互利 B. 行政命令 C. 协商一致 D. 等价有偿

6. 农产品营销合同的签订程序具体可概括为( )两个阶段。

A. 通知 B. 要约 C. 承诺 D. 执行

四、名词解释

1. 农产品市场营销风险

2. 农产品营销风险的识别

3. 农产品营销合同

4. 要约

五、填空题

1. 按风险的成因，农产品营销风险主要有环境风险、市场需求风险、信息风险、信用风险、____________、____________、____________、____________。

2. 识别农产品营销风险过程主要分为三个步骤：一是____________；二是____________；三是____________。

3. 农产品营销合同的签订应具备的主要条款____________、____________、____________、____________、____________。

六、综合题

1. 简述农产品营销风险的控制方法。

2. 农产品营销合同的签订应具备的主要条款。

3. 签订农产品营销合同注意事项。

各学习情境学习测试参考答案

学习情境一　认识农产品营销

一、单选题

1. A　2. C　3. D　4. B　5. C　6. C　7. C　8. A　9. D　10. A　11. A　12. B　13. C　14. D　15. A　16. A　17. B　18. B

二、判断题

1. ×　2. ✓　3. ✓　4. ✓　5. ✓　6. ×　7. ✓　8. ✓　9. ✓　10. ×　11. ✓　12. ✓

三、多选题

1. ABC　2. ABCD　3. ABCD　4. AB　5. AB

四、名词解释(略)

五、填空题

1. 直接　间接　工业原料
2. 动物　植物
3. 汉江　鄱阳湖　江淮　三江平原
4. 翼中南　鲁西北　豫北平原　长江中下滨海　沿江　南疆
5. 产地收购　零售终端销售
6. 销售　销售违约
7. 需要和欲望　需求　价值　交换
8. 价值　支付
9. 货币　非货币
10. 形态　空间　时间　获取　安全
11. 推进　拉引
12. 跨时空　人性化　高效性　经济性
13. 信息发布　网络广告　网上商店营销
14. 无站点　网站
15. 直复营销　网络关系　软营销　网络整合营销
16. 跨时空性　一对一服务　效果可测定

六、综合题(略)

学习情境二　扫描农产品市场营销环境

一、单选题

1. D　2. D　3. A　4. C　5. B　6. A　7. C　8. C　9. C　10. B　11. A　12. D

二、判断题

1. ✓　2. ×　3. ✓　4. ×　5. ×　6. ✓　7. ×　8. ✓　9. ✓　10. ×　11. ×
12. ✓　13. ✓　14. ×　15. ✓

三、多选题

1. ABCDE　2. ABCD　3. ABD　4. BCD　5. ABCD　6. ACD　7. ABCD　8. ABCD

四、名词解释(略)

五、填空题

1. 自然环境　社会环境
2. 宏观环境　微观环境
3. 市场机会
4. 企业本身　企业所处的微观环境　宏观环境
5. 政治要素
6. 人口数量　人口结构　人口分布
7. 国家的法规政策　国家司法执法机关　农产品企业的法律意识
8. 城市规模　经济发展水平　消费者支出模式
9. 可再生资源　不可再生资源
10. 消费者市场　加工农产品经营者市场　中间商市场

六、综合题(略)

学习情境三　分析农产品消费者市场行为

一、单选题

1. A　2. C　3. B　4. A　5. B　6. A　7. D　8. A　9. B　10. C

二、判断题

1. ×　2. ✓　3. ✓　4. ×　5. ✓　6. ×　7. ✓　8. ✓　9. ×　10. ×

三、多选题

1. ABCD　2. ABCD　3. ABCD　4. BCD　5. AC

四、名词解释(略)

五、填空题

1. 生理需要　安全需要　社交需要　尊重需要　自我实现需要
2. 内在动机和外在动机
3. 主导性动机与辅助性动机
4. 求实动机　求全动机　求廉动机　求新动机　求美动机　求名动机　求奇动机
5. 习惯型购买行为　理智型购买行为　经济型购买行为　冲动型购买行为　不定型

购买行为

6. 确认需要　收集信息　评估选择　决定购买　购后行为

7. 谁参与购买活动　买什么　为什么购买　什么时间购买　什么地方购买　准备买多少　如何购买

8. 农产品市场需求总量稳中有升　农产品消费需求结构变化大　农产品消费观念和消费方式在转变

9. 简单型　冲浪型　接入型　议价型

10. 诱发需求　收集信息　比较选择　购买决策　购后评价

六、综合题(略)

学习情境四　调研农产品营销

一、单选题

1. D　2. C　3. B　4. A　5. B　6. B　7. C　8. B　9. B　10. B

二、判断题

1. ×　2. ✓　3. ×　4. ×　5. ×　6. ×　7. ×　8. ×　9. ✓　10. ✓

三、多选题

1. AB　2. AB　3. CD　4. ABCD　5. ABD

四、名词解释(略)

五、填空题

1. 访问调查法　观察法　实验法　互联网搜索法

2. 经营者内部资料　政府统计资料　专家人员意见　调查第一手资料

3. 及时　准确　适用　经济

4. 分析　筛选　综合　推导

5. 产品市场环境调查　农产品市场需求调查　农产品调查　农产品销售调查

六、综合题(略)

学习情境五　制定农产品市场营销战略

一、单选题

1. C　2. D　3. D　4. C　5. B　6. A　7. D　8. B　9. D　10. B　11. A　12. C　13. B　14. C　15. A　16. D　17. A　18. B　19. C　20. D

二、判断题

1. ✓　2. ×　3. ×　4. ✓　5. ×　6. ✓　7. ×　8. ✓　9. ✓　10. ×　11. ✓　12. ×　13. ×　14. ×　15. ×

三、多选题

1. AB　2. ABCD　3. ABCD　4. ABCD　5. AC　6. ABD　7. ABD　8. BD　9. ABC　10. AC

四、名词解释(略)

五、填空题

1. 集中性市场营销策略　差别性市场营销策略

2. 无差别性市场营销策略

3. 差别性市场营销策略

4. 无差别性市场营销策略　差别性市场营销策略　集中性市场营销策略

5. 集中性市场营销策略　差别性市场营销策略

6. 差别　集中性市场营销策略　无差别性市场营销策略

7. 无差别性市场营销策略　集中性市场营销策略　差别性市场营销策略

8. 无差别性市场营销策略　差别性市场营销策略

9. 细分市场的潜量　细分市场的购买力　企业自身的经营实力和细分市场的竞争状况

10. 产品差异化　服务差异化　渠道差异化　消费者差异化

六、综合题(略)

学习情境六　实施农产品市场营销策略

一、单选题

1. A　2. C　3. D　4. C　5. C　6. D　7. A　8. B　9. C　10. D　11. C　12. C　13. A　14. B　15. C　16. A　17. B　18. A　19. B　20. C　21. D　22. B　23. D　24. D　25. C　26. C　27. A　28. B　29. C　30. D　31. A　32. D　33. C　34. A　35. B　36. D　37. C　38. B　39. A　40. C　41. B　42. D　43. C　44. A　45. A　46. B　47. C　48. C　49. A　50. B　51. C　52. D　53. A　54. A　55. A　56. A　57. B　58. C　59. D　60. B　61. D　62. B　63. C　64. D　65. B　66. C　67. A　68. D　69. C　70. B

二、判断题

1. ×　2. ×　3. ×　4✓　5. . ✓　6. ×　7✓　. 8. ×　9. ✓　10. ×　11. ✓　12. ×　13. ×　14. ×　15. ✓　16. ✓　17. ✓　18. ✓　19. ×　20. ✓　21. ×　22. ×　23. ✓　24. ✓　25. ×　26. ✓　27. ✓　28. ×　29. ×　30. ×　31. ✓　32. ✓　33. ×　34. ×　35. ✓　36. ✓　37. ×　38. ×　39. ✓　40. ×

三、多选题

1. AB　2. BCD　3. ACD　4. BD　5. ABCD　6. ABC　7. ABCD　8. ABCD　9. BD　10. BCD　11. ABD　12. ABCD　13. ABD　14. ACD　15. ABCD　16. ACD　17. ABC　18. ABC　19. BCD　20. AB　21. ABCD　22. ABC　23. BCD　24. ACD　25. ABC　26. AC　27. BD　28. BCD　29. ABC　30. ABD　31. ABC　32. ABD　33. ABCD　34. ABC

四、名词解释(略)

五、填空题

1. 产品策略　定价策略　分销策略　促销策略

2. 生产　经营
3. 核心产品　形式产品　附加产品　心理产品
4. 无公害食品　绿色食品　有机食品
5. 变形　变色
6. 名称　标志
7. 便于识别　提高市场占有率　促销作用　提升价格作用
8. 产地　品种　企业　产品
9. 调研　定位　内涵策划　效果测试
10. 危害分析的临界控制点　产品生产质量管理规范
11. 求便心理　求新心理　求信心理　求美心理
12. 物质费用　人工费用　期间费用　利税
13. 购进价格　流通(加工)费用　税金　利润
14. 利润最大化目标　销售增长率最大化目标　产品质量领先目标　适应竞争目标
15. 完全无弹性　完全有弹性　缺乏弹性　富有弹性
16. 随行就市定价法　竞争价格定价法　投标定价法
17. 原产地交货定价策略　统一运货定价策略　分区定价策略　基点定价策略
18. 农产品质量差别定价　农产品品种差别定价　农产品上市差别定价　农产品部位差别定价
19. 起点　终点　联络媒介
20. 直接渠道和间接渠道　长渠道和短渠道　宽渠道和窄渠道
21. 定制　销售人员上门推销　网络营销　自设立门市部销售
22. 直接销售(简称直销)　间接销售(简称间销)　网络销售(简称网销)
23. 农产品订单直销　农产品观光采摘直销　农产品零售直销
24. 观光农园　农业公园　教育农园
25. 高效性　灵活性　规模效益　专业化
26. 无站点的农产品网络销售　基于站点的农产品网络销售
27. 农工贸一体经营　农产品的拍卖　期货交易
28. 谷物　肉类　热带作物
29. 奖励　发送方法　传播途径
30. 直接性　针对性　服务性　情谊性
31. 产品策略　市场策略　媒介策略　广告实施策略
32. 广告目标市场策略　广告促销策略
33. 人际　人事　社会

六、综合题(略)

学习情境七　创新农产品物流与配送

一、单选题

1. D　2. C　3. B　4. D　5. A　6. A　7. D　8. B　9. B　10. B

二、判断题

1. ×　2. ×　3. ×　4. ×　5. ✓　6. ✓　7. ×　8. ✓　9. ✓　10. ✓

三、多选题

1. ABC　2. ABCD　3. ABC　4. AB　5. ABC

四、名词解释(略)

五、填空题

1. 运输　搬运　存储　保管　包装　装卸　流通加工
2. 贮农产品物流　鲜活农产品物流　流体农产品物流　易串味农产品物流
3. 储存　保管
4. 窖窖贮存　通风库贮存　冷藏库贮存　干燥储存
5. 散装运输　包装运输　集装箱运输

六、综合题(略)

学习情境八　建立农产品营销模式

一、单选题

1. A　2. B　3. A　4. D　5. C　6. B　7. A　8. C　9. D　10. C　11. D　12. A
13. D

二、判断题

1. ✓　2. ×　3. ✓　4. ✓　5. ✓　6. ✓　7. ×　8. ×　9. ×　10. ×

三、多选题

1. ABD　2. ABCD　3. ACD　4. BCD　5. ABD　6. ABCD　7. ACD　8. ABCD
9. ABC　10. ABCD　11. ABCD

四、名词解释(略)

五、填空题

1. 口粮消费　饲料消费　工业消费　种用消费
2. 食品类　油脂类　饼粕
3. 西北内陆棉区　黄淮流域棉区　长江流域棉区
4. 国家粮食政策　　自然界的影响　大宗农产品生产收益的影响
5. 农产品信息平台模式　网上“农产品商店”模式　农产品挂牌上市(招标,拍卖)模式　农产品现贷专场交易(创业板)上市模式　农产品中远期交易(主板)上市模式
6. 自产自销　农贸市场　连锁店　超市
7. 特殊的生态环境　特优的品质　特殊的种养方式或特殊的加工方式　特殊的功用价值

六、综合题(略)

学习情境九　了解农产品国际市场营销

一、单选题

1. A　2. D　3. B　4. C　5. A　6. D　7. B　8. D　9. B　10. C

二、判断题

1. ×　2. ×　3. ×　4. √　5. √　6. √　7. ×　8. ×

三、多选题

1. BCD　2. ABD　3. ABCD　4. ACD　5. ABCD　6. BD　7. ABCD　8. AD　9. ABC　10. ABCD

四、名词解释(略)

五、填空题

1. 市场更复杂进入难度大　信息管理难度大成本高　竞争激烈风险增大　国际市场营销活动机构具有特殊性

2. 资信风险　商业风险　价格风险　汇率风险

3. 文化环境　国际经济环境　国际政治环境　国际法律环境

4. 出口部　国际事业部　全球性区域结构　全球性产品结构

六、综合题(略)

学习情境十　控制农产品营销风险

一、单选题

1. A　2. C　3. D　4. B　5. B　6. A　7. D　8. B　9. A

二、判断题

1. ×　2. √　3. ×

三、多选题

1. ABCD　2. ABC　3. AC　4. AD　5. ACD　6. BC

四、名词解释(略)

五、填空题

1. 产品风险　定价风险　分销渠道风险　促销风险

2. 感知风险　分析风险　复核风险

3. 标的　数量和质量　价款或酬金　履行期限、地点、方式　违约责任

六、综合题(略)

主要参考文献

1. 李季圣. 农产品营销理论与实务[M]. 北京:中国农业大学出版社. 2005.

2. 林素娟. 农产品营销新思维[M]. 大连:东北财经大学出版社. 2011.

3. 石晓化. 农产品市场营销[M]. 北京:中国农业科学技术出版社. 2014.

4. 胡浪球. 农产品营销实战第一书[M]. 北京:企业管理出版社. 2013.

5. 陆立才. 农业企业经营管理实务[M]. 苏州:苏州大学出版社. 2013.

6. 刘印红. 农产品市场营销[M]. 北京:中国农业科学技术出版社. 2011.

7. 刘蓓琳. 网络营销[M]. 北京:航空工业出版社. 2009.

8. 安玉发. 告别“卖难”——农产品流通与营销实务[M]. 北京:中国农业出版社. 2011.

9. 朱斌. 网上开店:正悄然走进你的生活[M]. 北京:九州出版社. 2015.

10. 刘会丽. 农产品营销简介[M]. 南京:江苏人民出版社. 2011.

11. 李华. 农产品电子商务与网络营销[M]. 北京:中国农业出版社. 2014.

12. 苏晓凤,辛治杰. 农产品营销实务[M]. 长沙:湖南大学出版社,2018.